# 작가는 왜 고치는가

- 개작의 사회·문화사적 고찰 -

## 작가는 왜 고치는가

초판 인쇄 2025년 8월 11일
초판 발행 2025년 8월 18일

지은이　　강진호
펴낸이　　박찬익
책임편집　권효진
펴낸곳　　㈜박이정

주 소　　경기도 하남시 조성대로45 미사센텀비즈 8층 F827호
전 화　　031-792-1195
팩 스　　02-928-4683
E-mail　　pijbook@naver.com
홈페이지　www.pijbook.com
등 록　　2014년 8월 22일 제2020-000029호
ISBN　　979-11-7497-010-7 93800

※ 책 값은 뒤 표지에 있습니다.

# 작가는 왜 고치는가

개작의 사회·문화사적 고찰

## 개작의 사회·문화사적 고찰

　여기에 수록된 글들은 모두 '개작(改作)'을 키워드로 해서 쓴 논문들이다. 지난 10여 년간 개작과 관련된 논문을 발표해 왔고, 그것을 여기 단행본으로 묶는다.

　'개작'에 관심을 갖게 된 것은 우리가 접하는 거의 모든 작품들이 개작된 것이라는 사실을 새삼 확인하고서였다. 오래 전에 어떤 작품에 대해 짧은 평문을 쓴 적이 있는데, 알고 보니 그 작품은 원본이 아니라 개작본이었다. 개작본은 원본에 비해 많은 부분이 바뀌었고, 심지어 작가의 의도마저 변해 있었다. 그런 사실을 뒤늦게 확인하고서 당황했던 기억이 떠오른다. 사실 한번 발표된 글은 그 자체로 생명을 갖고 역사성을 부여받는다. 그런 사실은 평문이나 소설 작품 모두에 해당한다. 작품은 발표되는 순간 역사 속으로 들어가 생을 살아간다. 개작은 그 발걸음을 되돌려 원점에서 다시 출발하게 하는 행위이다. 개작을 거듭한 작품은 의당 원본에 비해 향상(向上)된 것이기에 작가는 그것을 독자들이 읽어주기를 희망한다. 그런데 이미 역사 속으로 들어간 작품을 되돌릴 수는 없지 않을까? 개작을 통해 외모와 성격을 바꿨다고 해서 이미 제 길을 가는 존재를 없는 듯이 부정하고 폐기할 수는 없고, 또 굳이 그럴 필요도 없을 것이다.

　개작은 개인적 글쓰기가 시작된 이래 지속되는 글쓰기 방식이다. 자신의 존재를 증명할 수 있는 것은 작품뿐이라는 점에서 작가가 작품을 개작하는 것은 당연한 일이다. 작가는 작품을 창작하지만 신과 같은 존재가 아니기 때문에 이미 발표한 작품이라도 계속 고치고 다듬을 수밖에 없다. 더구나 시간의 경과와 함께 세계관이나 수사(修辭)가 변하기 때문에 작품의 수정은 불가피하다. 개작을 통해서 작품은 완성도가 높아지고 미적으로 향상되기 때문에 작가들은 작품을 고치고 다듬는 일을 반복할 수밖에 없다.

개작이 이루어지는 원인이나 동기는 매우 다양하고 복합적이다. 문학적 자의식을 바탕으로 작품의 문장과 구성을 고치는 데서부터 시대의 변화에 따른 출판시장과 독자의 요구에 부응하기 위한 개작, 그리고 정치적 규제(검열)에 따른 사후적 개작에 이르기까지 수많은 형태의 개작을 유형화·계보화할 수 있다. 개작은 그 원인과 동기를 기준으로 다음 네 가지로 유형화해 볼 수 있다.

첫째는 심미적 개작이다. 이는 개인적인 글쓰기가 시작된 이래 지금까지 지속되는 가장 일반적인 개작이다. 개작을 통해 후행 텍스트는 선행 텍스트보다 질적으로 우월한 형태를 갖게 되고, 작가들은 그것에 더 많은 애정을 표한다. 개작은 작가가 가진 의도의 직접적인 표현이자 그 실현이다. 둘째는, 국가 검열에 의한 개작이다. 이는 근·현대문학에서 빈번히 목격되는 개작의 유형이다. 검열에 걸려 불허가 출판물 목록에 들어 있거나 복자화되어 판독이 불가능한 경우, 사후에 단행본으로 간행하면서 개작이 행해진 경우이다. 셋째는 자기검열에 의한 개작이다. 자기검열에 의한 개작은 해방 직후와 전후 군사정권 시절에 빈번히 목격된 개작의 유형이다. 작가들은 작품을 발표하는 과정에서, 외부의 압력이나 사회적 분위기를 의식해서 자발적으로 내용의 일부를 수정하거나 삭제하기도 한다. 자기검열은 권력 기관이나 정부의 검열을 피하기 위해 스스로 내용을 수정하는 경우, 특정 사상이나 주장에 대한 사회적 거부감 때문에 자신의 생각을 숨기거나 완화하는 경우, 출판사나 제작사의 입장을 고려하여 상업적으로 문제가 될 수 있는 내용을 수정하는 경우 등을 들 수 있다. 넷째는 시대 환경의 변화에 따른 개작이다. 시대 환경의 변화에 따른 개작은 문학 작품이나 예술 작품을 변화하는 사회적·문화적 환경에 맞춰 내용과 형식을 수정하는 것을 의미한다. 이는 작품의 의미를 상황에 맞게 재구성하거나 새로운 독자층에 맞추기 위해 조정하는 등의 개작이다.

이 책은 이 네 유형의 개작을 고찰하였다. 원본과 개작본을 대비해서 살폈고, 그것을 바탕으로 개작에 작용한 다양한 요소들을 찾고 분석하였다. 그런 작업을 10여 년간 해오면서 좋은 작품을 만들겠다는 작가들의 열의와 노고에 새삼 감탄했고, 한편으로는 작품을 섬세하게 읽어야겠다는 생각을 하게 되었다. 그런데, 그 과정에서 작가들이 개작한 사실을 직접 언급하는 경우는 드물고 심지어 숨기기까지 한다는 것을 알았다. 검열에 의한 개작에서 그런 사실이 목격되었는데, 이는 작가가 겪었을 심적 고뇌를 말해주는 것이어서 가슴 아팠지만, 한편으론 작가 의식의 위약함을 보는 면구스러운 과정이기도 했다. 그렇기 때문에 개작 연구는 원본과 개작본 사이의 비교·검토와 함께 작가의 의도에 대한 섬세한 고찰이 요구된다. 개작 연구에서는 작가들의 개별성보다 시대적인 공통점과 경향성을 읽어내는 것이 무엇보다 중요하다. 사회적 환경이 개작의 주체들, 즉 작가들에게 요구했던 사항이 무엇이고, 작가들은 거기에 어떻게 반응했는지? 수많은 개작이 보여주는 경향성을 통해서 당대의 문학 환경은 한층 더 실체에 가깝게 재구할 수 있는 까닭이다.

본 저서는 '개작'이라는 키워드를 앞세워 이런 사실들을 고찰하였다. 개별적으로 발표한 논문을 한 권의 책으로 묶다 보니 중복되거나 유사한 문제의식이 반복되는 경우도 적지 않다. 독자들의 넓은 혜량을 구한다.

이 책을 출간할 수 있게 격려와 힘을 준 박이정의 박찬익 사장님과 권효진 편집장께 감사의 마음을 전한다. 이 불황의 시기를 낙관과 웃음으로 견디는 박 사장님의 모습은 항상 감동적이다.

모쪼록 이 책이 그간 소홀히 했던 연구 주제를 환기하고 작품을 섬세하게 읽는 계기를 제공하기를 희망한다.

2025년 여름의 한복판에서
강진호

# 들어가는 순서

**머리말 _ 4**

**제1부 개작이란 무엇인가 _ 14**
    1. 퇴고와 개작 ································································· 14
    2. 개작의 동기와 양상 ······················································ 17
    3. 개작 연구의 의미 ·························································· 22

**제2부 국가 검열과 개작 _ 27**
  제1장 국가적 통제와 작품의 개작 ········································· 28
    – 일제의 검열과 작품의 정체성
    1. 식민치하 작가의 조건 ··················································· 28
    2. 검열과 허위적 정체성 ··················································· 31
    3. 검열의 내면화와 심미적 개작 ······································· 41
    4. 체제 순응과 생존을 위한 개작 ····································· 48
    5. 개작과 작품의 정본 ······················································ 53

  제2장 반공주의의 규율과 표현의 상한선 ······························· 56
    –『남과 북』의 개작을 중심으로
    1. '반공'의 규율과 소설의 개작 ········································ 56
    2. 개작으로 드러난 반공의 규율과 양상 ························· 62
        2-1.『육이오』; 반쪽의 전쟁과 반공의 서사 ················ 66
        2-2.『남과 북』: 남과 북의 이념적 대리전 ·················· 75
    3. 전쟁의 고발과 증언의 서사 ·········································· 89

### 제3장 전쟁의 트라우마와 반공의 공포 ·················· 100
　　－『한발기』와 『목마른 계절』의 개작
　　1. 개인의 체험과 서사 ······································ 100
　　2. 전쟁 체험과 증언의 서사 ;『한발기』················ 105
　　3. 개작과 체험의 정제 과정 ;『목마른 계절』·········· 115
　　4. 반공의 규율과 자기검열 ······························· 127

## 제3부 자기검열과 개작 _ 131

### 제1장 정치적 변신과 자기 합리화의 개작 ············· 132
　　－ 해방 후 이태준 소설의 개작
　　1. 해방과 이태준의 개작 ································· 132
　　2. 개작의 범위와 준거 － 고상한 리얼리즘 ·········· 136
　　3.『사상의 월야』와 미봉적 개작 ······················· 140
　　4.「해방 전후」와 운동가의 시각 ······················· 144
　　5.「첫전투」의 개작과 당정책의 변화 ·················· 154
　　6. 정치 활동과 창작 ······································· 163

### 제2장 심리적 강박과 탈출의 글쓰기 ····················· 166
　　－ 황순원『움직이는 성』의 개작을 중심으로
　　1. 개작과 문학적 진실 ···································· 166
　　2. 개작의 양상 ; 산문의 세계와 시적 지향성 ········ 171
　　3. 원본 ; 무속의 현실과 정착의 논리 ·················· 176
　　4. 전집본 ; 추상화된 현실과 유랑의 논리 ············ 185
　　5. 상황적 개작과 평가의 새로운 척도 ················· 191

# 들어가는 순서

제3장 반공주의와 자전소설의 형식 ·············· 196
— 박완서를 중심으로
1. 작품과 사회 현실 ····················· 196
2. 반공주의의 압력과 작가의 자기검열 ········· 200
3. 작가의 균형감각과 성찰의 시선 ············ 212
4. 자전소설의 의미와 지평 ················ 221

## 제4부 시대 환경의 변화와 개작 _ 225

제1장 이념적 순응과 새로운 주체의 정립 ··············· 226
— 해방 후 이태준과 김동리 소설의 개작
1. 이태준과 김동리 ······················ 226
2. 「산화」의 개작 ······················· 229
3. 북한의 이념과 체제 순응의 개작 ············ 238
4. 작가의 자의식과 정치적 지향 ············· 247

제2장 허구적 서사와 수필적 서사 ··············· 250
— 이호철의 「판문점」과 「판문점2」를 중심으로
1. 개작과 재창작 ······················ 250
2. 「판문점」, 이호철 소설의 원점 ············ 254
3. 「판문점 2」, 이호철 문학의 귀결점 ········· 265
4. 이호철 소설의 힘 ···················· 274

제3장 우의(寓意)의 서사와 직설의 서사 ··············· 277
— 이병주의 「소설·알렉산드리아」와 『그해 5월』의 경우
1. 검열과 자기검열 ···················· 277

2. 검열과 알레고리라는 형식 ·················································· 283
3. 증언과 기록으로써의 글쓰기 ············································· 289
4. 통일에서 통일로 종결된 문학 ············································· 300

제4장 포즈로서의 문학과 현실로서의 문학 ························· 304
  -『7번국도』의 개작을 중심으로
  1. 소설관과 개작 ································································ 304
  2. 기억의 재구성과 개작의 양상 ··········································· 305
  3. '7번 국도' 여행의 의미 ··················································· 314
  4. 소설적 재현과 사랑의 불가능성 ········································ 321
  5. 개작과 작품의 의미 ························································· 331

• 찾아보기 _ 333

작가는 왜 고치는가

# 제1부
# 개작이란 무엇인가

1
퇴고와 개작

2
개작의 동기와 양상

3
개작 연구의 의미

# 제1부

# 개작이란 무엇인가

## 1. 퇴고와 개작

개작은 개인적 글쓰기가 시작된 이래 지금까지 지속되는 글쓰기 방식이다. 자신의 존재를 증명할 수 있는 것은 작품뿐이라는 점에서 작가가 작품을 개작하는 것은 당연한 일이다. 작가는 작품을 창작하지만 신(神)과 같은 존재가 아니기 때문에 이미 발표한 작품이라도 계속 고치고 다듬을 수밖에 없다. 더구나 시간의 경과와 함께 세계관이나 수사(修辭)가 변하기 때문에 작품의 수정은 불가피한 일이다. 작품을 개작하는 것은 무엇보다 완전한 작품을 만들고자 하는 욕망에 있다. 개작은 작품을 발표하기 전의 초고 상태에서 이루어지고, 신문이나 잡지에 발표한 뒤 단행본으로 묶는 과정에서도 행해진다. 개작을 통해서 작품은 완성도가 높아지고 미적으로도 한층 향상된 모습을 갖는다. 그래서 작가들은 작품을 고치고 다듬는 일을 노동하듯이 반복한다.

개작의 중요성에도 불구하고 개작에 대한 논의는 많지 않다. 퇴고, 개작, 개필, 개고 등의 용어가 혼재하는 데서 알 수 있듯이, '개작(改作)'이라는 용어는 그 개념조차 명확하지 않다. 개작과 거의 동의어로 쓰이는 '퇴고'라는 말 역시 불명확하기는 마찬가지이다. 퇴고(推敲)라는 말은, 사전적으로는 글을 지을 때 여러 번 생각하여 고치고 다듬는 것을 의미한다. 널리 알려진 '퇴고'의 유래담에서 그 의미를 짐작할 수 있다.

당나라의 시인 가도(賈島)가 나귀를 타고 가다가 시 한 수가 떠올랐다. 그것은 "조숙지변수 승퇴월하문(鳥宿池邊樹 僧推月下門)1)"이라는 구절이었는데, 달 아래 문을 '민다(推)'보다는 '두드린다(敲)'고 하는 것이 어떨까 하고 골똘히 생각하다가 그만 한유(韓愈)의 행차 길을 침범하였다. 한유 앞으로 끌려간 그가 사실대로 고민을 말하자 한유는 한참을 생각하더니 "그것은 퇴(推)보다 고(敲)가 낫겠다."고 했다. 이 일을 계기로 사람들은 글을 고치는 것을 '퇴고(推敲)'라고 일컫게 되었는데, 여기에 비추자면 작품의 표현을 다듬고 고치는 정도의 부분적인 개작을 퇴고(correction)라고 할 수 있을 것이다.

그렇지만, '부분적'이라는 말은 그 범위를 한정하기 힘들다. 작품에 전면적인 수정을 가해서 재창작(re-creation)에 이르렀다고 해서 '퇴고'라는 말을 사용하지 못할 이유는 없다. 이 경우는 서사시나 소설 등의 문학 작품을 희곡이나 시나리오로 고쳐 쓰는 각색과도 같은 전면적인 개고(改稿)에 해당하지만, 이 역시도 글을 고치고 다듬는 과정의 하나로 볼 수 있다. 개작은 또한 문장을 고치는 일만을 뜻하는 것은 아니다. 개작을 중요하게 생각한 김소월의 경우에서 볼 수 있듯이, 개작을 통해서 작품은 시구뿐만 아니라 구성까지도 상당히 변한 것을 볼 수 있다.

「진달래꽃」은 1922년 7월 『개벽』에 처음 발표되었을 때와 1925년 12월 매문사 간행의 시집에 수록되었을 때의 모습이 상당히 다르다.2) 원작은 우리가 알고 있는 것과는 다른 모습이다. "그 진달내꽃을 / 한아름 싸다 가실길에 쑤리우리다"처럼 매우 구체적이고 특정적인

---
1) 새는 연못 가 나무에서 자고, 스님은 달 아래서 문을 민다.
2) 원문은 『개벽』 1922년 7월호에 수록되었고, 시집 『진달래꽃』은 1925년 12월 '매문사'에서 간행되었다. (1)은 원문이고, (2)는 1925년의 개작본이다.

구절을 포함하고 있다. 또, "가시는길 발거름마다 / 뿌려노흔 그곳을"은 너무 설명적이어서 리듬도 순탄하지 못하고 '뿌림'이 두 번이나 나와서 단조로운 반복의 느낌을 준다. 그런데 김소월은 이 시를 시집에 수록하면서 사뭇 다르게 개작한다.

(1) 나보기가 역겨워/ 가실쌔에는 말업시/ 고히고히 보내들이우리다.
寧邊엔 藥山/ 그 진달내쏫을/ 한아름 싸다 가실길에 뿌리우리다.
가시는길 발거름마다/ 뿌려노흔 그쏫을/ 고히나 즈러밟고 가시옵소서.
나보기가 역겨워/ 가실쌔에는/ 죽어도 아니, 눈물흘니우리다.

(2) 나보기가 역겨워/ 가실쌔에는/ 말없이 고히 보내드리우리다
寧邊에 藥山/ 진달래쏫/ 아름싸다 가실길에 뿌리우리다
가시는 거름거름/ 노힌그쏫츨/ 삽분히즈려밟고 가시옵소서
나 보기가 역겨워/ 가실쌔에는/ 죽어도아니 눈물흘니우리다

여기서 개작의 근거는 주로 율격 의식, 즉 운율을 어떻게 배열하는가와 관계가 있다. 1연의 2행과 3행, 2연의 2행, 3연의 1행과 2행 등은 모두 3, 4, 5음절의 3음보 율격을 두 행으로 분단하거나 한 행으로 연속시켜 놓았다. 모두 음수율을 규칙에 맞도록 고치거나 그러한 규칙에 변화를 준 것이다. 이런 개작을 통해 김소월의 시의식과 태도가 낭만주의적이기보다는 오히려 지적, 미학적 태도와 깊이 관련된다는 것을 알 수 있다.[3]

여기서 볼 수 있는 퇴고는 단순한 문장의 수정이 아니라 작가의 미의식과 가치관에 따른 조정이라는 한층 넓은 의미를 갖는다고 할 수 있다. 개작은 작가가 가진 의도의 직접적인 표현이고 그 실현이다.

---

3) 권국명, 「'진달래꽃'의 의미분석」, 『어문학』, 한국어문학회, 2000.10, 161-176면.

그런 점에서 개작은 작가가 작품을 어떻게 보고 있고 또 무엇을 드러내고자 하는가라는 작품에 대한 태도와 의식을 살필 수 있는 중요한 통로이다. 작품에 대한 작가의 태도와 의식은 결국 작가의 인생관과 문학관에서 나오고, 그렇기에 개작을 살피는 것은 문학에 대한 작가의 태도와 가치를 고찰하는 일이다.

## 2. 개작의 동기와 양상

개작이 이루어지는 원인이나 동기는 매우 다양하고 복합적이다. 문학적 자의식을 바탕으로 작품의 문장과 구성을 고치는 데서부터 시대의 변화에 따른 출판시장과 독자의 요구에 부응하기 위한 개작, 그리고 정치적 규제(검열)에 따른 사후적 개작에 이르기까지, 수많은 형태의 개작을 유형화·계보화할 수 있다. 개작은 그 원인과 동기를 기준으로 다음 네 가지로 유형화해 볼 수 있다.

① 심미적 개작 ; 예술적 완성도 제고를 위한 개작
② 국가 검열에 의한 개작 ; 국가 권력과 관련 기관 등의 검열에 의한 개작
③ 자기검열에 의한 개작 ; 정치적 규제에 따른 자기검열과 개작
④ 시대 환경의 변화에 따른 개작 ; 시대 환경의 변화에 부응한 개작

①은 개인적 글쓰기가 시작된 이래 지금까지 지속되는 가장 일반적인 개작이다. 자신의 존재를 증명할 수 있는 것은 작품뿐이라는 점에서 작가가 작품을 개작하는 것은 당연한 일이다. 작가는 작품을 창작하지만 신과 같은 존재가 아니기 때문에 이미 발표한 작품이라도 계속 고치고 다듬을 수밖에 없다. 더구나 시간의 경과와 함께 세계관이나 수사학이 변하기 때문에 작품의 수정은 불가피하다. 개작을 통해 후행 텍스트는 선행 텍스트보다 질적으로 우월한 형태를 갖게 되고, 작가들

은 그것을 정본으로 읽어주기를 희망한다. 이태준은 한번 쓴 글을 다듬고 고치는 수고를 아끼지 않았고, 그런 과정을 통해 작품의 예술성을 제고하였다. 황순원은 수많은 개작과 퇴고를 거친 뒤 수록된 '전집' 속의 작품을 '결정판(決定版)'이라 말하고, 그것을 독자들이 읽어줄 것을 희망하였다. 개작을 거친 작품이 이전 버전보다 질적으로 우수하고 다듬어졌으리라는 믿음인 것이다.

②는 근·현대문학에서 빈번히 목격되는 개작의 유형이다. 검열에 걸려 불허가 출판물 목록에 들어 있거나, 검열로 복자화(覆字化)되어 통제된 경우, 사후에 단행본으로 간행하면서 개작이 행해진 경우이다. 일제강점기에 당국의 검열로 인한 개작이 여기에 해당한다. 이태준 소설에서 볼 수 있듯, 검열로 인해 원고의 일부가 삭제되거나 복자화된 것을 사후에 복원하거나 수정해서 개작한 경우이다. 검열의 일반적 형태는 국가권력이나 그와 관련된 기관에 의한 것으로, 작품이 간행되기 이전에 사전검열의 형태로 이루어진다. 잡지와 신문 등에는 작품의 특정 구절이 복자(覆字) 처리되거나 삭제된 경우가 자주 목격되는데, 이는 문학이 정치에 의해 억압되면서 나타난 현상이다. 이태준의 「고향」, 「아무 일도 없소」, 「봄」, 「실낙원 이야기」, 「꽃나무는 심어놓고」 등에는 내용을 짐작할 수 없을 정도로 복자 처리되거나 훼손된 것을 볼 수 있다. 이들 작품은 이후 단행본에 수록되면서 폐기되거나 아니면 일제가 허용하는 수준으로 대폭 수정되어 있다.

군사 정권기에도 그런 일은 비일비재했다. 박정희 군사정권은 출판물의 내용을 사전에 심의하고, 정권에 비판적이거나 체제 유지를 방해한다고 판단되는 서적을 발행 금지하거나 내용을 삭제하도록 강요하였다. 정권에 비판적인 목소리를 내는 문인들은 반공법, 긴급조치 위반 등의 명목으로 구속, 투옥, 연금 등 물리적인 탄압을 받았다. 그런 현실에서 작가들은 심각하게 위축될 수밖에 없었다. 홍성원은 『육이오』를 발표하면서 정권의 탄압을 심하게 의식하였다. 분단과 이념의 문제를 다루고자 할 경우 자칫 반공주의의 검열망에 걸려들지 않을까 하는 심한 강박관념에 시달린 것인데, 그것은 반공주의가 공산주의에 대한 단순한 부정이 아니라 고문이나 연좌제와 같은 원초적 공포와 결합되어 있었기 때문이다. 홍성원의 진술대로 "북한에 대한 표현의 상한선은 '감상적 민족주의 언저리거나 당국에 의해 철저히 도식화된 반공 가이드라인 내'로 제한"되어 있었고, 그 범위를 넘을 수 없었다. 『육이오』(1970-1975)는 그렇게 해서 창작된 작품이다. 그런데 30년 가까운 시간이 흐르면서, 작가는 그 문제를 심각하게 인식하였고, 그에 따라 『육이오』를 『남과 북』으로 개작하면서 인물과 서사를 보완하고 북한이 빠진 '반쪽만의 전쟁'을 '남과 북의 전쟁'으로 수정하였다.

3의 자기검열에 의한 개작은 해방 직후와 전후 군사정권 시절에 빈번히 목격된 개작의 유형이다. 작가들이 작품을 발표하는 과정에서, 외부의 압력이나 사회적 분위기를 의식해서 자발적으로 내용의 일부를 수정하거나 삭제하는 것을 말한다. 자기검열은 다양한 원인에서 발생하는데, 이를테면 권력 기관이나 정부의 검열을 피하기 위해 스스로 내용을 수정하는 경우, 특정 사상이나 주장에 대한 사회적 거부감 때문에 자신의 생각을 숨기거나 완화하는 경우, 출판사의 입장을 고려하여 상업적으로 문제가 될 수 있는 내용을 수정하는 경우 등을 들 수 있다.

가령, 해방기는 자기 스스로 이념과 체제를 선택할 수 있었는데, 그 과정에서 자신이 선택한 이념과 체제에 맞게 과거의 행적을 수정하는 개작이 이루어진다. 이태준은 북한을 선택하였고, 그 선택에 맞게 과거의 행적을 이념적으로 조정하였다. 민족 현실과 계급문학에 무관심했던 과거의 자신을 반성하고, 그 취지에 맞게 작품을 계급적인 것으로 개작했는데, 곧 「장마」와 「사상의 월야」에서 그런 사실을 볼 수 있다.

김동리의 「산화(山火)」(36)는 일제 치하에서 발표된 뒤 해방 후 단행본 『무녀도(巫女圖)』(47)에 재수록되면서 대폭 개작된 작품이다. 여기서 개작은 작가의 정치적 입장과 신념에 따른 자기검열의 산물이다. 김동리는 해방 후 정치활동의 일선에 나선 작가로, 은사격인 이태준과는 대척적인 우익 문단의 중심인물이었다. 「산화」는 신춘문예에 당선되어 발표될 때는 프롤레타리아 작품으로 평가될 정도로 계급적 갈등과 분노가 두드러진 작품이었지만, 개작된 「산화」에서는 그런 내용이 삭제되거나 완화된, 곧 우익의 입장에 맞도록 조정되었다. 재수록의 변(辯)을 특별히 남기지는 않았으나, 청년문학가협회를 이끌면서 "문학이 당의 문학이 되어 정치나 당파의 선전 도구가 되는 현실을 허용할 수 없다"4)는 주장을 적극 개진하던 상황에서, 원작 「산화」는 지워야 할 치부였던 셈이다. 그런 개작을 통해 과거의 과오(?)를 바로잡고 새롭게 정체성을 만들어낸 것이다.

박완서가 반공주의적 검열을 의식해서 작품을 개작한 경우도 자기검열에 따른 개작이다. 1980년대까지 박완서는 당대를 규율한 반공주의와 그에 따른 자기검열에서 자유롭지 못하였다. 그래서 '오빠의 죽음'을 사실과는 달리 '인민군의 만행'으로 처리하는 등의 반공주의에 속박된 모습을 보여주었다. 그런 사실은 『한발기』(1971~1972)를 『목마른 계절』(1978)로 개작한 데서 확인된다. 『목마른 계절』은 『한

---

4) 김동리, 「문학과 자유를 옹호함」, 『문학과 인간』, 1952. 청춘사, 133-148면.

발기』라는 이름으로 연재했던 작품을 단행본으로 만들면서 제목을 바꾸고 마지막 부분에 한 장(章)을 추가해서 개작한 작품이다. 이 과정에서 반공주의를 의식해서 공산주의자들을 부정적으로 처리하고, '오빠의 죽음'을 인민군의 만행으로 바꾸는 등의 변화를 보여주었다. 반공주의라는 무의식적 규율로 인해 그녀는 오빠의 죽음을 오랫동안 인민군의 만행으로 기술했고, 1990년대가 지나면서 그것을 바로잡는 개작을 단행한 것이다.

④는 시대 환경의 변화에 따른 개작이다. 시대 환경의 변화에 따른 개작은 문학 작품이나 예술 작품을 사회적·문화적 환경의 변화에 맞게 수정·보완하는 것을 말한다. 이는 작품의 의미를 상황에 맞게 재구성하거나 새로운 독자층에 맞추기 위해 조정하는 등의 개작이다. 실제로 등장인물의 성격이나 설정을 변경하거나 새로운 에피소드(일화)를 추가하는 등의 개작을 볼 수 있고, 어떤 경우는 소설을 희곡으로, 연극을 영화로 각색(脚色)하는 등의 개작도 목격된다.

이호철이 「판문점」을 「판문점2」로 재창작하면서 "후세 독자를 위해서 작가 나름의 성의를 보이는 것"[5]이라고 말하면서 다양한 차원에서 개작을 행한 것은 그런 맥락이다. 이호철은 1961년 「판문점」을 발표하여 '19XX년도에 통일'이 될 것으로 예견했지만, 새로운 세기가 되어도 그 가능성이 보이지 않자 2012년에 「판문점 2」를 내놓아 변화된 현실에 맞게 원작 「판문점」을 개작하였다. 원작을 이어받아서 동일한 제목을 붙였고, 등장인물도 50년이라는 세월의 경과로 80살이라는 나이를 먹었을 뿐 동일한 인물로 재등장시켰으며, 남과 북의 '교류'를 통해서 통일을 이루어야 한다는 염원 역시 동일하게 유지하였다. 게다가 작가

---

5) 이호철, 「개작의 변」, 『한국문학』, 한국문학사, 1999.12(겨울호), 185면.

자신이 작품에 직접 등장해서 두 작품은 동일선상에 있다고 설명하는데, 곧 「판문점」을 창작할 당시를 회고하고 거기서 미처 못다한 이야기를 언급하는 등 메타픽션(metafiction)적 서술방식을 구사하였다. 「판문점2」는 「판문점」의 단순한 개작이 아니라 「판문점」에 대한 해설이자 후일담이고 동시에 새로운 형태의 창작물인 셈이다.

김연수가 『7번 국도』를 『7번 국도 Revisited』로 개작한 것도 시대 환경의 변화에 따른 조정이다. 김연수는 『7번 국도』를 1997년에 출간한 뒤 2010년에 『7번 국도 Revisited』라는 이름으로 전면 개작하였다. 이러한 개작은 단순히 제목만 바뀐 것이 아니라 작품의 내용과 주제 의식에도 상당한 변화를 가져왔다. 『7번 국도』가 '나'와 '재현' 두 인물의 여정을 중심으로 이야기를 전개했다면, 개작된 『7번 국도 Revisited』에서는 '세희'라는 인물이 추가되어 세 사람의 관계가 더욱 복잡하고 풍부해졌고, 작품의 주제도 인간의 존재 의미를 탐구하는 것으로 조정되었다. 13년이라는 시간 동안 작가로서의 경험과 연륜이 쌓이면서, 작품에 대한 이해와 표현 방식이 달라져서, 초판의 미흡했던 부분을 수정하고 더욱 깊이 있는 메시지를 담고자 한 것이다.

## 3. 개작 연구의 의미

개인적 글쓰기가 시작된 순간부터 지금까지, 작품을 고치는 개작은 글쓰기 과정에서 변함없이 이어져 왔다. 심미적 개작(①)은 작가가 작품의 완성도를 높이기 위해 자율적으로 내용을 수정하는 가장 흔하고 일반적인 개작이고, 나머지 셋(②, ③, ④)은 모두 작가가 당대 사회·문화적 현실에 반응하며 작품을 개작한 경우이다. 이러한 개작은 이미 출판된 원본이 다시 간행되면서 이루어지지만, 작가들이 개작 사실이나 그 동기를 직접적으로 밝히는 경우는 드물고, 심지어 숨기는 경우도 있다. 특히 검열에 의한 개작의 경우는 더욱 그러하다. 따라서 개작 연구는 원본과 개작본 사이의 정밀한 비교·검토와 함께 섬세한 고찰이 요구된다.

개작은 단순히 작가의 개인적인 창작 행위를 넘어선다. 개작은 당대 사회에 존재하는 여러 층위의 조건과 권력이 적극적으로 개입하는 사회적인 사건의 연속이다. 그렇기에 작가들의 개작은 개별적인 특성보다는 시대적인 공통점과 경향성을 드러내는 경우가 많다. 개작의 양상을 면밀하게 파악하고 고찰함으로써 우리는 당대의 사회적 환경이 작가들에게 무엇을 요구했는지 추론할 수 있다. 수많은 개작이 보여주는 경향성을 통해 당대의 문학 환경을 더욱 실체에 가깝게 재구성할 수 있는 것이다.

작가는 보다 완전한 작품을 만들고자 하는 욕망에서 개작된 마지막 작품을 독자들이 읽어주기를 희망한다. 그러나 작품은 활자로 인쇄되어 세상에 등장하는 순간 고유한 역사성을 갖는다. 작품은 발표와 함께 역사 속으로 발걸음을 옮기고 생(生)을 시작한다. 『춘향전』의 판본이 수십 가지인 것은 단순한 기록의 문제가 아니라, 판본 하나하나가 개성과 역사성을 지니기 때문이다. 전승된 이야기들이 필사자의 가치관이나 세계관에 의해 선별·기록되면서 각기 다른 판본으로 자리 잡고 생명을 이어간다. 개작된 작품 또한 그와 같은 수많은 판본 중의 하나이다. 따라서 개작본에서도 선본(善本)의 문제가 발생한다. 수많은 이본(異本) 중에서 정본(定本)을 고르듯이 개작본 또한 그러한 판단이 필요하다. 최종 개작본이 작가의 입장에서는 가장 애정이 가고 완성도가 높은 작품일 수 있지만, 주제와 가치의 측면에서 그것이 과연 선본인지는 의문의 여지가 있다. 황순원이 수많은 개작과 퇴고를 거친 뒤 전집에 수록한 작품을 '결정판'이라 말하고 독자들이 그것을 읽어 주기를 희망했지만, 작가의 의식과 역사를 알고자 한다면 그것을 최선의 판본으로 볼 수는 없을 것이다.

개작본이란 일정한 시간이 흐른 뒤 새롭게 형성된 작가의 욕망과 태도가 반영된 작품인 까닭에 작품의 계기성(혹은 역사성)을 고찰하기에는 부적절하다. 「오몽녀」의 개작에서처럼, 당대 현실에 대한 비판과 인물의 성격은 원본이 한층 더 생동감 있고 충실하다. 실제로 「오몽녀」에서 목격되는 이태준의 사회 비판적인 의식과 태도는 「삼월」, 「고향」, 「농군」으로 이어져 이태준 소설의 중요한 축을 형성한다. 황순원의 경우도 『움직이는 城』은 원본이 개작본에 비해서 한층 사회 비판적이고 사실적이다. 작가의 변화와 사적 측면을 고찰하기 위해서는 원본에 주목할 수밖에 없는 것이다. 더구나 「오몽녀」의 경우처럼, 시대 현실을 의식하면서 작품을 대폭 삭제하고 개작한 경우는 작가의 자발적 의도에 따른 것도 아니다. 비자발적 개작은 당대 사회의 억압적 환경과 문학에 대한 외부적 개입의 증거이고, 그래서 작가 본연의 의식을 왜곡한 것일 수도 있다.

개작 연구는 단순히 작품의 완성도를 비교하는 데서 나아가 개작의 배경과 동기, 그리고 그로 인한 작품 의미의 변화를 심층적으로 분석하는 데 주목해야 한다. 특히 작가의 자율적 의지가 아닌 외부적 요인(검열, 시대적 압력 등)에 의한 개작은 작가의 변화된 의식뿐만 아니라 당대 사회의 정치·문화적 지형을 파악하는 중요한 단서가 된다. 개작은 작품 내부의 미학적 문제에 국한되지 않고, 작품과 사회, 작품과 시대가 맺는 복합적인 관계를 드러내는 사회문화적 사건의 연쇄로 이해되어야 한다. 개작 연구는 텍스트의 변형에 대한 단순한 비교가 아니라, 텍스트 내적 분석을 넘어 텍스트 외부의 맥락을 적극적으로 고려하고 탐구할 때 더욱 풍부해질 것이다.

먼저 미시적 분석의 관점에서 원본과 개작본의 문체 변화, 어휘 선택, 서술 시점 이동, 인물 관계 변모 등 세밀한 변화를 추적해야 한다. 이러한 변화들이 단순히 작가의 미학적 선택을 넘어 특정 이데올로기나 당대 사회의 금기를 내면화하거나 회피하려는 의도에서 비롯될 수 있음을 놓치지 않아야 한다.

나아가 거시적 함의를 위해 개작은 개별 작품의 차원을 넘어 문학사적 흐름 속에서 조망되어야 한다. 특정 시기에 개작이 빈번하게 나타나 특정 장르나 작가에게 두드러지는 이유를 분석함으로써 문학장(場)의 역동성을 파악할 수 있다. 예를 들어, 식민지 시대 검열에 의한 개작 사례들을 종합적으로 분석하면 당시 일제의 검열 기준과 문학 통제 방식의 구체적인 양상을 이해하고, 이에 대한 작가들의 다양한 대응 전략을 유형화할 수 있다. 이는 단순히 문학사를 나열하는 것을 넘어, 문학이 시대의 압력과 어떻게 길항했는지 생생하게 보여주는 중요한 사료가 될 것이다.

또한, 수용자 연구 관점을 도입하여 개작된 작품이 당대 독자들에게 어떻게 받아들여졌는지, 원본과 개작본에 대한 독자들의 반응이 어떻게 달랐는지 등을 고찰하는 것도 의미 있는 접근이 될 수 있다. 당시 신문이나 잡지의 서평, 독자들의 반응을 기록한 문헌 등을 통해 개작이 단순한 생산의 문제가 아닌, 생산-유통-소비의 복합적인 문화 현상임을 밝히는 데 기여할 수 있을 것이다.

궁극적으로 개작 연구는 문학 작품이 고정된 실체가 아니라 시대와 호흡하며 끊임없이 변화하고 재생산되는 유기체임을 드러내는 작업이다. 원본과 개작본의 비교를 통해 작품 자체의 변화뿐만 아니라 그 변화를 야기한 사회·문화적 맥락과 작가의 대응을 입체적으로 분석함으로써, 우리는 한국 문학사의 특성을 깊이 있게 이해할 수 있을 것이다. 이는 단순히 작가의 창작 의도를 재구성하는 것을 넘어, 문학이 시대와 어떻게 상호 작용하며 진화해 왔는지를 밝히고, 과거와 현재, 미래를 잇는 통찰력을 제공하는 중요한 작업이 될 것이다.

# 제2부
# 국가 검열과 개작

제1장
국가적 통제와 작품의 개작 – 일제의 검열과 작품의 정체성

제2장
반공주의의 규율과 표현의 상한선 – 『남과 북』의 개작을 중심으로

제3장
전쟁의 트라우마와 반공의 공포 – 『한발기』와 『목마른 계절』의 개작

## 제1장

## 국가적 통제와 작품의 개작
÷
## 일제의 검열과 작품의 정체성

### 1. 식민치하 작가의 조건

작가는 작품을 통해 세상에 자신의 존재를 각인시킨다. 따라서 이미 완성된 작품이라도 끊임없이 다듬는 것은 작가적인 숙명이기도 하다. 더구나 시간이 흐르면서 작가의 세계관이나 표현 방식은 변화하기 마련이고, 그런 변화는 작품 속에서 새로운 형태로 발현될 수밖에 없다. 개작을 통해 후행 텍스트는 선행 텍스트보다 질적으로 우월한 형태를 갖게 되고, 작가들은 그것을 정본으로 읽어주기를 희망한다. 그렇지만, '검열'에 따른 개작은 그와는 달리 후행 텍스트가 원작보다 질적으로 떨어지는 경우가 많다.

검열은 국가나 국가기구가 원하는 조건으로 작품을 유도하는 행위를 의미한다. 검열의 일반적 형태는 국가권력이나 그와 관련된 기관에 의한 것으로, 작품이 간행되기 이전에 사전검열 형식으로 이루어진다. 물론 출간된 작품은 사후적으로 수정이나 압수 명령을 받기도 하고, 그럴 경우 작가는 해당 요구를 수용하지 않을 수 없다. 일제강점기의 잡지와 신문 등에는 특정 구절이 복자 처리되거나 삭제된 경우(×××혹은 00行 略 등)가 자주 눈에 띄고, 심한 경우는 원고 자체가 압수되어 사라진 경우도 있다. 검열의 또 다른 형태는 자기검열이다. 자기검열은 작가가 국가의 검열 기준을 내면화한 뒤 거기에 맞춰 스스로를 단속하는 행위로, 검열을 어겼을 경우 받게 될 제재와 불이익에 대한 공포로 인해 자신의 의사를 억압하거나 왜곡하는 형태이다.

이태준 작품에는 검열에 따른 개작이 두루 목격된다. 이태준은 신문사 기자로 근무하면서 검열의 상황을 직접 보고 겪었다. 신문과 잡지에 작품을 발표하면서 검열을 받았고, 작품을 단행본으로 묶는 과정에서도 검열을 받았다. 『성모』는 신문에 연재된 뒤 단행본으로 간행되는 과정에서 '불허가 출판물 목록'에 올라 출판이 금지된 작품이다. 신문에 연재될 당시의 『성모』1)는 연애담이 서사의 중심을 이루었으나, 단행본으로 개작되면서는 연애담이 생략되고 대신 주인공 순모가 아들을 사상적으로 바르게 키우는 것으로 조정된다. 이 개작된 원고를 단행본으로 출간하기 위해 경무국 도서과에 납부(納付)했지만 "민족주의를 고취하고 기사 전반에 걸쳐 불온서적이라고 인식됨"으로써 압수, 출간되지 못한 것이다.2)

> 현의 아직까지의 작품세계는 비교적 신변적인 것이 아니었다. 신변적인 것에 즐기어 한계를 둔 것은 아니다. 총독 정책의 강박한 검열제도 밑에서 그의 처녀작부터 검열 관계로 잡지에는 싣지 못하고 납본제(納本制, 먼저 인쇄하여 납본과 함께 돌라버리기 때문에 저이가 보아 심하다고 인정하는 것은 인쇄물 전부를 압수하고, 압수하는 소란까지 일으킬 것이 아닌 것은 발행인에게 경고만 주는 제도) 신문에, 편집자의 모험으로 발표되었으며 그 작품은 그의 작품집에도 나와보지 못하는 운명이었다.3)

---

1) 이태준, 『성모』, 〈조선중앙일보〉, 1935.5.26~1936.1.20
2) 문한별, 『검열, 실종된 작품과 문학사의 복원』, 고려대민족문화연구원, 2017, 198면.
3) 이태준, 「해방 전후」, 『첫전투』, 1949.11, 27-8면.

검열이라는 환경 속에서 작품을 제대로 발표할 수 없었을 뿐만 아니라 특정 방향으로 쓸 수밖에 없었다는 고백은 작가들이 처한 엄혹한 검열의 상황을 말해준다.

이런 현실에서 작가들은 자신의 의도를 드러내는 데 한계를 느끼고 그것을 극복하기 위한 방법을 강구하는데,[4] 이태준의 경우는 그것이 두 가지 형태로 나타난다. 하나는 작품의 내용에 대한 개작이고, 둘은 검열과는 무관한 문체와 구성 등의 개작이다. 전자는 검열을 의식하고 작품의 내용을 당국이 허용하는 범위로 제한한 행위이다. 공간(公刊)된 작품에서 사회 현실을 비판하거나 민족의식을 드러낼 수 없었기에 표현의 수위를 낮추거나 제거하는 식으로 작품을 조정한 것이다. 후자는 당국의 검열이 표현의 문제에까지는 미치지 못했기 때문에 미적인 측면에서 작품을 고치고 다듬은 경우이다. 이는 당국의 검열을 의식하고 그와는 무관한 지점에서 작품의 성취를 도모한 것이라는 점에서 검열에 대한 대응의 한 방식이었다. 이태준 초기작에서 보이는 개작은 대체로 현실 비판의 수위를 낮추거나 제거한 전자의 형태이고, 중기 이후에는 내용보다는 미적인 측면에 주목한 후자의 형태이다.

이렇게 개작한 작품들이 유통되면서 독자들에게 전달되는 관계로 우리가 접하는 작품들이 모두 작가의 본원적 의도를 담고 있다고 단언하기는 힘들다. 검열에 따른 개작은 당국의 요구에 작품을 부합시키는 행위라는 점에서 일종의 공유된 정체성(shared identity)을 수용하는 것이고, (다른 말로 하자면, 검열을 통과해야만 작품으로서 존립이 가능한 데, 그것은 식민 치하에서 텍스트가 존재하기 위한 최소 조건을

---

[4] 이태준이 보여준 검열 우회 및 회피에 대해서는 한만수의 『허용된 불온』 수록 「문인들의 검열 우회 유형」 및 「이태준의 '패강냉'에 나타난 검열 우회」 참조.

충족시키는 일이다.) 미적인 탐구는 그와는 거리를 두고 작품의 심미적 특성을 고도화시킨 것이라 할 수 있다. 일제강점기의 우리 문학이 사회 비판이나 혁명적 내용을 담지 못하고 대신 미적인 기교와 수사가 두드러진 것은 그런 검열의 상황과 무관하지 않다. 물론 작품이란 내용과 형식의 합체이고, 그런 관계로 내용을 배제하고 형식에만 주목할 수는 없지만, 일제강점기 문학에서 리얼리즘이 상대적으로 위축되고 심미적 특성이 두드러지는 것은 그런 검열과 무관하지 않은 것이다. 그래서 작가의 진정성과 작품의 정본을 판단할 때는 개작의 문제를 심각하게 고려할 필요가 있다.

## 2. 검열과 허위적 정체성

이태준이 작품 활동을 본격적으로 시작한 1930년대 초반은 일제가 검열을 엄격하게 시행하던 때였다. 일제는 1926년 총독부 경무국 고등경찰과 산하에 '도서과'를 설치하고 조선의 모든 문화와 정신을 통제하였다. 총독부 산하의 각 부서에서 개별적으로 행하던 통제를 일원화한 뒤 체계화된 기준을 통해서 모든 언론과 출판을 관리하였다.[5] 이런 현실에서 이태준은 작품 활동을 시작하는데, 초기 작품은 등단 직후의 젊은 혈기를 보여주듯이 현실 비판의 정도가 신랄하고 직설적이었다. 1930년대 초에 발표된 「고향」, 「아무 일도 없소」, 「봄」, 「실낙원 이야기」, 「슬픈 승리자」, 「꽃나무는 심어놓고」 등에는 현실에 대한 비판적 시선이 곳곳에 투사되어 있고, 그로 인해 작품은 복자(覆字)와 삭제 표시로 얼룩져 있다. 작가의 의도가 잘 드러나지 않거나 파악하기 힘든 경우도 있고, 그래서 이들 작품은 이후 단행본에 수록되면서 수정되거나 개작된다. 그런데 그 개작은 단순한 복원이 아니라 비판의 수위를 낮추

---

5) 문한별, 『검열, 실종된 작품과 문학사의 복원』, 고려대민족문화연구원, 2017, 191-2면.

거나 내용을 교체하는, 곧 2차 검열을 의식하고 스스로를 통제하는, 그로 인해 일제가 허용하는 집단적 가치에 편입된 형태이다.

「실낙원 이야기」에서 그런 사실을 볼 수 있는데, 이 작품은 원래 『동방평론』(1932)에 발표된 뒤 단편집 『달밤』(34)에 재수록되면서 적지 않이 개작되었다. 원본은 검열로 인해 곳곳이 복자 처리되었는데, 단행본에서는 그 일부를 지우거나 복원해서 바로잡았다. 또 원본 곳곳에서 목격된 일제에 대한 비판이 개작본에서는 감정적 언사를 배제하고 사실만을 건조하게 서술하는 식으로 조정된다. 실제로 원본은, 「고향」의 김윤건처럼 동경에서 공부를 마치고 귀국한 화자가 궁벽한 촌에서 평범하게 학생들을 가르치며 살고자 하는 내용이다. 낙후된 P촌을 낙원으로 만들기 위해 혼신의 힘을 다하는 화자는 일제 관헌의 방해로 결국 꿈을 포기하고 마을을 떠난다는 내용이다. 원본에는 소박한 꿈마저 허용하지 않는 일제에 대한 반감과 부정의식이 구체적으로 표현되어 있다.

| 「실낙원 이야기」6) (원본) | 「실낙원 이야기」7) (개작본) |
|---|---|
| ① 그동안 ×××는 몇번 와서 …… 물어갓지만 ××××이 오기는 …×× 이 오기는 처음이다. 그는 나보기에는 퍽 무레스러웟다.(196면) | 그동안 순사는 몇번 와서 ……물어갔지만 소장이 오기는 … 경관이 오기는 처음이었다. 그는 나 보기에는 좀 무례스러웠다.(181-2면) |
| ②「그런 말이 어듸잇나? ××이 다른 책을 보는 것은 …」(197면) | 「그런 말이 어디 있나? 우리가 다른 책을 보는 것은… 」(182면) |
| ③ 그는 이전에 ××이 와서 뭇든 것보다(197면) | 그는 이전에 다른 사람이 와서 묻던 것보다 …(182면) |
| ④ … 자기 딸애 형제와 또 다른 ××××네 아이까지 다섯아이를 불러왓다.(197면) | … 자기 딸애 형제와 또 이웃집 애들까지 다섯 아이를 불러왔다.(183면) |

| ⑤ 너는 상식이 없는 사람이다. 술이란 것은 … 그것은 ××과 백성의 사이를 … (197-8면) | 너는 상식이 없는 사람이야. 술이란 것은 … 그것은 경관과 백성의 사이를 … (184면) |
|---|---|
| ⑥ 「… 책임은 선량한 시골 청년들한테 씨우란 말이지…」 그는 ××를 꾸미는 것처럼 … (198면) | 「… 책임은 선량한 시골 청년들에게 씨운단 말이지…」 그는 조서를 꾸미는 것처럼 … (185면) |
| ⑦ 「강선생? ××생활을 어떠케 생각하시요?」 …「… ××이 되시오 어떻소?」(198면) | 「강선생? 우리네 생활을 어떠케 생각하시오?」 …「… 경관이 되시오 어떻소?」(185면) |
| ⑧ 두어 시간이나 물속에 위험한 것만 막고 돌아와 옷을 갈아입고 거리로 나섯슬때다 …… ××××××이 다른 ××들과 함께 긴장화를 신고 날도다 밝엇는데 등을 들고 헐떡거리고 지금 물로 나가는 길이엇다. 그는 소리질럿다. (199면) | 두어 시간이나 물속에서 떨다가 돌아와 옷을 갈아입고 거리로 나섰을 때다 …… 소장이 다른 두 순사와 긴 장화를 신고 날도 다 밝었는데 등을 들고 헐떡거리고 지금 물로 나가는 길이엇다. 그는 다시 나에게 소리질렀다. (188면) |

복자 처리된 원본의 단어들이 개작본에서는 "순사, 소장, 경관, 조서" 등으로 복원된 것을 볼 수 있다. 그렇지만, 네 글자(××××) 혹은 여섯 글자(××××××) 등은 문맥과는 전혀 무관한 단어로 대체되고, 일제 순사에 대한 부정적인 말투와 용어는 단순한 지시어로 교체되어 있다. 원본에는 일제에 대한 비판적 태도가 직설적으로 나타나고 화자도 일제의 정책에 동의하지 않는 용기 있는 모습이어서 '실낙원 이야기'라는 제목은 실낙원이 아니라 지옥을 상징하는 역설로 기능하였다. 그렇지만 개작본에서는 그런 내용을 삭제하거나 순치시킴으로써 비판적 의도를 제거하였고, 화자의 소박한 꿈이 왜 실현될 수 없는지 그 이유조차 모호하게 처리해버렸다.

---

6) 이태준, 「실낙원 이야기」, 『동방평론』, 1932.7.
7) 이태준, 『달밤』, 한성도서, 1934.7.

「코스모스 이야기」는 『이화(梨花)』(4호)8)에 발표된 뒤 『달밤』에 재수록되면서 대폭 개작된 작품이다. 한 여성이 계급적으로 각성해 가는 과정을 서술한 이 작품은 검열을 통과하기 쉽지 않았을 내용이다. 일제가 강력하게 통제했던 것이 사회주의나 민족의식 고취, 식민 정책에 대한 비판 등이었던 점을 감안하자면9) 한 여성이 계급의식을 갖게 되는 과정을 그린 이 작품이 간행된 것은 다소 뜻밖이다.

일제는 각급 학교의 교지(校誌) 또한 엄격하게 통제해서 쉽게 출간을 허용하지 않았다.10) 『이화』 창간호(1929.2)는 '압박과 불평등에서 벗어난 프랑스 및 미국 혁명 소개와 졸업하는 학생들은 불합리한 교육 제도의 모순과 치욕을 인내하고 승리를 얻었음을 기술'했다는 이유로 '불허가 차압 및 삭제' 처분을 받았고,11) 3집은 '조선의 현재 상황에서 우리 역사와 국어를 제대로 교육받지 못하는 교육 현실을 비판'했다는 이유로 '불허가 차압 및 삭제'12) 처분을 받았다. 「코스모스 이야기」가 수록된 4집에 대해서는 특별한 기록이 없는 것으로 보아 부분적인 삭제(四行略 등)를 조건으로 출간된 것으로 보인다.

8쪽 분량의 「코스모스 이야기」의 내용은 다음과 같다. 외모가 아름답고 심덕이 착한 최명옥이 시집을 뛰쳐나오게 된 사연, 곧 가난한

---
8) 『梨花』(제4호), 1932.10, 138-145면.
9) 문한별, 앞의 책, 20-30면.
10) 『이화』, 『연희』, 『중앙』, 『숭실 활천』, 『휘문』, 『문우』 등에 수록된 상당수의 글이 검열로 삭제되거나 간행되지 못하였다. 『조선출판경찰 월보』(경성지방법원검사국문서)http://db.history.go.kr/item/level.do?itemId=had 참조.
11) 『이화』 창간호는 검열로 적잖은 고초를 겪은 뒤에 간행되었다. 1928년 학생회가 문학부 사업으로 회지 발행을 결의하고 교수·동창·재학생들의 원고를 수집하여 총독부 도서과에 출판허가를 신청했으나 허가를 내주지 않고 그 내용이 불온하다 하여 압수당하고 말았다. 책임자들은 수차례 총독부를 찾아가서 사정하고 애쓴 끝에, 당국의 요구대로 원고를 수정 삭제하고, 끝까지 문제가 된 원고는 아예 버리는 고충을 겪은 후에야 겨우 출판허가를 받았다. 자세한 것은 최덕교의 『한국잡지백년 3』(현암사, 2004) 참조.
12) 『조선출판경찰월보』(29호), 앞의 문서.

친구 현정자와 그 오빠 현홍구로 인해 계급적 현실에 눈뜨고 각성하는 것이 작품의 요지이다. 최명옥은 현정자의 궁핍한 생활을 목격하면서 사회·경제적 모순을 깨닫는다. 특히 결혼 후 목격한 행랑 자식의 급작스러운 죽음은 그런 인식을 한층 더 강화한다. 한약 한 첩 지어먹게 해달라는 행랑어멈에게 전혀 도움을 주지 못한 명옥은 다음날 그 행랑 자식이 죽어 나가는 것을 목격한다. 이 일을 계기로 육체만을 탐하는 결혼생활에 대한 회의가 깊어지고 대신 마음속으로 존경해 오던 현홍구에 대한 그리움이 한층 깊어진다. 그해 가을 명옥은 화단에서 꽃을 피우지 못한 채 키만 우뚝한 코스모스를 발견하고 겉만 화려한 자신의 신세를 떠올리며 "마츰내 모-든 것을 내버"리고 집을 나온다. 주변의 손가락질에도 불구하고 명옥은 새와 같은 자유로움을 느끼고 마침내 그리워하던 현홍구를 수소문해서 만난다. 현홍구만은 훌륭하게 되었으리라 믿었지만 실제로는 전과 다름없이 초라한 상태였고, 더구나 얼마 후 경찰에 잡혀서 투옥된 뒤에는 위장병을 얻어서 이내 유명을 달리한다. 이런 일들을 겪으면서 명옥은 "현홍구의 운명, 이 사회의 운명을 지배한 것은 사람이다. 사람의 짓이다."라는 깨달음을 얻는다는 내용이다. 마지막 장면에서 '四行 略'이 명기된 것으로 보아 깨달음의 구체적 내용이 검열로 삭제된 것으로 짐작된다.

| 「코스모스 이야기」(『이화』) (원본) | 「코스모스 이야기」(『달밤』) (개작) |
|---|---|
| 1) 명옥은 현홍구의 남누한 모양을 보고 자기 어빠나 자기 남편의 신세처럼 슬퍼하엿다. 현홍구에게 훌륭한 직업과 지위를 주지 안는 사회가 한없이 원망스러웟다. 그나마 현홍구는 그 다음날 다시 만날 기회도 없이 경찰에 발견되어 잡히여 갓다. 또 그나마 노여나올 날의 희망조차 끊어지고 | 삭제 |

말엇으니 몸이 약한 현홍구는 옥에 드러간 지 넉 달만에 위ㅅ병으로 죽고 말엇다.
명옥의 슬픔은 컷다. 명옥의 눈앞은 캄캄하게 어두엇다. 그러나 빛은 어두움 속에서 나타나는 것이엇다.
여기서, 이 암흑과 슬픔의 절정에서 명옥은 넘어지지 안엇다. 오히려 멀리 서광을 느끼엇다. 큰 용기를 얻고 손을 높이 들고 일어섯다.
「현홍구에게 훌륭한 직업과 지위를 주지 아은 것은 이 사회가 아니다. 이 사회 역시 현홍구와 똑같은 운명에 잇다. 이 운명을 지배하는 자는 누구냐? 하느님이냐?」
명옥은 힘 잇게 머리를 흔들엇다.
「아니다! 하느님은 똑같이 복되게 살도록 마련해 주섯다. 현홍구의 운명, 이 사회의 운명을 지배한 자는 하느님의 자비까지 유린한 자다. 그는 무엇인가? 귀신인가?」
명옥은 한참 생각하엿다. 그리고 소리첫다. '현홍구의 운명, 이 사회의 운명을 지배한 것은 사람이다. 사람의 짓이다.
(四行 略)」
명옥은 큰 용기를 얻었다. 시집을 벗어나서는 새와 같이 날어날듯한 경쾌를 느끼엇으나 이번에는 바위를 들고 산을 떠들고 일어서는 기중기(起重機)와 같은 거대한 저력(底力)을 느낀 것이다.
명옥은 유쾌하엿다. 새로운 정렬에 꽃송이처럼 불타는 그의 아름다운 얼골은 명랑한 가을바람에 기ㅅ발 같이 빛나며 형무소로 임자 없는 현홍구의 시체를 맡으러 갓다.
(145면)

삭제

얌전했던 명옥이 사랑하는 사람의 죽음을 계기로 사회 현실에 맞서 저항할 것을 결심하는 대목이다. 현실의 실상을 깨닫고 각성해 가는 인물을 통해서 사회 현실의 문제를 타개하려는 의지, 개작본에서는 이 대목을 모두 삭제함으로써 작품의 초점을 한 여성의 인간적 성숙으로 변경해 놓았다.13) 일제가 사회주의를 비롯한 사상운동을 적극적으로 차단했다는 것을 고려하자면, 이러한 개작은 일제가 요구하는 제국의 가치에 작품을 순치시킨 것으로 이해할 수밖에 없다.

「고향」은 이 시기에 간행된 단행본 어디에도 수록되어 있지 않다. 〈동아일보〉 1931년 4월 21일에서 29일까지 발표된 이 작품은, 동경 유학을 마치고 서울로 돌아오는 김윤건의 이야기를 다룬 자전적 소설로, 식민지 시기에 출간된 이태준의 8개 단편집14) 어디서도 찾을 수 없다. 작품은 "형설의 공"을 이루고 귀국 길에 오른 윤건이 조선의 참담한 현실을 목격하고 "폭풍우 같은 울분"에 사로잡혀 난동을 부린다는 내용이다. 귀국 선상에서 만난 조선인 형사의 위압적인 취조와 조선인 인부들의 초라한 행색, 좋은 곳에 취직했다고 거들먹거리는 동료 학생, 부산에 도착해서 겪는 일본 형사의 강압적인 취조와 그런 현실에 무감각한 조선 사람들을 지켜보면서 윤건은 격한 분노에 사로잡힌다. 일자리를 구하는 과정에서는 과거 동맹휴교사건 때 스파이질을 했던 동료들은 모두 좋은 곳에 취직했지만, 정의를 부르짖던 친구들은 이미 오래전에 감옥으로 들어가고 없다는 사실을 알게 된다. 신간회를 찾아갔지만 폐쇄된 채 문이 잠겨 있었고, 잡지사와 신문사를

---

13) 민충환, 「'코스모스 이야기' 소고」, 『이태준소설의 이해』, 백산출판사, 1992. 참조.
14) 8권의 단편집은 『달밤』(한성도서, 1934), 『가마귀』(한성도서, 1937), 『이태준 단편선』(박문출판사, 1937), 『이태준 단편집』(학예사, 1941), 『돌다리』(박문서관, 1943), 『해방전후』(조선문학사, 1947), 『복덕방』(을유문화사, 1947), 일본어로 된 『복덕방』(일본사, 1941)이다.

찾아 일자리를 알아보지만 어디서도 환영받지 못한다. 그런 현실을 목격한 뒤 윤건은 사은회를 열고 있는 학생들에게 분풀이를 하듯이 행패를 부리고 '관청의 신세'를 진다는 내용이다. 윤건을 통해서 제시된 당대 현실은 「만세전」의 이인화가 동경에서 서울로 돌아오면서 목격한 황폐한 묘지와도 같다. 그런데 현실을 냉정하게 관찰하기만 했던 이인화와는 달리 김윤건은 현실에 분노하고 반발하는 등 한층 적극적인 모습으로 그려진다. 작가가 이런 내용의 작품을 개작한다면, 「오몽녀」의 개작에서처럼, 일제를 비판하는 내용은 대부분 사라질 것이고, 그렇다고 그것을 다른 내용으로 대체하기도 힘들었을 것이다. 그런 관계로 이태준은 이 작품을 어떤 선집에도 수록하지 않고 방치한 것으로 보인다.15)

「고향」이 신문에 발표될 수 있었던 것은 「오몽녀」의 경우처럼 '신문지법'을 적절하게 활용한 데 있다. 「오몽녀」는 『조선문단』 현상(懸賞) 공모에 당선되었지만 거기에 실리지 않고 〈시대일보〉에 발표되었다. 잡지인 『조선문단』은 '출판법'의 대상이어서 원고를 당국에 제출한 뒤 검열을 받아야 인쇄를 할 수 있었다. 반면에 신문은 먼저 인쇄를 한 뒤 그것을 납본하는 신문지법의 대상이어서 「오몽녀」는 원작대로 〈시대일보〉에 발표될 수 있었다.16) 「고향」 역시 신문지법에 의거해서

---

15) 한만수는 「고향」을 '검열 우회'의 대표적 사례로 거론한다. 곧, 일본을 이국(異國)으로 호칭함으로써, 조선을 고국 또는 모국으로 간주했는데, 이는 조선에 국가성을 부여한 것으로, 일본 제국이라는 전체 속에서 조선을 재배치하는 일제의 원칙을 부정하는 것이고, 그것을 이태준은 "이국의 밤경치"라는 일종의 "연어법을 구사하여 빠져나갔다"고 설명한다. 한만수의 「1930년대 문인들의 검열 우회 유형」(2007) 참조.
16) 당시 「출판법」에 따르면, "문서・도화를 출판코자 하는 때는 저작자 또는 그 상속자와 발행자가 도장을 찍은 고본(稿本)을 지방장관을 경유하여 내부대신에게 허가를 신청해야 한다"고 규정하여, 원고의 사전검열과 사후 납본을 의무화하였다. 「신문지법」에서는 신문지는 매회 발행에 앞서 내부 및 그 관할 관청에 각 2부를 납부해야 한다는 규정이어서, 인용문에서 언급한 것처럼, 원고를 먼저 인쇄한 뒤 사후에 검열을 받는 형태였다.

먼저 인쇄한 뒤에 사후적으로 납본을 했고, 그래서 부분적으로 삭제를 당한 뒤 발표될 수 있었던 것이다. 만일 원작을 단행본에 수록하고자 했다면, 「고향」은 「오몽녀」의 경우처럼 일제와 식민 사회를 비판하는 내용의 대부분을 삭제하거나 조정해야 했을 것이다.

검열을 의식한 개작의 또 다른 사례는 「영월영감」이다. 「영월영감」은 1939년 2~3월 『문장』지에 발표되었다가 1943년의 『돌다리』에 재수록되었다. 두 작품을 비교해 보면 크게 세 곳에서 개작되었다.

| 「영월영감」17) (원본) | 「영월영감」18) (개작본) |
|---|---|
| ① (…) *세도가 정상시가 아닌 때에 득세(得勢)하는 것은 소인잡배의 무리라 하고, 읍에 한번 가는 일이 없이 온전히 출입을 끊었다가 기미년 일에 사오년 동안 옥사생활을 거친 후로는*, 심경에 큰 변화를 일으킨 듯, 논을 팔고, 밭을 팔고, 가대와 종중(宗中)의 위토(位土)까지를 잡혀 쓰면서 한동안 경향각지로 출입이 잦았다. (94면) | ①-1 (삭제) 심경에 큰 변화를 일으킨 듯 논을 팔고 밭을 팔고 가대와 종중(宗中)의 위토(位土)까지를 잡혀 쓰면서 한동안 경향각지로 출입이 잦았었다. (50면) |
| ② (…) 그러나 이마와 눈시울에 잘고 굵은 주름들은 너머나 탄력을 잃었다. 더구나 머리와 수염이 반이 넘어 힌 것을 뵙고는, *성익은, 이 분도 시대의 운명을 어쩌기는커녕 자기 자신이 그 운명 속에 휩쓸리고 마는 것이 아닌가 하는 서글픔이* 가슴이 뿌지지하게 느껴왔다. (94면) | ②-1 (…) 그러나 이마와 눈시울에 잘고 굵은 주름들은 너머나 탄력을 잃었다. 더구나 머리와 수염이 반이 넘어 흰 것을 뵙고는, 성익은 가슴이 뿌지지했다. (51면) |

---

17) 이태준, 「영월영감」, 『문장』, 1939. 2-3.
18) 이태준, 『돌다리』, 1943.12.

| ③「막연이겠지 … 힘없이 무슨 일을 허나? *홍경래두 돈을 만들어 뿌리지 않았어?* 금같은 힘이 어딨나? 금캐기야 조선 같이 좋은데가 어딨나? 누구나 발견할 권리가 있어, 누구나 출원하면 캐게 해, 국고보조까지 있어 남 다 허는 걸 왜 구경만 허구 앉었어?」(99-100면) | ③-1「막연이겠지 … 힘없이 무슨 일을 허나? 금 같은 힘이 어딨나? 금캐기야 조선같이 좋은 데가 어딨나? 누구나 발견할 권리가 있어, 누구나 출원하면 캐게 해, 국고보조까지 있어, 남 다 허는 걸 왜 구경만 허구 앉었어?」(59-60면) |
|---|---|

『돌다리』에 수록된 개작본에서는 주인공 영월영감이 왜 금광에 뛰어들었는지 그 이유를 알 수 없다. 영월영감이 '심경에 큰 변화를 일으킨 듯' 논을 팔고 밭을 팔고 심지어 가대와 종중까지 잡혀 쓰면서 경향 각지로 출입을 한 이유가 무엇인지, 어떠한 '심경'의 변화를 겪었는지? 작품은 그저 금광을 찾아다니다 죽음에 이른 한 인물의 에피소드(일화)를 보여줄 뿐이다.

그런데, 원본에는 모호했던 부분들이 명료하게 제시되어 있다. ①에서 볼 수 있듯이, 금광을 찾아다니는 영월 영감의 행위는 뭔가의 큰 대의명분에서 비롯되었다. 기미독립운동에 참가했다가 사오 년간 투옥되었고, 그것을 거친 후에는 "심경에 큰 변화를 일으"켜 "경향 각지로 출입"이 잦았는데, 그것은 "돈을 만들어" 홍경래와 같은 큰일을 하겠다는 믿음에서였다. 독립운동을 하기 위해서는 돈이 필요하고, 그 돈을 마련하기 위해서 금광에 뛰어들었던 것. 홍경래라는 상징에서 그런 사실을 시사받을 수 있다. 주지하듯이, 홍경래(1771-1812)는 조선 말기에 세도정권의 부패와 지역 차별에 대한 반감에서 조선왕조의 전복을 목표로 반란을 일으킨 인물이다. 평안도의 가산을 근거지로 해서 봉기를 위한 재원을 마련함과 동시에 광산 개발을 명분으로 사람들을 모집하여 봉건 왕정에 반대하는 반란을 일으킨 혁명적 인물이었다.19) 이런 홍경래의 행적을 염두에 두자면 영월영감이 금광에 빠져든 것은 개인의 영달이 아니라 무언가 '큰일'을 염두에 둔 것임을 알 수 있다. 개작본에서는 이해할 수 없었던 영월 영감의 행동이 한층 명료해진 셈이다. 하지만 그런 내용을 단행본에 수록하기는 힘들었고,20) 그래서 1943년의 단행본에서는 그것을 삭제하고 영월영감의 행적을 모호하게 처리한 것이다.

이상의 작품들에서 볼 수 있는 개작은 작품의 향상이 아니라 개악으로 나타난다. 사회 비판적인 내용이나 민족의식이 제거되거나 순치되고, 심지어 작가의 의도마저 모호하게 처리되었다. 그런 내용들은 '치안 유지 방해'나 '풍속 괴란' 등에 해당하기에 삭제하거나 순치한 것인데, 이는 역설적으로 이태준이 일제 치하의 현실에 대해 깊이 인식하고 그것을 바로잡고자 하는 실천적 의지를 갖고 있었다는 것을 방증한다. 물론 작품이 사회 구조적인 인식과 집단적 투쟁을 특징으로 하는 카프(KAPF) 소설과는 구별되지만, 현실을 비판하고 바로잡으려는 의지는 그에 못지않다는 것을 알 수 있다.

### 3. 검열의 내면화와 심미적 개작

1930년대 중반 이후의 단행본에서 목격되는 개작은 앞의 경우와는 사뭇 다른 형태로 나타난다. 이 시기의 개작은 검열을 내면화한 상태, 곧 검열의 현실을 인정한 상태에서 자신의 문학적 지향을 성실하게

---

19) 홍경래의 역사적 의미에 대해서는 권내현의 「홍경래, 왕조에 도전한 평민 지식인」(『내일을 여는 역사』21, 내일을여는역사재단, 2005.9) 참조.
20) 「영월영감」의 원본이 '기미년'과 '홍경래'를 삽입했음에도 검열을 통과할 수 있었던 것을 한만수는 상호텍스트성의 활용이라고 말한다. '기미년'과 '홍경래'를 지나치듯 간단하게 언급함으로써, 곧 두 단어를 상당히 떨어진 곳에 배치하는 '나눠쓰기'를 함으로써 검열관이 그 의미를 눈치채지 못하게 했다는 것이다. (한만수의 앞의 책 317면)

실천한 형국이다. 자신의 의도대로 작품을 창작할 수 없고 또 작품이 출판되더라도 검열을 받아야 하는 이중 검열의 상황에서 이태준은 검열과는 무관한 미적인 영역에 관심을 집중한다. 식민 권력의 통제가 미치지 못하는 문장과 표현의 영역으로 관심을 돌린 것이다. (물론 이런 행위는 검열을 돌파한 것이 아니라 회피한 것으로 볼 수도 있지만, 검열을 뚫을 수 없는 상황에서 그것과 무관하거나 무력화시킬 수 있는 영역을 찾아서 행동한 것이라는 점에서 검열에 대한 대응으로 볼 수 있다. 검열을 통과한 텍스트가 모두 일제에 순응하고 협력한 것이 아니듯이, 사상과 내용으로 일제에 맞선 것만을 저항으로 볼 수는 없을 것이다.) 그것을 통해서 일제가 요구하는 사회적 가치와 규율에서 벗어나 자기 고유의 정체성을 만들고자 한 것이다. 그것은 구체적으로 소설 양식에 대한 탐구로 나타난다.

이태준에게 있어서 현대소설은 고소설과는 근본적으로 다른 것이었다. 낭송조와 상투어로 된 것이 고소설이라면 현대소설은 작가의 개성과 문체로 표현된 예술적 창조물이다. 그것을 만들기 위해서 문장이라든가 인물 혹은 사건 등을 '자기의 감각'대로 표현해야 하고,[21] 그러기 위해 부단히 고치고 바로잡아야 한다.

> "어떤 것은 문장을, 어떤 것은 사건을, 어떤 것은 제목까지 붉은 작대기를 그어 집어던지었다가 이틀, 사흘씩 고쳐보았다. 그러나 하나도 만족하게 고쳐진 것은 아니었다. 자꾸 고치자! 나는 여간해선 자기가 만족할 수 있는 작품을 내어놔 보지 못할 것을 깨달았고, 그 대신 기회만 있으면 평생을 두고 고칠 것을 결심하였다."[22]

---

21) 이태준, 「제5강 퇴고의 이론과 실제」, 『문장강화』, 박문서관, 1948, 211-226면.
22) 이태준, 「서」, 『달밤』, 한성도서주식회사, 1934, 1-2면.

이러한 개작을 통해서 '예술의 본연성'이 획득된다고 이태준은 생각하였다. (1920년대 후반기 이래 이른바 해외문학파나 구인회 작가들이 문단의 전면에 부상한 것은 검열이 강화된 현실과 무관하지 않다. 당시 신문과 잡지 등은 "사상적 위험을 갖지 않는 인물"이면서 동시에 "명망이 있는 작가"를 통해서 당국과의 갈등을 피하고자 했다. 그것이 정치와는 거리를 두고 문학 활동을 해온 이들 해외문학파나 구인회 부류에게 유리한 환경이 되었고, 대거 문단에 진입하는 계기를 제공하였다. 이태준이 이전과는 다른 방향의 작품을 창작하고 또 심미적 개작에 주력한 것은 이런 흐름과 연결되어 있다.) 「어둠」에서 목격되는 개작은 그런 견지에서 이루어진다.

| 「어둠」23) (원본) | 「우암노인」24) (개작본) |
|---|---|
| ①「사람이 죽는날 죽드라도 이러케 사는가 싶은 날이 있어야지…」하고 노인은 말년에 이르러 인간의 희열을 새로 한번 느끼었다. 그러나 이 한가지의 밝은 희열은 여러 가지의 어둠의 그늘을 가지고 왔다.(48면) | 「사람이 죽는날 죽드라도 이렇게 사는가 싶은 날이 있어야…」 노인은 말년에 이르러 인간락을 새로 한번 느끼었다. 그러나 이 한가지의 밝은 사실은 여러 가지의 어두운 그늘을 가지고 왔다.(22면) |
| ②「저 즘성! 어떠케 사귀누!」 시커멓게 생긴 무슨 그림자는 한거름 덥석 자기 앞으로 다거서는 것 같었다.(49면) | 「저 짐생!」 시커멓게 생긴 무슨 그림자는 한거름 덥석 앞으로 다거서는 것 같었다. (25면) |

이 작품은 원래 「어둠」으로 발표되었다가 단행본에 수록되면서 「우암노인」으로 개제된 것으로, 내용보다는 문장과 표현을 바로잡는 데 개작의 초점이 있다. "인간(人間)의 희열(喜悅)"을 "인간락(人間樂)"으로,

---

23) 이태준, 「어둠」, 『개벽』, 1934.11.
24) 이태준, 『가마귀』, 1937.8.

"밝은 희열"을 "밝은 사실"로 바꾸어 군더더기를 없애고 문장을 정확하게 처리하였다. 문맥에 맞는 정확한 단어로 조정한 것인데, 특히 '희열'을 '사실'로 바꾼 것은 '밝은 희열'이 '여러 가지의 어둠의 그늘'을 갖고 있는 것이 아니라 앞의 문장 곧, '말년에 이르러 인간의 희열을 새로 한번 느낀 것'을 지시해야 정확한 표현이 되기 때문에 그에 맞게 조정한 것이다. ②에서도 문장을 간결하고 정확성을 높이기 위해서 '어떠케 사귀누'하는 말을 생략하여 군더더기를 없앴고, 또 '자기 앞으로'에서 '자기'를 삭제함으로써 불필요한 말의 남용을 제거하였다.

「손거부」에서도 그런 식의 개작을 볼 수 있다.

| 「손거부」25)(원본) | 「손거부」26)(개작본) |
|---|---|
| ① 그 다음붙어 손서방은 일이 없건 우리집에 자주 들렸다.(220면) | 그 다음부터 손서방은 일이 있건 없건 우리집에 자주 들렸다.(48면) |
| ② 한번은 손에 피를 철철 흘리면서 올라왔다.<br>「왠일유?」(221면) | 한번은 손에 피를 뚝뚝 흘리면서 올라왔다.<br>「아, 왠일유?」(51면) |
| ③ 손서방은 회차리라기보다 몽둥이에 가까운 나무가지로 아들을 다라 못나게 두손을 묶어쥐고 등덜미를 내려패였다. 그러는데 이에 어디선지 만삭이 가까운 듯 그의 안해가 무거운 거름을 비칠거리며 달려들었다.(221면) | 목에 피ㅅ대가 일어선 손서방은 회차리라기보다 몽둥이에 가까운 나무로 아들을 못다라나게 두손을 묶어 쥐고 등덜미를 내려 패였다. 그러는데 이내 어디선지 태중이라고 만삭에 가까운 듯한 그의 안해가 무거운 거름을 비칠거리며 달려들었다.(52면) |

---

25) 이태준, 「손거부」, 『신동아』, 1935.11.
26) 이태준, 『가마귀』, 1937.8.

| ④「그래두 …」<br>「그눔은 글을 잘해서 국녹을 좀 먹게 됐으면 좋겠읍니다.」<br>「국녹? 그럼 녹자루 합시다. 복녹자 손녹성이라 거참 괜찮우?」<br>「녹성이 … 좋겠죠. 그럼 삼자에 녹성이라 또써넣어야겠읍죠..」<br>「그렇죠. 인구수도 하나 늘구요..」<br>(222면) | 「그래두 …」<br>그는 잠간 먼산을 쳐다보더니<br>「이 눔은 글을 잘해서 국녹을 좀 먹게 됐으면 좋겠읍니다.」<br>하였다.<br>「국녹? 그럼 녹자루 합시다. 복-녹자가 있으니, 손녹성이라 거 참 괜찮우?」<br>「녹셍이 … 좋겠읍죠. 손녹생이라 … 불르기두 십상 좋은뎁쇼 … 그럼 삼자에 녹성이라구 또 써넣어야겠읍죠.」<br>「그럽시다. 인구수도 하나 또 늘구?」<br>(53면) |
|---|---|

여기서도 내용보다는 문장과 표현을 다듬고 조정한 것을 볼 수 있다. ①에서는 "일이 없건"을 "일이 있건 없건"으로 바꾸었고, ②에서는 "철철"을 "뚝뚝"으로 바꾸었다. '철철'은 '많은 액체가 넘쳐흐르는 모양'을 뜻하지만, '뚝뚝'은 '큰 물체나 물방울 따위가 잇따라 아래로 떨어지는 소리 또는 그 모양'을 의미한다는 점에서 '뚝뚝'이 보다 상황에 적합하다. ③에서는 "목에 피ㅅ대가 일어선"이라는 말을 덧붙임으로써 한층 더 사실적이고 실감나게 인물의 행위를 묘사했고, ③에서는 문패를 써달라는 손거부의 행위를 구체적으로 묘사함으로써 손거부를 한층 생동감 있는 인물로 성격화했다.

이러한 개작은 1934년 이후의 단행본에서 두루 목격되는데 가령, 「삼월」, 「바다」, 「장마」, 「철로」, 「가마귀」, 「패강냉」, 「사냥」 등이 그런 사례들이다.[27] 여기서 볼 수 있는 개작은 이태준이 「퇴고의 이론과 실제」에서 제시한 6가지 기준을 구체적으로 적용한 것이다. 곧, 첫째

---

[27] 이들 작품의 개작에 대해서는 민충환의 『이태준 연구』(깊은샘, 1988)의 Ⅲ부 참조.

정확한 용어의 사용, 둘째 모순과 오해될 데가 있나 없나, 셋째 인상이 선명한가 불선명한가, 넷째 될 수 있는 대로 줄이자, 다섯째 처음의 것(처음의 생각과 처음의 신선)이 있나 없나, 여섯째 이 표현에 만족할 수 있나 없나이다.28) 이런 기준에 비추자면 이태준에게 있어서 퇴고란 단순한 개필(改筆)이 아니라 자신의 미의식과 가치를 구현하는 심미화 작업이자 동시에 새로운 정체성의 주조 과정인 것을 알 수 있다.

이런 심미적 개작은 「꽃나무는 심어놓고」에서처럼 작품의 '구성'까지 조정하는 것으로 나타난다. 「꽃나무는 심어놓고」는 주인공 방서방이 일제의 농업정책으로 오랫동안 정들어 살던 고향에서 더 이상 살 수 없게 되자 서울로 이주하고, 일자리를 찾지만 구하지 못하고 가족마저 해체된다는 내용이다. 방서방은 상경한 뒤 다리 밑에 움을 틀고 일자리를 찾아 나서지만 구하지 못하고, 아내는 구걸을 나섰다가 길을 잃고 거간꾼 노파에게 걸려들어 가족과 헤어지며, 어린 딸은 추위와 굶주림으로 죽음에 이른다. 화창한 봄날 방서방은 술집에서 가출한 아내를 우연히 만나지만 자신의 초췌한 몰골에 자격지심을 느끼고 뛰어나오며, 아내는 남편을 쫓아나오지만 만나지 못한다는 이야기이다.

| 「꽃나무는 심어놓고」29) (원본) | 「꽃나무는 심어 놓고」30) (개작본) |
|---|---|
| 1) 「에라 저녁먹이는 생각해 무얼하느냐 다른집 술맛도 한번보리라」<br>하고 웃줄렁하여 지나다 말고 드러선 것이 바로 이 술집이엇다.<br>「뭐!」 | 그러나 술만 깨이면 역시 세상은 견딜 수 없이 슬픈 세상이엇다.<br>「정칠 놈의 세상 같으니!」<br>하고 아무대나 주저앉어 다리를 뻗고 울고 싶었다.(137면) |

---

28) 이태준, 앞의 책, 219-226면.
29) 이태준, 「꽃나무는 심어놓고」, 『신동아』, 1933.3.
30) 이태준, 『달밤』, 1934.7.

방서방은 지게를 벗어 밖에 놓고 술청에 한거름 드러서다 말고 주츰하엿다.
「저년이!」
그는 눈이 번적하여 술청에 앉은 주모를 바라보앗다. 주모는 시아버니의 상복을 벗어던지고 분홍저고리를 입은 것밖에는 조곰도 눈에 선데가 없는 정순의 에미, 자기의 안해엿다. 처음엔 그는 분함에 격하여 두 주먹을 부르르 떨고 섯을 뿐이엇으나 그 주모마자 방서방의 모양을 발견하고 「으앗」 소리를 치며 술국이를 내여던질 때 그때는 방서방은 일즉 생각지 못햇든 자격지심이 불숙 일어낫든 것이다.
「지금 내 꼴이 얼마나 초췌하냐 그러나 나도 사나이다. 저 따위 계집년에게 나의 곤궁한 모양만 보히고 섯을 까닭은 없다.」
그는 선 듯 물러서 나오고 말엇다.
김씨는 술청에서 그냥 나려 띨 재조는 없었다. 다시 방으로 드러가서 마루로 나가서 마당으로 나려가서 안부엌을 거쳐서 뒤깐 앞을 지나서 술청 앞으로 나왓을 때는 정순의 아범은 간데가 없엇다.
「인제 그 사람 어디 갓소?」
「나갑디가」
문밖에 나와 보나 보히지 안엇다. 「정순이 아버지—」 하고 악을 써 부르기를 몇차례 햇으나 지나가든 사람만 구경할 뿐 남편의 모양, 정순이는 어쩌고 혼자 도라다니는 그 쓸쓸한 남편의 모양은 깨여난 꿈처럼 사라지고 말엇다.

> 김씨는 세상이 앗득하여 그대로 길우에 주저앉고 말엇다. 그리고 가슴을 치며 울엇다.
> 그까짓 생리별은 아모것도 아니엿다. 백옥같은 제 마음을 남편이 오해하는 것이 기막히엿고 꿈결처럼이나마 딸 정순이까지 보지 못한 것이 가슴을 쪼기는 애닯음이엇다. (178-179면)

　인용된 부분은 술집에서 아내를 만나서 자격지심을 느끼고 술집을 뛰어나오는 방서방과 그를 쫓아 나서는 아내의 모습을 제시한 작품의 마지막 대목이다. 개작본에서는 이 부분을 삭제하고 방서방의 우울한 심사를 제시하는 것으로 마무리된다. 원본은 일제의 기만적 농업정책과 그로 인한 방서방 일가의 유랑과 몰락이 중심 서사를 이루고, 거기에다 부부간의 오해와 생이별이라는 부(副)서사가 덧붙여져 있다. 이야기의 초점이 분산되어 작가의 의도가 혼란스럽게 나타나는데, 개작본에서는 부서사를 삭제함으로써 초점을 하나로 모으고 주제를 통일시켰다. 여기서 볼 수 있는 개작은 퇴고의 기준에서 제시한 '모순과 오해될 데가 있나 없나', '인상이 선명한가 불선명한가'인 것을 알 수 있다. 이런 식의 개작은 이태준이 1930년대 중반 이후의 작품에서 두루 목격되는 문학적 정체성 찾기의 과정으로 이해할 수 있다.

## 4. 체제 순응과 생존을 위한 개작

　이태준의 해방 후의 개작은 식민지 시대와는 정반대로 시대와 정치 현실에 적극 부응하는 자기검열의 산물이라는 데 특징이 있다. 해방과 함께 이태준은 정치 현실에 뛰어들어 좌익의 문화건설중앙협의회에 참여하고 문학가동맹의 부위원장을 맡았으며, 조선공산당 기관지 〈현대일보〉의 주간을 역임하였다. 1946년 2월에는 민주주의 민족전선 문화부장이 되고, 8월 초에는 월북하여 방소문화사절단의 일원으로 소련을 다녀왔다. 과거의 소극적인 처세에서 벗어나 좌익의 문학관을 내면화하고, 문장과 심미성을 중시했던 스타일리스트에서 벗어나 당의 정책과 이념에 복무하는 일꾼으로 변신한 것이다. 그런 입장에서 이태준은 과거 자신의 행적을 점검하지 않을 수 없게 되고, 그 결과 자전적 성격의 『사상의 월야』를 비롯한 「해방 전후」와 「밤길」 등을 좌익의 입장으로 개작한다.[31] 이 개작은 과거를 부정하는 형국이지만, 개작의 기준이 북한의 이념과 가치라는 점에서 또 다른 차원의 공유된 정체성의 수용으로 볼 수 있다.

「해방 전후」 개작에서 과거 부정과 자기 정당화의 구체적인 사례를 볼 수 있다. 이 작품은 해방기의 현실에서 공산주의자로 변신하는 과정을 사실적으로 그렸다는 점에서 높이 평가되지만, 좌익 문단의 지도급 인물이 된 시점에서는 문제가 적지 않았다. 우선 주인공의 성격이 시대 흐름을 꿰뚫고 선도하는 지혜를 갖고 있지 못하다. 작가의 대리인인 '현'은 매사에 소극적이고 해방에 대해서도 낙관하지 못한다. 향리로 내려와 낚시로 소일하며 막연히 미래를 꿈꾸는 것이나 해방 후 격동하는 현실에서 좌익을 비판하고 거리를 두는 모습은 공산주의자가 된 현실에서는 용납하기 힘든 행태들이다. 게다가 현은 민중들을 '얼빠진 인물'로 보는 반민중적인 태도를 거침없이 내보였다. 좌익에 환호하는 민중들의 열망을 헤아리지 못했고 장차 전개될 미래에 대해서도 낙관하지 못하였다. 더욱 심각한 것은 김일성의 영웅적 행적에 대해 무지할 뿐만 아니라

---

[31] 해방 후 이태준 작품의 개작에 대해서는 김홍식(2012), 김지영(2016), 강유진(2011), 배개화 (2012, 2015), 강진호(2019) 참조.

미국과 소련 등의 국제 정세에 대해서도 알지 못한다. 북한 문단을 선도해야 할 입장에서 보자면 이런 대목들은 용납할 수 없고, 그것을 바로잡기 위해서 이태준은 개작이라는 정치적 행위를 단행한 것이다.

「해방 전후」의 개작은 우선 주체의 시각과 태도의 조정으로 나타난다. 1946년의 원본은 민주주의 민족국가의 건설이라는 정치적 현안에 공감하는 모습이라면, 1949년판은 공산주의자로 변신한 이후의 모습이다. 원본의 "무슨 사상가도, 주의자도, 무슨 전과자도 아니었다."는 고백적 서술에서 암시된 '현'의 중립적 태도가 개작본에서는 삭제되고 대신 해방 후 자신의 입장이 좌익과 동일하다는 것으로 개작된다. 그리고 일제 치하에서 살기 위해 소극적이나마 협력하지 않을 수 없었다고 했던 원본을 1949년 판에서는 모두 삭제한다. "살어 견디자!"는 생각에서 문인대회에 참가하지 않을 수 없었지만 그 이상의 친일은 하지 않았다는 것. 그리고 자신의 작품이 신변적이라는 주변의 견해에 대해서 반박한다. 일제의 검열제도로 인해 불가피하게 신변적인 작품을 썼다는 이전의 내용에 덧붙여 그것은 조선사람들의 생활을 충실하게 묘사한 조선문학이며, 일제의 조선말살정책에 맞서 "조선말과 조선글을 한 자라도 하루라도 더 쓰자"는 의도에서 비롯된 행동이었다고 주장한다.

| 「해방 전후」32) (원본) | 「해방 전후」33) (개작본) |
|---|---|
| 현의 아직까지의 작품세계는 대개 신변적인 것이 많았다. 신변적인 것에 즐기어 한계를 둔 것은 아니나 계급보다 민족의 비애에 더 솔직했던 그는 계급에 편향했던 좌익엔 차라리 반감이었 | 현의 아직까지의 작품세계는 비교적 신변적인 것이 아니었다. 신변적인 것에 즐기어 한계를 둔 것은 아니다. 총독정책의 강박한 검열제도 밑에서 그의 처녀작부터 검열관계로 잡지에는 |

32) 이태준, 「해방 전후」, 『문학』, 1946.8.
33) 이태준, 「해방 전후」, 『첫전투』, 1949.11.

고 그렇다고 일제의 조선민족정책에 정면충돌로 나서기에는 현만이 아니라 조선 문학의 진용 전체가 너무나 미약했고 너무나 국제적으로 고립해 있었다. 가끔 품속에 서린 현실자로서의 고민이 불끈거리지 않았음은 아니나, 가혹한 검열제도 밑에서는 오직 인종(忍從)하지 않을 수 없었고 따라 체관(諦觀)의 세계로밖에는 열릴 길이 없었던 것이다.(15면)

싣지 못하고 납본제(納本制, 먼저 인쇄하여 납본과 함께 골라버리기 때문에 저희가 보아 심하다고 인정하는 것은 인쇄물 전부를 압수하고, 압수하는 소란까지 일으킬 것이 아닌 것은 발행인에게 경고만 주는 제도) 신문에, 편집자의 모험으로 발표되었으며 그 작품은 그의 작품집에도 나와보지 못하는 운명이었다.

쓸 수 있는 한계 내에서……. 이것은 절로 신변인물 신변사건이라 하더라도 이 한 조선사람들리요 조선사람들의 생활인 바엔, 충실히만 표현하면 조선문학일 수 있으리라 믿었고, 놈들의 조선말, 조선글, 조선 성명에까지 말살 정책이 노골화하면서부터 일부 조선문인들에게 있어서는 이미 조선문학이기보다 '조선말과 조선글을 한자라도 하루라도 더 쓰자'는 운동으로의 시요 소설을 쓰지 않을 수 없었던 것이다. 경향성이라면 황민화운동에 협력하는 친일적인 경향, 내용은 물론, 형식에까지 일본말로 써서 모국어 말살정책에 협력하고 나서는 배족적 경향 외에는 있을 수 없는 때와 이런 경향성과는 침묵으로 싸우며 조선민족에게 읽히어 해롭지만 않은 내용이면 조선말로 발표할 수 있는 지면이 존속하는 날까지는 한 마디의 조선말, 한 자의 조선글이라도 더 써내는 것이 차라리 일부 작가들의 은근한 경향이기도 했던 것이다.(27-29면)

여기서 신변소설의 창작은 일제의 혹독한 검열제도 하에서는 불가피했고, 조선말과 글을 지키는 최소한의 저항이었다고 주장한다. 일제에 순응하는 행위가 '조선어로 창작하는 행위'로 의미화되면서 정당성을 부여받는 형국이다. 그런 견지에서 해방을 대하는 민중들의 태도가 개작본에서는 적극적인 것으로 조정된다. 하늘과 태양과 구름과 곡식들이 "소리 지르고 날뛰고 싶"다는, 민중들이 해방 소식을 접하고 적극적으로 반응하는 능동적 주체로 재구성된 것이다. 같은 맥락에서 좌익에 대해 "불순하고 경망해 보"이고 심지어 "민족상쟁 자멸의 파탄을 일으키지 않을까" 하는 우려를 표명했던 장면 또한 완전히 삭제된다. 좌익 데모가 종로를 지날 때 '문협'이 그것을 열광적으로 환호하고 행렬 위로 소련기를 뿌리는 대목, 그리고 그 일이 일어난 며칠 뒤에 있었던 '드림사건' 등이 모두 삭제됨으로써 좌익에 대한 비판적 시선은 사라지고 대신 좌익의 정확한 정세 분석과 행동이 긍정적으로 의미화되는 것이다.

이런 개작을 통해서 작가는 해방 후 자신의 변화가 훼절이 아니라 '발전'이라고 주장한다. 해방 전에 자기 주변에는 소극적인 처세가들만 있어서 해방 후의 행적이 변한 것으로 보였을지 모르지만, 해방된 현실에서 의연히 처세만 하고 일하지 않는 데는 반대라는 것, 조선 사람이 "행복한 길"이라면 "물불 속이라도 무릅쓰고 나가야" 한다는 주장이다. 여기에 따르자면 1949년 판본에서는 원본에서 목격되던 '현'의 진솔하고 성찰적인 모습은 사라진다. 공산당의 정세관을 내면화하고 그 지향에 반하는 존재로 미군과 이승만을 규정한 뒤 적극 대응하는, 당의 정책을 전파하고 실천하는 일꾼으로 변신한 것이다.

이런 식의 개작은 「밤길」에서도 확인된다. 「밤길」은 1940년 『문장』지에 발표된 단편으로, 1949년의 『첫전투』에 재수록되면서 대폭 개작되었다. 1949년판 「밤길」은 계급적 적대감과 노동자적 연대의식이 상대적으로 강조되어 드러난다. 원문은 자식들을 버리고 도망간 아내에 대한 원망이 작품의 중심을 이루지만, 개작본에서는 가진 자들에 대한 적대감으로 그것이 대체되어 있다. 개작본에서는 원본에서 볼 수 없던 계급의식이 상대적으로 두드러지는 것이다. 그런데, 개작된 작품은 원본에 비해 작품의 초점이 분산되고 또 주장이 작위스러운 것을 볼 수 있다. 문장을 다듬고 시점을 조정하고 인물의 성격을 강조했던 이전의 개작과는 전혀 다른 모습이다.

북한 문단을 주도하는 지도급 인물로서 이태준은 이제 북한의 집단적 가치와 정책을 작품으로 실천해야 하고, 그런 자기검열에서 이렇듯 과거의 작품을 다시 쓴 것이다. 이태준은 당의 기사가 되었고, 그런 처지에서 자신의 과거를 검열하고 새롭게 정체성을 부여하는, 생존을 위한 개작을 단행한 것이다.

## 5. 개작과 작품의 정본

한 작가의 정체성은 작품만으로 규정되는 것은 아니다. 작가로서의 정체성은 개인이라는 사회적 존재의 근본 귀속 곧, 특정 사회 구성원으로서의 자격을 전제로 작가적 특성이 더해짐으로써 만들어진다. 일제 치하의 현실에서 사회 구성원의 자격은 검열의 형태로 규제되었고, 그 규제를 통과해야만 (사회가 용인하는) 작가로 활동할 수 있었다. 식민지 검열은 일본 국가정책의 산물이고 그렇기 때문에 제국 일본이 조선에서 만들고자 했던 사회 체제와 밀접한 관계를 갖는다. 일제의 출판법과 신문지법은 다양한 차원에서 식민지 텍스트에 개입해서 식민지에서 생산되는 모든 텍스트는 검열의 관문을 통과해야 제도권

안으로 들어올 수 있었다. 1930년대 일제의 검열이 강화되면서 작가들이 작품 발표를 포기하거나 대폭 개작하는 등의 반검열적 행동을 일삼았던 것은 일제가 피식민지인으로서의 자격을 강화했기 때문이다. 이태준이 검열을 수용하고 작품을 고쳤던 것은 국가적 요구에 스스로 부응한 것이지만, 그 결과는 삭제와 조정의 몰개성적 서사로 귀결되었던 것이다.

이태준이 정치 현실과는 차원을 달리해서 작품의 미적인 측면을 천착한 것은 한편으로는 작가로 성숙해 가는 과정으로 볼 수 있다. 초기와 중기 그리고 해방 후의 개작은 그런 사실로 이해할 수 있다. 『달밤』에 수록된 초기작에서 목격되는 개작은 검열이라는 외적 강제에 의한 서사 내용의 변경이다. 일제에 대한 비판이나 민족주의적 내용은 검열로 인해 수록될 수 없었던 까닭에 삭제하거나 순치하는 등의 조정을 보였는데, 이는 일제가 허용하는 공유된 정체성을 수용하는, 작가로서의 존재 조건을 마련하는 것이었다. 이후 중기 작품에서 목격되는 문장과 표현 방식의 조정은 검열을 회피하고 작가로서의 입지를 구축하는 과정이었다. 미적 근대성에 주목하고 그것을 문장과 표현과 구성 등을 통해 추구함으로써 이태준만의 고유한 문학적 특성을 만들어 간 것이다. 그런데 이 일련의 과정이 종국에는 문학에 대한 편향을 초래했다는 것을 기억할 필요가 있다. 내용과 형식은 서로 분리될 수 없고 상호 규정적이지만, 일제의 검열은 작품의 내용을 일정한 범위로 제한하는 것이었다. 서사문학이란 본질적으로 현실을 반영하고 구성하는 양식이지만, 검열은 그 변증법을 제대로 작동하지 못하게 한 것이다. 이태준 초기작에서 볼 수 있는 리얼리즘적 특성과 중기 이후의 미적인 탐구가 결합했더라면 이태준 문학은 한층 더 발전된 형태로 남았을 것이다. 월북 후의 작품 역시 동일하게 말할 수 있다. 월북 후의 개작은 일제강점기와는 정반대로 이루어졌다. 식민치하에서는 일제의 공유된 정체성을 수용하고 그와는 다른 미적인 차원에서 작가적 정체성을 만들었다면, 북한의 지도급 인물이 된 이후에는 북한의 이념과 가치를 자기검열의 기준으로 수용하고 거기에 맞게 과거의 작품을 개작하였다. 북한의 문예정책에 맞도록 작품을 고쳐서 소극적인 인물을 적극적으로, 개인의 비극을 계급의 비극으로, 동료애를 계급적 연대의식으로 변경하는 등의 변화를 보인 것이다.

그렇다면, 이태준의 문학적 특성은 초기작의 경우는 신문과 잡지에 발표된 원문에서, 중기 이후는 단편집에 수록된 개작본에서, 그리고 해방 후의 작품은 개작본보다는 원본에서 찾을 수 있을 것이다. 원본과 다양한 형태로 존재하는 개작본 중에서 작가의 사상과 감정을 제대로 담고 있고 또 미적으로 충실한 텍스트를 정본으로 삼아 문학 전집을 구성한다면, 정본은 마땅히 이들 작품이 되어야 할 것이다.

## 제2장

# 반공주의의 규율과 표현의 상한선

✣

## 『남과 북』의 개작을 중심으로

### 1. '반공'의 규율과 소설의 개작

문학 작품이 고유의 미적 성취를 획득하기 위해서는 그것을 가로막는 제반 억압 요인들을 극복할 필요가 있다. 일제 식민 통치가 사회적 근대화에 일정하게 기여했음에도 불구하고 긍정적으로 평가될 수 없는 것은 그것이 우리를 억압하고 배제하는 과정을 통해서 이루어진 타율적 근대화라는 데 있다. 미적인 측면에서도 일제 식민통치는 예술 고유의 전유 방식을 왜곡하거나 아니면 특정 방식으로만 유도했지 예술적 자율성을 심화하거나 확대하지는 못하였다. 일제가 용인하는 범위에서만 창작이 허용되었고 그것에 반하면 혹독한 탄압과 함께 존재 자체를 위협받았다. 일제는 식민지 지배를 원활하게 수행하기 위해 다양한 방식의 간섭과 통제를 행하였다. 언론과 출판에 대해서는 신문지법, 신문지 규칙, 출판법과 출판 규칙에 의한 광범위한 검열을 시행하였다. 그 대상은 한반도 내에서 발행된 신문, 잡지, 격문 등의 한글 간행물과 일본어 간행물뿐만 아니라 한반도 외부에서 발행되어 한반도 내부로 반입된 각종 간행물까지 포함하였다. 이런 검열을 통해 일제는 문학 정전(正典)의 구성에 깊숙이 관여하였다.[1] 그런 견지에서

---

[1] 이상경,「'조선출판경찰월보'에 나타난 문학작품 검열양상 연구」,『한국근대문학연구』, 한국근대문학회, 2008.4, 389-414면.

일제 식민 통치는 근대성의 구현 과정에서 극복해야 할 전근대적 억압이자 질곡이다.

근대성(modernity)을 지향하는 현대문학의 긴 여정에서, 6·25 전쟁 이후 일상생활을 사로잡고 규율한 반공주의 역시 같은 맥락에서 이해될 수 있다. 이승만에서 박정희로 이어지면서 반공주의는 전제 정권을 유지하기 위한 통치의 유력한 도구였고, 그 과정에서 작가들은 작품의 제재와 표현에서 심각한 제약을 받았다. 1950년대 이후 계속된 필화사건에서 볼 수 있듯이, 통제의 일정한 선을 넘으면 작가들은 국가보안법이라는 금단의 그물에 걸려 마녀사냥과도 같은 박해를 받았다.2) 반공주의는 공산주의를 반대한다는 단순한 이념이 아니라 정권을 비판하거나 반대하는 인물들을 탄압하는 억압의 도구였고, 그런 점에서 그것은 작가들의 상상력과 창작을 제약하는 전근대적 질곡과도 같은 것이었다.

반공주의는 원래 2차대전이 끝난 뒤 소련을 비롯한 공산국가를 국제사회에서 고립시키고 미국의 영향력을 전세계에 확대하려는 목적을 갖고 시행된 미국의 외교정책이었다. 제국주의의 이해를 관철시키려는 전략적 도구로써 그것은 다분히 정치적 속성을 갖고 있었지만, 우리의 경우는 그와는 달리 공산주의에 대한 두려움과 공포심을 활용해서 정권을 유지하는 '요술 방망이'와도 같은 것이었다. 반공주의는 일정한 내용을 갖춘 이념이라기보다는 (공산주의와 전쟁에 대한) 공포심에 근거를 둔 사회 심리이자 동시에 윤리적 선악의 기준이었다는

---

2) 문인들의 회고를 통해서 드러난 검열과 필화사건은 〈중앙일보〉 2003년 9월 5일에서 동년 11월 30일까지 총 9회에 걸쳐 분재된 특집 기획 「어둠의 시대 내가 겪은 남산」에서 구체적으로 확인할 수 있다. 여기서 이호철, 이문구, 천상병, 김지하 등이 문인 탄압과 고문에 얽힌 일화를 소개하고 있다.

점에서 전근대적인 기율이었다. 사실, '반공(反共)'에 '주의(-ism)'라는 말을 붙일 수 있을지도 의문이다. '반공'이란 공산주의를 반대하고 자유를 지향하는 것이지만, 반대의 대상과 지향의 내용이 '주의'를 붙일 정도로 뚜렷한 실체를 갖고 있지 않기 때문이다. 공산주의를 반대하는 이유가 다양하고, 그런 까닭에 지향하는 가치의 내용 또한 천차만별일 수밖에 없다. 가령, 반공주의를 옹호하는 부류의 특성이 보수적이고 극우적이라면, 그와 정반대로 반공주의에 저항하는 부류들이 결코 친공(親共)이고 친북(親北)인 것은 아니다. 반공주의를 전파하는데 앞장섰던 김동리와 서정주의 이념적 지향이 보수적이고 친체제적이었다면, 그들과는 반대편에서 반공주의에 맞섰던 남정현이나 이호철, 조정래 등이 공산주의자와 동질이었던 것은 아니다. 반공주의는 어떤 구체적 지향과 가치를 내포한 용어가 아니라 특정 집단과 이념을 부정함으로써 성립되는 부정적인(negative) 용어라는 것을 의미한다.3) 그런 점에서 반공주의는 강한 배타성을 특징으로 한다.

이 글에서 주목하는 것은 이 반공주의가 작가들에게 공포와 억압의 기제로 작용해서 작품의 구성과 서사 내용에 심각한 영향을 주었다는 사실이다. 이런 사실은 여러 경우를 통해서 확인되거니와, 특히 심했던 곳은 전쟁이나 좌익의 문제를 다룬 작품들에서이다. 반공주의는 공산주의에 대한 단순한 부정이 아니라 고문이나 연좌제와 같은 원초적 공포와 결합되어 있었고, 그래서 분단과 이데올로기 문제를 다루고자 할 경우 작가들은 자칫 반공주의의 검열망에 걸려들지 않을까 하는

---

3) 일례로, '자유'라는 말은 본래 '~로부터 자유(~escape from freedom)'를 의미하는데, 구체적으로는 종교적 억압으로부터, 경제적 고통으로부터, 혹은 정치적 억압으로부터의 '자유'라는 등 다양한 내포를 갖고 있다. 반공주의란 이렇듯 대타적인 개념이고, 따라서 그 내용은 용어를 구사하는 주체가 누구냐에 따라 달라진다. 그래서 반공주의는 '자기가 살기 위해서 박멸시켜야 할 타인이 필요한 가치관'으로 명명되기도 한다.

심한 강박관념에 시달렸다. 특히 전쟁의 본질을 천착하고 분단 현실을 문제 삼고자 할 경우 작가들은 한층 신중해질 수밖에 없었는데, 그것은 전쟁을 다루기 위해서는 남한과 북한의 이데올로기를 천착하지 않을 수 없고, 또 그것을 불러들인 미국과 소련에 대해 거론하지 않을 수 없었기 때문이다. 북한과 소련에 대해서는 부정적인 시각만이 허용되었지 결코 객관적인 서술이 용인되지 않았던 것이다.

반공주의적 통제는 남·북한 간의 체제 경쟁이 본격화된 박정희 집권 이후 한층 심각해져서, 홍성원의 진술대로 "북한에 대한 표현의 상한선은 '감상적 민족주의 언저리거나 당국에 의해 철저히 도식화된 반공 가이드라인 내'로 제한"되었다. 그래서 "한국전쟁을 소재로 다룬 작품에서 전쟁의 절반을 담당한 북한 쪽 이야기를 빼버"리거나, 아니면 "유보할 수밖에 없"는 상황에 이르렀다.

『남과 북』은 냉전 체제의 이데올로기가 서슬 푸르게 살아있던 1970년대에 씌어진 작품이다. 초판 후기에서도 작가 나름으로 그 즈음의 사정을 밝혔지만, 당시 허용되던 북한에 대한 표현의 상한선은 '감상적 민족주의 언저리거나 당국에 의해 철저히 도식화된 반공 가이드라인 내'로 제한되어 있었다. '루카치'를 귓속말로 소곤소곤 말해야 하고『자본론』을 소지한 것만으로도 반공법에 저촉되던 당시의 냉엄한 상황에서 공평한 시각과 우리의 눈높이로 북한을 그리기는 불가능했던 것이다.

공평한 표현이 허용되지 않을 바에야 다음날을 기약하고 북한 쪽 이야기를 유보하는 길밖에 없다. 그러나 '한국전쟁'을 소재로 다룬 작품에서 전쟁의 절반을 담당한 북한 쪽 이야기를 빼버린다는 것은, 표현상의 불평등 못지않게 공평하지 못한 일이다. 수백만의 인명을 살상하며 3년 동안이나 계속된 전쟁을, 어느 한쪽의 이야기만으로 설명하기는 불가능하기 때문이다. 결국 얼어붙은 냉전 체제 속에서는 '한국전쟁'을 제대로 그리는 데 한계가 있음을

솔직하게 고백해야 한다. 『남과 북』 역시 그 한계에서 자유롭지 못했음은 물론이다.4)

『남과 북』은 반공주의에 따른 '표현상의 제약과 한계'를 전형적으로 보여주는 작품이다. 『남과 북』은 원래 『세대』지에 1970년 9월부터 1975년 10월까지 『육이오』라는 제목으로 5년 2개월이라는 긴 기간 동안 연재된 대하 장편소설이다. 총 62회에 걸쳐 연재된, 원고 분양만 9천 6백 장에 이르는 대작이었다. 6·25 전쟁이 발발한 시점에서 종결되는 3년여의 시간을 배경으로 한 웅장한 규모의 대서사였음에도 불구하고, 작가는 창작 당시부터 작품에 대해 심각한 자괴감을 갖고 있었다. 이유는 "적이라고 부르는 북측에 대해 외부에서 부단히 가해지는 표현상의 여러 가지 제약과 간섭" 때문이었다. 전쟁이 혼자 싸우는 것이 아니라면 우리와 대적하는 적(敵)이 있기 마련이지만, 작가에게 허용된 적에 대한 기술은 극도로 제한되어 있었다. 그로 인해 "불공평하다는 비난을 무릅쓰고 표현상 약간의 탄력성을 지닌 이쪽의 사정에만 많은 작품량을 할애"할 수밖에 없었다. "화가 치밀 만큼 불편하고 안타까"운 현실이었다.5) 그런 현실에서 작가를 더욱 당혹스럽게 한 것은 작품을 발표한 이후에 듣게 된 자신에 대한 조롱적인(?) 언사였다. 「보완과 개작에 대한 짧은 해명」에서 고백한 것처럼, 작가는 우연히 일본 여행을 하다가 "북한에서 홍선생님을 반공작가 제1호로 지목하고 있"고, 그래서 "(『남과 북』이) 일본어로 번역되지 못하도록 북녘 사람들이 여러 가지로 신경을 쓴다."6)는 말을 듣는다. 작품의

---

4) 홍성원, 「보완과 개작에 대한 짧은 해명」, 『남과 북』(1권), 문학과지성사, 2000, 6면.
5) 홍성원의 「후기」(『남과 북』 7권, 서음출판사, 1977.5, 451-2면) 및 「한국전쟁에 대한 새로운 조명」(『문학과 지성』, 문학과 지성사, 1973년 여름호) 참조.
6) 홍성원, 「보완과 개작에 대한 짧은 해명」, 『남과 북』(1권), 문학과지성사, 2000, 5면.

미진함을 스스로 자각하고 있던 차에 재일 동포로부터 북한에서 '기피 작가로 지목'되었다는 말을 들었으니 충격은 클 수밖에 없었고, 결국 1년간의 긴 시간을 투자해서 원고지 천 매 이상을 보완했고, 서둘러 증보판을 출간한 것이다.

　이 글은 이런 사실을 전제로 『세대(世代)』지에 수록된 『육이오』와 개작된 『남과 북』을 비교하면서, 현대문학사가 안고 있는 이 전근대적 질곡과 억압에 대해 고찰해보고자 한다. 먼저, 시대적 제약으로 인해 야기된 원본과 개작본의 상이점 가령, 원본에서 보여준 '반쪽만의 전쟁'이 개작본에서는 어떻게 '남과 북의 전쟁'으로 수정·보완되었는지, 그 과정에서 인물과 서사가 어떻게 변화되고 조정되었는지를 살펴보고자 한다. 다음으로, 1970년대판 『남과 북』이 갖는 특성 즉, 작가의 시각과 내용 등의 문제를 살피기로 한다. 미리 말하자면, 『세대』지의 『육이오』는 단순히 반공 이념을 서사화한 반공소설만은 아니라는 게 필자의 판단이다. 1970년의 상황에서, 6·25 전쟁을 이 작품처럼 사실적이고 입체적으로 조망한 경우를 찾기는 힘들다. 지리산 일대에서 활동한 빨치산의 이념과 고뇌를 다룬 1972년의 『지리산』(이병주)이나 1960년대의 『시장과 전장』(박경리), 『광장』(최인훈) 등은 모두 전쟁의 한 단면이나 이데올로기만을 문제 삼았지 홍성원처럼 전쟁의 발발에서 휴전까지의 전 과정을 전·후방과 국제적 역학 관계 속에서 총체적으로 조망하고 있지는 못하다. 특히 전쟁의 와중에서 자행된 국군과 미군의 학살과 만행, 전근대적 신분제도의 붕괴와 새로운 계층의 부상 등에 대한 증언적 진술은 1970년대 초기소설에서는 결코 찾을 수 없는 이 작품만의 독특한 성과이다. 주지하듯이, 1970년은 '울진-삼척 무장공비 침투사건'과 그 과정에서 비극적 죽음을 당한

'이승복 사건'이 일어난 2년 뒤의 시점으로, 북한군과 중공군을 인간적이고 친근한 존재로 묘사하고 국군의 양민학살을 고발했다는 것은 국가보안법의 칼날이 시퍼렇던 시절의 글이라고는 도저히 상상할 수 없을 정도이다. 그런데도 이 작품은 그 동안 '제2회 반공문학상 대통령상'(77년) 수상작이라는 선입견에 사로잡혀 온전한 조망을 받지 못했던 것으로 보인다.7) 비슷한 제재의 『지리산』이나 『불의 제전』, 『태백산맥』 등이 높은 평가를 받았던 것을 고려하자면, 『육이오』 역시 이제는 그 실상이 제대로 분석되고 평가받아야 할 것이다.

이런 측면에서 『세대』지에 수록된 『육이오』와 본격적인 개작이 이루어진 '문학과지성사' 판의 『남과 북』을 비교할 것이고, 필요한 경우에는 '서음출판사'(1977)와 '문학사상사'(1987) 판을 참조하기로 한다. 논의의 편의를 위해서 1970년대 『세대』지에 연재된 작품은 원래 제목대로 『육이오』로, 2000년도 '문학과 지성사'에서 출간된 개작본은 『남과 북』으로 표기한다.

## 2. 개작으로 드러난 반공의 규율과 양상

1970년 9월부터 『세대(世代)』지에 연재된 『육이오』와 2000년에 개작된 『남과 북』을 비교해 보면 주요 사건이나 작품의 주제, 작가의 의도와 배경 등 큰 틀은 거의 비슷하다는 것을 알 수 있다. 물론 거친 문장을 매끄럽게 손질하고, '적도(赤徒)' '괴뢰' '북괴군' 등 냉전시대의 적대적 표현들을 '북한'이나 '인민군'으로 교체하는 등의 수정이

---

7) 이 작품에 대한 선행 연구로는 다음 글을 참조할 수 있다. 『홍성원 깊이읽기』(홍정선편, 문학과지성사, 1997)에 수록된 「정치의 위선과 전쟁의 본질」(진덕규)과 「6・25 콤플렉스와 그 극복」(김병익), 「홍성원의 '남과 북' 연구」(정성진, 성신여대 교육대학원, 2001), 「1980년대 분단문학, 역사의 진실 해명과 반공주의의 극복」(유임하, 『작가연구』, 깊은샘, 2003.4) 등.

곳곳에서 이루어지고, 또 소략하게 처리되었던 인물의 성격이나 사건이 밀도 있게 보완되어 한층 개연성을 높인 대목도 눈에 띈다. 이러한 부분적인 수정과 보완은 잡지에 연재한 뒤 세 번에 걸쳐 단행본으로 출간하는 과정에서도 지속적으로 이루어지는데, 가령 1977년 '서음출판사'에서 출간된 이후 1982년 '대호출판사'와 1987년 '문학사상사'에서 각기 출간되면서 토씨나 단어, 시제, 문장과 단락 등의 부분적인 보완과 수정이 계속되었다. 원본과 서음출판사, 문학사상사, 문학과지성사의 네 작품을 비교해 본 결과, '원본'을 부분적으로 손질한 게 '서음출판사' 판이고, 그것을 그대로 재출간 한 게 '문학사상사' 판이며, '문학과지성사' 판은 작가가 밝힌 대로 대폭적인 개작을 통해 이전 작품의 한계를 보완하고 수정한 형태이다.

다음 인용문에서 이런 개작의 양상을 구체적으로 확인할 수 있다. 밑줄 친 부분이 이전 판본과 달리 새롭게 조정된 부분이다.[8]

① 오전중에 소낙비가 내린 뒤 오후에는 날씨가 수정처럼 맑게 개었다.

경민(薛敬民)은 이층 편집실로 들어서자 곧장 자기 데스크인 외신부(外信部) 쪽으로 다가간다.

사(社) 내에는 기자들이 대부분 퇴근하고 당직기자 대여섯명만이 드문드문 각 부서에 앉아 있다. 사회부와 지방부의 기자 두명은 이미 깊은 잠에 빠져 드렁드렁 코까지 골고 있었다. 유월 초순의 이런 날씨라면 누구라도 낮잠이 기막히게 달콤할 시간이다. 더구나 오늘은 토요일이라 신문사로는 일주일중 가장 한가한 날이었다.(『육이오』 1회, 『세대』, 1970. 9, 390면)

---

[8] '서음출판사'와 '문학사상사'의 『남과 북』은 거의 동일한 관계로 생략하였고, '대호출판사'에서 출간된 작품은 구할 수 없어서 검토하지 못하였다. 여기서는 '발표 원문'과 '서음출판사판'과 '문학사상사판', 그리고 '문학과지성사판'을 비교하였다.

② 오전중에 <u>한차례</u> 소낙비가 내린 뒤 오후에는 <u>하늘이</u> 수정처럼 맑게 개었다. 경민薛敬民은 이층 편집실로 들어서자 곧장 자기 데스크인 외신부外信部 쪽으로 다가간다.

사社내에는 기자들이 대부분 퇴근하고 당직기자 <u>5, 6</u>명만이 드문드문 각 부서에 앉아 있다. 사회부와 지방부의 기자 두명은 이미 깊은 잠에 빠져 드렁드렁 코까지 골고 <u>있다</u>. 유월 초순의 이런 날씨라면 누구라도 낮잠이 기막히게 달콤할 시간이다. 더구나 오늘은 토요일이라 신문사로는 1주일 중 가장 한가한 <u>날인 것이다</u>.(『남과 북』 1권, 서음출판사, 1977, 10면 / 문학사상사판 1권, 1987, 19면)

③ 오전<u>에</u> 한차례 소낙비가 내린 뒤 오후에는 <u>구름이 걷혀</u> 하늘이 맑게 개었다. <u>외출에서 돌아온</u> 경민(薛敬民)은 이층 편집실로 들어서자 곧장 자기 데스크인 외신부 쪽으로 다가간다.

<u>사내에는</u> <u>대부분의 기자들이</u> 퇴근하고 당직 기자 <u>대여섯</u> 명만이 드문드문 각 부서<u>를 지키고</u> 있다. 사회부와 지방부의 두 명은 <u>어느새</u> 깊은 잠에 빠져 드렁드렁 코까지 골고 있다. <u>6</u>월 초순의 이런 <u>쾌적한</u> 날씨라면 누구라도 낮잠이 기막히게 달콤할 시간이다. 더구나 오늘은 <u>주말이라</u> 신문사로는 일주일 중 가장 한가한 <u>날이기도 하다</u>.(『남과 북』 1권, 문학과지성사, 2000, 25면)

문장을 다듬고 표현을 수정하는 과정을 통해서 작가는 작품의 완성도를 높이면서 궁극적으로 간결하고 명징한 홍성원 특유의 이른바 '하드보일드(hard-boiled) 문체'[9]를 만들어내었다. 헤밍웨이에 의해 확립된 것으로 말해지는 하드보일드 문체는 화자의 개입을 최대한 억제하고 인물의 행동과 사건을 간결하고 빠르게 제시하는 특성을 갖는다. ③에서 볼 수 있듯이, 화자는 카메라의 눈처럼 대상을 건조하게

---

[9] 홍정선 외, 『홍성원 깊이읽기』, 문학과지성사, 1997, 39면.

비춰줄 뿐 주관적인 해설이나 논평을 거의 하지 않는다. 그래서 신속하고 거친 묘사를 보이며, 마치 전쟁의 비정함을 시사하는 듯한 모습을 보여준다.

『세대』지에 연재된 『육이오』와 문학과지성사의 『남과 북』은 모두 3부로 구성되어 있다. 전쟁이 발발하기 직전의 상황과 개전 초기의 긴박했던 상황을 소개한 '가장 긴 여름'이라는 제목의 1부(1회~18회), '동의할 수 없는 죽음'의 2부(19회~37회), '키가 작아 보이지 않는 평화'의 3부(38회~62회)로 작품의 큰 틀이 구획되고, 그 아래 여러 개의 장이 배치되어 전쟁의 전 과정이 총체적으로 조감된다. 서장에 해당하는 1부에서는 전쟁이 발발하기 직전의 상황과 전쟁 초반의 상황이 38선 주변 부대와 후방의 피난 행렬을 통해서 그려지며, 본장에 해당하는 2부에서는 전쟁으로 인해 무의미하게 죽어가는 병사들의 참혹한 모습과 후방에서 벌어지는 아비규환의 피난 생활이 서술되고, 종장인 3부에서는 전쟁이 막바지로 치달으면서 본격화된 휴전 협상, 그 한편에서 치열하게 벌어지는 피아간의 공방과 주요 인물들의 죽음, 그리고 휴전협정이 체결된 직후의 상황이 제시된다. 이를테면, 1~3부는 전쟁이 발발하기 이전과 전쟁의 전개, 그리고 전쟁이 종결되는 상황을 파노라마처럼 제시하여 6·25에 대한 총체적인 조감도와도 같은 형태를 취하고 있다.

이 과정에서 작가의 의도 역시 큰 변화 없이 구체적 형상으로 제시된 것을 볼 수 있는데, 곧 두 작품은 모두 전쟁이라는 "최고 최대의 조직적인 폭력"을 그려내는데 초점이 모아져 있다. 여러 명의 군인과 민간인들의 일화를 삽화처럼 제시한 것이나 장면 하나하나가 마치 전장을 취재한 르포(reportage)와도 같이 핍진(逼眞)하게 제시된 것은 그런 의도와 연결된다. 그런 점에서 이 작품은 동일한 제재를 다루면서도 상대적으로 이데올로기의 문제에 초점을 맞춘 『시장과 전장』(박경리), 『남부군』(이태), 『태백산맥』(조정래), 『불의 제전』(김원일) 등과는 다른 특성을 보여준다. 말하자면 작가는 전쟁을 "최고 최대의 폭력"으로 규정하고, 그것을 예방하기 위해서 무엇보다 "폭력의 부정적 생리를 구체적으로 제시해 보임으로써 더 이상 폭력의 광기에 사로잡히지"10) 말아야 한다는 데 의도를 집중시키고 있다. 두 작품의 특성을 구체적으로 살펴보기로 하자.

### 2-1. 『육이오』; 반쪽의 전쟁과 반공의 서사

원본과 개작본을 비교할 때 가장 두드러진 차이는 인물과 구성에서 나타난다. 좌익 쪽 인사 4~5명이 추가되어 중요한 역할을 수행하는 개작본과는 달리 원본 『육이오』에서는 좌익 쪽의 인물들이 구색 맞추기 수준에서 크게 벗어나지 못한다. 30여 명에 이르는 등장인물 중에서 비중 있게 활동하는 좌익 쪽의 인사로는 신학렬을 제외하고는 없다. 대부분이 우익 쪽이거나 아니면 중도적 성향의 인물들이다. 그런 불균형한 인물 배치에도 불구하고 작품이 생동감을 갖는 것은 작가가 작품의 공간을 한국과 일본, 서울과 지방 등으로 수시로 이동하면서 현장감을 추구하고, 또 군인과 민간인으로 시선을 옮기면서 다양한 입장들을 제시하는 등의 입체적 구성을 활용하였기 때문이다. 작품이 전체적으로 반공주의적 특성을 보이면서도 관제 반공소설과는 달리 도식적이거나 계몽적이지 않은 것은 전쟁의 다양한 국면들을 카메라 렌즈로 비추듯이 조망한 이 리얼리티(reality)에 있다. 게다가 작품 곳곳에는 전쟁에 관한 국내·외의 연구 성과를 요약한 고급 정보와

---

10) 『남과 북』 1권, 문학과지성사, 2000, 12면.

지식이 폭넓게 배치되어 작품의 사실성을 강화한 점도 중요하게 음미할 대목이다. 가령, 1950년 6월 25일 이후의 전황을 날자와 시간별로 서술한 대목이나 맥아더 장군을 비롯한 미국 고위급 인사들의 동정을 소개한 점, 보도연맹의 만행과 국민방위군 사건, 거제도 포로수용소의 소장 납치사건, 친공 포로와 반공 포로 간의 대립과 갈등, 이승만 정권의 북진통일정책과 야심 등의 삽화는 전쟁의 실체에 접근하기 위한 작가의 노력이 얼마나 집요하고 치열했는가를 보여준다. 실제로 작가는 이들 자료를 수집하기 위해 4년이라는 긴 시간 동안 많은 기밀 문서와 비록(祕錄)을 조사하고 섭렵했다고 한다.11)

『육이오』에서 작가의 의도를 전달하는 인물은 크게 네 부류로 나누어볼 수 있다. 하나는 지식인의 시각에서 전쟁의 본질을 문제 삼는 우파적 입장의 설경민, 설규헌 박사이고, 둘은 전장의 한복판에서 적과 맞서 싸우면서 투철한 군인정신으로 무장한 오영탁을 비롯한 허세웅, 박노익, 변칠두 등의 군인들이며, 셋은 미군 장교인 조셉 터너와 기자인 킬머와 한국인 2세 로이 킴 등 미국의 입장을 대변하는 인물들이고, 넷은 전장의 후방에서 애매하게 전쟁의 희생양으로 전락한 민관옥, 최선화, 박가연 등의 민간인들이다. 30명을 상회하는 이 네 부류의 인물들이 장(章)과 절(節)을 달리해서 교차 서술되는 관계로 작품은 산만한 외양과는 달리 전쟁의 다양한 양상들을 파노라마처럼 전달하게 된다.

이들 중에서 누구보다도 독자들의 시선을 사로잡는 인물은 당시 국제 정세를 예리하게 꿰뚫고 있는, 그러면서 작가의 분신과도 같이 행동하는 설경민이다. 그는 사학자 설규헌 박사의 아들로 일간지 외신부

---

11) 『남과 북』1권, 문학과지성사, 2000, 15-6면.

기자로 근무하면서 전쟁의 참화를 몸소 겪고 끝까지 전쟁의 현장을 지키는 인물이다. 그는 영어에 능통해서 미군 정보부대의 통역을 담당하면서 미국 측의 입장을 전달하고 때로는 그것을 비판하기도 하는 역할을 수행한다. 그런 그의 눈에 비친 6·25는 매우 '불합리한 전쟁'이었다. 작품 전편을 관통하는 이런 시각은, '38선'이라는 경계선이 패망한 일본군을 무장 해제하기 위해 미·소 양군이 편의적으로 설정한 것이었듯이, 6·25라는 전쟁 역시 두 진영의 이해관계가 충돌하면서 발생한 부산물이라는 생각을 담고 있다. 즉, 미국의 입장에서 보자면 한반도는 극동지역에서 공산 세력을 막기 위한 최전방 교두보였고, 소련의 입장에서는 극동지역으로 남하하기 위해 필요한 최전방 기지였다. 그런 관계로 38선은 두 진영의 심각한 갈등과 대립의 장력(張力)이 첨예하게 부딪히는 곳이다. 그런 사실은 이른바 애치슨 라인(Acheson line) — 미국의 국무장관 애치슨이 제2차 세계대전 이후 스탈린과 마오쩌둥의 영토적 야심을 저지하기 위해 태평양에서의 미국의 방위선을 알류샨열도-일본-오키나와-필리핀을 연결하는 선으로 한다는 정책 — 이 당사자인 한국의 이해관계를 고려하지 않은 채 미국이 일방적으로 설정한 경계선이었듯이, 한국은 언제나 다른 큰 전략이나 정책의 부차적 요소에 불과하다는 인식과 연결되어 있다. 설경민은 한국전쟁이 발발하게 된 중요한 이유의 하나가 애치슨 라인에서 한국이 배제된 데 있다고 보는데,12) 이는 곧 미·소라는 양 진영의 이해관계에 의해 전쟁이 발발했다는 외인론(外因論)의 입장이다. 한국전쟁을 미소 양 진영의 이념적 갈등에서 비롯되었다고 보는 이런 시각은, 지주와 소작인 혹은 반상(班常) 간의 오랜 갈등과 같은 민족 내부의 갈등에서 전쟁이 촉발되었다는, 『불의 제전』이나 『태백산맥』이 기대고 있는 이른바 내인론(內因論)과

---

12) 『육이오』 2회, 『세대』, 1970. 10, 100-101면.

는 다른 입장이다. 조정래나 김원일이 해방기로 시선을 돌려 지주-소작인과 같은 민족 내부의 오랜 갈등에 주목한 것은 그것이 전쟁의 직접적 원인이라는 내인론의 시각인 반면, 홍성원은 미·소라는 초강대국의 냉전적 세계 전략에 의해 전쟁이 촉발되었다는 외인론의 입장인 셈이다. 홍성원이 300만 명에 이르는 엄청난 사상자를 발생시킨 6·25전쟁을 '두 진영의 대리전'으로 보고, 전쟁의 실질적 주체인 한국인은 단지 도구적 대상에 불과했다는 시각을 시종일관 견지하는 것은 그런 시각에서 전쟁을 보고 있기 때문이다.

그런 생각을 반영하듯이, 작품 속의 인물들은 하나 같이 '6.25는 주어진 전쟁'이라는 인식을 보여준다. 포화가 난무하고 주검이 산더미처럼 쌓이는 현실에서, 군인들은 자신이 왜 목숨을 걸고 싸워야 하는지 그 이유를 알지 못한다. 더구나 그들은 자신이 맞서 싸우는 상대가 '적'이라고 불리는 존재들이지만, 사실은 같은 피를 나누고 같은 말을 사용하는 동포라는 것을 알고 있다. 그럼에도 서로 적이 되어 공방을 벌일 수밖에 없었던 것은 단지 서로가 다른 편에 속했다는 '허망스러운 이유'뿐이었다. 그런 현실을 자각하면서 군인들은 전율하게 되고 때로는 심각한 정체성의 혼란을 겪는다. 부모보다도 더 가깝게 지내던 전우의 죽음을 눈앞에서 목격하고 또 적들의 총구가 바로 자기를 향해 불을 뿜고 있다는 것을 깨달으면서 극도의 분열적 심리 상태를 보여주는 저격수 박노익이나, "아아, 이건 전쟁이 아니다. 이 따위 전쟁은 절대로 있을 수 없다."고 절규하는 오영탁은 전쟁의 아비규환 속에서 미칠 수밖에 없었던 비극적 현실을 대변한다. 투철한 군인정신으로 무장한 오영탁이 상관의 명령을 거부하면서까지 부하들을 돌본 것은 그런 모순적 상황에 처한 인물의 심리를 단적으로 표현한 것이다. 이유를 알 수 없는 전쟁이기에 결코 의미 없는 죽음을 당해서는 안 된다는 생각, 하지만 그런 소신에도 불구하고 무수한 동료들이 죽어갔고 자신 또한 언제 적탄에 날아갈지 모르는 절체절명의 상황, 그런 현실에서 군인들은 적을 죽여야만 내가 산다는 극도의 증오와 적개심을 내면화할 수밖에 없었던 것이다.

연합군이 인천에 상륙한 뒤 다시 북으로 진격하는 과정에서 느닷없이 대면한 중공군에 대한 생각 역시 같은 것이었다. 그들이 왜 한국전쟁에 개입했는지, 왜 우리에게 총구를 겨누고 무자비한 살상을 감행했는지? 야음을 이용해서 '피리를 불고 꽹과리를 치면서' 엄습해오는 중공군은 한편으론 소름 끼치는 전율의 대상이지만, 막상 대면했을 때의 모습은 그런 이미지와는 전혀 다른 그저 평범한 젊은이에 불과했다. 적의 거침없는 진격에 밀려 남으로 남으로 피난길에 오른 민간인들 역시 전쟁의 참화에서 예외일 수는 없었다. 반동이라는 이유로 혹독한 고문을 당하고 때론 유탄에 맞아 죽음을 당하면서도 이들은 왜 자신들이 피난을 가야 하고 무의미하게 죽어야 하는지 그 이유를 알지 못한다.

이 과정에서 여성들이 당하는 피해는 이루 말할 수 없었다. 이 작품의 득의의 부분이라 할 수 있는 여성 수난의 기록은 작품 전반에서 목격되거니와, 여자들은 전선의 최전방에서 적과 맞선 군인들과는 달리 후방에 아무렇게나 버려진 채 '가난과 수치와 절망'이라는 또 다른 적과 싸워야 했다. 그 '가난과 수치와 절망'은 형체도 없고 또 보이지도 않는 것이었기에 감당하기가 더욱 힘들고 고통스러운 것이었다. 가령, 한국 여자들은 삼 달러만 주면 언제든지 동침할 수 있다는 미국 기자 로이의 비아냥거림은 가슴 아픈 일갈이지만, 사실은 그런 매춘 외에는 달리 연명할 방법이 없었던 현실의 비극을 보여주는 말이기도 하다. 평범한 장사꾼에 불과했던 박한익이 전쟁의 소용돌이에 휩쓸리면서 토로한 다음과 같은 절규는 그런 상황에서 야기될 수밖에 없는 심리적 착란 상태를 상징적으로 보여준다. "민주주의 공산주의가 도대체 우리한테 뭐 말라죽은 귀신이야? 우리가 언제적부터 서양놈들 주의를 그렇게 떠받들구 신주 뫼시듯 했냐 말이야? (······) 좌우간 공연히 민주 공산 떠들지 말구, 옛날에 우리끼리 살던 대루 죽은 좆처럼 꾸역꾸역 살아보자구."13) 설경민이 전장 곳곳을 누비면서 갖게 된 '이해할 수 없는 전쟁'이라는 생각은 이와 같이 군인과 민간인 모두가 전쟁의 의미를 알지 못한 채 그 한복판에 내던져져 그 참화를 받아들여야 했던 데서 비롯된 것이다.

그런데 더욱 문제인 것은 미소라는 두 진영이 강요하는 이데올로기가 과연 우리의 현실에 맞는 것인가 하는 점이다. 소련은 북한을 앞세워 공산주의를 강요했고, 미국은 유엔군을 파견해서 민주주의를 수호하고자 했다. 그렇게 해서 한반도에서 전쟁이 발발한 것이지만, 사학자 설규헌 박사의 시각을 빌어서 표현되듯이, 한국 사람은 원래 긴 역사를 통해서 '생각'이 달랐던 이유로 서로 싸워본 적이 없었다. 더구나 양쪽에서 주장하는 '생각'은 원래 한국에서 발생한 게 아니고 서양에서 잠시 꾸어온 것들이어서, '버터나 러시안 수프'처럼 한국인의 전통적인 구미에는 전혀 맞지 않는 것이었다. 그런데도 공산주의자들은 전쟁을 통해서 한국인에게 러시안 수프가 가장 영양 많은 음식이라고 강요하고, 터너나 킬머로 대변되는 미국 사람들은 민주주의가 최고의 제도라고 주장한다. 그들은 러시안 수프가 영양이 많은 것만을 알았지, 그것이 훈련 안된 한국 사람의 위에는 복통과 설사를 일으킬 뿐이라는, 말하자면 받아들일 풍토가 되어 있지 않은 나라에는 엄청난 부작용을 야기할 수 있다는

---

13) 『육이오』 15회, 『세대』, 1971. 11, 357면.

사실을 간과하고 있었다. 그런 권위적이고 독선적인 사고에 젖어 있었기에 미군들은 한국인들을 전술적 도구 이상으로 생각하지 않았다. 낙동강까지 밀렸던 전선이 유엔군의 개입으로 다시 북상하는 과정에서 미군들이 자행한 잔혹한 만행을 사실적으로 제시한 것은 그런 미국의 속성을 보여주기 위한 장치라 할 수 있다. 미군들에게 한국의 초가는 기껏 마구간으로밖에 보이지 않았고, 그런 환경에서 사는 한국인들은 야만적이고 간사한 존재에 지나지 않았다.

> 손중위는 2소대를 경계 임무로 명령한 뒤, 임시 중대본부로 사용하고 있는 초가의 마루 끝에 앉아 멀뚱히 마을에 이는 불길을 바라보았다. 그는 자신은 농가 출신이 아니지만 농가들이 불에 탈 때마다 미군들이 새삼스레 괘씸하고 원망스레 느껴졌다. 하긴 미국 같은 부자나라의 군인들의 눈에는 한국의 초라한 초가집 따위는 축사나 창고보다도 더 보잘 것 없고 더러울 지 알 수 없었다. 그러나 몇 백년을 그런 곳에서 살아온 한국 농민들은 바로 그 초라한 농가가 그들이 가꾸어온 알뜰한 재산의 전부였다. 그러나 미군들은 한국 마을들을 이르는 곳곳에서 불을 지르거나 파괴하고 지나갔다.[14]

이렇듯 『육이오』는 전쟁의 제 양상을 여러 인물들을 통해서 사실적으로 보여준다. 그런 점에서 이 작품은 전쟁의 실상을 알리는 고발문학적 의의와 아울러 분단 현실을 이데올로기의 견지에서 문제 삼는 분단소설의 중요한 성과를 획득한다.

하지만 그런 의의에도 불구하고 작품 전반에 스며 있는 반공주의적 시선으로 인해 작품의 의의가 반감된 것을 부인할 수는 없다. 우선 주요 인물들은 모두 우익의 시각에서 전쟁을 바라보고 이해한다. 설경민은 신문사 외신부 기자로 초반에서는 전쟁을 국제적 역학관계 속에

---

14) 『육이오』 15회, 『세대』, 1971. 11, 347면.

서 이해하는 중립적 태도를 유지하다가 전쟁의 잔혹한 모습을 목격하면서부터는 점차 공산주의자들을 부정하는 인물로 변모하고, 오영탁을 비롯한 군인들은 목숨을 내걸고 적과 대면하는 과정에서 공산주의자들을 죽여야 자신이 살 수 있다는 극도의 증오감을 드러내며, 전장의 후방에서 이산(離散)과 굶주림이라는 또 다른 전쟁을 겪어야 했던 민간인들은 자신들의 일상을 파괴한 존재로서 공산주의에 대한 강한 적개심을 내보인다. 이렇듯 주요 인물들 대부분은 공산주의자들에 의해 죽음을 당하거나 생활의 근거지를 박탈당한 사람들이고, 그런 점에서 부정적이고 제거해야 할 대상으로 공산주의자를 바라본다. 전후의 반공주의가 전쟁을 겪으면서 사회 전반에 뿌리내렸듯이, 작중의 인물들은 전쟁의 참화를 직접 체험하면서 하나 같이 반공주의자가 된 것이다.

게다가 『육이오』에는 전쟁의 한 축을 담당한 좌익 측의 입장이 배제되어 있다. 소련의 사주를 받고 일으킨 전쟁이지만, 북한이 '혁명의 기치'를 앞세운 데는 그럴만한 이유가 존재하기 마련이다. 왜 전쟁을 통해서 이승만 정권을 제거하고 공산국가를 세우려 했는지, 그것이 갖는 민족사적 의의는 무엇인지 등이 질문되어야 전쟁은 한층 온당한 의미를 갖게 되겠지만, 작품에서는 그런 질문이 전혀 이루어지지 않고 있다. 단지 전쟁은 발발했고, 죽고 죽이는 과정에서 서로가 서로를 부정하는 극단의 증오감만이 그려질 뿐이다. 또, 좌익 인물이 일부 등장하지만 그들은 하나 같이 부정적인 존재로만 그려진다. 그들이 사회주의자가 된 이유는 모두가 사적인 원한을 갖고 있었기 때문이다. 작품 후반에서 반공주의자로 변신하지만, 박수익이 인민군에 자원(自願)한 것은 지주로부터 받았던 소작인으로서의 모멸감 때문이었고, "조상 대대로 더럽고 게으른 백정의 아들"인 손병국이 농민동맹 위원장이 된 것도 신분적인 원한에서였다. 송필배는 지주라는 이유로 한상혁의 부친을 참혹하게 살해했고, 최태식 역시 아무 죄가 없는 모희규의 동생을 살해하였다. 특히 작품에서 거의 유일하게 생동하는 사회주의자로 형상화된 신학렬은 더욱 심한 형국이다. 반공교육을 통해서 주입된 '잔혹하고 무도한 빨갱이'와도 같이, 그는 무당이고 첩이었던 어머니 밑에서 천대와 멸시를 받고 성장했고, 자연스럽게 현실에 대한 불만과 증오심을 내장한 사회주의자가 되었다. 그는 성격이 포악하고 파렴치해서 출세를 위해서는 수단과 방법을 가리지 않는데, 가령 소련군 장교에게 자신의 아내를 성(性) 상납하고, 또 포로가 된 뒤에는 반공 포로들에게 사형(私刑)까지 가하는 잔혹함을 보여준다. 하지만, 그런 포학한 성격을 갖고 있음에도 불구하고 그는 거제도 수용소에서 친공(親共) 포로를 대표하는 지도자로 부상해서 공산주의에 대한 해박한 지식과 신념을 과시하는, 선뜻 이해되지 않는 모습까지 보여준다. (신학렬의 수용소에서의 모습은 상대적으로 개연성이 떨어지는데, 그것은 사회주의 이론을 습득하게 된 과정이 전혀 언급되지 않은 상태에서 이론과 카리스마를 겸비한 지도자로 그려진 까닭이다. 그런 이유로 개작본에서는 신학렬의 성격이 상당한 정도로 조정되어 제시된다.) 또, 작품 곳곳에서 언급되는 북한군의 행위 역시 비열하고 잔인하게만 그려진다. 북한군은 인민재판이라는 형식을 빌려 양민들을 참혹하게 학살하고, 또 유명인사들을 북으로 끌고 가다가 도중에 잔인하게 살해하며, 심지어 패주하는 과정에서 피난민들을 총알받이로 삼아 도주하는 비인간적 만행까지 연출한다.

이렇듯 작품 속의 좌익들은 하나같이 목적을 위해서 수단과 방법을 가리지 않는, 그리고 한결같이 사적 증오심을 해소하기 위해 이데올로그가 된, 마치 반공 교재의 주인공과도 같은 잔악무도하고 패륜적인 존재들이다. 물론, 많은 하층 인물들이 공산주의자가 되었고 그 과정에서 사적인 증오심이 중요하게 작용했을 수도 있지만, 작중의 모든 공산주의자들을 그런 이유만으로 설명한다는 것은 지나치게 단순하고 편협한 시각이라고 하겠다. 개작본에서 제시된 다양한 유형의 좌익 인물들은 이런 한계를 보완하려는 의도에서 추가된 인물들이라 하겠다.

『육이오』는 이와 같이 6·25전쟁에 대한 사실적이고 실감나는 묘사를 통해서 전쟁의 참상을 고발하는 특징을 보여준다. 하지만 작품 전반에 반공주의적 시선이 스며 있어 좌익을 일방적으로 매도하고 부정하는 등의 편향성을 곳곳에서 드러내는 것을 볼 수 있다.

### 2-2. 『남과 북』: 남과 북의 이념적 대리전

원작 『육이오』가 전쟁이라는 '불합리한 폭력'이 어떻게 자행되었는가를 우익의 보수적 시각에서 보여주었다면, 개작본 『남과 북』에서는 전쟁의 또 다른 당사자인 북한 측 인물을 추가하고 작품의 공간을 확대해서 6·25 전쟁을 한층 객관적이고 균형 있게 조감한다. 그것은 대략 두 방향의 개작을 통해서 이루어지는데, 하나는 작품 전반에서 반공주의적 시선을 완화하고 거기에 맞게 인물의 성격과 행동을 조정한 것이고, 다른 하나는 원본에 없었던 좌익 측의 정보와 인물들을 삽입하여 작품의 또 다른 축을 설정한 것이다. 전자의 경우는 인물의 성격이나 묘사 장면을 조정하고 좌익의 잔인한 만행을 삭제하거나 완화하는 과정에서, 후자는 김일성의 방송 연설을 삽입하고 또 사회주의자 문정길과 조명숙, 정상교 등을 새로 추가한 데서 확인할 수 있다. 이러한 개작을 통해 작가는 '폭력'의 문제에만 초점을 맞췄던 원작과는 달리 '남과 북'이라는 두 당사자의 입장과 전쟁에 대한 인식을 대비하는 등 한층 중립적이고 객관적인 태도를 보여준다.

『남과 북』에서 우선 주목되는 것은 반공주의적 시선을 완화하고 그 연장에서 좌익 인물의 성격을 조정한 대목이다. 그런 사실은 작품 곳곳에서 목격되거니와, 특히 북한군의 비인간적 만행을 삭제하고 북한 사람들을 같은 동포로 이해하는 포용적인 시선을 취한 데서 드러난다. 가령, 북한이 서울에 진주한 뒤 인민재판을 벌이는 과정에서, 원본 『육이오』에서는 요란한 총성과 함께 사람들이 참혹하게 쓰러지고 그것을 지켜본 한상혁이 심한 구토증을 일으키는 장면이 개작본에서는 완전히 삭제되고, 대신 그 자리에 상혁이 소영과 함께 집회에 참석하는 장면으로 축소되어 제시된다.

① 두 사람은 대문에서 몸을 돌려 다시 느릿느릿 집안으로 걸어 들어갔다. 볕이 머리 위로 뜨겁게 내려쬐어 그들은 흡사 빛의 감옥 속에 갇힌 듯이 느껴졌다. 상혁은 방금 세수를 끝냈는지 얼굴에서 향긋한 비누 냄새를 풍기고 있었다. 소영이 앞서 현관으로 들어가자 상혁이 급히 그녀에게 말했다.

「저두 함께 가겠습니다. 대문 밖에서 기다리고 있죠.」

햇빛이 눈부신 넓은 운동장에 약 오륙 백 명의 남녀 군중들이 모여 있었다. 군중들은 대부분 운동장 복판의 작은 단 앞에 둥그렇게 모여서 있었다. 상혁과 소영이 도착했을 무렵에는 군중들 사이에서 막 박수소리가 울리고 있었다. 바람 한 점 없는 텁텁한 운동장은 햇볕을 받아 후끈후끈 열을 내뿜었다.

(…중략…)

「자, 동무들은 동무들의 눈앞에서 이제 반동들의 최후 순간을 보시겠습니다. 반동들의 최후가 어떻다는 것을 동무들은 똑똑히 보아 주시기 바랍니다!」

누군가가 다시 박수를 쳤다. 그러나 군중들은 땡볕 밑에 선 채 시선들을 일제히 네명의 청년들에게 쏟고 있었다. 단총들을 휴대한 오륙명의 노동모가 곧 청년들을 학교 교정 앞쪽의 축대 밑으로 끌고 갔다. 청년들은 노동모들이 몸을 떠밀자 얼굴들을 찌프린 채 아무 저항 없이 지척지척 축대 밑으로 늘어섰다. 청년들을 바라보는 수백명의 군중들도 햇빛에 눈이 부셔서 얼굴을 모두 청년들처럼 찌푸리고 있었다. 상혁은 청년들을 바라보자 왠지 걷잡을 수 없이 구역질 같은 것이 치밀기 시작했다.

(…중략…)

단상에서 다시 누군가가 짧고 급한 고함을 쳤다. 뒤이어 총성이 요란하게 울리고 군중들 사이에서 센찬 비명들이 들려왔다. 상혁은 소영의 무거운 체중을 어깨로 떠받들며 급히 축대 밑을 바라보았다.

그곳에는 쨍쨍한 직사광선 밑에 네 구의 시체들이 가로 세로 쓰러져 있었다. 그는 다시 구토증을 느꼈으나 이번에는 완강히 시체들을 바라보았다. 그는 왠지 쓰러진 시체들이 대단히 엄수한 어떤 의식(儀式)처럼 느껴졌다. 그리고 그것에서 시선을 돌리면 자기에게 갑자기 결정적 파멸이 찾아올듯 한 기분이었다. 그러나 구토증이 서서히 사라지고 그에게는 다시 깊은 적막감이 찾아왔다.

광선이 너무 강렬하고 밝아서 그는 자기 눈에 심한 가려움과 통증을 느꼈다. 상혁은 이윽고 소영을 부축한 채 군중들과 어울려 그곳을 서서히 떠나기 시작했다. (『육이오』 6회, 414-5면.)

② 두 사람은 대문을 떠나 다시 집 안으로 들어온다. 어느새 해가 높이 떠서 살갗에 닿는 볕이 모닥불을 쬐듯 뜨겁다. 상혁은 방금 세수를 끝냈는지 얼굴에서 향긋한 비누 냄새를 풍기고 있다. 소영이 앞서 현관으로 들어서자 상혁이 급히 그녀에게 입을 연다.

"저두 함께 가겠습니다. 대문 밖에서 기다리죠."(『남과 북』 1권, 328-9면.)

예문에서 볼 수 있듯이, 원본 ①의 경우는 재판 과정을 상세하게 소개하여 북한의 만행을 고발하려는 의도를 직접적으로 드러낸 반면, 개작된 ②에서는 그런 대목을 모두 삭제하고 인물이 집회에 참석하는 것으로 간결하게 조정해 놓았다. 원본 곳곳에서 보였던 북한에 대한 부정적 인식을 완화하고 대신 이해하려는 자세를 취한 것으로, 이런 사실은 다음 대목처럼 적대적인 표현을 완전히 삭제한 데서도 확인할 수 있다. 즉, 북한 사람들이 남한 청년들을 상대로 의용군을 모집하는 과정에서 "차츰 흉악한 마각(馬脚)을 드러내기 시작했다"는 원본(아래 ①)의 진술을 삭제하고, 개작본에서는 의용군을 모집할 수밖에 없었던 연유를 서술하여(아래 ②) 북한의 행동에도 개연성을 부여하였다.

① <u>적도(赤徒)들이</u> 남한의 청년들을 의용군에 모집한 것은 벌써 한 달 전의 일이었다. 그들은 처음에는 자기들의 선전대로 순수한 지원자만을 받아들이는 것을 원칙으로 하는 듯했다. <u>그러나 8월말로 접어들자 그들은 차츰 흉악한 마각(馬脚)을 드러내기 시작했다. 전쟁은 계속 그들에게 불리해졌고, 의용군 지원자가 날이 갈수록 줄어든 때문이었다.</u> 그들은 이제 집회 장소는 물론이고 길거리나 직장에서도 거의 강제로 청년들을 지원시켰다.(『육이오』 10회, 『세대』, 1971.6, 415면)

② <u>북녘 사람들이</u> 남한의 청년들을 의용군으로 모집한 것은 벌써 한 달 전의 일이다. 그들은 처음에는 자기들의 선전대로 순수한 지원자만을 받아들이는 것을 원칙으로 하는 듯했다. <u>그러나 8월말경부터 전황이 불리해지자 각 전선에 병력 손실이 많아졌고, 그 손실을 메우기 위해 그들은 더 많은 입대 장정을 필요로 했다. 그러나 병력 손실이 커질수록 의용군 지원병은 줄어들어서, 순수한 지원자만으로는 병력 보충이 어렵게 되었다.</u> 그들은 급기야 집회 장소는 물론이고 길거리나 직장에서도 거의 강제로 청년들을 지원시켰다. (『남과 북』 1권, 464-5면) (밑줄-인용자)

'적도'를 '북녘 사람'으로 바꾸고, '흉악한 마각'이라는 적대적 표현을 삭제하여 한층 중립적인 태도를 취하였다. 그런 의도는 공산주의자들의 내력을 서술하는 과정에서도 드러나는데 가령, 원본에서는 공산주의자가 된 내력을 모두 신분적 혹은 계급적 적대감으로 서술했으나 개작본에서는 그런 인물에다가 추가로 문정길과 조명숙처럼 그 이론에 매료되어 변신한 인물들을 등장시킴으로써 변신의 계기가 단순히 신분적 차별에만 있지 않다는 것을 보여준다. 인텔리 문정길이나 유복한 지주 집안의 딸인 조명숙이 공산주의 이론에 매료되어 공산주의자가 된 것은 가난하고 천대받던 사람들만이 공산주의자가 된다는 이전의 편협한 시선을 보완하려는 의도라 할 수 있다. 문정길 등은 하나같이 평등하고 정의로운 사회를 건설하겠다는 생각에서 공산주의자가 되었는데, 이는 민족 내부의 오랜 전근대적 주종관계를 혁파하는 방법이 사회주의 혁명이라는 좌익 측의 신념을 대변한다. 인민군이 남한에 진주하자 박수익이나 손병국과 같은 많은 수의 하층민들이 기다렸다는 듯이 공산주의를 환영했던 것은 오랜 신분적·경제적 질곡에서 해방되어 평등사회를 이룬다는 그 이론에 매혹되었기 때문으로 볼 수 있다.

설경민에 대한 비판이 가해지는 것도 원본에서는 볼 수 없었던 대목이다. 앞 장에서 언급한 대로 설경민은 중도적인 입장을 취하다가 점차 반공주의적 시각을 갖게 된 인물인데, 개작본에서는 그런 모습이 한국계 2세인 로이 킴의 입을 빌려 비판적으로 조명된다. 처음에는 반공주의자가 아니었는데 왜 갑자기 '사나운 반공주의자'가 되었냐는 질문에, 경민은 "전쟁은 원래 생존 법칙상 극렬만을 요구하도록 만들어진 괴물이기 때문"[15]이라고 대답하는데, 이는 경민이 그렇게 될 수밖에 없는

---

15) 『남과 북』 5권, 243-4면.

개인적 이유를 설명해 주면서 동시에 전쟁의 속성을 단적으로 지적한 말로 이해할 수 있다. 전쟁에서는 '적과 동지뿐 제삼의 선택이 있을 수 없다는 것', 그런 상황에서 살기 위해서 반공주의자가 될 수밖에 없었는데, 그것은 자신이 공산주의자였더라도 동일했을 것이라고 말한다. 공산주의자 역시 살기 위해서 '적'을 제거해야 했고, 결국은 극렬한 투사가 될 수밖에 없었으리라는 것이다.

이런 생각은 원본에서 대부분의 인물들이 반공적 적개심에 사로잡히게 된 이유를 해명해 주는 것이면서 한편으론 북한군 역시 그와 동일한 심리에서 전쟁에 임하고 있다는 사실을 시사해 준다. 남과 북이 서로를 적대할 이유가 없는 같은 겨레임에도 불구하고 견원지간으로 서로를 부정했던 것은 전쟁의 속성상 불가피한 일이었다는 생각이고, 이는 남한의 일방적인 시선에서 벗어나 북한이라는 타자를 고려한, 한층 객관적인 태도라고 할 수 있다.

개작본 『남과 북』에서 북한군과 중공군에 대한 인간적인 묘사가 빈번히 등장하는 것도 같은 맥락에서 이해할 수 있다. 물론 원본에서도 이들에 대해 인간적인 시선을 보였지만, 작품 전반이 반공주의적 시각에 지배되었던 까닭에 부자연스럽거나 모순적인 느낌을 주었다면, 개작본에서는 그런 시선을 조정하고 북한의 입장을 고려한 관계로 한층 자연스러운 모습으로 다가오는 것이다. 가령, 소영이 길거리에서 마주친 북한군의 인상은 "모두가 천진하고 소박한 표정의 아무 악의 없는 같은 동포 청년들"이었다. "그들에게 낯선 군복과 무시무시한 병기들만 없었다면 그들은 모두 이 나라 어디에서나 볼 수 있는 쾌활하고 떠들썩한 스무 살 안팎의 보통 청년들"[16]에 지나지 않았다. 중공

---

16) 『남과 북』 1권, 238-9면.

군 역시 같은 모습이다. 문정길의 눈에 비친 중공군은 '조선 인민에 대해 참으로 공손하고 정중한', 그래서 "무산대중을 사랑하는 사회주의 혁명군의 모범"17)으로 비쳐진다. 이들 역시 국군 병사들과 같은 젊은이였고, 하등 적대할 이유가 없었던 것이다. 『남과 북』은 이런 식의 개작을 통해서 남한 일방의 입장에서 벗어나 남과 북을 상대화하고 궁극적으로 그 소용돌이에 휘말려 든 민족의 비극을 사실적으로 보여주고자 하였다.

그런 의도는 문정길을 비롯한 사회주의자들을 추가함으로써 한층 구체화되어 나타난다. 좌익 측의 중심인물인 문정길은 개작의 대부분을 점할 정도로 큰 비중으로 형상화되어 우익의 설경민과 병치되어 그려진다. 그는 일본에서 공과대학을 나온 진보적 지식인으로, 『시장과 전장』(박경리)의 하기훈처럼, 자신의 목적과 이념을 정확히 인식하고 냉정하게 행동하는 이지적인 인물이다. 문정길이 사회주의자로 변신한 것은 일제 때 진남포 제철소에서 고급 기술자로 재직하면서였는데, 당시 작업반장으로 일하던 일본인 다카하시가 불온한 사상범으로 몰려 체포되는 장면을 목격한 뒤 우연히 마르크스의 『자본론』을 접하면서였다. 그것이 계기가 되어 해방 후 사회주의 비밀 학습조직인 '북두성'에서 활동하면서 노동당에 입당하였다. 작가가 '사회주의 지성'이라고 표현했을 정도로 그는 전쟁을 수행하면서도 전쟁이 종료된 뒤의 미래까지도 준비하는 등의 철저함을 보여서, 인민군이 패퇴한 책임을 지고 8계급이나 강등되어 말단 전사로 전투에 참가하면서도 그것을 오히려 숭고한 혁명사업으로 받아들이는 인물이다. 그가 생각하기에 6·25전쟁은 무산 인민을 해방하기 위한 숭고한 투쟁이었다.

---

17) 『남과 북』 4권, 32면.

그런 생각에서 그는 이승만을 비롯한 소수의 부르주아를 남한에서 제거한다면 프롤레타리아의 세상이 도래하리라는 믿음으로 지하활동에 뛰어들었고, 혁명을 위해 초개같이 몸을 던졌던 것이다.

그에게 중요했던 것은 평등하고 정의로운 사회의 구현이지 그 과정에서 야기되는 제반 희생은 별문제가 아니었다. 그런 점에서 그는, 사학자 설규헌 박사가 날카롭게 갈파한 것처럼, 이상적 사회주의자라고 할 수 있다. 남한 대지주의 딸로 유복한 환경에서 여의전(女醫專)을 다녔던 조명숙과 부부로 위장해서 활동하는 가운데 보여준 그의 냉철한 행동은 그런 성격적 특성을 실감나게 보여주는데 가령, 부부로 위장한 두 사람은 같은 집에 살면서도 결코 공작원이라는 자신들의 처지와 역할을 망각한 적이 없다. 둘 사이에 잠시 애틋한 감정이 싹트기도 하지만, 문정길은 혁명의 과정에서 개인적 감정은 용납될 수 없다는 생각에서 사적 감정을 단호하게 부정하고 오직 당의 결정과 지시만을 따른다. 또 서로의 공작 활동에 대해서도 관심을 갖지 않은 채 철저하게 비밀을 유지한다. 그런데 이 과정에서 조명숙은 초반의 엄격했던 모습과는 달리 점차 인간적인 갈등을 겪는데, 그것은 자신이 월북한 뒤 남한에 남아 있던 가족 전부가 국군에게 몰살당했다는 충격적 소식을 전해 듣고서부터였다. 이후 그녀는 자괴감에 시달리면서 이전의 냉정한 모습을 상실하고 급기야 혁명투사로서 도저히 가져서는 안 되는 사적 감정에 사로잡혀 마침내 문정길의 아이를 임신한다. 이후 문정길은 당의 명령을 받고 북한으로 귀환하고, 조명숙은 남한에 홀로 남겨졌다가 경찰에 잡히고, 얼마 후 아들을 출산한 뒤 총살되고 만다. 문정길은 북에서 이런 소식을 전해 듣지만 잠시 비통한 감정에 사로잡힐 뿐 "혁명의 길은 아직 멀다"[18]는 생각에서 사사로운 감정을 단호하게 물리친다. 이렇듯 문정길은 철저하게 사회주의 이념으로 무장하고 당에 맹종하는 인물로 성격화되는데, 이는 북한이 6·25전쟁을 어떻게 규정하고 싸움에 임했는가를 보여주기 위한 작가의 의도와 관계되는 것이라 할 수 있다. 이런 이상주의자의 시각에 기대자면 6·25전쟁은 남조선을 해방하고 프롤레타리아의 세상을 건설하기 위한 '숭고한 전쟁'으로 의미화된다.

원작에 비해서 한층 합리적이고 저돌적인 실천가로 재창조된 신학렬의 경우도 같은 입장의 인물이다. 무당이자 첩이었던 어머니를 둔 신분적 증오감에서 사회주의자가 된 원본의 내용이 개작본에서는 상당한 변화를 보여서, 그는 이미 해방 전에 사회주의 운동에 투신해서 북만주 등지를 떠돌았고 또 일제 말에는 사회주의 학습 모임인 '북두성'을 결성한 것으로 서술된다. 이후 해방과 함께 '북두성'을 부활해 조직을 확대하는 등 소비에트 해방군의 열렬한 지지자로 변신하는데, 이런 재성격화를 통해서 작가는 원본의 미진함을 보완하고 투철한 이론가로서의 성격에 정당성을 부여한다. 하지만 원본에서 그를 지배했던 신분적 열등감은 증보판에서도 그대로 유지되는데, 그것은 아내 민관옥과 헤어지게 된 배경을 암시하기 위한 의도로 이해된다. 즉, 신학렬이 민관옥을 만난 것은 '북두성' 활동을 통해서였다. 벽촌에서 문맹퇴치 야학을 열고 있던 민관옥이 '북두성'에 가입하면서 둘은 급속히 가까워졌고 마침내 '위대한 지도자 동지(즉 김일성)'를 주빈으로 모시고 성대하게 결혼식을 올렸다. 그러나 두 사람은 성격 차이로 인해 신혼 초부터 심한 불화를 겪는데, 그것은 민관옥이 술회하듯이, 신학렬이 처음부터 그녀를 사랑하지 않았고 단지 그녀의 '뛰어난 지성과 미모'만을 이용하고자 했기 때문이다. 하지만 그런 의도와는 달리 '민관옥의 미모와

---

18) 『남과 북』 6권, 323면.

교양 있는 처신'은 신학렬에게 오히려 병적인 질투와 학대 심리를 불러일으켰고, 그런 가학 심리에서 신학렬은 소련군 장교를 민관옥의 침실로 인도한 것이다. 이 사건을 계기로 관옥은 신학렬에게 엄청난 상처를 입고 영원히 등을 돌리게 된다.19) 말하자면, 신학렬은 사회주의 이론에 해박한 인물이지만 동시에 신분적 열등감에 사로잡혀 야비한 행동을 서슴지 않는 이중적 성격의 인물로 재창조되고, 그런 재성격화를 통해서 작가는 민관옥과 결별하게 된 이유를 설명하는 한편 거제도 포로수용소에서 친공 포로의 지도자가 되어 냉혹하게 투쟁하는 신학렬의 행위에 개연성을 부여한다. 즉, 포로수용소 내의 비밀 아지트에서 재판을 열고 반동분자를 처형한 뒤 암매장하고, 또 수용소 소장을 납치해서 미군의 불합리한 처사를 세계 여론에 호소하는 등 당의 명령에 철저히 순종하는 모습은, 원본에서 돌발적이고 개연성 없는 인물로 그려졌던 것에 비해 성격적 특성을 보완하고 조정한 것이다. 그래서 그의 성격은 원본에 비해 한층 자연스러운 모습으로 다가온다. 그런 점에서 그는 앞의 문정길과 동일하게 "남조선 무산대중을 압제로부터 해방하고 갈라진 조국을 하나로 통일"시키기 위한 숭고한 사명감에 사로잡힌, 그런 입장에서 어떠한 희생을 감수하더라도 혁명전쟁을 승리로 이끌어야 한다는 투철한 신념의 소유자임을 알 수 있다.

이런 인물에다가 작가는 북한 측의 자료를 곳곳에 삽입하여 작품의 사실성을 보강하는 섬세한 노력을 보여준다. 『육이오』를 연재할 당시의 억압적인 사회 분위기 속에서 감히 언급조차 할 수 없었던 김일성의 방송 연설이나 인민군가, 토지개혁을 알리는 벽보 등을 삽입하여 전쟁에 임하는 북한 측에 대한 이해를 돕고 있다. 6월 26일자 김일성

---

19) 『남과 북』 1권, 43-5면, 351-2면.

의 '방송 연설'은 그런 의도를 실감나게 보여줄 뿐만 아니라 북한이 전쟁을 통해서 얻고자 한 목적이 무엇인가를 시사해 준다.

> 친애하는 동포 형제자매들!
> 리승만 매국 역도가 일으킨 내란을 반대하여 우리가 진행하는 전쟁은 조국의 통일 독립과 자유와 민주주의를 위한 정의의 전쟁입니다.
> 전체 조선 인민은 또다시 외래 제국주의의 노예가 되기를 원치 않거든 리승만 매국 정권과 그 군대를 타도 분쇄하기 위한 구국투쟁에 다 같이 일어나야 합니다. 온갖 희생을 무릅쓰고 반드시 최후의 승리를 쟁취하여야 하겠습니다.
> ……
> 인류 역사는 자기의 자유와 독립을 위한 투쟁에 결사적으로 궐기한 인민들은 언제든지 승리한다는 것을 보여주고 있습니다. 우리의 투쟁은 정의의 투쟁입니다. 승리는 반드시 우리 인민의 편에 있을 것입니다. 조국과 인민을 위한 우리의 정의의 투쟁은 반드시 승리하고야 말리라는 것을 나는 확신합니다.
> 우리 조국을 통일할 시기가 왔습니다. 승리에 대한 확고한 신심을 가지고 용감히 나아갑시다.
> 모든 힘을 우리 인민 군대와 전선을 원조하는 데 돌리라!
> 모든 힘을 적들을 소탕하는 데 돌리라![20]

김일성의 연설에다가 문정길과 신학렬의 행동을 연결해 보면, 전쟁에 임하는 북한의 입장과 목적이 한층 분명해지는 것이다. 6·25는 '조국의 통일 독립과 자유와 민주주의를 위한 정의의 전쟁'이고, 그런 목적을 실현하기 위해 '외래 제국주의와 이승만 정권을 타도해야 한다는 것'으로 정리되는 바, 이는 앞의 문정길이나 신할렬의 전쟁관을 집약한 말로 원작에서는 볼 수 없었던 대목이다.

---

[20] 『남과 북』 1권, 177면.

작가는 또한 북한이 남한에 진격한 후 곧바로 착수한 토지개혁의 의의를 벽보 형식으로 제시함으로써 지주의 토지를 몰수하고 소작인들에게 분배한 행위가 결코 단순한 몰수가 아니라 평등하고 정의로운 사회를 건설하기 위한 이데올로기적 실천이었다는 것을 알려준다.

그렇지만 작가는 북한의 주장을 사실적으로 소개하면서도 한편으론 그것이 실제 현실을 외면한 공론에 불과하다는 점을 날카롭게 지적한다. 그런 의도는 개정판에 새로 추가된 팔로군 출신의 중공군 군관 정상교를 통해서 이루어진다. 정상교는 중국이 공산화되는 일련의 과정을 팔로군에서 지켜 본 인물로, 북한이 말하는 '조국해방전쟁'의 과정이 어떠해야 하는가는 냉정하게 꿰뚫고 있다. 즉, 중국의 혁명과정에서 홍군(혁명군)은 가는 곳마다 4억 인민들의 열렬한 환영을 받았다. 국부군을 피해 멀리 산으로 도망쳤던 인민들은 홍군이 진주하자 마을로 내려와서 그들을 열렬히 환영하고 음식을 대접했으며, 그런 인민의 뜨거운 사랑에 힘입어 홍군은 혁명에 성공할 수 있었다. 그런데, 조선의 경우는 그와는 정반대로 인민군이 진격하자 민중들은 그들을 환영하기보다는 오히려 멀리 달아나거나 국군을 따라서 남으로 피해버렸다. 이런 예상 밖의 현실을 목격하면서, 정상교는 전쟁에 임하는 북한의 태도에 심각한 문제가 있음을 간파한다.

"조선에 처음 들어올 때만 해도 우리의 발걸음은 경쾌했고 가벼웠소. 니유는 바로 조선 인민들이 우리를 따듯하게 맞아줄 것으로 생각했기 때문이오. 그러나 우리의 기대는 첫날부터 여지없이 배반과 실망으로 바뀌었소. 조선 인민은 우리를 보면 죽을 둥 살 둥 숨거나 도망쳤고, 불가피하게 정면으로 부닥쳤을 때는 두 손을 싹싹 비비며 살려달라고 애걸했소. 인민들의 이러한 태도를 보고 우리는 그때 이미 모든 사태를 깨달았소. 지난여름에 당신들은 남조선 인민들을 몽둥이로 패서 쫓은 거요. 그래서 그들은 우리만 보면 어딘 가로 몸을 숨기거나 꽁지가 빠지게 도망을 쳤던 거요. 전선에서 군대가 잘못하면 당에서라도 그것을 바로잡아야 옳디 않소? 그 짧은 여름 석 달 동안 당신들의 당과 군대는 남조선에서 대체 무슨 짓을 한 거요? 안평리 부락에서 저지른 당신네 병사들의 며칠 년 만행은, 참으로 통탄스러운 인민에 대한 배신이었소. 이렇게 인민을 학대하고 배신한 당신들이 사회주의 혁명을 말하고 조국 통일을 입에 올려 떠들 수 있소? 물고기가 물을 떠나 어떻게 온전히 살아남기를 바라는 거요?"21)

인민 대중의 지지를 받지 못하는 혁명이란 필연적으로 실패할 수밖에 없다는 것, 작가가 중공군 장교 정상교의 입을 빌려 토로한 이 말은, 민간인들의 자산을 약탈한 인민군 전사에 대한 단순한 질책이 아니라, '인민 해방전쟁'이라는 북한 측의 주장이 실제 현실과는 괴리된 허구적 구호에 지나지 않는다는 것을 예리하게 간파하고 비판한 말이다. 문정길과 신학렬이 사회주의적 이상에 사로잡혀 현실을 무시한 채 관념 속에 침거한 존재였던 것처럼, 북한 공산당 역시 남조선 해방이라는 이상만을 앞세웠지 그 과정에서 야기된 엄청난 살상과 민심의 이반을 헤아리지 못했고, 그것이 결국은 혁명의 실패를 가져왔다는 것이다. 이런 지적은 중국이 공산 정권을 수립한(1949년 10월) 뒤 곧바로 한국전에 참전한 (1950년 11월) 관계로 혁명 초기의 고양된 열기와 도덕성을 견지하고 있었다는 사실을 고려하자면 충분한 개연성을 갖는다. 더구나 중국은 한국전에 참전하기 전에 '미 제국주의의 죄악'을 학습시키고, 또 중국 혁명에서 '조선인'의 역할을 높이 평가한 뒤 '조선 정부를 존중하고, 조선 인민을 애호한다.'는 내용을 주지시켰다고 한다.22)

---

21) 『남과 북』 4권, 40-1면.
22) 김경일, 홍면기 역, 『중국의 한국전쟁 참전 기원』, 논형, 2005, 제6장 참조.

이런 역사적 사실을 염두에 두자면, 정상교의 입을 빌려 표현된 북한군에 대한 비판은 사회주의 혁명을 바라보는 작가 홍성원의 인식이 전보다는 한층 심화되었다는 것을 말해준다. 실제로 한국 사회주의 운동이 안고 있는 근본적인 문제점은 이상주의적 성격이 강했다는 데 있다. 식민 치하의 현실에서, 그리고 해방과 전쟁기의 상황에서 사회주의자들은 이상을 앞세워 수단과 방법을 가리지 않는 교조적이고 맹신적인 모습을 보여주었다. 공산주의 운동이 진행되는 과정에서 급진파와 온건파가 나뉘고, 그 과정에서 급진파가 이론의 선명성에 힘입어 온건파를 누르고 헤게모니를 쥐었던 것은 그런 양상을 단적으로 보여준다. 『불의 제전』이나 『태백산맥』에서 목격되는 것도 사실은 그런 이상주의자들의 열정과 투쟁이었다. (공산주의 사회 건설에 대한 환상으로 일제강점기 적색농민운동을 주도하다가 1953년 휴전협정 이후 대규모 빨치산 토벌이 감행되자 더 이상 활동이 불가능하다는 판단에서 대원들과 함께 수류탄으로 자결한 염상진의 비타협적 열정!) 그런 점에서 홍성원의 인식은 한국 공산주의 운동 전반을 꿰뚫은 예리한 통찰로 봐도 무방할 것이다.

　이렇듯 작가는 개작을 통해서 원본에서는 볼 수 없었던 북한의 입장을 사실적으로 소개하고 동시에 그들이 견지했던 이상주의의 문제점을 날카롭게 지적한다. 우익 측의 증오와 적개심에다가 공산주의자들의 이러한 이상주의적 시각을 결합해 보면, 6·25 전쟁을 통해 표현된 두 당사자의 입장이 어떠했는가를 구체적으로 이해할 수 있다. 개작된 『남과 북』이 원작에 비해서 한층 중립적인 특성을 보이는 것은 이런 여러 요소들을 추가해서 원작의 미진함을 보완한 데 있다.

## 3. 전쟁의 고발과 증언의 서사

원작 『육이오』가 반공주의적 색채를 갖게 된 중요한 이유는 언급한 대로 시대적 압력(검열)에 따른 표현상의 제약에 있었다. 1970년대 초반의 반공적 상황에서 북한에 대해 적대적 시선을 유지할 수밖에 없었고, 그 결과 인물과 사건은 반공주의의 그늘에서 자유롭지 못하였다. 『육이오』가 반공소설적 특성을 갖게 된 것은 그런 사실과 관계되지만, 작품을 발표할 당시 작가의 특성을 고려하자면 작품이 반공주의적이라고 단정할 수만은 없다. 그것은 표현상의 문제가 아니라 작가의 의식이 반공주의적 흑백논리에 사로잡혀 있지는 않았다는 데 있다. 그런 사실은 작가의 고백을 통해서 밝혀졌듯이, 홍성원은 작품을 쓸 당시부터 표현상의 제약을 인지하고 있었고, 그런 문제점을 극복하기 위해서 개작본을 냈을 정도로 시대 상황에 대해 자각적이었다. 시대적 강압으로 인해 공산주의에 대해 부정적으로 표현하지 않을 수 없었지만 그 이면에 놓여 있던 '의식'은 냉전적 적대감에 침윤되어 있지는 않았던 것이다. 그런 사실은 여러 가지로 확인되는데, 우선 『육이오』는 작가가 중학교 1학년 시절에 겪은 전쟁 체험을 소재로 했다는 사실과 연결해서 생각해 볼 수 있다. 자전적 연보에서 밝힌 대로, 이 작품은 작가가 14세 되던 해에 수원에서 겪은 전쟁 체험에 바탕을 두고 있다. 14세란 중학교 1학년의 나이로, 장년기와는 달리 세상을 한층 편견 없이 볼 수 있는 시기이고, 또 작가가 살았던 수원은 최전방도 그렇다고 완전한 후방도 아닌 일종의 중간 지대에 있었다. 인민군과 유엔군이 일진일퇴의 공방을 벌이던 곳이지만 그 자체가 격전의 현장은 아니었는데, 그런 곳에서 작가는 전쟁의 온갖 참상을 "소년의 정직한 관념과 직감"으로 목격한 것이다.

중학교 3년 동안은 바로 내가 겪은 3년 간의 6.25였다. 감수성 예민한 십대 후반의 소년에게 전쟁은 한꺼번에 너무 많은 것을 보여주었다. 연이은 충격과 놀라움으로 소년은 전쟁 동안에는 아무것도 느끼거나 생각할 수 없었다. 그러나 훗날 전쟁이 멎었을 때 그 모든 전쟁의 충격들은 억제된 무의식을 뚫고 한꺼번에 상처로 떠올랐다.[23]

더구나 홍성원은 김원일이나 이문열처럼 월북한 좌익의 부친을 둔 작가도, 그렇다고 조정래처럼 좌익이 왕성하게 활동했던 지역에서 성장한 인물도 아니었다. 『육이오』의 첫 장을 일간지 기자 설경민의 일상을 통해서 시작한 것처럼, 그는 이데올로기와는 상대적으로 먼 지점에 있었고 또 개인적 상처를 안고 그것을 해원(解寃)하듯이 작품을 창작하지도 않았다. 그런 관계로 홍성원은 기자가 사건 현장을 취재하듯이 시종일관 냉철한 관찰자의 시선을 유지하는데, 그것이 곧 그로 하여금 반공주의와 거리를 두게 한 중요한 요인이다. 또한 방대한 자료 섭렵에서 짐작되듯이, 사실을 존중하는 창작 태도 역시 반공주의로부터 거리를 두게 한 요인이다. 작품 곳곳에 삽입된 정치·군사·외교 관련 일화들은 작가의 주관을 최소화하고 대신 객관적 상황을 중시하게 만든 요인이고, 그런 요소들로 인해 이 작품은 6.25 전쟁을 증언하는 내용의 다양한 사건과 일화로 채워지게 된다.

『육이오』가 6·25전쟁을 증언하고 고발하는 문학적 성과를 획득한 것은 그런 사실과 관계되는데, 작품에서 먼저 주목할 수 있는 것이

---

[23] 홍성원, 「소리내지 않고 울기」, 『홍성원 깊이읽기』, 문학과지성사, 1997, 273면. 여기서 홍성원은 수원에서 전쟁을 맞은 뒤 1·4 후퇴 때 밀양으로 피난을 갔고, 다시 서울이 수복되자 수원으로 돌아왔다고 회고한다. 말하자면 국군이 일진일퇴를 거듭했듯이 그 역시 전방과 후방을 오가면서 전쟁을 두루 체험하였다. 『육이오』에서 보이는 전방과 후방의 모습은 그런 체험에 바탕을 둔 것으로 보인다.

국군과 유엔군의 만행에 대한 고발이다. 한국전쟁은 세계 역사에서 그 유래를 찾기 힘든 만행이었는 바, 그것은 무수한 민간인들이 학살되었다는 데 있다. 뚜렷한 이유도 없이, 단지 우리 편이 아니라는 이유만으로, 아니 우리 편이 아닐 가능성이 있다는 이유만으로 100만 명에 이르는 민간인이 학살되었는데, 그 학살은 인민군뿐만 아니라 국군과 연합군에 의해서도 대규모로 행해졌다.24) 작품에는 이들에 의한 다양한 만행이 소개되는데, 이는 1970년대 초반의 상황에서는 쉽게 표현할 수 없는 내용들이다. 가령, 적의 잔병을 소탕하는 과정에서 허세웅 상사가 보여준 살의는 자신의 목숨을 보호하는 자구책의 수준을 훨씬 넘어서 있다. 죽어 나뒹구는 시체에다 총을 난사하는 것은 물론이고 심지어 숨어 있던 유부녀를 총으로 위협한 뒤 거침없이 육체적 욕망을 채운다. 또 박노익이나 미군들은 잔적을 소탕하겠다는 의도로 민가나 피난민들이 모여 있는 곳에다 기관총을 난사해서 죽이고, 군의관은 군용 약을 빼돌려 사욕을 채우며, 최완식을 비롯한 장교들 역시 군수품을 빼돌리기에 여념이 없다. 모두가 광기에 사로잡혀 이성을 상실한 것이다. 그런 현장을 지켜보면서 손중위는 "(국군이나 연합군은) 지휘관의 감시만 소홀하면 곳곳에서 단독으로 엉뚱한 보복을 감행했다. 마을을 불사르고, 가옥을 파괴하고 때로는 난민 부녀자들을 거침없이 희롱하거나 겁탈했다."25)고 탄식한다. 게다가, 낙동강까지 밀렸던 국군이 유엔군과 함께 북으로 진격하는 과정에서 자행된 치안대원들의 만행은 상상을 초월한다. 그들은 공산주의자뿐만 아니라 그 가족과 부역자들까지도 가혹하게 처벌했고, 심한 경우 돌로 쳐서 죽이는 만행

---

24) 6·25 당시 국군과 유엔군의 민간인 학살은 다음 글을 참고할 수 있다. 『그대 우리의 아픔을 아는가』(정은용, 다리, 1994), 「6·25 참전 미군의 충북 영동 양민 300여 명 학살사건」(『(월간) 말』, 1994. 7월호), 『조선 종군실화로 본 민간인 학살』(신경득, 살림터, 2002) 등.
25) 『육이오』 15회, 『세대』, 1971. 11, 348면.

도 서슴지 않았다. 작가는 이런 사실들을 곳곳에서 서술하면서 전쟁의 광기와 그 와중에서 자행된 군인들의 만행을 고발한다.

이러한 고발은 한편으론 반공주의의 광기에 사로잡혔던 이승만 정권의 비행과 무관한 게 아니라는 점에서, 반공을 앞세워 권력을 유지했던 박정희 정권에서도 쉽게 용납될 수 없는 대목이었다. 그런데도 작가는 그런 만행을 증언하듯이 기록하여 정권의 부도덕성과 야욕을 우회적으로 비판한다.

그리고 주목할 대목은 인민군과 중공군에 대해 인간적인 시선을 보낸다는 점이다. 작품에서 중공군은 '극히 친절하고 예의 바른 모습'으로 그려진다. 불결한 외모를 갖고 있고 부녀자들을 만나기만 하면 즉시 욕보이고 살해한다는 소문과는 달리 중공군은 민간인에게 전혀 피해를 주지 않았고, 오히려 청결하고 절도 있는 모습을 유지하였다. 심지어 병정의 밝은 미소는 "이상한 감동"까지 제공하였다.

> 햇빛에 반사된 병정의 흰 이틀이 관옥에게 언뜻 청결하게 느껴졌다. 그녀는 문득 자기 쪽에서도 병정을 향해 웃어야 된다고 생각했다. 그러나 다음 순간 그녀의 가슴에는 이상한 감동이 잔잔하게 퍼져 올랐다. 관옥은 이 잔잔한 감동이 어떤 동기로 일어나는 것인지 알 수가 없었다. 그것은 이 병정의 밝은 미소에서 연유된 것도 같고 갑자기 위협이 제거된 후의 조용한 안도감에서 연유된 듯도 느껴졌다. (… 중략 …) 그녀는 그제야 아까의 감동이 어떤 것인지 어렴풋이 깨달았다. 그것은 끈끈한 감정이 배제된, 인간과 인간 사이의 아주 순박한 유대감이었다. 그녀는 문득, 서로 다른 민족이면서 중공군이 왜 같은 동족인 인민군보다 더 관대한가를 알 것 같았다. 중공군과 한국 국민 사이에는 우선, 아무런 선입관도 개재하지 않는다. 두 쪽은 서로에게 이민족(異民族)이라는 소외감만을 강하게 느낄 뿐, 그 두꺼운 소외감의 장막속에 일체의 감정을 송두리째 묻을 수 있다.[26)]

이를테면, 중공군이 불러일으킨 감동은 "끈끈한 감정이 배제된, 인간과 인간 사이의 아주 순박한 유대감"으로, 만일 그들이 이 땅에 전쟁을 수행하러 오지 않았다면 전혀 서로를 적대할 이유가 없다는 것을 시사해 준다. 이런 시각은 당시 중공군의 실제 모습이 어떠했는가와 상관없이 공산주의자들을 악의와 편견에서 바라보는 반공적 시선과는 사뭇 거리가 먼 것이다. 반공주의가 작가들의 상상력과 창작을 규율했던 상황에서 이렇듯 국군의 야만적 행위를 고발하고 공산군에게 인간적인 시선을 보냈다는 것은 그만큼 작가의 시선이 순수했다는 것을 보여준다. 그렇다면, 『육이오』는 반공주의자의 눈으로 인민군의 만행을 고발한 소설이라기보다는 오히려 남·북한을 초월해서 야기된 전쟁의 폭력과 그 잔학상을 증언하고 고발한 전쟁문학이 된다. 만행의 주체는 국군과 연합군뿐만 아니라 인민군도 예외가 아니고, 작가는 그 모든 책임을 전쟁이라는 '조직적인 폭력'에 돌린다. 작가의 '의식'이 반공주의에 사로잡혀 있었다면 이러한 서술은 가능하지 않았을 것이다.

이 작품이 전쟁을 통해서 야기된 사회 심층의 변화를 입체적으로 포착해 낼 수 있었던 것도 작가가 현실을 사실적으로 조망하고 이면을 꿰뚫는 시각을 유지하고 있었기에 가능했다. 이 작품의 또 다른 성과라 할 수 있는 사회 심층에 대한 조망은 전후 한국 사회를 이해할 수 있는 소중한 자료라 할 수 있다. 가령, 작품에서 목격되는 사회 심층에 대한 증언은 우선 한반도 전역에서 이루어진 이산(diaspora)과 탈향의 풍경을 통해서 그려진다. 개작본에서 압축적으로 언급되듯이, 엄청난 살육과 파괴에도 불구하고 전쟁은 많은 사람들이 고향을 등지고 남과 북으로 이산하는 중요한 계기를 만들었다. 지역 간의 이동이 빈번하지

---

26) 『육이오』 29회, 『세대』, 1973. 1, 412-3면.

못했고 또 부분적으로만 교류해 왔던 오랜 역사의 관행을 깨고 남북한 주민들이 집단으로 이동하면서, "함경도의 청년들은 그들의 피난지에서 경상도의 처녀를 아내로 맞"고, "전라도의 처녀는 북에서 피난 온 평안도의 씩씩한 청년을 남편"27)으로 맞는데, 이러한 과정은 혈연 중심의 전통사회가 붕괴되고 근대사회로 새롭게 재편되는 중요한 변화로 볼 수 있다. 근대사회란 이질적 존재들이 혼거하면서 교류하는 잡종의 공간인 바,28) 전쟁은 그런 전환의 중요한 전기를 제공한 것이다. 진남포에서 지주의 아들로 태어나 한때 야구선수와 무성영화 변사로 활동하다가 월남해서 재기를 노리는 한상혁이나, 서울에서 선술집을 운영하는 같은 고향의 뱃사람 출신의 모희규, 남포에서 월남해서 의과대학에 적을 두고 있는 한상혁, 신동렬과 함께 월남한 뒤 다방을 경영하면서 남한 사회에 정착하려는 민관옥 등은 모두 고향을 떠나 피난지에 새롭게 둥지를 튼 사람들로, 전쟁이 본격화되면서 비극적 운명을 맞기도 하지만, 당대 사회의 급격한 변화를 상징하는 존재들이다.

이런 변화를 겪으면서, 가진 자와 없는 자 모두는 삶의 터전을 잃고 새롭게 자리를 만들면서 사회 전반의 구조적 변화를 불러온다. 버드내 마을의 대지주인 우동준 가(家)의 몰락과 그의 작인이었던 박포수 집의 상승은 그런 변화가 매우 급격하고 전면적이었음을 암시한다. 우동준은 소작인에게 거친 말 한마디 하지 않고 오히려 불쌍한 작인들에게 곡식을 나눠주는 등 '관후한 주인'이었음에도 불구하고 인민군이 진주하면서 반동으로 몰려 혹독한 고초를 겪은 뒤 죽음을 맞았다. 대학 강사이자 양심적 지식인인 첫째 아들 효중은 전쟁의 와중에서 심신이 황폐해져서 자살로 생을 마감하였고, 둘째 효석은 인민군에게 끌려가 처참하게

---

27) 『육이오』 49회, 『세대』, 1974. 9, 404면.
28) 이마무라 히토시, 이수정 역, 『근대성의 구조』, 민음사, 1999, 190-200면.

학살되었다. 이 과정에서 집안의 재산은 풍비박산이 되고, 가통(家統)을 이을 자손마저 끊기는 곤궁한 처지로 전락한다. 반면 장사꾼으로 잔뼈가 굵은 박포수의 장남 박한익은 사회적 혼란을 틈타서 일거에 거부(巨富)로 성장한다. 쌀장사에서 출발해서 백여 개의 상점을 소유하고 그것을 바탕으로 상업학교 이사장으로 취임하며, 심지어 그 동안 충성을 보내고 '아씨'로 떠받들던 우동준의 외동딸 우효진과 극적으로 사랑을 이루고 아들까지 두게 된다. 경제적으로나 신분상으로 우동준 집안을 대신하는 새로운 상위 계층으로 등장한 것이다. 서태호의 상승 역시 눈길을 끈다. 정치에 뜻을 둔 변호사 출신의 서태호는 전쟁의 참화에서 자유로운 인물이다. 정부(情婦)인 강윤정을 이용해서 각종 거래를 성사시키고 군인들을 부리면서 사업을 확장하는 파렴치한 모리배이지만 빼어난 수완을 바탕으로 각종 이권 사업을 도맡아 시행하면서 급격히 성장한다. 그가 천민적 성격을 갖고 있음에도 불구하고 승승장구할 수 있었던 것은 사회 전반의 분위기가 그런 모리적 행태를 용인하는 공범적 역할을 했기 때문이고, 그런 점에서 그는 당대 사회의 천민자본주의적 흐름을 단적으로 대변한다. 이 외에도 설규헌 박사의 몰락 역시 눈길을 끈다. 명망 있는 사학자인 그는 인민군에게 끌려가다가 처형된 것으로 암시되는데, 이는 양심적 지식인의 몰락을 상징해서 보여준다. 그가 만일 양심을 버리고 인민군의 요구를 수용해서 방송 연설을 했더라면 목숨을 유지하는 데는 큰 무리가 없었을 것이다. 하지만 그는 목숨을 걸고 그들의 요구를 거부했는데, 이는 훼절로 연명하는 나약한 지식인들의 행동과는 극명하게 대조를 이룬다.

 전쟁은 이렇듯 가진 자와 없는 자를 뒤섞고 오랫동안 유지해 오던 신분적 주종관계를 끊고 새롭게 재편되면서 근대사회로 진입하는 중요한 전기를 제공하였다. 모든 것이 원점으로 돌려진 상황에서 이제 인물들은 '새로운 출발에만 기대를 거는' 상황이 된 것이다. 전후 한국 사회가 보여준 혼란의 한편에서 꿈틀대는 역동성은, 이호철이 『소시민』에서 실감나게 포착한 것처럼,29) 이런 '알몸'의 상태에서 가능했고 그것을 작가는 몇몇 인물들의 몰락과 상승을 통해서 상징적으로 보여준 것이다.

이 작품이 획득한 또 다른 성과는 작품 전반에서 제시된 여성 수난의 기록이다. 언급한 대로, 여성들이 감당해야 했던 전쟁은 남성의 그것과는 사뭇 달랐다. 약육강식의 비정한 생존법칙에 지배되는 전쟁이란 본질적으로 남성들의 거친 욕망의 세계라 할 수 있다. 욕망을 충족하기 위한 무자비한 폭력과 거짓이 횡행하는 현실에 여성들은 거의 무방비 상태로 노출되어 참혹하게 그 고통을 감내해야 했다. 출세욕에 사로잡힌 신학렬의 도구가 되어 소련군 장교에게 상납(?)된 민관옥의 경우나 군인들의 야수적 폭력에 휘둘려 무참하게 욕망의 제물로 전락한 무수한 여성들, 남편을 잃고 시장 한 모퉁이에서 초라하게 좌판을 벌여 살아가는 여성들의 풍경은 당대 여성들의 삶이 얼마나 신산스럽고 고통스러운 것이었나를 웅변해 준다. 최선화의 비극적 전락은 그런 여성의 삶을 상징적으로 보여준다. 그녀는 인민군에 끌려갔다가 국군 포로가 되었고, 풀려난 뒤에는 전쟁의 소용돌이 속에서 스스로를 지탱할 수 없다는 판단에서 거침없이 설경민에게 몸을 내맡겼다. 그런데 그녀의 운명은 여기서 끝나지 않고 설경민의 애를 임신한 상태에서 미군에게 폭행을 당하고, 그것이 계기가 되어 급전직하 양공주로 전락한다. 이후 기지촌을 전전하는 과정에서 미군 병사와

---

29) 이런 사실은 강진호의 「전후사회의 재편과 근대화의 명암」(『현대소설사와 근대성의 아포리아』, 소명출판, 2004) 참조.

사랑을 나누고 행복한 시간을 갖기도 하지만 그것도 잠시뿐 아들을 출산한 뒤에는 자식의 미래를 고민하다가 끝내 자살로 생을 마감한다. 인민군에서 국군 포로로, 다시 양공주로, 그리고 자살에 이르는 과정은 전쟁이 한 개인의 운명을 어떻게 짓밟고 파괴했는가를 상징적으로 보여준다.

이런 수난의 과정에서 박가연(카렌 박)의 일화는 전쟁의 비극을 딛고 선 한 여인의 감동적인 사례라 할 수 있다. 그녀는 전쟁 초기에 남편과 어린 자식을 잃고 정신분열의 상태로 길거리에 나뒹굴었으나, 미국 기자 로이 킴의 주선으로 치료를 받고 난 뒤에는 그간 못다한 자식에 대한 애정을 대신 쏟아붓기라도 하듯이 전쟁고아들을 돌보는 일에 전념한다. 이 과정에서 한국인 2세 로이 킴의 사랑은 각별한 것이었다. 민간인이 입원할 수 없는 미군 병원에 입원을 주선한 것은 물론이고 고아원을 운영하는 과정에서 다시 정신분열증이 나타나자 미국으로 이송해서 치료해 줄 것을 결심한다. 그 과정에서 그녀는 고아에 대한 주변의 모멸적 시선과 싸우는 한편 자신을 사기꾼으로 의심하는 미군 당국과 맞서면서 끝끝내 고아들을 지켜낸다. 이를테면, 자신의 불행을 고아에 대한 사랑으로 극복하면서 전쟁이 낳은 비극을 치유하는 의지적 여인으로 우뚝 서는 것이다.

이렇듯 『육이오』는 전쟁 속에서 목격되는 여러 인물들의 부침을 통해서 당대 사회의 심층에서 부침하는 삶의 제 양상을 사실적으로 포착해 내었다. 소설이란 현실의 외형적 모습보다는 그 이면의 진실을 포착해 내는 양식이다. 좋은 소설은 다양한 계층의 인물이 생성하고 부침하는 과정을 통해서 새롭게 움트고 성장하는 사회 심층의 흐름을 그려낸다. 소설이 시대를 증언하고 미래를 예시한다는 것은 그런 속성에서 가능한 말이다. 『육이오』가 반공소설로 폄하되어 제대로 된 평가를 받지 못했지만, 이와 같이 사회 심층의 흐름을 포착했다는 것은 그 자체로 중요하게 평가되어야 할 것이다. 이 작품은 전후 한국 사회를 이해하는 문학적 증언이자 풍경화로써 중요한 의미를 갖는다.

새삼스럽지만 『육이오』는 1970년대의 산물이다. 문학이란 본질적으로 시대 환경의 제약 속에서 산출되고, 작가의 의식 또한 시대 현실로부터 자유로울 수 없다. 홍성원이 작품을 쓰면서 감당해야 했던 큰 짐의 하나가 바로 반공주의라는 시대적 제약이었다. 남과 북이 대치하는 현실에서 조금이라도 체제에 비판적인 모습을 보이면 여지없이 '친공', '용공'이라는 올가미를 씌웠고, 궁극적으로 작가들의 창작을 억압해서 체제 순응적 작품만을 양산토록 하였다. 1970년대 한국 사회는 고도의 통제 사회이자 그 자체가 거대한 원형 감옥과 다름없었다. 유신헌법, 통행금지, 긴급조치, 국민교육헌장, 교련, 애국 조회, 반공 웅변대회, 각종 간첩 사건, 민방공훈련, 국가보안법 등은 감시와 통제의 다양한 기제들이었다. 전후의 현대문학이 현실과는 거리가 먼 고답적 세계를 맴돌았던 것은 이런 사실로 설명할 수 있을 것이다. 반공주의를 전근대적 질곡이라고 했던 것은, 이와 같이 작가들의 창작을 직접적으로 제약하는 금압과 규율의 기제였기 때문이다.

하지만 그런 억압에도 불구하고, 역사적 사실과 진실이 묻히거나 왜곡될 수는 없는 것이다. 홍성원은 시대의 압력에도 불구하고 자신의 체험을 사실적으로 응시하고 거기에다 폭넓은 자료 섭렵을 통해서 시대의 질곡에서 벗어나고자 했고, 6·25전쟁의 실상에 한층 가까이 다가설 수 있었다. 북한을 적대시하고 부정하는 내용을 담고 있으면서도 한편으로는 그들에게 인간적인 시선을 보내고 심지어 중공군에게

'인간적 유대감'까지 표현했던 것은 흑백논리의 도식을 넘어 사실(reality)에 기반을 둔 창작을 했기에 가능한 일이었다.

이런 사실들을 전제로 할 때 『육이오』에 대한 평가는 한층 온당해질 것이다. 시대적 한계에도 불구하고, 증오와 적개심만을 양산한 전쟁의 살풍경을 예리하게 간파한 것이나 급격한 신분적·경제적 변동을 통해 사회의 이면을 포착하고 전후 한국 사회 심층의 변화를 포착해낸 것은 이 작품이 건져 올린 소중한 성과들이다. 그런 점에서 이 작품은 반공주의로 얼룩진 현대소설사의 특수성을 구체적 실감으로 보여주는 증언적 작품이라고 하겠다.

# 제3장

## 전쟁의 트라우마와 반공의 공포

✣

### 『한발기』와『목마른 계절』의 개작

### 1. 개인의 체험과 서사

알려진 대로 6.25 전쟁은 박완서 문학의 뿌리이자 원점이다. 소설은 시대의 풍경화이고 문학적 형상화를 통해서 현실보다 더 핍진한 현실을 경험하게 한다. 스무 살의 청춘기와 전쟁이라는 한발(旱魃)의 시기를 동시에 경험한 박완서의 소설은 그런 점에서 매우 장엄하고 핍진한 시대의 풍경화라 할 수 있다.

여성지 장편소설 현상공모에 『나목(裸木)』이 당선되어 등단했을 때 박완서의 나이는 40세였고 당시 습작기를 거치지 않은 작품으로 등단했다 하여 화제가 되었지만 뒤이은 작품들은 준비된 작가로서의 저력을 유감없이 보여주었다. 『나목』에 이어서 「어떤 나들이」, 「세상에서 제일 무거운 틀니」, 「주말농장」, 「이별의 김포공항」 등 거침없이 쏟아지는 작품들은 가슴 속의 무언가 꿈틀대던 것들이 출구를 찾아 마침내 분출되는 형상이었다. 그 거침없는 분출의 뿌리에는 스무 살에 겪은 참혹한 전쟁의 기억이 놓여 있었음이 차차 드러났다. 23살에 결혼하여 1남 4녀를 뒷바라지하며 보낸 20여 년의 시간은 외면(外面)의 시간이었고, 내면에 기록된 전쟁의 체험은 그 시간 동안 깊은 부화의 과정을 거쳐 어느 날 소설이라는 양식으로 세상에 얼굴을 드러낸 것이다.

> "6.25 경험이 없었으면 내가 소설가가 되지 않았을지도 모른다고 나도 느끼고 남들도 그렇게 알아줄 정도로 나는 전쟁 경험을 줄기차게 울궈 먹었고 앞으로도 할 말이 얼마든지 더 남아 있는 것처럼 느끼곤 한다."[1]

경기도 개풍군 박적골에서 태어난 박완서(1931~2011)는 38선이 구획되면서 고향을 자유롭게 오갈 수 없었고, 전쟁이 끝난 뒤에는 가고 싶어도 갈 수가 없어서 평생 고향에 대한 그리움을 품게 되었다.[2] 대학에 입학하면서는 바로 6.25 전쟁이 터졌고 전쟁의 소용돌이 속에서 숙부와 오빠의 비극적인 죽음을 겪었다. 전쟁은 개인에게 불치의 상처를 남겨놓았고 사회 현실을 구조적으로 변화시켰다. "다른 나이도 아닌 열아홉, 스무 살 때 전쟁 체험을 했다는 점에 저는 (전쟁에) 대단히 집착을 하게 되었습니다."[3]라는 고백처럼, 전쟁의 트라우마는 박완서 글쓰기의 1차적 동인이 되었다. 그리하여 박완서 소설의 주인공들의 상당수는 한국 전쟁의 비극적 상흔을 갖고 있거나 분단 현실의 체험을 아픈 개인사로 간직하고 있다.

등단작 『나목』은 전쟁 기간에 잠깐 일했던 미8군 초상화부에서의 체험을 소재로 삼고 있다. 작품은 두 오빠가 폭격으로 사망한 것이 자기의 잘못 때문이라는 죄의식을 안고 살아가는 주인공 이경과 죽은 아들에 대한 그리움을 간직한 채 유령처럼 살아가는 어머니로부터 벗어나고자 하는 화자의 심리가 중심이다. 이후의 『한발기』(71~2),

---

1) 박완서, 『못 가본 길이 더 아름답다』, 현대문학, 2010, 24면.
2) 박완서, 「내 고향 개성 이야기」, 『역사비평』 제54호, 역사비평사, 2001.2.
3) 박완서, 「(좌담)6.25 분단문학의 민족동질성 추구와 분단 극복의지」, 『한국문학』 제13권 제6호, 한국문학사, 1985.6, 48면.

「부처님 근처」(73), 『살아있는 날의 시작』(80), 「엄마의 말뚝」 연작(85), 『그 많던 싱아는 누가 다 먹었을까』(92), 「너무도 쓸쓸한 당신」(97) 등의 작품 역시 모두 작가의 개인사에 바탕을 두고 있다.

그런데 1990년대 이전 작품에서 목격되는 개인사는 실제 체험 내용과는 상당히 다른 형태로 나타난다. 등단 이후 1980년대까지의 작품에서 박완서의 시야와 관심은 개인의 울타리로 한정되어 있었고, 특히 트라우마의 원천인 '오빠의 죽음'은 자전소설(곧, 『그 많던 싱아는 누가 다 먹었을까』와 『그 산이 정말 거기에 있었을까』)에서 밝힌 것과는 상당히 다른 모습으로 제시된다. '오빠'는 국군과 인민군으로부터 연이어 박해를 받아 죽음에 이르렀지만, 1990년대 이전 작품에서는 모두 '빨갱이'에 의해 죽은 것으로 서술되었다. 오빠를 죽음에 이르게 한 당사자의 하나는 국방군이고 그들 역시 인민군 못지않은 만행을 저질렀다는 사실을 말하기가 쉽지 않았던 것이다. 이런 내용을 말해도 될까 하는 의구심, 그리고 그것을 표현했을 때 가해질 수 있는 탄압에 대한 두려움이 박완서의 의식을 근저에서 사로잡고 있었다.[4] 이를테면, 1980년대까지 박완서는 당대를 규율한 반공주의와 그에 따른 자기검열에서 자유롭지 못하였고, 그래서 오빠의 죽음을 사실과는 달리 '인민군의 만행'으로 처리하는 등의 반공주의에 속박된 모습을 보여주었다. 박완서가 사회적 억압과 강박에서 벗어나 과거사를 거리감 있게 조망한 것은 한국 사회를 근저에서 뒤흔든 1980년대

---

[4] 그런 사실은 앞의 좌담에서 단적으로 토로된다. "저는 모든 죽음을 빨갱이가 반동이라고 해서 죽인 것으로만 썼었습니다. 이렇게 정직하지 못했던 것, 정직할 수 없는 것이 앞으로의 전쟁문학에서도 큰 문제라고 생각됩니다. 양쪽이 다 이데올로기에 눈이 멀어 얼마나 비인간적이며 잔혹했던가를 똑같이 증언하고 싶은데 못했던 것, 이것은 제 경우만이 아니라 다른 작가들에게도 공통되는 문제"(박완서 앞의 「(좌담)6.25 분단문학의 민족동질성 추구와 분단 극복의지」, 48면) 참조.

후반의 민주화운동과 동구 사회주의권의 몰락을 지켜보면서였다.5) 유신체제가 공포되기(1972.12) 직전에 발표된 『한발기(旱魃期)』 (1971~1972.11)에서 작품을 이끄는 화자는 과거의 상처에서 헤어나지 못한 모습이지만, 『그 산이 정말 거기에 있었을까』(1992)에서는 그와는 달리 한층 객관적이고 공평한 태도로 과거사를 회상한다. 1990년대 이후 박완서는 개인의 사적 체험을 민족사의 큰 흐름 속에서 조망하고 술회하는 시선의 확장을 보여주는 것이다.

이 글은 이런 사실을 염두에 두면서 박완서 문학의 원점에 해당하는 평판작 『목마른 계절』(원작 『한발기』)의 개작(改作)을 살펴보기로 한다. 『목마른 계절』로 알려진 『한발기』는 처음에 잡지 〈여성동아〉 (1971.7~1972.11)에 연재되었다가 1978년 '수문서관'에서 단행본으로 만들어지면서 『목마른 계절』로 개제(改題)되고 마지막 부분에 한 장(章)이 추가되었다. 그것이 이후 두 곳의 출판사6)에서 다시 간행되었으나(1978년판 표지에는 "박완서 장편 체험소설 목마른 계절"로 되어 있다.) 1978년판을 그대로 재출간하는 형식이어서 내용상의 변화는 없다. '국민 작가'라 일컬을 정도로 인기를 누렸기에 여러 출판사에서 작품이 출간되었지만 개작된 경우는 그리 많지 않은데, 『한발기』는 그 특이한 경우에 해당한다.

『목마른 계절』은 널리 알려지고, 또 최근까지 이 작품과 관련된 여러 학술 연구의 결과가 제출되었지만 그것을 원작인 『한발기』와

---

5) 2002년의 수필에서 박완서는 월드컵의 '붉은 물결'을 지켜보면서 "오랜 세월을 빨간 빛깔에 가위눌려 살아온" 과거를 회상하고, "빨간 빛깔에 대한 거의 미신적인 피해의식"에 사로잡혀 있었음을 고백한다. 박완서는 "빨간 빛깔이 연상시키는 건 떠오르는 태양도, 젊은 피도, 노을도, 장미도, 봉숭아도 아니고 특정 이념이었다."고 한다. 박완서의 『두부』(창작과비평사, 2002) 81-83면 참조.
6) '열린책들'의 『목마른 계절』(1987)과 '세계사'의 『목마른 계절』(1994)

연관지어 논한 경우는 찾아보기 힘들다. 『목마른 계절』에 대한 기존의 연구는 키워드를 중심으로 크게 두 가지로 분류할 수 있다. 하나는 '여성(정체성)'7)이고 다른 하나는 '전쟁 체험'8)이다. 이에 관한 논문들은 당대 문학 연구 담론을 반영하며 선도적인 가설과 논증을 제시하였는데, 거의 예외 없이 『한발기』가 아닌 1978년의 『목마른 계절』을 대상 텍스트로 하고 있다. 『목마른 계절』이 『한발기』로부터 개작된 것임을 언급하면서도 별다른 설명 없이 『목마른 계절』을 텍스트로 선정한 연구가 대부분이라는 것은 놀라운 일이다. 사실 여성성의 문제나 전쟁 체험의 의미화는 작품이 창작되고 유통되는 당대의 사회적 상황을 민감하게 반영할 수밖에 없는 주제들이다. 따라서 『한발기』(1971~2)와 『목마른 계절』(1978) 사이의 동일함과 차이를 살피는 것은 연구 대상 시기의 특성과 함께 거기에 대한 작가의 대응을 살피는 일이기도 하다.

여기서는 원작 『한발기』와 개작본 『목마른 계절』 사이에 나타난 개작의 양상과 의미를 살피고, 궁극적으로 작가의 문학을 해명하는 과정에서 각각의 텍스트가 어떻게 이해될 수 있는지를 살펴보고자 한다. 이 과정에서 특히 주목하는 것은 사회주의에 대한 주인공 하진의 시각과 오빠 하열의 죽음에 대한 작가의 서술 방식이다.

---

7) 한경희의 「나는 왜 '여성'이 되었는가: 박완서 장편소설 『목마른 계절』(1978)론」(『현대소설연구』 제71호. 2018. 9), 배상미의 「박완서 소설을 통해 본 한국전쟁기 여성들의 갈망」(『여/성이론」』, 24집, 2011), 이선옥의 「박완서 소설의 다시쓰기-딸의 서사에서 여성들간의 소통으로」(『실천문학』 통권59호, 2000)
8) 임규찬의 「박완서와 6. 25 체험―『목마른 계절』을 중심으로」(『작가세계』 제12호, 2000), 강진호의 「반공주의와 자전소설의 형식」(『국어국문학』, 2003.5), 정하늬의 「박완서의 『목마른 계절』에 나타난 청년들의 전향과 신념의 문제」(『한국문학과예술』 제26집, 2018), 김영미의 「박완서 문학에 나타난 서울에서의 한국전쟁 체험의 의미: 『목마른 계절』을 중심으로」(『한국현대문학연구』 제54호, 2018)

## 2. 전쟁 체험과 증언의 서사 ; 『한발기』

『한발기』는 외견상 평범한 세태소설 내지 풍속소설로 읽히지만 신변 일상의 심층을 파고든 전쟁기의 체험으로 인해 그 수준을 넘어서는 면모를 보여준다. 전쟁기의 체험은 벗어나려 해도 벗어날 수 없는 영혼의 질곡이자 평생을 따라다닌 트라우마였다. '박완서를 안일과 부패의 공세에서 방어하는 냉동장치'와도 같은 그 끔찍한 기억들이9) 구체적인 형상으로 실체를 드러낸 최초의 작품이 바로 『한발기』이다.

『한발기』는 1950년 6월 전쟁 발발 시점부터 1951년 5월 피난에서 돌아오기까지의 사건을 월별로 정리해 놓았다. 『한발기』는 작가의 체험이 서사의 근간을 이룬다는 점에서, 전쟁기에 우연히 만난 박수근 화백을 소재로 한 『나목』에 비해 한층 자전적 성격이 두드러진다. 대학에 갓 입학한 신입생으로서 겪었던 1950년 6월에서 다음 해 5월까지의 1년간, 인민군과 국방군이 번갈아 통치했던 서울에서 보고 겪은 일들을 다룬 이 작품은 자전소설의 맥락에서 볼 때 박완서가 '오빠'의 처지를 이해하고 궁극적으로 개인의 상처에서 벗어나는 계기가 되는 작품이다. 주인공이자 화자를 작가의 분신과도 같은 인물로 설정한 것은 그런 의도를 보다 직접적으로 드러낸 것이고, 그래서 화자인 '하진'의 생각과 행동은 작가의 그것이라 해도 과언이 아니다.

『한발기』에서 주목할 점은 개작을 하면서 밝힌 대로, "데뷔하고 나서의 첫 장편이라 내 나름으로 열심히 쓴 거였지만 다시 읽어보니 곳곳에 경험이 너무 생경하게 노출돼"10) 있어 싫게 느껴졌다는 고백처럼 기록의 측면이 무엇보다 두드러진다는 점이다. 가공되고 변형되기

---

9) 염무웅, 「관용의 시간을 위하여」, 『창작과 비평』 39호, 창작과비평사, 2011.9, 356면.
10) 박완서, 『목마른 계절』, 수문서관, 1978.5, 395면.

이전의 날 것의 경험이 반영되었고, 그래서 개작된 판본에 비해 핍진성이 한층 돋보인다.

소설의 도입부인 1회에서는 캠퍼스 소설처럼 한 남자와 두 여자의 삼각관계가 제시되고 전쟁 발발 이전의 평화로운 일상이 그려진다. S대 신입생인 하진은 졸업반인 민준식을 캠퍼스에 만나고 뜻하지 않은 체험을 하는데, 민준식은 친구 향아의 약혼자였다. 한편, 향아는 너라면 믿을 수 있다며, 같은 학교에 다니는 약혼자를 감시해 주기를 부탁한다. 연재 2회 후반 지점부터 인물들은 전쟁의 소용돌이 속으로 들어가는데, 다음과 같은 묘사는 당시의 상황을 실감나게 전해준다.

> 한 번도 전쟁의 경험이 없는 이들은 포소리의 거리감엔 전연 생소하여 다만 귀청이 멍하게 요란한 것이 꼭 미아리 고개에서 돈암동에도 집중포격을 퍼붓고 있다고만 짐작하고 있었다.
> 별안간 찬장 속의 유리컵들이 서로 요란히 부딪힐 정도의 큰 진동에 잇달아 앞집 추녀 모서리에 달린 반달 모양의 기왓장이 진이네 장독소래기를 깨뜨리며 떨어진다.
> (… 중략 …)
> 그리고 사람들은 여직껏 들어 보지 못한 아주 무겁고 둔한, 낮으면서도 땅속 깊은 곳까지 진동이 미치는 듯한 새로운 음향을 들었다.
> 떨리는 손으로 널빤지를 제치기 시작한 것은 노인이 먼저였지만 굴 밖에 먼저 나선 것은 진이였다.
> 굴 밖 언덕에서 곧바로 바라뵈는 미아리 고개의 흰 길을 육중한 탱크의 행렬이 서서히 내려오고 있었다.
> 그러고 보니 벌써 골목길까지 국군 아닌 군인이 둘씩 짝을 지어 따발총을 겨눈 채 샅샅이 살피며 걸어오고 있었다.

드디어 밤 사이에 세상은 바뀐 것이다. 진이는 무어라고 외치려다 말고, 우루루 굴 밖으로 몰려와나 한결같이 미아리 고개 쪽을 보고 있는 사람들을 돌아본다.11)

이렇게 인민군이 들어온 것을 알았을 때 하진이 내보이는 감정은 감격적인 흥분이었다. 하진은 전쟁을 매우 긍정적으로 받아들이는 입장이다. 그러나 흥분의 한편에는 알 수 없는 두려움도 숨어 있는데, 그 두려움이란 "관념적이었던 것이 드디어 그 실재의 참모습을 드러내려 하고 있음을" 예감하는 한 가닥의 이유 모를 불안에서 비롯된 것이었다. 전쟁 초반에 진이가 드러내는 이런 심리는 그때까지 좌익의 신봉자였던 인물이 이후 공산주의의 실체를 체험하면서 점차 그로부터 멀어지는 것을 암시하는 복선(伏線)이기도 하다. 3회에서 진이는 동회를 파수하는 나이 어린 인민군과 할아버지의 대화를 목격하면서 공산주의의 실상을 처음으로 체험한다. 노인이 소년에게 나이를 물어보고 "나라 일도 중하지만 그래도 공부할 땐 공부해야지."라고 말하며 걱정을 하자, 소년은 "공부는 단지 개인의 일일 뿐이죠. 남반부 인민들이 이승만 괴뢰정부의 학정 밑에서 신음하는데 어찌 편히 공부나 하고 있겠소."라고 대답한다. 이에 노인은 "김일성이 그 사람도 잘못이야. 아무리 못난 노동자 농민의 자식이기로서니 어린 것들이야 무슨 죄가 있다고 싸움터로 내보내다니."라고 하자, 소년은 "이, 이 새애끼가 반동의 새끼앙이가?" 하고 격앙된 반응을 보인다. 그때 진이는 할아버지를 부축하고 와들와들 떨면서 소년에게 모멸의 일별을 던지는 것이다.

사실 좌익에 대한 진이의 태도는 처음에는 매우 호의적이었다. 그녀는 일찍이 B고녀 시절에 민청(民靑) 지하조직에 관여했다가 정학 처분

---

11) 박완서, 『한발기』(제2회), 〈여성동아〉, 동아일보사, 1971.8, 410-412면.

을 받은 경험이 있고, 현재도 거기에 깊이 관여하고 있는 상태이다. 진이가 좌익사상을 신봉하게 된 배경에는 오빠인 하열의 존재가 있다. 하열은 한 때 열렬하고 충실한 지하 운동자였으나 회의를 품고 전향하였다. 그래서 하열은 하진이 좌익사상에서 벗어나기를 희망한다. 남로당원이기도 했던 하열이 공산주의에 회의를 품게 된 것은 주의에 대한 것이 아니라 주의자에 대한 반감 때문이었다. 그가 "어떤 주의이고 간에 그 궁극이 인간을 위한 거라면 인간들에 의해 운영되어야 할 것은 말할 것도 없고 그 완성 과정에서도 인간을 부정할 수야 없지 않겠니? 너를 보호하고픈 것은 어떤 주의로부터의 보호에 앞서 바로 비인간성으로부터의 보호"라고 진이에게 토로한 것은 그의 전향이 조직의 비인간성에서 비롯되었다는 것을 시사해 준다. 그런 이유에서 하열은 시골 농업학교로 내려가 교육이 자신의 분수에 맞다는 논리로 당(黨) 사업에 참여하기를 거부하였다. 그렇지만 하진은 그러한 오빠를 "변절이고 배반"으로 생각하고 경멸한다.

이렇듯 소설 초반부에는 하진과 오빠가 대립하는 구도이다. 진이는 대학에 갓 입학한 뒤 현실보다는 이상과 희망에 사로잡혀 있었고 더구나 좌익에 몸담고 있었던 까닭에 6.25 전쟁 또한 새로운 사회가 도래하는 극적인 과정으로 받아들였다. "전쟁이 살육과 파괴만이 목적이 아닐진대 반드시 썩고 묵은 질서의 붕괴와 찬란한 새로운 질서의 교체가 뒤따를 것"이라는 믿음에서 "야릇한 흥분"을 느꼈고, 병원 뒤뜰에 방치된 국군의 시체마저도 '혁명'의 과정에서 그럴 수밖에 없는 불가피한 것으로 받아들이며 S대학의 민청위원회에서 활동하는 대담성을 보여주었다.

그런 그녀가 내보이는 다음과 같은 심리는 좌익사상을 맹목적으로 신봉해 온 기존의 태도에 점차 회의와 변화의 균열이 일어나고 있음을 시사하는 상징적 장면이다.

그것은 아주 혹독한 가뭄의 풍경처럼 공포로왔다.

잎새조차도 푸르지 못하고 붉은빛이 도는 핏빛 칸나도 마치 오랜 한발(旱魃) 끝에 지심(地心)에서 내뿜는 뜨거운 화염처럼 처절한 저주를 주위에 발산하고 있다.

붉은 건 칸나뿐이 아니었다. 정면 벽 중앙에 늘어진 붉은 깃발 그 깃발을 중심으로 빽빽이 붙여진 벽보의 핏빛 글씨들 ― 혁명, 원수, 타도, 투쟁, 당, 인민, 수령, 영광, 애국…… 머리가 앗찔하도록 집요한 투지, 집요한 증오, 그리고 집요한 애국.

또 다른 벽에는 김일성을 중심으로 한 모택동 스탈린의 대문짝 같은 초상화와 그 밑의 붉은 지도, 며칠 전 바로 진이가 그린 것으로 그 후도 인민군이 새로운 지역을 해방시킬 때마다 붉게 칠해가기로 돼 있는 이 지도의 붉은 침윤을 보고 있을라치면 진이는 또 한번 한발을 느낀다. 이곳 창밖의 흰 광장에서 비롯된 한발이 온누리를 덮어가고 있다고 까닭도 없이 그렇게 느끼고는 몸서리를 쳤다. 그러나 그녀가 느낀 가뭄은 실상은 그녀의 심상이었을 뿐 비오는 날과 개인 날은 알맞게 번갈아 계속되어 땅은 사람들의 전쟁 따위에 아랑곳없이 화염 아닌 푸르름을 매일매일 생육해 여름은 검푸르게 무성하기만 했었다.[12]

이 대목은 『한발기』라는 소설의 제목이 갖는 의미가 무엇인지 암시하는데 곧, 작가가 전쟁을 '혹독한 가뭄'으로 받아들이고 있음을 알 수 있다. 그런 시각이 전쟁 이전에 가졌던 이념에 대한 환상에서 깨어나는 진이의 변화된 심상이 자신이 그린 지도 위의 '붉은 색의 침윤'을

---

[12] 제4회, 414-415면.

바라보다가 '창밖의 흰 광장에서 비롯된 한발이 온누리를 덮어가고 있다'고 몸서리치는 대목으로 표현된다. S대학 민청의 열성적 인물이었던 진이는 이제 조직을 겉돌기 시작하며 김순덕, 유화진, 현식과 같은 투쟁경력이 없는 S대생들과 어울린다. 그들과는 혁명적이고 애국적인 것이 아닌 일상의 생활을 화제로 주고받으며, 진이는 점차 목적을 위해 수단과 방법을 가리지 않는 일을 꺼리고 자유주의자 근성이 농후한 사람으로 변해 간다.

그 후 진이는 비행기 기금 모금운동에 나섰으나 모금액이 적은 탓에 당세포 위원장인 최치열의 분노를 사고, 목적을 위해서는 수단과 방법을 가리지 말아야 한다는 말을 듣는다. 시범을 보여주겠다고 하면서 최치열이 데리고 간 곳은 이승만의 단골치과였다. 치과에서 서무를 보는 이를 악질 반동의 새끼라고 닦달하며 의자를 들어 소독장의 유리문을 깨뜨리는 최치열의 행동을 눈앞에서 목격하면서 진이는 그를 따르는 것이 나락으로 떨어지는 듯한 두려움을 느끼고 다시 한번 오빠의 얼굴을 떠올린다.

시골 학교 교사인 오빠가 교육을 받으러 간 후 행방불명되고 나중에 의용군으로 끌려갔다는 사실을 알게 되면서 소설은 또 다른 국면으로 접어든다. 오빠가 북으로 끌려가고 있다는 소식을 전해 듣고 미아리 고개로 달려갔을 때 진이의 눈앞에는 충격적인 장면이 펼쳐지고 있었다. 그곳은 같은 처지의 사람들로 발 디딜 틈이 없는 상황이었다. 끌려가는 오빠와의 짧은 상봉을 끝내고 헤어지면서 같은 처지의 다른 가족들의 울부짖는 이별 장면을 목격하고서 진이는 '한 사람 한 사람의 생명과 거처가 이렇게도 가슴 에이게 소중한데 그것을 마음대로 하는 비정한 거인은 누구일까?'라고 생각한다. 이러한 의문에서 진이는 한

때 변절자이고 비겁하다고 비난했던 오빠의 전향을 이해하게 되는데, 스스로 공산주의의 실상을 체험하면서 오빠 또한 그러한 비정성을 경험하고 전향하지 않을 수 없었을 것이라고 받아들이는 것이다.

그런 깨달음 끝에 진이는 자신이 감당해야 할 일을 냉정하게 인식한다. 오빠가 없는 동안 식구를 굶기지 않아야 한다는 의무감을 갖는 것이다. 그럼에도 그녀가 순덕이 등교공작을 하러 찾아왔을 때 거부하지 않고 동참했던 것은 "자기가 몸담았던 일이 막바지를 주시하며 끝장을 함께 하고픈 호기심 같기도 하고 집념 같기도 한 맹목의 욕구" 때문이었다. 그녀는 오후 늦게까지 빈촌을 돌며 기금을 모금하며, 그 과정에서 사람들의 조소와 경멸을 받으면서도 자신의 행동이 미흡하다고 여기는 자학적인 태도를 보여준다. 진이의 이러한 행동은 다음과 같은 심리에서 비롯된 것으로, 이 부분은 개작본에서 삭제된다.

> 열이 끌려간 밤부터 어쩔 수 없이 그녀의 의식(意識)의 표면으로 부상(浮上)한 공산주의에 대한 반발과 증오가 결코 동기간을 잃은 데서 비롯한 단순한 사감이 아니라는 확증, 즉 많은 사람 특히 당이 자기들 편이라고 믿고 있는 무산계급도 결코 공화국의 하늘 아래서 행복하지 않다는 확증을 될 수 있는 대로 많이 봐두고 싶었다. 그러나 저녁때까지 그녀를 그렇게 쉬지 않게 극성맞게 만든 건 아마 자학 쪽이었을 게다.[13]

진이가 당원이 되기 위한 교양 교육을 견디는 것도 공산주의의 실상을 "될 수 있는 대로 많이 봐두고 싶"은 증언에의 욕망 때문이었다. 민준식과의 대화에서 "심연의 밑바닥을 보고"싶다고 했던 것도[14] 그런 심리에서 비롯된 것이다.

---

13) 제7회, 401면.
14) 제7회, 403면.

하진의 또 다른 자각은 순덕과 마당 귀퉁이에서 콩꼬투리를 따는 과정에서 이루어진다. 하진은 먹을 수 있는 것이라는 말에 순덕의 작업에 합류하고 어느 순간 두 사람은 '그간 굳게 감싸오던 예절이니 자존심 이념적 차이를 다 잊고 아귀같이 씩씩대며 먹을 것 콩밥 오로지 그것만 생각하며 다른 아무런 생각도 감각도 없는' 자신을 느낀다. 생존과 본능이 이념이나 도덕보다 우선이라는 작가의 생각이 두드러지게 반영된 이 장면 또한 추후 개작의 과정에서 삭제된다.

이후에 진이는 파괴와 죽음이 횡행하는 도시에서 마지막까지 남아 있는 움직임이 먹을 것을 얻기 위한 사람들의 상행위임을 목격한다. 어떤 탄압에도 소멸되지 않고 부활하는 존재는 시장이었다. 진이 또한 먹을 것을 마련하기 위해 헌 옷가지와 숨겨놓은 은수저 등을 찾아내어 시장에 내다 팔고 더 쌀을 얻지 못해 안달한다. 노모와 올케를 돌봐야 한다는 의무감으로 갖은 고생을 하는 그녀에게 당숙모는 이제 끝장이 얼마 안 남았다고 말하지만 그녀는 먹고 먹이는 책임의 업고는 어떤 상황에서도 결코 끝나지 않을 것이라고 생각하는 것이다.[15]

9.28 서울 수복을 맞아 이번에는 상황이 뒤바뀌어 부역자를 처벌하는 상황이 되자 진이는 불안한 처지에 놓이게 된다. 그녀는 학살과 파괴를 담은 보도사진이 전시되고, 주검 앞에서 흥분한 군중들과 어린 소년이 돌팔매질을 하며 '죽여버릴라 빨갱이'를 외치는 순간을 목격한다. 동심에까지 살의를 도발하는 죽음의 원한이 또 다른 죽음을 불러 일으키고, 죽고 죽이는 일이 순환되는 것을 지켜보면서 진이는 또 다시 오빠를 떠올린다. 진이는 좌익이었으나 이제는 실제의 체험을 통해

---

[15] 이런 대목은 박경리의 『시장과 전장』을 떠올리게 한다. 자세한 것은 강진호의 「주체 확립의 과정과 서사적 거리감각」(『국어국문학』 122, 1998) 참조.

서 그 환상에서 깨어났고, 더 이상은 좌익이 아니다. 그러나 좌익으로 활동한 경력은 그림자처럼 그녀를 따라다녀서 세상이 뒤바뀌자 좌도 우도 아닌 제3의 존재로 만들어 놓았다. 그녀는 자신과 마찬가지로 강제로 의용군에 끌려간 오빠 또한 싸움터에서 총구를 어디로 향해야 할지 방황하고 있을 거라고 상상한다. 이제 오빠와 진이는 동일한 처지가 된 것이다.

중공군의 개입으로 다시 피난 보따리를 싸는 과정에서 의용군으로 끌려갔던 오빠가 돌아오면서 소설은 새로운 국면으로 접어든다. 그런데 뜻하지 않은 오발 사고로 오빠는 다리에 관통상을 입고, 그로 인해 가족은 1.4 후퇴 후의 텅 빈 서울에 남아야 하는 처지가 된다. 극심한 식량난은 진이에게 도둑질을 불사하게 만드는데, 당시 그녀를 지배한 것은 오로지 살아남아야 한다는 생존본능이었다. 우연히 들어간 집에서 마주친 노파가 그녀에게 고맙다는 인사말을 하려 하자, 진이가 가책보다는 미움의 심리를 보이는 것은 전쟁을 겪으면서 밑바닥에 이른 인간의 심성을 단적으로 보여주는 장면이다.

"흥 괜한 소리를 했지, 괜히 도와준다고 그랬어. 노파에게 가르쳐줘야 하는 건데. 제풀에 겪게 해야 하는 건데. 착한 자에게 주는 하늘의 도움이란 바로 굶주림 끝에 아사(餓死)를 내리는 게 고작이라는 걸."16)

이렇게 적나라하게 토로한 내면의 생각을 작가는 거칠다고 느꼈고, 그래서 개작본에서는 모두 삭제한다. 그러나 이러한 에피소드들은 1.4 후퇴 당시 피난을 못 가고 서울에 남아 있던 사람들의 실상과 심리 상태를 적나라하게 보여주는 대목이다.

---

16) 제14회, 353면.

이제 진이와 가족의 피신처에는 근방에 주둔한 인민군들이 수시로 드나든다. 그 중 보위군관 황소좌는 오빠가 국방군이거나 의용군 도망병이라고 의심하며 괴롭히는 인물이다. 황소좌는 국방군에 의해 가족이 전부 몰살된 인물로 그 적개심과 증오감을 하열에게 쏟아 놓는다. 『한발기』는 황소좌가 하진과 올케를 북으로 보내는 것으로 이야기가 종결되지만, 개작본에서는 그는 오빠에게 총을 난사하는 극악무도한 인물로 그려진다.

한편, 소설의 또 다른 축이 되는 것은 하진과 향아와 민준식의 삼각 연애 관계이다. 연재 1회분부터 세 사람이 등장하여 한편의 로맨스 소설의 얼개를 보여주지만, 서사가 전개되는 과정에서 별다른 역할을 하지 못하고 단편적인 삽화의 수준에 머무는 것을 볼 수 있다. 친구 향아의 약혼자였던 민준식은 진이에게 처음부터 이상한 열기를 보였고, 나중에는 서로 사랑하는 관계로 발전한다. 진이는 떠나려는 민준식을 만류하고 애원하지만 준식은 뿌리치고 의용군에 자원한다. 민준식이 의용군을 자원한 것은 부르주아라는 출신 성분 때문에 당원심사에서 탈락하자 그것을 만회하는 수단으로 선택한 것이다.

소설의 후반부에서 진이는 뜻하지 않게 민준식과 해후하여 서로의 사랑을 확인하는 애틋한 시간을 보낸다. 황소좌가 그녀에게 떠날 것을 제안했을 때 그녀가 남겠다고 버틴 것은 민준식과의 재회를 기대했기 때문이었다. 그러나 그녀는 가족을 살리기 위해 다시 한번 희생을 각오하고 자신이 떠나는 대신 오빠의 안전을 보장해달라고 황소좌에게 애원한다. 이렇듯 하진과 민준식의 애정 관계는 파편화된 형태로 삽입되어 서사의 중심축과 조화를 이루지 못하고 오히려 리얼리티를 훼손하는 요소로 나타난다.

『한발기』는 17회에서 연재가 종결되는데, 가족과의 상봉을 기대하며 집으로 향하는 낙관적인 분위기로 마무리되는 것을 볼 수 있다. 『한발기』는 이와 같이 전쟁의 시작과 9.28 수복과 1.4 후퇴라는 현대사적 사건을 관통하면서 그것을 온몸으로 겪어낸 인간군상과 그들이 치러낸 시간을 하나의 기록화로 복원해 낸 작품이다.

## 3. 개작과 체험의 정제 과정 ; 『목마른 계절』

『목마른 계절』은 회(回) 단위의 『한발기』의 서술을 월별로 나누어 장(章)으로 배치하고 마지막에 〈5월〉을 추가하는 형식으로 개작되었다. 전쟁의 발발과 전개, 그에 따른 인물들의 행동을 1950년 6월에서 다음 해 5월까지 시간 별로 배치함으로써 전쟁의 긴박함을 실감하도록 한 것이다.

『목마른 계절』의 첫 장인 〈6월〉에는 연재분 2회 반의 분량이 묶여 있다. 연재 1회분에서는 진이와 향아가 B고녀에서 졸업식을 치르는 장면과 향아와 민준식이 정략적으로 약혼을 하게 된 과정이 서술되고, S대로 진학한 하진이 교정의 숲에서 우연히 민준식을 만나 급작스레 포옹을 당하고, 그런 사실을 모른 채 행복에 젖어 있는 향아의 모습이 서술된다. 〈6월〉에서는 여기다가 하열이 동생 진이에게 당부하는 내용의 말들이 추가된다. 전향한 자신처럼 되지 말고 공부만 열심히 하라는 내용, 진이는 오빠의 당부를 거부하면서 자신은 '오빠의 전향의 동반자'가 될 수 없다는 것을 말한다. 다음 날인 6월 25일 하열은 농업학교로 떠나고, 하진은 38선 전역에 걸쳐 괴뢰군이 남침했다는 뉴스를 듣는다. 며칠 후 인민군의 세상이 되면서 투옥됐던 좌익 인사들이 출옥해서 환호하고, 하열은 출옥한 친구들과 함께 귀가해서 술자리를 벌이는 장면으로 〈6월〉이 마무리된다. 이런 식의 장별 조정을 통해서 작품이 서술되면서 끝부분에 〈5월〉이라는 한 장을 추가해서 개작을 완성한 것이다. 그래서 『목마른 계절』은 『한별기』와 동일하게 1950년 6월에서 1951년 5월까지 1년간의 시간을 서울과 능곡과 교하를 배경으로 서술한 전쟁 체험담이라는 얼개를 갖는다.

1) 하진이 대학에 입학한 직후 6.25가 발발하고, 오빠 하열은 좌익활동을 하다가 전향하여 서울 인근 학교에서 교사로 일하고 있다. 서울이 함락되고 인공치하가 되면서 하진은 S대학 민청에서 활동하며 사회주의에 큰 기대를 건다. 하열은 의용군으로 끌려간다.

2) 9.28 수복으로 서울이 탈환되고, 하진이 민청활동을 했다는 사실이 드러나면서 혹독한 취조와 수모를 겪는다. 오빠는 의용군에서 도망하여 귀가하고 다시 농업학교로 출근한다. 국방군의 막사로 사용되는 학교에서 국군들과 어울리다가 오발 사고로 다리를 부상 당한다.

3) 1.4 후퇴 시, 부상 당한 오빠 때문에 남쪽으로 떠나지 못하고 대신 현저동 산동네로 숨는다. 먹고 살기 위해 진이는 올케와 함께 빈집을 뒤지는 생활을 하다가, 황소좌의 강압으로 오빠와 어머니를 남겨 둔 채 임진강 인근의 교하로 피난을 간다. 교하에서 무사히 전쟁을 치르고 서울로 돌아오면서 마치 한강 이남으로 피난 갔다가 돌아오는 양 친화감을 표하는 사람들과 어울리며 현저동 집으로 향한다.

4) 오빠는 인민군 황소좌의 광기에 의한 난사로 사살되고 어머니는 그 충격으로 미쳐 있다. 남의 집 텃밭에 묻었던 오빠의 시신을 화장한 뒤 하진은 "동족간의 이념 싸움이 아니면 도저히 있을 수 없는 전쟁의 잔학상을 그대로 알려져야 된다"고 생각한다.

원본과 개작본은 얼개와 내용이 비슷하다. 다만 4)가 추가되어 작품의 주제가 선명해지고 완성도가 한층 높아진 것을 볼 수 있다. 개작본에서 우선 눈에 띄는 것은 사소하고 산만하고 불필요한 서술 부분을 간결하게 조정하고 표현의 정확성을 꾀한 점이다.

| 『한발기』(1971.7~1972.11) | 『목마른 계절』(1978) |
|---|---|
| ① 오늘 그녀들이 만난 건,「쟌 마레」 주연의 비련(悲戀)을 보기로 되어 있기에 한 소리였으나 진이의 야무지고 금속성인 목소리와 냉담한 눈매는 향아의 뜻하는 바에 완강한 거부를 나타내고, 얼굴은 예(例)의 예쁘지 않은 중성적인 고집 같은 것으로 굳어 있다.<br>그녀는 이제 완전히 노란 심까지 문뜯어내어 손아귀에 휴지처럼 움켜쥔 장미꽃잎을 휴지통 속에 미련 없이 던지고 자리에서 일어났다.<br>마치 여지껏의 말대꾸가 장미꽃을 문뜯어내기 위한 시간 때문이었던 것처럼 문득 향아에게 느껴진다.<br>「그래 그래 …」<br>향아는 맥 빠진 듯 지금까지의 열의로 보아서는 지나치게 쉽사리 단념하고, 그렇다고 별로 토라진 기색도 없이 콧노래를 흥얼거리며 외출 준비를 한다. (1회, 398면) | 오늘 그녀들이 만난 건 쟌 마레 주연의 〈비련(悲戀)〉을 보기로 되어 있기에 한 소리였으나 진이의 야무진 목소리와 냉담한 눈매는 향아의 뜻하는 바에 완강한 거부를 나타내고 얼굴은 예의 예쁘지 않은 중성적인 고집 같은 것으로 굳어 있다.<br>「그래 그래 …」(22면) |
| ② 울창한 정원수 사이 심산유곡의 오솔길처럼 유수(幽邃)하게… (1회, 399면) | 심산유곡의 오솔길처럼 유수(幽邃)하게… (23면) |

| ③「六月 二十五日 미명을 기해 북한 괴뢰는 三八선을 전역에 걸쳐 일제히 남침을 개시」(2회, 408면) | 「6월 25일 미명을 기해 북한 괴뢰는 38선을 전역에 걸쳐 일제히 남침을 개시」(37면) |
|---|---|
| ④ V자형의 일제(日帝) 때의 방공호인 이 굴은…(2회, 411면) | T자형의 일제 때의 방공호인 이 굴은…(44면) |

단행본 『목마른 계절』의 「후기」에서 박완서는 개작의 이유를 다음과 같이 밝힌 바 있다.

"데뷔하고 나서의 첫 장편이라 내 나름으로 열심히 쓴 거였지만 다시 읽어보니 곳곳에 경험이 너무 생경하게 노출돼 있는 게 싫게 느껴졌다."17)

이런 고백대로 원작 『한발기』에서 작가의 체험이 여과 없이 서술된 것을 여러 곳에서 볼 수 있다. 그것을 단행본으로 간행하면서 대폭 삭제하거나 조정한 것인데, "크게 뜯어고칠까도 했으나 뜻대로 되지 않았다."는 말처럼 내용은 거의 그대로 유지된다.

①에서처럼, 장황하고 산만한 서술을 간결하게 줄였고, ②처럼 중복된 느낌의 구절을 삭제·조정하고, ③처럼 한자를 없애고 숫자로 바꾸거나, ④처럼 오기를 바로잡는 등의 개작을 볼 수 있다. 그렇지만 이런 식의 조정 역시 그리 많지 않다. 개작은 작품 초반과 끝부분에서 주로 이루어진다. 연재 1회분에서 여러 곳을 삭제하였고, 2회분에서는 산만하고 장황한 구절을 간결하게 줄이는 식으로 조정했으며, 16~17회에서는 혜숙이 두고 온 어머니와 남편을 걱정하는 장면이 삭제되고 귀가 후 오빠의 죽음을 확인하는 대목이 추가되었다.

---

17) 박완서, 『목마른 계절』, 수문서관, 1978.5, 395면.

개작본에서 가장 두드러진 것은 작가의 언급대로 체험이 여과 없이 노출된 부분을 과감히 삭제한 점이다.

| 『한발기』(1971.7~1972.11) | 『목마른 계절』(1978) |
|---|---|
| ① 마냥 앙큼스럽고 말썽스럽기만 하던 그들의 제자 ─, 교칙에 의해 머리 모양이나 길이만을 엄히 다스리려 들었지 정작 그 머리속에 무질서하게 잡거(雜居)하는 것들의 본질을 이 스승님들은 조금도 이해하려 들지 않았다.<br>실상 그들도 무척 바빴으니까. 그녀들이 한참 일본어로 연애소설을 탐독하기 시작할 즈음은 그들 또한 유창한 일본어로 황국신민의 도(道)를 가르쳐야 했고, 해방이 되자 그들은 바로 그 교단에서 자신도 어리둥절 소화 못시킨 체로 자유와 민주주의를 줏어섬겨야 했고 ─.<br>그러자 곧 그들이 가르친 자유가, 제자들에 의해 스승을 비판하고 몰아낼 수조가 있는 엄청난 자유가 돼서 돌아오자, 그제서야 부랴부랴 자유와 방종의 한계를 가르치느라 진땀을 뺐을 뿐이었다.<br>─ 원 세상도 ─. 이렇게 그들은 홍수처럼 쏟아져 들어온 해방 후의 자유의 소용돌이에 그들 자신을 적응시키기조차 벅찼다. 그래서 가끔 몰래 향수(鄕愁)에, 어처구니없게도 일제(日帝)에의 향수에 젖기조차 했다. (1회, 394면) | 삭제(18면) |

| | |
|---|---|
| ② 붉은 동그라미가 옆에 붙은 굵은 먹글씨로 된 큼직한 것부터 시작해서, 시시각각으로 변하는 전황(戰況)을 알리는 조그만 종이조각에 이르기까지, 수도 없이 너절한 벽보를 사람들은 자세히 읽는 것도 아니면서 한동안씩 서 있다가는 한층 더 불안한 얼굴이 되어 총총히 사라져 가고 또 새로운 사람이 그 앞에 서곤 하여 벽보를 에워싼 사람들의 무리는 늘지도 줄지도 않은 채 웅성웅성 불안하게 움직이고 있었다.<br>「서울 시민 여러분, 우리 국군은 즉각 반격을 개시하여 …」<br>누런 짚차가 그 다음 말은 알아들을 수도 없이 빠른 속도로, 다만 행인들에게 검은 불안을 흙탕물처럼 끼얹을 뿐 쏜살같이 멀어져 갔다. (2회, 408면) | 삭제(37면) |
| ③ 조명탄의 불꽃이 유달리 아름다운 밤이었다. 진이는 잠시 전쟁을 잊고 들뜬 축제의 불꽃인양 착각에 설레인다.<br>그러나 별빛조차 무색케 하는 이 찬란한 불꽃의 수명은 허망하게 짧다. 그녀는 길게 한숨을 토해낸다. 뭔가 아쉽고 미진하다.<br>열은 열대로 보다 혈실적으로 전쟁과 전쟁에 처한 자기의 처신 문제를 깊이 생각하고 있었다. (5회, 412면) | 삭제(106면) |

④ 열이 하나쯤 빠져나와도 검은 행렬은 조금도 줄지 않았는데, 그가 빨려 들어간 후에도 검은 행렬은 조금도 더 붓지 않았는데, 그 하나쯤은 결국 이 검은 행렬 옆에서 아무것도 아닌데 왜 구태여 그를 그 속에 끌어들일까 하는 생각이 가슴을 쥐어뜯는다.
검은 행렬이 이 밤이 새도록 잇닿는다 해도 그중에 열이처럼 가족에게 소중한 인간이 다시 있을 것 같지 않다. 이렇게 전신의 핏줄 닿는 곳마다 온통 저리고 쓰리게 사랑을 받는 인간이 또 있을 것 같지 않다.
그녀들은 오로지 열이만을 생각한 나머지 그중에는 검은 행렬이 열을 삼킨 깊은 웅덩이나 전설 속의 괴물처럼 여겨지기까지 한다.
문득 뒤에서 누군가가 한숨을 휴우 쉬며
「원 이렇게 캄캄해서야……. 저 색시들은 복도 많지. 이 어둠 속에서도 만나볼 사람을 속시원히 만나봤으니.」
그런 소리를 들어도 도무지 이런 슬픔이 여러 사람의 공통의 슬픔이라곤 여겨지지 않는다.
설사 저 행렬을 이룬 수많은 사람이 다 어떤 가족의 하나였을지라도 쩬이보다는 덜 귀중한 인간들일 테고, 아무리 쩬이만큼 이렇게 엄청나게 슬프고 억울한 가족을 남겨놓진 않았으리라 싶다. (6회, 416면)

삭제(136면)

이런 대목의 삭제는 체험의 직접성을 제거하려는 의도로 보이지만, 그것은 한편으로 작가가 체감한 당대의 풍속을 축소하는 형태로 나타난다. ①에서는, 정비석의 『자유부인』에서 실감나게 묘사되었듯이, 해방 후 홍수처럼 쏟아져 들어온 자유의 소용돌이와 그 속에서 스스로를 적응시키지 못하고 방황하거나 심지어 일제강점기를 향수처럼 그리워하는 풍조를 보여준다. ②에서는, 붉은 선전으로 물든 서울 거리를 공허한 선무방송을 쏟아내며 달려가는 국군의 무책임한 모습, 인용하지는 않았으나 동숭동 교문을 지키고 섰는 인민군 보초병과 교내에 어마어마한 수로 집결해 있는 인민군의 모습, 그로 인해 학생들은 연건동 수의대로 등교해야 하는 모습(연재 제2회) 등은 적 치하의 현실에 대한 생생한 증언들이다. ③과 ④는 작가 스스로 고백한 '경험의 생경한 노출'에 해당하는 대목들이다. ③은 전쟁의 포화를 "축제의 불꽃"으로 착각하는 소녀적인 감상이 드러난 구절이고, ④는 인민군에 끌려가는 대열을 지켜보면서 오직 "열이보다 덜 귀중한 인간들일" 것이라는 자기중심적인 견해를 토로한 대목이다. 이런 견해의 토로로 인해 원작 『한발기』는 전쟁을 직접 겪은 작가의 구체적 증언으로써 의미를 갖지만, 『목마른 계절』에서는 이런 대목들이 대거 삭제됨으로써 작품은 한층 단조로운 형태로 변한다. 『목마른 계절』이 이데올로기의 희생물로서의 개인사나 가족사의 비극을 그린 작품으로 전형성이나 총체성의 미학적 범주와는 거리가 먼 위치에 있는 작품이라고 평가되는 것은[18] 그런 사실과 무관하지 않다.

그런 관계로 『목마른 계절』은 자연스럽게 하진의 좌익 체험에 초점이 모아지고, 궁극적으로 공산주의의 비정함과 전제적 특성을 비판하는

---

[18] 임규찬, 「박완서와 6.25체험」, 『작가세계』 12호, 세계사, 2000.11, 90-91면.

식으로 작품이 전개된다. 앞의 『한발기』에서 살핀 대로, 하진은 B고녀를 다닐 때 오빠 하열의 영향으로 민청 지하조직에 가담해서 정학 처분을 받은 경력이 있고, 대학에 진학한 뒤에도 좌익에 우호적인 모습을 보이고, 인공치하에서는 민청에서 적극 활동하는 인물로 등장한다. 인민군의 침략이 "묵은 질서의 붕괴와 찬란한 새로운 질서의 교체"로 받아들이는 시각은 열렬한 주의자로서의 모습인 셈이다. 그렇지만 민청에서 활동하고 또 전쟁을 깊숙이 체험하면서부터는 이런 태도가 조금씩 변화된다. 인민군의 "집요한 투지, 집요한 증오, 그리고 애국"이 하진을 당황스럽게 했고, 특히 "김일성을 중심으로 한 모택동, 스탈린의 대문짝 같은 초상화와 그 밑의 붉은 지도" 곧, 적화되어 가는 현실에서 "또 한번 한발(旱魃)"을 느낀다. 말하자면 일인 독재와 일방적인 선전을 접하면서 공산주의에 대해 다시금 환멸을 느끼는 것이다.

그런 환멸은 또한 민준식과의 연애를 가로막는 존재로서 공산주의를 암시하는 대목과 연결되면서 한층 강화되어 나타난다. 앞의 『한발기』에서 하진과 민준식의 애정 관계는 전체 서사와 어울리지 못하고 파편화된 형태로 드러난다고 했는데, 『목마른 계절』에서는 둘 사이의 연애담이 삭제됨으로써 둘의 관계가 한층 더 작위적으로 변하는 것이다.

| 『한발기』(1971.7~1972.11) | 『목마른 계절』(1978) |
|---|---|
| 눈이 장난스레 웃는다. 이런 엄청난 장난을 하려 들다니, 진이는 악이라도 쓰고 싶게 애가 탄다.<br>「이번엔 아가씨 차례. 아가씨야말로 어쩌자고 빨갱이가 됐우?」<br>준식은 민들민들 밉상을 떨며 이런 진이를 놀린다. | 「좋아요, 아가씨. 제발 흥분일랑 하지 말아요. 아직은 노동당원민준식이 되고 싶으니까. 진창이건 시궁창이건 말야. 아직은 아가씨 만류쯤으로 변해지진 않을 걸. 아가씨야말로 이제 그만 물러너는 게 어때?」<br>준식의 시선이 갑자기 부드럽고 진지해진다. (149면) |

> 「계급과 착취, 억울한 일 없는 세상을 꿈꾸고 저 드높은 양옥과 이 다리 밑 움막과의 엄청난 거리를 증오하고―. 민동무 말대로 이젠 보기 싫게 퇴색했어요. 그렇지만 그땐 단순한 채로 순수했어요.」
> 「지금은?」
> 「지금은 공산주의라면 알 수 없는 심연(深淵)을 느껴요. 난 그 심연의 밑바닥을 보고파요」
> 「진이가 아무리 똑똑한 척해도 가르쳐 줄 게 아직 남아있군」
> 「뭐라구요?」
> 「바로 그 밑바닥을 볼 수 없는, 절대로 밑바닥을 드러내지 않는 심연이 바로 공산주의란 걸 아직 몰랐군. 아가씨야말로 여기서 고만 물러나는 게 어때?」
> 준식의 시선이 갑자기 부드럽고 진지해진다. (7회, 403-4면)

이런 대목의 삭제는 통속소설적인 측면을 제거하려는 의도와 관계되겠지만, 한편으로는 순수한 의지와 지향을 왜곡한 존재로서 공산주의를 보여주기 위한 장치로 이해될 수 있다. 밑바닥을 드러내지 않는 심연이 바로 공산주의라는 민준식의 주장에 대해 하진은 '이제 그만 물러나자'고 제안하지만, 민준식은 그것을 거부한다. '사랑'은 "너무도 두텁게 덮어씌운 허물" 곧 "출신 성분의 오욕"을 씻기 위한 명분이 되지 못한다는 것, 하진은 격렬하게 사랑을 표현하면서 여자로서의 매력을 과시하지만 민준식은 그마저 거부한 채 사라지고 만다. 이후 현저동 산동네에 피난 가 있을 때 진이는 다시 준식을 만나지만 그때도 민준식은 도망가자는 진이의 요구를 거부한 채 사라진다. 이러한 일련의 행위들은 투철한 신념이나 의지도 없이 단지 이탈할 수 있는 명분을 찾지 못해 사랑하는 사람마저 내팽개치는 비정한 존재로서 공산주의자의 모습을 보여줄 뿐이다.

공산주의에 대한 거부감은 마지막 장에 추가된 오빠의 죽음을 통해서 한층 더 분명해진다. 작품에서 오빠를 죽인 것은 인민군 황소좌이다. 황소좌는 인민군 중에서도 상대적으로 인간적인 면모를 보인 인물이지만, 서울에 진주한 뒤에는 몹시 지치고 실망한 모습을 보여주었다. 특히 가난한 산동네에서 느낀 실망감은 그를 광적인 흥분상태로 몰아간다. 그것은 자신이 목숨을 바치면서까지 믿었던 '가난뱅이', 곧 무산계급마저 자신들에게 등을 돌렸기 때문이다. 황소좌의 생각에는 이번 전쟁은 무엇보다도 무산계급과 피압박계급을 위한 투쟁이었다. 그런 이유에서 자신은 가족까지 잃고 혈혈단신 남조선 해방의 최전선에 뛰어들었지만, 가난뱅이들은 등을 돌리고 외면하는 현실을 목격하고는 '전쟁의 명분'이 서고 혁명사업이 '고무적일 수 없다'는 것을 깨닫는다. 그런 실망과 반감에서 황소좌는 남조선 인민들을 "영원히 해방될 길이 없는 천성의 노예들"이라 생각하고, 그들에게 앙갚음하듯이 진이 오빠에게 총을 난사한 것이다.

황소좌의 눈이 광희(狂喜)로 번들거렸다.
「역시, 역시 내 예감이 맞았구나. 넌 넌 국방군의 부상한 낙오병이지? 그렇지?」
까만 총구가 바로 열의 가슴팍을 겨눴다. 서여사가 매달리고 열이 아니라고 그랬다. 아니라고 아니라고 모자(母子)가 악을 썼다. 구구한 변명을 늘어놓기에는 총구가 너무 가까와 아니라는 악이 고작이었다.

「넌 국방군이야. 넌 내 손에 죽어야 돼. 내 식구도 너희 국방군놈의 총에 죽었어.」

총은 난사됐고 열은 나동그라졌다. 처참한 외마디 소리를 지르는 서여사에게 황소좌는 조용히 말했다.

「나는 원수를 갚은 것뿐이오.」[19]

이렇듯 오빠는 광희로 번들거리는 인민군에 의해 국방군 낙오병으로 오인되어 처참하게 사살되었다. 복수가 복수를 부르는 이 야만적 행위를 지켜보면서 하진은 "동족간의 전쟁의 잔학상은 그대로 알려져야 된다."고 말한다. "빨갱이라는 손가락질 한번으로 저세상으로 간 목숨, 반동이라는 고발로 산 채로 파묻혀진 죽음, 재판 없는 즉결처분, 혈육 간의 총질 (…) 동족 간의 이념의 싸움 아니면 도저히 있을 수 없는 이런 끔찍한 일들"을 증언해야 한다는 것이다.

그런데 이런 증언은 작품에서 공산주의자에 대한 것으로 한정된다. 작품 곳곳에서 공산주의자들의 만행과 그들에 대한 민중들의 반감이 묘사된 것은 그런 사실과 관계 있다. 진이의 눈에는 폭격에 쓰러진 수 많은 시체들이 목격되고, 그런 시체를 나무토막이나 돌멩이처럼 예사롭게 지나치는 행인들의 모습이 비쳐진다. 또 인간의 목숨이 벌레만도 못한 상황에서 민중들이 공산당에게 싸늘하게 등을 돌린 광경이 목격되고, 특히 인민군이 두 번째로 서울을 점령했을 당시 민중들의 태도는 더욱 냉담한 것으로 그려진다. 부자는 물론이고 가난한 사람마저 거의 남아 있지 않는 서울의 거리는 인민군에 대한 민중들의 이반(離反)이 얼마나 심각한 상태인가를 보여준다. 이런 상황에서 인민군

---

[19] 박완서, 『목마른 계절』, 수문서관, 1978.5, 386면.

들은 광적으로 젊은 사람들을 모으고 북으로 호송하지만, 그 역시 민중들의 외면으로 부질없는 행위가 되고 만다.

작가는 이렇듯 인민군 치하의 서울과 하진의 체험을 통해서 좌익의 만행과 실상을 고발한다. 그래서 『목마른 계절』은 공산주의의 허구적 실상을 고발하고 거기에 동참한 작가 자신의 행위를 반성하는 작품으로 이해될 수 있을 것이다.

## 5. 반공의 규율과 자기검열

『한발기』는 작가의 실제 체험이 서사의 축이 된다는 점에서, 전쟁기에 우연히 만난 박수근의 일화를 소재로 한 『나목』(1970)에 비해 한층 자전적 성격이 두드러진다. 대학에 갓 입학한 새내기로서 겪었던 1950년 6월에서 다음 해 5월까지, 인민군과 국군이 번갈아 지배했던 서울에서의 체험을 다룬 이 작품은 자전소설의 맥락에서 볼 때 작가가 '오빠'의 처지를 이해하고 궁극적으로 개인의 상처에서 벗어나 민족사의 문제로 그것을 승화하는 전기가 되는 작품이다. 주인공이자 화자를 작가의 분신과도 같은 인물로 설정한 데서 그런 사실이 드러나거니와, 가령 이 작품 이후 「엄마의 말뚝」 연작이라든가 1990년대의 『그 산이 정말 거기 있었을까』 등으로 이어지는 작품에서 개인의 체험이 민족사로 승화되어 제시되는 것을 목격할 수 있다. 화자인 하진의 생각과 행동은 작가의 초기 모습을 대변한다고 해도 과언이 아니다. 그런 점에서 개작본과 비교했을 때 전쟁기 1년간의 체험을 날 것으로 담고 있는 『한발기』의 의미는 결코 가볍지 않다.

『한발기』에는 적치 하의 '서울'의 풍경과 그 속에서 살아가는 사람들의 심경이 생생하게 포착되어 있다. 인민군이 서울을 지배했던 시절의 모습은 어느 소설에서도 볼 수 없는 이 작품만의 독특한 성과이다. 텅빈 집을 뒤지며 식량을 구하는 모습이나 피난을 떠나지 못해 어린이와 노인들만 남아 있는 산동네의 가난한 풍경, 무책임하게 선무공작을 흘리고 도망하는 국군의 모습, 인민군에게 접수되어 주둔지로 변해버린 부잣집 가옥과 S대학 구내 풍경, 문리대 민청의 활동 상황, 큰 지하창고에서 행해지는 인민군의 선전 공연 등은 적치 하의 서울의 모습에 대한 만화경과도 같다. 1987년판의 〈작가의 말〉에서 밝힌 대로, 이들 장면은 "격은 대로 사실의 기록일 뿐 추측이나 상상력은 들어 있지 않"은 "증언"이고, "유일하게 이 작품에서만 울궈먹"[20]은 체험이다. 그 증언은 1950년 6월 이후 서울의 거리와 시민들의 생활상이라는 점에서 사회사적 의의를 찾을 수 있다. 작가는 후일 이런 대목들이 "경험이 너무 생경하게 노출"해서 삭제했다고 했지만, 사실은 그것이 작품의 매력과 공감을 높이는 요인임을 간과할 수 없다.

그런데 『한발기』와 『목마른 계절』에서 드러나는 개인적 체험은 실제의 그것과는 다른 형태로 굴절되어 있다는 점에서 작품의 의미는 제한적이다. 『한발기』가 전쟁기의 참상을 사실적으로 증언하고 있지만 그 한편에는 반공주의의 규율이 작동하고 있는 것을 볼 수 있다. 박완서는 1990년대 이전에는 반공주의의 규율에서 자유롭지 못하였다. 「엄마의 말뚝」과 『목마른 계절』에서 비판되는 것은 공산주의와 인민군이지 국군과 자유주의 체제는 아니다. 이들 작품에는 『한발기』에서 목격된 비정하고 몰인간적이고, 일인 독재적인 공산주의의 모습이 지속되는데, 이는 반공주의의 검열과 무관하지 않다. 앞의 회고에서처럼, 이 시점까지 박완서는 "모든 죽음을 빨갱이가 반동이라고 해

---

[20] 박완서, 『(박완서 장편 체험소설) 목마른 계절』, 열린책들, 1978.11, 302-303면.

서 죽인 것"으로만 쓰는 "정직하지 못했던"21) 모습을 보여주었다. 개작 과정에서 황소좌의 광기로 오빠의 죽음을 덧붙인 것은 그런 시대 분위기와 무관하지 않을 것이다. 그래서『목마른 계절』은 시대를 증언하는 체험적 서사라는 성과에도 불구하고 이데올로기 비판 소설이라는 혐의에서 자유롭지 못하다. 박완서 문학을 사적으로 고찰해하고자 한다면 원작『한발기』에 주목할 수밖에 없는 셈이다.

---

21) 박완서 외, 앞의 좌담 참조.

작가는 왜 고치는가

# 제3부
# 자기검열과 개작

제1장
정치적 변신과 자기 합리화의 개작 – 해방 후 이태준 소설의 개작

제2장
심리적 강박과 탈출의 글쓰기 – 황순원 『움직이는 성』의 개작을 중심으로

제3장
반공주의와 자전소설의 형식 – 박완서를 중심으로

## 제1장

# 정치적 변신과 자기 합리화의 개작
✢
## 해방 후 이태준 소설의 개작

### 1. 해방과 이태준의 개작

　많은 작가들이 개작을 한다. 개작은 작품을 발표하기 전에도 이루어지고 발표한 뒤에도 이루어진다. 톨스토이는 『안나 카레리나』를 1875년 처음 발표한 이래 12번이나 개작했고, 제목도 세 차례나 바꾸었다. 하루끼는 초고를 쓰는 데 6개월을 보내고, 수정하는 데는 그보다 긴 6~7개월을 보냈다고 하며, 미국의 에드워드 카버는 초고를 쓴 뒤 몇 달씩 집에 놔두고 이런저런 손질을 가한 뒤 송고했다고 한다.1) 국내에서도 황순원은 '작가는 자신이 찾고자 하는 진실'을 위해 '살아 있는 동안 작품을 고칠 수 있다'2)고 하였고, 김동리는 개작을 거듭하다 자기가 생각하는 수준에 미달하면 작품을 과감히 버렸다고 한다.3) 최인훈은 『광장』을 1960년 『새벽』지에 발표한 이래 50년에 걸쳐 10번이나 개작하였다. 작가들이 이렇듯 개작을 되풀이하는 것은 그것을 통해 작품의 완성도를 높이고 자신의 의도에 한층 부합하는 작품을 만들 수 있기 때문이다.

---

1) 파리 리뷰, 권승혁·김진아 옮김, 『작가란 무엇인가1』, 다른, 2014.
2) 「황순원·심연섭 대담」, 『신동아』, 1966.3, 176-177면.
3) 김윤식, 『미당의 어법과 김동리의 문법』, 서울대출판부, 2002, 147-155면.

그런데 흥미롭게도 해방 후의 이태준은 이와는 정반대의 모습을 보여준다. 해방 후 이태준의 개작은 개인적 가치와 미의식의 구현과는 거리가 먼 형태로 나타난다. 주지하듯이 이태준은 누구보다도 퇴고와 개작을 중시한 작가였다. 이태준은 한번 쓴 글을 고치고 다듬는 번거로움을 아끼지 않았고, '예술의 본연성'은 그런 수고로 인해 획득된다고 믿었다. 실제로 퇴고와 개작은 해방 이전의 거의 모든 작품에서 목격되었다. 제목을 바꾸어 단행본에 수록한 경우도 있고, 인물의 성격과 구성, 심지어 사건까지도 바꾸어 재수록하기도 하였다. 「기생 산월」이 「산월이」로, 「결혼의 악마성」이 「결혼」으로 바뀌었고, 「오몽녀」는 작품의 주제가 바뀔 정도로 인물의 성격이 조정되었으며, 「꽃나무는 심어놓고」와 「봄」은 주제와 함께 이야기의 초점까지 바뀌는 등 대폭적인 개작이 이루어졌다.4) 이런 개작을 통해서 이태준은 문장을 다듬고 작품의 완성도를 높였다. 그런데 해방 후의 작품에서는 이와는 달리 정치적 상황과 입장이 개작의 중요한 근거로 작용한다.

해방 후의 작품에서 개작된 것은 세 편이다. 곧, 『사상의 월야』, 「해방 전후」와 「첫전투」이다. 1941년 〈매일신보〉에 연재되었던 『사상의 월야』는 1946년 단행본으로 출간되면서 구성과 내용에서 적지 않게 개작되었는데, 가령 송빈의 동경 유학 생활까지 다루었던 원본이 개작본에서는 송빈이 현해탄을 건너는 것으로 마무리된다. 여기서 송빈의 모습이 크게 바뀌는데, 원본에서는 이태준의 어린 시절의 모습을 그대로 이어받은 불우한 고아의 형상이지만, 개작본에서는 그런 모습이 아니라 애국청년으로 성장하는 모습으로 변한다.5) 「해방 전후」

---

4) 강진호, 「퇴고와 개작(-이태준의 경우)」, 『현대소설연구』(68), 한국현대소설학회, 2017.12.30.
5) 『사상의 월야』의 개작에 대해서는 김흥식의 「『사상의 월야』연구」(『한국현대문학연구』35) 참조.

는 이보다도 더 큰 폭으로 개작된다. 「해방 전후」는 『문학』(1946)에 수록되었던 최초의 판본이 이후 선집 『첫전투』(1949)에 수록되면서 대폭 바뀌는데,6) 원본이 원고지 170매 정도라면 『첫전투』 수록본은 157매 내외로 줄어 있다. 그리고, 1948년에 발표된 「첫전투」 또한 단편집 『첫전투』(1949)에 수록되면서 상당 부분 개작된다. 원본은 유격대 활동에 대해 소극적인 작가의 시각을 담고 있다면 개작본에서는 적극적인 의지와 함께 기습작전에 성공하는 것으로 조정된다. 해방 후의 작품에서는 이 세 개 외에는 개작을 볼 수 없다. 1946년 8월 14일에 탈고된 「아버지의 모시옷」이나 1949년 1월에 탈고된 「호랑이 할머니」, 1949년 10월에 탈고된 「삼팔선 어느 지구에서」 등에서는 개작이 없다. 또, 소련을 다녀온 다음 해에 발표된 중편 『농토』(1947.6)에서도 조사와 쉼표 등 부호의 일부를 바꾸는 외에는 내용상의 변화를 찾을 수 없다.

| 발표 및 탈고(원본) | 단행본 | 개작 여부 |
|---|---|---|
| 『사상의 월야』(1941.3.4.-1942.7.5.) | 『사상의 월야』(1946.11) | ○ |
| 해방 전후(1946.8) | 『첫전투』(1949.11) | ○ |
| 불사조(1946.3.27-7.19) | 미간행 | × |
| 농토(1947.8) | 『농토』(1948.8) | × |
| 첫전투(1948.12) | 『첫전투』(1949.11) | ○ |
| 아버지의 모시옷(1946.8) | 『첫전투』(1949.11) | × |
| 호랑이 할머니(1949.1) | | |
| 삼팔선 어느 지구에서(1949.10) | | |

---

6) 「해방 전후」에 대해서는 김흥식의 「'해방전후' 연구」(『한국현대문학연구』38)와 김지영의 「고쳐 쓴 식민 기억과 잊혀진 텍스트, 냉전의 두 가지 징후」(『상허학보』 46호) 참조.

| | | |
|---|---|---|
| 먼지(1950.3) | | × |
| 백배천배로 | | |
| 누가 굴복하는가 보자 | | |
| 미국대사관 | 『고향길』(1952.12) | × |
| 고귀한 사람들 | | |
| 네거리에 선 전신주 | | |
| 고향길 | | |

개작된 세 작품에서 원본과 개작본 사이의 적지 않은 차이를 보게 되는데, 원본에서 해방과 분단이라는 격변의 현실을 사는 한 인물의 양심적 내면과 진실이 그려졌다면, 개작본에서는 그보다는 해방 후 좌익으로의 변신을 합리화하는 허위의식과 기만이 두드러지는 것을 볼 수 있다.7) 개선이 아니라 개악인 셈인데, 그렇다면 왜 이태준은 이런 형태의 개작을 행한 것일까? 이들 작품에서는 정확한 단어와 문장, 선명한 인상, 의도의 신선함, 만족할 만한 표현 등을 강조하면서 "자꾸 고치자!" "기회만 있으면 평생을 두고 고치"8)자고 했던 과거 이태준의 모습은 보이지 않고, 대신 정치적 입장만이 중요하게 드러난다. 말하자면, 『사상의 월야』나 「해방 전후」, 「첫전투」의 개작은 정치적 기획과 조정의 산물로 사회주의 북한의 이념과 정책을 반영한 형태의 것이다. 그래서 개작은 당시 북한에서 받아들일 수 없었던 소위 '개인적이고 부르주아적인 특성'을 소거하고 집단적 가치(당의 정책)를 착색하는 형태로 나타나고, 이는 부르주아 문학을 청산하고 새롭게 사회주의 문학을 건설하는 과정으로 볼 수 있다. 이 글은 그런 사실을 해방 후 이태준의 개작을 통해 고찰해 보기로 한다.

---

7) 강유진(2011), 김홍식(2011), 배개화(2012, 2015) 참조.
8) 이태준, 『달밤』, 한성도서, 1934.7, 1-2면.

## 2. 개작의 범위과 준거 – 고상한 리얼리즘

월북 전과 후를 비교했을 때 이태준의 가장 큰 변화는 이른바 좌익 활동이다. 이태준은 해방과 더불어 좌파의 문화건설중앙협의회에 참여하고 문학가동맹에서 부위원장을 맡았으며, 더불어 조선공산당 기관지 〈현대일보〉의 주간을 맡았다. 1946년 2월에는 민주주의 민족전선 문화부장이 되었고, 8월 초에는 월북하여 방소문화사절단의 일원으로 모스크바와 레닌그라드 등지를 여행하였다. 1949년이 되면서 북조선문학예술총동맹 부위원장과 함께 국가학위수여위원회 문학분과 심사위원이 되었고, 6.25 전쟁 중에는 종군해서 낙동강 전선까지 내려갔다. 작품 역시 이런 사회활동과 연동해서 이루어져 1946년 5월에 「해방 전후」를 발표하였고, 같은 해 3월 28일부터 장편 『불사조』를 〈현대일보〉에 연재하다가 돌연 중단(7월 27일)하고 소련 방문길에 올랐다. 소련을 다녀온 뒤에는 『쏘련기행』(1947.5)을 남한과 북한에서 동시에 출간하였고, 6월에는 월북 후 첫 작품인 중편 『농토』를 발표하였다. 그 분망한 와중에도 1946년 11월에 『사상의 월야』를 단행본으로 출간하고, 1949년 11월에는 선집 『첫전투』를 간행하였다. 이후 종군작가로 참전한 경험을 바탕으로 생애 마지막 저술이 되는 『고향길』과 『신문장강화』를 1952년 12월 '재일본조선인교육자동맹 문화부'에서 출간하였다.

이 일련의 과정에서 이태준은 소위 좌파의 문학관을 내면화하고 공산주의자로서의 입지를 확고히 굳히는데, 여기서 가치와 이념 전환의 구체적 계기가 된 것은 소련 방문이다. "인간의 낡고 악한 모든 것은 사라졌고 새 사람들의 새 생활, 새 관습, 새 문화의 새 세계", "그리고도 소련은 날로 새로운 것에로, 마치 영원한 안정체, 바다로 향해 흐르는 대하처럼 끊임없이 나아가고 있"9)는, 그런 나라를 체험한 뒤 이태준은 남한의 조선문학가동맹에 서한을 보내 평양에 남겠다는 뜻을 전한다. 이태준은 "제도의 개혁이 없이는 백 천 번 왜친 대야 미사여구에 불과하므로 예술이 인간에 보다 크게 기여하려면 인간을 바르게 못살게 하는 제도 개혁부터 받아야 할 것을 절실히 느꼈다."고 하면서 소련에서 목격한 사회주의 국가에 대한 신뢰를 드러내고, 그 연장에서 토지개혁을 비롯한 사회주의적 개혁이 과감하게 진행되는 북한에 잔류하기로 결심한 것이다. 이를테면, 소련이라는 막연히 동경했던 국가를 직접 방문하고 또 북한의 사회주의 국가 건설에 공감하면서 이태준은 북한에 정착한 것이다. 당시 공산당은 한반도의 상황을 부르주아 민주주의 혁명 단계로 규정하고 노동자와 농민을 중심으로 한 광범위한 계급 연대를 바탕으로 진보적 민주주의 국가 건설을 목표로 제시하였다. 그런 정책에 발맞추어 고상한 리얼리즘으로 요약되는 문학 창작방법론을 제시했고,10) 이태준은 그것을 적극 수용하며 작품을 창작한 것이다. 그로 인해 이태준은 이전과는 확연히 다른 모습을 보여준다. 문장과 심미성을 중시하고 '표현'을 강조했던 스타일리스트에서 벗어나 인민민주주의에 공감하고 당의 정책과 이념을 선전하고 실천하는 '당의 일꾼'으로 변신한 것이다.

해방 후 개작된 작품과 그렇지 않은 작품을 비교해 보면, 개작되지 않은 『농토』나 「호랑이 할머니」 등은 이태준이 좌익에 가담한 뒤 갖게 된 당의 이념과 창작방법론에 부합하는 것을 볼 수 있다. 북한에서는 1946년 10월 북조선예술총연맹이 결성되면서 문학예술은 당 사상의

---

9) 상허학회편, 『쏘련기행·중국기행 외』, 소명출판, 2015, 11-12면.
10) 신형기의 『북한문학사』(평민사, 2000) 및 오태호의 「해방기 북한문학의 '고상한 리얼리즘 논의의 전개 과정 고찰」(『우리어문』, 2013) 참조.

안내자이자 종합적 지도기관으로서의 역할을 담당하게 되는데, 당시 북조선문예총의 창작 범위는 주로 해방의 은인 소련 군대와 전체 소련 인민에 대한 친선, 조선 민족의 영명한 지도자 김일성 장군에 대한 민족적 감격, 토지개혁을 위시한 여러 민주개혁을 형상화하는 데 모아졌었다. 민전의 선전부장 및 상임위원을 맡고 북조선문화사절단의 일원으로 소련을 다녀온 이태준은 이 창작 가이드라인을 적극 실천해야 하는 입장이었다. 개작이 없는 『농토』나 「호랑이 할머니」 등은 모두 진보적 리얼리즘에 의거해서 씌어진 작품들이지만, 그렇지 않은 『사상의 월야』와 「해방 전후」, 「첫전투」 등은 그와는 일정하게 거리를 둔 작품이어서 스스로 수정하지 않을 수 없었던 것이다.

소련을 둘러보고 돌아온 다음 해에 발표된 중편 『농토』(1947.6)는 고상한 리얼리즘의 구체적 성과물로, 이후 이태준에 의해 행해진 작품 개작의 준거가 된다. 『농토』는 이태준이 사회주의자가 된 뒤 발표한 첫 작품이자 월북 후를 대표하는 작품이다. 양반집의 머슴이었던 '억쇠'가 해방 후의 급변하는 현실에서 역사의 주체로 성장하는 과정을 소재로 한 이 작품은 당시 북한이 직면한 핵심 사안인 농지개혁의 문제를 사실적으로 형상화한 것으로 평가된다. 해방 전의 「꽃나무는 심어놓고」, 「아무 일도 없소」 등의 작품에서 하층민의 생활상을 실감나게 묘사한 바 있으나 단편적인 삽화의 수준에서 벗어나지 못했다면, 이 작품에서는 그들이 역사와 사회의 주체로 부상하고, 주인공의 성격도 소작인과 지주를 매개하며 상승하는 계층을 대표하는 전형 인물로 형상화된다. 이를테면, 주인공 억쇠와 그의 아버지 천돌은 대대로 노예적 상태를 벗어나지 못한 인물이었다. 그들에게는 지주(주인)에 대한 복종과 충성만이 존재할 뿐 인간다운 삶이라고는 전혀 존재하지 않았다. 주인집 며느리의 출산을 위해서 숨이 끊어지는 아내마저 피접(避接)시켜야 하는 인물의 참담한 일화에서 그런 사실이 구체적으로 제시되거니와 가령, 봉건적 주종관계 속에서 천민의 삶이란 주인을 위한 도구나 수단에 지나지 않았다. 그런 비인간적 현실을 보고 성장한 억쇠에게 농민과 노동자가 주인이 되는 세상을 약속하는 사회주의는 꿈처럼 매혹적일 수밖에 없고, 그런 기대심리에서 억쇠는 이전의 소극적인 삶에서 벗어나 새로운 국가 건설에 앞장서는 적극적인 인물로 탈바꿈한다.

「조선 인구에서 백명이면 여든명꺼지가 농군이라며?」
「그럼! 또 조선만 그런줄 알우? 전인류의 대부분은 농군인거요! 전 세계에서 농군들이 문명이 되지 않군 문명세계란 허튼 소릴거요! 조선서두 이 가재울과 서울이 문명에 들어 똑같이 차별이 없두룩 돼야 그게 진짜 문명국가일거요! 그러니까 어듸서나 제일 뒤떠러진 우리 농민들이 어서 깨닷구, 어서 배우구, 잘 싸우구, 잘 건설하구 하지 않으면 안 되는거요!」
분이는 선뜩 남편의 손을 놓고 한거름 물러선다. 억쇠가 좋기만 할분 아니라, 이렇듯 든든하고 우뚝 솟아 보혀서 바라보기 흐뭇하기는 처음이다.
「아, 어서 조선이 좋은 나라가 됏으면!」
「되구 말구! 되구 말구!」[11]

『농토』는 이렇듯 해방 후의 농촌 현실과 사회주의 건설 과정을 실감나게 보여준 작품이다. 토지를 개혁하는 과정에서 농지를 빼앗기지 않으려고 몰래 월남하는 지주들의 몰락 과정, 사회적 명분과 대의에도 불구하고 자신의 땅만은 빼앗기지 않으려는 농민들의 소아병적 이기심, 미국과 소련에 대한 민중들의 반감과 호의 등이 구체적 형상으로

---

11) 이태준, 『농토』, 평양: 노동당출판사, 1947.8.15., 229면.

그려진다. 이 과정에서 억쇠는 봉건적 적폐를 청산하고 새롭게 국가 건설에 앞장서는, 피착취 계급의 열망과 의지를 담지한 전형 인물이 되어 해방 후 북한의 농지개혁을 주도한다. 『농토』가 문제적인 것은 이 특수한 상황, 곧 상승하고 몰락하는 두 계급의 이해관계가 극명하게 교차되는 시기에 소작인 억쇠의 형상을 빌려 상승하는 계급의 세계관을 구현한 데 있다.

『농토』에서 목격되는 인물 형상과 전망은 고상한 리얼리즘에서 요구하는 것과 고스란히 일치한다. 낙관적이고 적극적인 의지의 소유자인 돌쇠의 형상과 토지문제를 바라보는 작가의 사회주의적 시각 등은 고상한 리얼리즘을 창작 현장에 적용한 형국이라 해도 지나친 말이 아니다. "조선 사회의 발전상이며 토지개혁의 의의, 기타 객관적 사실을 극명히 묘사하였을 뿐만 아니라 민주주의 사회의 새로운 생활 원리 및 윤리에 관해서 옳게 파악하고 표현하여 인민대중을 이상적으로 지도하며 민주주의적으로 교육할 수 있는 작품"12)이라는 안함광의 평가는 『농토』가 그런 창작방법론에 전적으로 부합하는, 표준적 준거가 된다는 것을 시사해 준다.

### 3. 『사상의 월야』와 미봉적 개작

연재본 『사상의 월야』13)는 고상한 리얼리즘의 측면에서 보자면 지나치게 애상적이고 퇴영적이어서 미래 사회에 대한 낙관적 전망을 담고 있지 못하다. 해방을 예상하지 못했던 일제 말기의 작품이고 또 이태준이 사회주의자가 되기 이전의 작품인 까닭에 기존의 평가처럼 자전적 성장사를 사실적으로 서술한 것으로, 애상적이고 퇴영적이라

---

12) 안함광, 「상허 이태준씨를 말함-장편 농토를 읽고」, 『조선문학』 2집, 1947.12, 178-9면.
13) 이태준, 『사상의 월야』, 〈매일신보〉, 1941.3.4. ~ 1942.7.5.

는 평가를 받았다. 송빈이 은주를 잊지 못해 방황하는 대목이 작품의 1/5을 상회할 정도로 과도하게 많은 분량을 차지하며, 작품 전체의 의미를 상징하는 '달'의 이미지 역시 감상적이다.

『사상의 월야』는 '달'에 대한 몇 개의 이미지로 구성되었다고 해도 과언이 아니다. 가령, 송빈의 어린 시절에서 제시되는 월야(月夜)는 조용하고 따뜻한 가족의 이미지로 환기된다. 어린 송빈이 의지하고 사랑했던, 그리고 그를 포근하게 덮어 준 솜이불 같은 달밤은 가족을 상징하는 것이었다. 가족들과 헤어진 송빈은 힘든 일이 있으면 어두운 하늘에 환하게 떠 있는 달을 보면서 스스로를 위로하고 미래를 꿈꾸었다. 이후 월야의 이미지는 송빈의 성장과 상황의 변화에 의해 조금씩 의미를 달리한다. 월야는 그리움의 상징에서 더 나아가 한(恨)의 표출로 의미가 확장된다. 자신이 할 수 없고 이루기 힘들어하는 것들, 또는 그런 상황에 처한 자신의 모습을 부정하고 싶은 심리와 그에 대한 탄식, 이제 송빈은 그리움이 아니라 자신의 불우한 상황을 지우고 부정하려는 심리의 상관물로 달을 바라본다. 월야는 이후 은주의 등장과 함께 '카레데'라는 새로운 명칭을 얻으면서 한층 복잡한 의미로 확대된다. 송빈은 그 자신의 월야를, 월야에 그가 생각해 왔던 할머니와 누이와 동생의 모습을 카레데 하나로 합치시켜 상상한다. 카레데'는 카츄사(톨스토이『부활』의 주인공), 에레나(트루게네프『그 전날밤』의 주인공), 롯데(괴테『젊은 베르테르의 슬픔』의 주인공)에서 한 글자씩 따온 것으로, 송빈이 도달할 수 없는 두터운 현실의 벽을 상징한다. 자신의 이상과는 너무나도 거리가 멀게만 느껴지는, 현실 여건을 부정하고 인정하지 않겠다는 한(恨)의 표상으로 의미화되는 것이다. 결말에서, 이런 달의 이미지를 제거하고 대신 한 청년의 희망찬 성장 과정을 제시하려는 듯이 작가는 과거의 모든 것을 환상으로 치부하고 '과학'의 중요성을 환기하면서 작품을 마무리 짓는다.

> 「그러타! 과학이다! 사람의 동공을 현미경에 비기여 너머나 불순햇다! 그러면서도 동공 그 자체는 예술보다는 과학으로만 더 정확한 해석과 진찰이 되는 것이다! 과학이다! 내 완미한 머리속에서 그러타, 가슴속이란 것도 진부한 관념이다. 이 확실히 두뇌 속에서 은주를 쫏차내일 것도 과학이다!」[14]

달에 대한 정서라든가 은주에 대한 사랑도 기껏 '극도의 주관'이자 '감정 유희로 환상화시킨 헛개비'에 지나지 않는다는 것. 은주와의 실연 끝에 도달한 이런 자각은 결국 은주를 잊기 위한 자기 최면이지만 한편으로는 새로운 출발을 위한 결별의 다짐이기도 하다. 송빈은 늙은 외할머니에 대한 미안함과 그리움을 접고, 나아가 종교를 빌미로 유학을 권하는 뻬닝호프 박사의 제의를 단호하게 거절한다. 종교는 "의사가 아니라 말로만 위로해 주는 한낫 문병객에 불과한 것"이라는 생각, 자신이 입신양명할 길은 "오직 과학의 길"이라고 확신하는 것이다.

그런데, 여기서 말하는 과학은 자연과학이고 한편으로는 과학만능주의를 지칭한다. 일제 치하의 현실에서 과학이란 일제의 정책과 긴밀하게 연결된 것이었다. 작품에서 언급되듯이, 책방이나 도서관에는 과학 관련 책들이 범람하고 있었다. 명치기에는 복택유길의 부국강병과 식산흥업을 위한 지식교육 중심으로, 1920년대에는 田邊元의 『最近의 自然科學』과 『科學槪論』 등 과학철학적 논의 중심으로, 그리고 1930년대에는 기획원 주도의 국가총동원법에 근거한 과학동원체제 구축으로 전개되었던 것이다. 그러니까 작품 속의 '과학'은 1920년대의 송빈이 1930

---

[14] 『사상의 월야』, 이태준문학전집7 깊은샘, 1988, 203면.

년대 신체제의 국책 담론을 부르짖는 형국이고, 그런 점에서 작가(또는 주인공 송빈)의 일방적 웅변으로 서술되는 과학만능주의는 전망(展望)의 날조에 해당한다.15) 해방 후 이태준이 이른바 '봉황각 좌담회'에서 『사상의 월야』를 '민족'이라는 제목의 3부작으로 개작하겠다고 말한 것은 그런 사실과 무관하다고 볼 수 없을 것이다.

『사상의 월야』는 한 청년의 입지전적 성장 과정을 보여주는 소설로 호평받았지만, 한편으로는 이렇듯 애상적이고 퇴영적인 모습과 함께 일제 정책에 부합하는 측면을 갖고 있어 해방 후의 현실에서는 용납되기 힘든 것이었다. 더구나 이 작품은 이태준에게 늘 따라붙었던 "애수를 자기 세계로 하는 인간"(안함광)을 제시했다는 비판에서도 자유로울 수 없는, 해방 후의 고상한 리얼리즘과는 거리가 먼 것이었다. 고상한 리얼리즘에 부합하기 위해서는 인물은 낙관적 신념을 소지하고 있어야 하고 또 민중과 적극적으로 유대하는 민중 연대적 성격이어야 한다. 개작본에서 애상적 모습을 제거하고 당찬 포부로 도일하는 송빈의 형상으로 작품을 마무리한 것은 그런 사실과 관계될 것이다. 1946년 개작본에서는 "동경의 달밤들"로 붙여진 마지막 장이 삭제되고, 대신 자신의 도일은 김옥균과 아버지의 뜻을 이어받아 "일본과 투쟁하여 조선을 찾을 그런 준비로 학문과 사상을 배우러 가는 진정한 애국청년"이 되겠다는 다짐으로 "뜨거운 눈물"을 흘리는 것으로 마무리된다.

「오! 아버지? 이 미거한 것이나마 아버지의 뜻을 이으오리다! 선각자들의 수난에 보답하오리다! (중략) 김옥균 선생이나 아버지께서 일본에 조국을 팔기 위해서가 아니라 일본의 유신을 본받으러 가셨듯이, 일본에 협력하기 위해서가 아니라 이 앞으로 일본과 투쟁하여 조선을 찾을 그런 준비로 학문과

---

15) 김흥식의 「『사상의 월야』 연구」 214면 참조.

사상을 배우러 가는 진정한 애국청년들이 더러는 있을 겁니다! 영혼이 계시다면 이들의 앞길을 인도해 주옵소서.」 (중략)

배는 솟는 파도면 가르고, 잦는 파도면 미끄럼치듯 넘으면서 한결같은 속력으로 내닫는다. 송빈은 머얼리 바다 끝에 새벽 하늘이 트이기 시작할 때까지 밝는 날부터의 새 운명을 향해 그냥 서 있었다.[16]

그런데, 이러한 개작 역시 북조선예술총연맹의 창작방법론에 비추자면 적절한 형태가 아니다. 인물의 성격이나 민중과의 관계, 김일성 장군에 대한 민족적 감격, 토지개혁을 위시한 여러 민주개혁 등의 창작적 요구 등을 반영하기 위해서는 단순한 개작이 아니라 전면적인 개고가 필요한 상황이다. 그것이 불가능하기에 작가는 작품의 분위기를 부분적으로 바꾸고, 말미를 전면 삭제하는 식으로 작품을 종결한 것으로 보인다. 그렇다면 단행본 『사상의 월야』는 고상한 리얼리즘의 관점에서 보았을 때에는 미봉적 개작이자 개작의 포기라 할 수 있겠다.[17]

## 4. 「해방 전후」와 운동가의 시각

진보적 리얼리즘의 관점에서 봤을 때 「해방 전후」는 심각한 문제를 안고 있다. 비록 월북 이전의 작품이고, 공산주의자로 변신하는 자신의 심경을 사실적으로 토로한 작품이라는 점에서 작품의 진정성을 이해할 수도 있지만, 좌익 문단의 지도급 인물이 된 상황에서는 문제

---

[16] 『사상의 월야』(이태준전집3), 2015.6, 소명출판, 240-241면.
[17] 물론 이런 식의 개작은 월북 후 자신의 행적을 정당화하기 위한 자기변명이나 기만의 서사로 읽을 수도 있다. 실제로 여러 연구자들이 그렇게 보고 있으나, 소설이란 근본적으로 허구라는 점, 비록 자전적 요소가 많고 실제로 자전에 바탕을 두고 있더라도 그것이 소설화되는 과정에서는 필연적으로 허구적 요소가 결합되기 때문에 자서전과는 엄연히 구별된다. 「해방 전후」는 자서전이 아니기 때문에 자기변명과 기만의 서사로 단정할 수 없고, 더구나 한번 발표한 작품은 그 자체로 역사성을 갖는다. 개작본이란 일정한 시간이 흐른 뒤에 새롭게 형성된 작가의 욕망과 태도를 반영하고, 그래서 원본과 개작본은 각기 다른 역사성과 존재값을 갖는 것이다.

가 적지 않다. 우선 주인공의 성격이 시대 흐름을 꿰뚫고 선도하는 적극성을 갖고 있지 못하다. '현'은 매사에 소극적이고 해방에 대해서도 낙관적 전망을 보여주지 못한다. 낙향해서 낚시로 소일하며 막연한 미래를 꿈꾸는 것이나 해방 후 요동하는 현실에서 좌익의 정치활동을 비판하고 거리를 두는 행동은 개작된 시점에서 볼 때 용납할 수 없는 모습들이다. 게다가 현은 민중들을 '얼빠진 인물'로 보는, 반민중적인 태도를 거침없이 드러낸다. 좌익에 환호하는 민중들의 열망을 헤아리지 못할 뿐만 아니라 미래에 대해서도 낙관하지 못한다. 북한 문단에 안착해야 하는 과제를 안고 있던 이태준 입장에서 더욱 심각한 것은 김일성의 영웅적 행적에 대해 알지 못할 뿐만 아니라 국제 정세에 대해서도 무지하다는 사실이다. 당시 이태준이 북조선문화예술총동맹 부위원장이자 국가학위수여위원회 문학분과 위원을 맡고 있었던 것을 고려하자면, 이런 내용은 더욱 용납되기 힘든 것이었다. 개작은 이런 부정적 측면에 대한 교정으로 볼 수 있다.

「해방 전후」의 개작은 무엇보다 주체의 시각과 태도의 조정으로 나타난다. 1946년의 원본은 민주주의 민족국가의 건설이라는 정치적 현안에 공감한 주인공의 모습이라면, 1949년판은 공산주의자로 변신한 이후의 모습이다. 원본의 "무슨 사상가도, 주의자도, 무슨 전과자도 아니었다."는 고백적 서술에서 암시된 '현'의 중립적 모습이 개작본에서는 조정되어, 현의 신중하고 소극적인 성격이 부정되고 대신 해방 후 자신의 행적이 좌익 지식인들의 그것과 동일하다는 것이 명기된다. '사상가'나 '주의자', '전과자'는 모두 마르크시즘 혁명을 떠올리는 좌익 인물의 대표적 형상을 지시한다는 점에서, 이런 대목의 삭제는 소극적 처세가의 삶을 걷어내고 대신 일제 패망을 확신하며 해방을 맞이한 뒤 자연스럽게 좌익진영에 몸담는 인물로 주인공의 성격을 재조정한 것이다. 이 대목의 삭제는 뒤따르는 대목에서 청년들이 소지한 불온 저서나 왕래한 편지, 사상지도 등 일제의 감시 속에서 불안에 떨었던 '현'의 내면세계가 해방 이후 좌익진영에 몸담는 사상적 전환의 필연성을 조성하고 그에 따른 의지를 선명하게 부각시키는 것이라 할 수 있다.

원본에서 '현'은 일제 치하에서 살기 위해 소극적이나마 협력하지 않을 수 없었다고 했는데, 1949년 판본에서는 일제에 협력한 사실들이 모두 삭제된다. 문인궐기대회에서 『춘향전』의 한 구절을 낭독한 것이 문제가 되어 『대동아전기(大東亞戰記)』의 번역을 맡지 않을 수 없었다고 했지만, 여기서는 그 대목이 삭제되고 대신 서둘러 회장에서 빠져나옴으로써 친일 행위를 하지 않았다고 시사하고, 단지 "살어 견디자!"는 인고의 결략만이 간략하게 제시된다.

(살자! 어떠허든 살어견디자! 네놈들이 며칠이나 더 뻗대나보자! 서울을 떠나 언 구석에도 가 박혀 돌이라도 씹어 먹으며 논들의 패망의 날까지 살어 견디자!) 현은 살고 싶었다. 소극적으로나마 더욱 살아 견디고 싶었다. 이놈들의 망하는 꼴을 기어이 보고 싶었다. 그것만 본다면 그것으로 다 이루었노라! 하고 죽어도 그만일 것 같았다.

"독 오른 일제의 최후 발악"에서 일제는 문인들에게 "대동아공영권 확립을 위해 분골쇄신"할 것을 강요하고 고압적으로 협력을 요구하였다. 박흥식이나 주요한, 야나기[18] 등은 시와 연극으로 친일활동에 앞장섰다. 그런 현실에서 현은 문인대회에 참가하지 않을 수 없었지만 그 이상의 친일은 하지 않았다는 것. 그리고 자신의 작품이 신변적이라는 주변의 견해를 반박한다. 일제의 검열제도로 인해 불가피하게

---

[18] 유치진(柳致眞, 1905~1974)은 조선연극협회, 조선문인협회의 간부를 지냈고, 1944년에는 어용 문인단체인 조선문인보국회의 소설·희곡부 회장이 되었다.

신변적인 작품을 썼다는 이전의 내용에 덧붙여 '신변적인 것'은 조선 사람들의 생활을 충실하게 묘사한 조선문학이며, 그것은 일제의 조선 말살정책에 맞서 "조선말과 조선글을 한자라도 하루라도 더 쓰자."는 의도에서 비롯된 행동이었다고 한다.

실제로 신변소설은 프로문학의 퇴조 이후 문단 전반에 만연한 추세였다. 이태준뿐만 아니라 박태원, 안회남, 이기영, 한설야, 김남천 등이 두루 신변소설을 창작했는데, 이는 일제에 저항하는 하나의 방식이었다는 이태준의 주장과는 달리 현실에 대한 편협한 시선과 함께 비판 정신의 위축 또는 이완으로 비판받은 바 있다. 이태준의 신변소설 역시 그러한 비판에서 자유롭지 못하지만, 여기서는 시대를 고민하고 성찰하는 그리고 그것을 통해 조선말과 조선글을 지키려는 의도가 그렇게 표현된 것이라고 언급한다.

| 「해방 전후」(『문학』, 1946.8) | 「해방 전후」(『첫전투』, 1949.11) |
|---|---|
| 현의 아직까지의 작품세계는 대개 신변적인 것이 많았다. 신변적인 것에 즐기어 한계를 둔 것은 아니나 계급보다 민족의 비애에 더 솔직했던 그는 계급에 편향했던 좌익엔 차라리 반감이었고 그렇다고 일제의 조선민족정책에 정면충돌로 나서기에는 현만이 아니라 조선문학의 진용 전체가 너무나 미약했고 너무나 국제적으로 고립해 있었다. 가끔 품속에 서린 현실자로서의 고민이 불끈거리지 않았음은 아니나, 가혹한 검열제도 밑에서는 오직 인종(忍從)하지 않을 수 없었고 따라 체관(諦觀)의 세계로밖에는 열릴 길이 없었던 것이다. | 현의 아직까지의 작품세계는 비교적 신변적인 것이 아니었다. 신변적인 것에 즐기어 한계를 둔 것은 아니다. 총독정책의 강박한 검열제도 밑에서 그의 처녀작부터 검열관계로 잡지에는 싣지 못하고 납본제(納本制, 먼저 인쇄하여 납본과 함께 골라버리기 때문에 저희가 보아 심하다고 인정하는 것은 인쇄물 전부를 압수하고, 압수하는 소란까지 일으킬 것이 아닌 것은 발행인에게 경고만 주는 제도) 신문에, 편집자의 모험으로 발표되었으며 그 작품은 그의 작품집에도 나와보지 못하는 운명이었다. |

(자, 인젠 무엇을 어떻게 쓸 것인가? 일본이 망할 것은 정한 이치다. 미리 준비를 하자! 만일 일본이 망하지 않는다면? 조선은 문학이니 문화니가 문제가 아니다. 조선말은 그예 우리 민족에게서 떠나고 말 것이니 그때는 말만이 아니라 민족 자체가 성격적으로 완전히 파산되고 마는 최후인 것이다. 이런 끔찍한 일본 군국주의의 음모를 역사는 과연 일본에게 허락할 것인가?)
현은 아내에게나 김직원에게는 멀어야 이제부터 일년이란 것을 누누이 역설하면서도 정작 저 혼자 따져 생각할 때는 너무나 정보(情報)에 어두워 있으므로 막연하고 불안하였다. 그러나 파시즘의 국가들이 이기기나 하면 어쩌나 하는 불안은 이내 사라졌다. 무쏘리니의 실각, 제이전선의 전개, 싸이판의 함락, 일본 신문이 전하는 것만으로도 전쟁의 대세는 이미 결정되어 있었다.(15면)

쓸 수 있는 한계 내에서……. 이것은 절로 신변인물 신변사건이라 하더라도 이 한 조선사람들리요 조선사람들의 생활인 바엔, 충실히만 표현하면 조선문학일 수 있으리라 믿었고, 놈들의 조선말, 조선글, 조선 성명에까지 말살정책이 노골화하면서부터 일부 조선문인들에게 있어서는 이미 조선문학이기보다 '조선말과 조선글을 한자라도 하루라도 더 쓰자'는 운동으로의 시요 소설을 쓰지 않을 수 없었던 것이다. 경향성이라면 황민화운동에 협력하는 친일적인 경향, 내용은 물론, 형식에까지 일본말로 써서 모국어 말살정책에 협력하고 나서는 배족적 경향 외에는 있을 수 없는 때와 이런 경향성과는 침묵으로 싸우며 조선민족에게 읽히어 해롭지만 않은 내용이면 조선말로 발표할 수 있는 지면이 존속하는 날까지는 한 마디의 조선말, 한 자의 조선글이라도 더 써내는 것이 차라리 일부 작가들의 은근한 경향이기도 했던 것이다. '자, 인젠 무엇을 어떻게 쓸 것인가? 일본군국주의의 발악은 며칠 남지 않았다!
나는 무엇을 준비할 것인가?'
현은 막연하였다. 현은 역사와 인류에 대한 과학적 지식의 필요를 깨달았으나 현의 주위에는 책 한 권, 그런 선진적인 친구 하나 없었다. 아내에게나 김직원에게는 멀어야 1년 안이라고 누누이 역설하면서도 정작 저 혼자 따져 생각할 때는 초조하였다.

> 쏘련의 반격작전의 파죽지세 「무쏘리니」의 도망, 「싸이팡」의 함락, 일본신문이 더 가리지 못하고 전하는 소식만으로도 전쟁의 대세가 이미 종국에 가까웠음은 분명하였다.(27-29면)

고립된 국제 정세 속에 일제 문화정책에 항거하기에는 너무나 힘없는 문학인들이었다는 개작 이전의 텍스트가 삭제되고, 대신 신변소설은 일제가 시행한 납본제의 압력에 굴복하지 않는 최소한의 저항이었다고 서술된다. "조선문인들에게 있어서는 이미 조선문학이기보다 '조선말과 조선글을 한 자라도 하루라도 더 쓰자'는 운동으로의 시요 소설을 쓰지 않을 수 없었던 것"이라는 표현이나, "조선민족에게 읽히어 해롭지만 않은 내용이면 조선말로 발표할 수 있는 지면이 존속하는 날까지는 한 마디의 조선말, 한 자의 조선글이라도 더 써내는 것"을 통해 일제의 발악이 며칠 남지 않았다는 인식과 함께 무엇을 준비할 것인가에 대한 의식을 부가시켜 놓는다. 이렇게 되면 해방 직전 '조선어로 창작하는 행위 자체'가 자기 구원받는 형국으로 바뀐다.

그런 견지에서 해방을 대하는 민중들의 소극적인 태도는 개작본에서는 적극적인 것으로 조정된다. 가령, 1946년 판에서는 해방이 되어도 '감격하지 못하는 민중들의 불행한 모습'이 개탄스럽게 제시되었다. 일제의 통제와 감시에 오랫동안 길들어진 까닭에 해방이 되어도 믿지 못하고 주변을 살피는 동포들의 모습은 실상 당시 민중의 실제 모습이라 할 수 있다. 여러 증언과 기록에서 볼 수 있듯이, 해방에 대한 흥분과 감격은 해방 소식이 전해진 직후에는 보기 힘들었다. 예기치 않은 해방이었고, 또 일왕의 항복선언에도 불구하고 조선에는 여전히 일제가 지배력을 행사하고 있었던 까닭이다.19) 그런 현실을 고려하자면 당대 현실에 부합하는 것은 1946년 판본이다. 그런데 작가는 그런 "불행한 동포들의 얼빠진 꼴"을 삭제하고 대신 감격과 흥분으로 들떠 있는 모습으로 대체한다. 곧, 하늘과 태양과 구름과 곡식들이 "소리 지르고 날뛰고 싶"다는, 민중들이 해방 소식을 접하고 적극적으로 반응하는 능동적 주체로 제시한 것이다.

> 현은 대뜸 코허리가 찌르르해 눈을 섬덕거리며 좌우를 둘러보았다. 국민복 입은 몇 사람이 냉정할 뿐 허름하게 채린 사람들은 현이나 다름없이 두 운전수의 대화를 무심히 들었을 리 없다. 눈물부터 어리는 눈들이 불이 튈 듯 서로
> "인젠 우리나라 독립입니다!"
> 현은 고함을 질렀다. 버스 안은 이내 울음판이 되었다.
> '이게 꿈이나 아닌가?'
> 사람들은 채찍질하듯 버스를 몰았다. 그리고 철원에 와서야 꿈이 아닌 『경성일보』를 보았고 현도 찾을 만한 사람들을 만나 끌어안고 패망한 일본놈들보다도 더 소리쳐 울었다.
> 하늘은 맑아 박꽃 같은 구름송이, 땅에는 무럭무럭 자라는 곡식들, 우거진 녹음들, 그리고 이날 아침에 돋는 것을 보았으면 싶은 이글이글한 백금 도가니 같은 태양, 어느 것이 우러러 절하고 소리 지르고 날뛰고 싶지 않았으랴!20)

이러한 조정은 역사 발전의 능동적 주체로 민중을 이해하고 받아들이는 창작방법론의 요구에 의한 것이다. 작중의 반탁과 찬탁 시위라든가 남한과 북한의 개혁 과정에서 민중들의 요구가 적극 수용되는 장면은 모두 그런 시각과 관계가 있다.

---

19) 유종호, 『나의 해방 전후』, 민음사, 2004.8.
20) 이태준, 「해방 전후」, 『첫전투』, 문화전선사, 1949.11, 42-43면.

작가는 그런 태도를 "과학적 지식"에 대한 믿음이라고 말한다. 일제의 탄압에 대해서 능동적으로 대응하지 못하고 초조하게 회피했던 것은 바로 과학적 지식이 부족했기 때문이었다. 여기서 '과학'이란 물론 사적유물론에 기초한 역사발전법칙이고, 한편으론 당의 정책이다. 이승만과 임정이 부정되는 것은 그런 법칙에 반하는 행동을 했다는 것, 이승만은 조선 민족이기만 하면 어떤 자든지 다 뭉치자고 해서 쥐구멍을 찾던 친일파 민족반역자들을 다시 고관으로 채용하여 인민위원회를 탄압하는 앞잡이가 되었다. 임정 역시 해외에서 다년간 민중을 보지 못했기 때문에 조선에 들어와서도 그 열망을 파악하지 못하는 "신기루적 존재"가 되었다. 반면에 북쪽에서는 쏘련 군대가 일본군대와 친일파들을 용서 없이 타도하여 조선 인민의 뼈에 사무친 원한을 풀어주었고, 인민들은 자신들의 손으로 인민위원회를 옹립하고 있다. 김일성은 위험 지역에서 멀리 떨어지지 않고 항상 조국 주변에서 일본군대와 맞서 싸웠고, 또 국내에서 싸우던 분들도 일제의 악형, 고문, 매수에 꿋꿋이 맞섰던 애국자들이다. 이를테면 "고담준론보다 직접 총칼을 들고 나선 이들이 더 영웅적"이고, 그렇기에 지금의 상황에서 중요한 것은 "누가 공로가 더 크냐보다 누가 더 옳은 길로 조선 인민을 지도하는가 그것일 것"이라는, 그것이 곧 "과학적 관찰과 방법의 정치"라는 주장이다.

그렇다면 해방은 그저 주어진 것이 아니라 김일성 등 민족투사들의 적극적인 투쟁의 산물이고, 한편으론 "정의와 역사의 법칙"이다. 그런 믿음의 소유자로 '현'을 성격화시켰기에 작품은 원본과는 판연히 다른 모습으로 나타난 것이다. '현'이 공의와의 인연으로 찾아든 구읍은 "낚시질로 세월을 기다리는" 수동적인 처소가 아니라 "강가에 가 배길 수 있는" 공간으로 바뀐다. '세월을 기다리는 공간'과 '강가에 가 배길 수 있는 공간'의 차이는 제국 일본의 패망을 예견하고 판단한 자의 여부와 직결될 뿐만 아니라, 수동적인 태도와 대비되는 준비된 자세라는 점에서 매우 큰 격차를 보인다.21) 그 격차는 준비된 자세로 시대를 관찰했다는 '현'의 자기 정체성이 해방기 이태준 문학이 지향하고자 하는 하나의 알리바이로 통합되고 재조정되었음을 보여주는 것이다.

김직원의 재구성 역시 그런 알리바이로 볼 수 있다. 개작 전 텍스트에서 김직원은 시대착오적이면서도 지사적인 양면성을 지닌 인물이었다. 그런 면모에서 '현'과 동양 문화에 대한 가치를 공유하고, "엄연히 존경을 받아야 옳을 유일한 인격자요 지사"라고 서술되었다. 개작된 텍스트에서는 '엄연히 존경을 받아야 옳을'과 '인격자'라는 부분이 삭제되고 '지사'라는 측면만이 남는다. 그 결과 개작본에서 김직원은 해방 직전 경방단을 이끌고 징용에 끌려가던 도중에 탈출한 처남 청년을 잡아들인 조카를 매타작하는 지사적인 측면이 부각되지만, 다른 한편으로 국호를 '조선'으로 하고 '이씨 왕조'를 옹위하고 싶다는 소망을 피력하는 구시대적 인물로, 공산당을 맹목적으로 비난하는 고집불통의 인물로 성격화된다.

그런 시각에서 해방이 되자 바로 건국에 대한 독단적 계획을 발전시키는 좌익에 대해 "불순하고 경망해 보"이고 심지어 "민족상쟁 자멸의

---

21) 흥미롭게도 원본 「해방 전후」에서는 정세를 관망하며 동뜬 두메에서 집을 저당잡혀 자농(自農)이라도 하면서 마음 편하고 배불리 살다 죽자는 아내의 말을 '현'이 받아들이지만, 개작본에서는 집을 팔지 않고, 저당 잡힌 돈으로 시골로 찾아들어 구라파의 정세와 태평양의 정세까지 폭넓게 살피는 존재로 탈바꿈한다. 이러한 맥락 조정은 일제 말기 무력하고 소극적인 지식인의 내면과 함께 수동적으로나마 저항의 숨결을 유지하던 수준에서 벗어나 확신에 찬 신념으로 무장한 채 '망하는 꼴'을 지켜보려는 자의 모습으로 선회한다. 또, 창씨를 하지 않은 것에 대한 동대문경찰서 쓰루다 형사의 추궁이 애초에는 "그런데 그 허기 쉬운 창씨는 왜 안 허시나요?"에서 "그 허기 쉬운 창씨는 어째 안했소?"로 개작되면서 시대 압력의 강도가 더해지는 것도 눈여겨볼 부분이다.

파탄을 일으키지 않을까" 하는 우려를 표명했던 장면은 완전히 삭제된다. 곧, 좌익 데모가 종로를 지날 때 '문협'이 그것을 열광적으로 환호하고 건물 4층에서 행렬 위로 소련기를 뿌리는 대목, 그리고 그 일이 일어난 며칠 뒤에 있었던 '드림' 사건이다. 이 두 사건을 삭제하여 좌익에 대한 비판적 시선을 배제하고 대신 좌익의 냉정하고 정확한 정세 분석과 행동의 사례를 긍정적으로 제시한다. 1946년판에서는 탁치(託治)문제가 터지자 현도 반탁 강연에 나가는 등 누구나 할 것 없이 냉정을 잃은 상황이었고, 그런 상황에서 좌익 역시 삼상회담 지지 성명을 냈는데, 이는 경솔한 행동이었다는 것을 반성한다. '내용도 모르고 날뛰었다'는 구절이 삭제되고, 1949년판에서는 '미국의 중상과 거기에 앞장서는 이승만의 행태'를 비판하는 식으로 조정된다. 통신권을 장악한 미군이 남조선에 모쓰크바 3상결정을 옳게 전달하지 않았고 또 자기편의 제안을 발표하지도 않았다. 대신 미국은 조선을 즉시 독립시키려 했으나 소련이 듣지 않아 신탁통치를 받게 되었고, 따라서 조선 사람들은 이것을 반대할 자유가 있다고 날조 선동한 것이다. "이승만이가 쏘련을 중상하는 나팔을 연해 불어댔고 '임정'은 '반탁전국위원회'를 조직하여 군소 우익 중간 정당들은 대개 '임정' 밑에 들어갔다." 이런 상황에서 "조선공산당은 냉정히 모쓰크바 3상결정 지지의 성명을 발표한 것"이라고 한다.

이런 개작을 통해서 이태준은 해방 후 자신의 변화가 변절이 아니라 '발전'이라고 말한다. 해방 전에 자기 주변에는 소극적인 처세가들만 있어서 해방 후의 행적이 변한 것으로 보일지 모르지만, 해방된 현실에서 의연히 처세만 하고 일하지 않는 데는 반대라는 것, 그래서 "내 자신 발전에 노력해야 겠"다고 다짐한다. 조선 사람이 "행복한 길"이라면 "물불 속이라도 무릅쓰고 나가야" 한다는 주장이고, 여기에 따르자면, 1949년 판본에서는 원본에서 목격되던 '현'의 순진하고 진솔한 모습은 사라진다. 공산당의 정세관을 내면화하고 그 지향에 반하는 존재로 미군과 이승만을 규정한 뒤 적극 대응하는 모습, 당의 정책과 입장을 전파하고 실천하는 인물로 변신한 것이다.

## 5. 「첫전투」의 개작과 당정책의 변화

「첫전투」는 5월 10일 남한의 단독선거를 저지하기 위한 남로당의 유격투쟁을 다룬 작품으로, 남한에서 단독정부가 수립될 즈음인 1948년 9월에 탈고되었다. 1948년은 남과 북에서 각각 독립된 정부가 수립된 해로, 남한에서는 1948년 5월 10일 정부 수립을 위한 총선거가 실시되었고, 북한에서는 7월 9일 북조선인민위원회가 북조선 임시 헌법 초안을 근거로 8월 25일에 남북한 총선거를 실시하기로 결정하였다. 이후 남한과 북한은 각기 단독정부를 수립하는 절차를 밟는데, 당시 이태준은 이승만 일당을 비판하면서 북한에서 수립될 정부야말로 남북한을 대표하는 유일한 정부라는 것을 확신하고 있었다.[22] 「첫전투」는 북한 정권에 대한 믿음을 근거로 남한의 5.10 선거를 저지하기 위한 유격대 투쟁을 다룬 작품이다.

「첫전투」는 크게 두 개의 사건으로 구성된다. 하나는 6명의 대원을 거느린 권판돌 부대가 'K시의 S지서'를 파괴하는 것이고, 다른 하나는 퇴각하는 과정에서 일제시대부터 가난한 사람들을 못살게 굴던 정운조를 인민재판으로 처단하는 대목이다. 두 사건이 연속적으로 제시되지만 작품의 중심은 S지서 습격 사건에 있다.

---

22) 이태준, 『신문장강화』, 재일조선인교육자동맹문화부, 1952, 111-8면.

S지서를 습격하라는 상부의 지시를 받은 뒤 권판돌은 대원들을 이끌고 작전에 돌입하지만 한편으로는 사전 준비도 없는 급작스러운 작전이기에 성공을 확신하지 못하고 심지어 지도부를 의심하고 논쟁까지 벌이는 상황이다. 지도부는 공작을 요청하게 된 배경과 함께 유격대원 누구 하나도 희생되어서는 안 된다는 인간적인 배려를 보이고, 이에 권판돌은 작전을 수행하기로 결심한다. 그렇지만 우려한 대로 투척한 수류탄이 터지지 않고 유격대원 간의 연락도 긴밀하지 못하여, 결국 작전은 실패로 돌아간다. 이를테면 작전 성공에 대한 의지나 신념이 미약하고 대신 유격대원들의 긴박한 투쟁 과정만이 사실적으로 그려진 형국이다. 물론, 여기서도 당시 북한 문단에서 요구했던 여러 주제들이 형상화되어 있다. 후방 인민들의 투쟁과 이승만 정권에 대한 적개심, 유격전을 벌이는 인물들의 영웅적 행동 등은 당시 북한 문단에서 요구되었던 내용들이다. 권판돌의 목숨을 건 투쟁이나 셋째의 하늘을 찌를 듯한 적개심과 투쟁 의지 등은 그런 주장과 고스란히 부합된다. 그렇지만 작품에는 그런 측면 외에도 자연 풍경에 대한 감각적인 묘사라든가 전사들의 감상적 태도 등이 서술되고, 그로 인해 1948년의 급박한 현실과는 어울리지 않는 대목들이 곳곳에서 나타난다.

| 『첫전투』(『문학예술』, 1948) | 『첫전투』(문화전선사, 1949) |
|---|---|
| 산은 드디어 대마루가 드러났다. 마루턱에 올라서는 것은 강물처럼 턱밑에 찰락거리는 안개바다에서 올려솟음이였다. <u>딴세상이라고 소리들을 질렀다.</u> 안개는 골작이마다 차고 산등성이들은 대마루를 타고 양편으로 반찬가시처럼 뻗어나갔다. 씻은듯한 애청하눌에 오월달 금빛태양은 참나무 박달나 | 산은 드디어 대마루가 들어났다. 마루턱에 올라서는 것은 강물처럼 턱밑에 찰락거리는 안개바다에서 올려솟음이었다. <u>딴 세상으로 햇볕이 눈부시었다.</u> 안개는 골짜기마다 차고 산등성이들은 대마루를 타고 양편으로 드러나 반찬가시처럼 뻗어나갔다. 씻은듯한 애청하눌에 오월달 금빛태양은 참나무 |

| | |
|---|---|
| 무 철쭉 드릅들의 연한 신록을 쓰다듬듯 고요히 나려 쪼이고 있었다.(141면) | 박달나무 철죽 목련 드릅들의 연한 신록을 쓰다듬듯 고요히 나려 쪼이고 있었다.(85-6면) |
| 오늘아침은 다른 거점에서 떠날때보다 동무들은 말부터 적었다. 다른날은 제일 침착하던 남동무까지 잔뜩 졸르고난 혁대를 경련이 이는 손으로 되졸르고 되졸르고 하였다.(140면) | 오늘아침은 다른 거점에서 떠날때보다 동무들은 말부터 수덕구가 적었다. 다른날은 기중 침착하던 남동무까지 잔뜩 졸르고난 혁대를 경련이 이는 손으로 거듭 되 졸르고 있었다. (83면) |
| 모두 햇볕만 보아도 생긔들이 솟아서 무지개가 돋는 담배연긔를 뿜으며 대장 판돌동무를 둘러싸고 다음지시를 기다렸다.(142면) | 모두 햇볕만 보아도 자기들의 앞길의 축복 같아서 한결 피로를 잊고 무지개가 돋는 담배연기를 뿜으며 대장 판돌동무를 둘러쌌다. (86면) |
| 탄력있는 근육들은 (142면) | 옹이배기같은 근육들은 (87면) |
| T항구와 K읍을 지적해 보였다. S면지에서 모두 신작로로 통한 T항구는 삼십오리 K읍은 이십오리 거리였다. (144면) | K읍을 지적하면 우선 지도 위에서라도 지리정형을 인식시키기에 힘썼다. S면지서에서 북으로 T항구는 삼십오리 남으로 K읍은 이십오리 모두 외줄기 신작로에 달려 있었다. (90면) |
| 하늘에 드높게 뜬 구름만이 장밋빛 노을로 꽃피고 있을뿐 바다에서 산그늘 우으로 부러오는 바람은 샘물처럼 서늘하다.(153면) | 하늘에 드높게 뜬 구름만이 저녁놀을 받어 붉으레할뿐 바다에서 산그늘 위로 불어오는 바람은 이마가 선뜩거리게 차다.(104면) |

주지하듯이, 한반도에서 인민유격대, 해방군, 빨치산 등과 같은 비정규, 비합법적 투쟁이 본격화된 것은 1947년 10월 말 제2차 미소공동위원회가 결렬되고 조선 문제가 유엔에 상정되면서부터였다. 이때 남로당은 미국을 진보적 민주주의 세력에서 '제국주의' 세력으로 규정하고 남한만의 단독정부 수립을 제지하는 비정규, 비합법 투쟁을 전면적으로 실시할 것을 결정한다. 이에 따라 1948년 2월 7일 전국노동조합

평의회가 유엔조선위원단의 입국을 항의하는 총파업을 시작으로 5·10 남한 단독선거 반대투쟁을 남한 전 지역에서 전개한다.

「첫전투」는 그런 긴박한 현실을 배경으로 하지만,23) 첫 번째 예문에서 볼 수 있듯이, 그런 상황과는 어울리지 않는 섬세하고 감각적인 묘사를 곳곳에 배치하였다. "마루턱에 올라서는 것은 강물처럼 턱밑에 찰락거리는 안개바다에서 올려솟음이였다. 딴세상이라고 소리들을 질렀다. 안개는 골작이마다 차고 산등성이들은 대마루를 타고 양편으로 반간가시처럼 뻗어나갔다. 씻은듯한 애청하늘에 오월달 금빛태양은 참나무 박달나무 철쭉 드릅들의 연한 신록을 쓰다듬듯 고요히 나려 쪼이고 있었다."(141면)와 같은 진술은 과거 이태준 소설에서 자주 목격되었던 감각적 묘사들이다. 이태준은 '소설의 맛'은 문장에 있고 그것은 '묘사'를 통해서 가능하다고 했는데, 위 인용문에서 그런 사실을 새삼 확인할 수 있다. 그런데 개작본에서는 그런 구절을 수정하거나 삭제하였다. 첫 번째 예문은 유격전이라는 특수한 상황에 맞게 '소리'를 '햇볕'으로 바꾸고 모호하고 부정확한 문장을 논리적으로 조정했는데, 이는 과거 식민치하에서 이태준이 강조했던 퇴고의 원칙을 떠올리게 한다. 상황에 맞는 적합한 단어와 문장을 사용하라는 것. 비문을 바로잡고 부정확한 대목을 정확하게 바꾸고, 부자연스러운 문장을 자연스럽게 조정한 것이다.24)

그런데, 문제는 이런 외형이 아니라 작품 전반에서 목격되는 유격전에 대한 작가의 소극적이고 비관적인 시각이다. 상부의 지시를 현장 상황을 제대로 파악하지 못한 무리한 작전이라고 보는 점, 수류탄을

---

23) 배개화, 「이태준, 남로당 빨치산 문학의 기원」, 『국어국문학』(171), 국어국문학회, 2015.6, 475면.
24) 이태준, 「제5강 퇴고의 이론과 실제」, 『문장강화 외』, 소명출판, 2015)의 188-194면 참조.

던져도 모두 시효가 지나서 폭발하지 않는 장면 등 유격전에 대한 부정적 태도는 남한 단독정부의 수립을 제지해야 한다는 이른바 '국토완정론'의 입장에서 볼 때 결코 용납될 수 없는 대목들이다. 가령, 척후 정보도 없고 또 경험도 없는 유격대에게 S지서를 파괴하라는 상부의 명령은 현실성이 없는 무모한 지시이고, 특히 유격대원 한 사람도 희생시킬 수 없다는 입장에서는 자칫 큰 화를 초래할 수도 있는 무모한 행동이라는 것, 그래서 권판돌은 반발하지만, 개작본에서는 아래 예문처럼 상부의 지시를 곧바로 수용하는 것으로 조정된다. 권판돌은 상부에 대한 의심과 작전에 대한 불안을 철회하고, "북조선은 진실로 해방되었고 조선 인민의 조선으로 무한한 가능성에서 발전"하고 있다는 것을 상기하며 그것을 가로막고 있는 '핫지와 이승만'에 대한 적개심을 떠올리며 지시를 바로 실행하는 것으로 조정된다. 그리고 원본에서는 수류탄의 불발로 실패했던 작전이 개작본에서는 화염병의 투척으로 S지서가 불타는 것으로 조정된다.

| 『첫전투』(『문학예술』, 1948) | 『첫전투』(문화전선사, 1949) |
|---|---|
| 『그리게 동무들이 힘은 들겠지만 오늘로 여길 떠나도록 의논 합시다. 오늘밤으로 한 오륙심리 나려가 중간거점을 잡구 내일낮 하로 잠복해 쉬구 내일 초저녁에 턱밑에 가 붙었다가 자정 지내 나서면 이 지령대로 공작 못할 거야 없지 않소?』<br>『그건 무리 아닙니까? 척후정보도 없이 경험없는 우릴 나서란 말슴이지오? 우릴 눈 귀 다 막구 적에게 덤벼들란 말슴이나 마찬가지신데?』<br>『왜 정보가 없긴……』(147-8면) | 『그리게 동무들이 힘은 들겠지만 오늘로 여길 떠나도록 의논헙시다. 오늘밤으로 한 오륙십리 나려가 중간거점을 잡구 내일 낮 하로 잠복해 쉬구 내일 초저녁에 턱밑에 가 붙었다가 자정 지내 나서시오』<br>『좋습니다. 언제 어떤 데라도 지시대로 달게 나서겠습니다. 단지 어떻게 하면 성과 있는 공작을 할 수 있을가 그겁니다. 척후정보 없인 눈 귀 다 막고 적에게 덤벼드는 거나 마찬가지기 때문입니다』<br>『왜 정보가 없긴……』(96면) |

| | |
|---|---|
| 판돌은 고개를 푹 숙이였다. 해방 후에 길거리에서 싸고 질긴 바람에 사 입은, 벌서 도련은 실밥이 이는 군북자락을 앉은채 혁대 밑으로 팽팽히 잡아다리고 혁대도 한구멍 줄쿠어 졸랐다. 그리고 비슴듬이 박달나무 밑둥에 기대여 머리를 짓기고 눈을 감았다.<br>『그래도 불안하시오?』<br>판돌은 눈을 감은채 대답하지 않았다. 척후동무들을 기다려 그들의 정찰보고를 들은 다음에 그들을 앞세고 나가서도 지형조건을 내눈 내발로 충분히 익히여 어떤 경우에든지 행동에 임기응변할 자신이 서야만 동무들이 목숨을 맡기고 나서는 일을 앞장설 수 있는 것이였다. 아모리 지도부에서 책임지운 우리편 동무라 하드라도 처음 만나는 남의 말로만 내 아모런 눈짐작 없는 환경에 뛰어들어 철두철미 계획적인 행동이여야 할 기습전투를 해낼 수 있을 것인가? 판돌은 대답을 한다면 솔직히 「불안합니다」밖에 나올 수 없었다.(119-150면) | 판돌은 힘줄이 불근 솟는 이마를 푹 숙이였다. 해방 후에 길거리에서 싸고 질긴 바람에 사 입은 벌써 도련은 실밥이 이는 군복자락을 앉은체 혁대 밑으로 팽팽히 잡아다니고 혁대도 한구멍 줄쿠어 졸랐다. 감격에 사모친 가슴을 어찌해야 진정할지 몰라 비스듬이 박달나무 밑둥에 기대어 숙이었던 머리를 제끼고 눈을 감았다. (99-100면) |

    이런 대목이 삭제되고 동시에 이승만과 미군에 대한 강렬한 적개심과 김일성 장군의 항일유격대 투쟁이 제시되며 유격대의 승리를 확신하는 것으로 내용이 개작된다. 사실, 원본에서는 이승만과 미군에 대한 적개심이 그렇듯 강렬하게 표현되지는 않았다. 그런데 개작본에서는 이승만의 구체적인 비행이 열거되고 또 강한 적개심의 대상으로 그려진다. 남조선 인민들은 테러와 반동 경찰의 총검속으로 가시밭길

을 헤매고 있고, 이승만은 유권자의 90 몇 퍼센트가 5.10 단정 투표에 참가했다고 선전한다. 반면 북조선은 남조선과 달리 소련 군대가 들어와서 '착취 없는 노동제도'가 실현되어 "남의 땅 아닌 농사" 곧 자기 땅에서 농사를 지을 수 있게 되었다. 이를테면 "북조선은 진실로 해방되었고 조선은 무한한 가능성에서 발전하고 있"지만, 남조선은 이승만의 압제 속에서 신음·고통받고 있다. 그런 사실을 환기하면서 권판돌은 상부의 명령을 의심 없이 받아들이고, 엄청난 수의 일제 군대와 맞섰던 김일성의 유격대 투쟁을 모델처럼 떠올린다. 일제에 비하면 김일성 부대는 "별난 무기"를 가졌던 것도 아니고, 수적으로 맞설 수도 없는 상황이었음에도 불구하고 싸워 이겼듯이 유격대도 용기를 내서 싸워야 한다는 식으로 조정된 것이다.

| 『첫전투』(『문학예술』, 1948) | 『첫전투』(문화전선사, 1949) |
|---|---|
| (…) 잠간 숨을 돌리었다.<br>꽤 가파로운 비탈이면서도 쌓인 나무잎은 떡지가져 발등을 덮는다. (137면) | (…) 잠간 숨을 돌리었다.<br>판돌은 또 이마가 어찔하도록 전신에 피가 얼굴로 치달았다. 무기 없는 인민들은 테로와 반동경찰의 총검속을 맨발로 가시밭 헤치듯 하며 싸웠다. 향보단이 몇겹으로 둘러섰든, 미국제 탕크와 폭격기가 무슨 지랄을 부리든 놈들의 선거장 치고 파탄에 빠지지 않은 데가 없건만 놈들은 비윗살 좋게 유권자 九〇 몇 퍼센트 참가라 나팔을 분다. 고지들 올 놈이 어떤 놈이냐 싶으면서도 놈들의 유들유들한 비곗덩이를 생각할 때는 그만 못 먹을 것을 삼킨듯 목구멍이 뿌듯하도록 전신에 피가 곤두서는 것이다. 꽤 가파로운 비탈이면서도 쌓인 나무잎은 떡지가져 발등을 덮는다. (78-9면) |

| | |
|---|---|
| 쏘련군대가 드러온 북조선에는 착취없는 로동제도가 실현되었다! 남의 땅 아닌 농사들이 실현되었다! 북조선은 조선인민의 조선으로 발전하며 있지 않은가? 판돌은 이마를 깊이 찡그렸다가 눈을 뜨고 몸을 바로 세우며 앉았다. 담배를 꺼냈다. 지도부동무가 성냥을 그어주는 대로 숙여대이고 뻑뻑 빨았다. (150-1면) | 쏘련군대가 들어온 북조선에는 그 착취없는 로동제도가 실현되었다! 거기는 남의 땅 아닌 농사들이 실현되었다! 북조선은 진실로 해방되었고 조선인민의 조선으로 무한한 가능성에서 발전하며 있지 않은가? 어재 한 조선 안에 이런 두 현실이 나타나는가? 핫지야? 리승만아? 네놈들의 가슴패기는 오늘 우리 앞에 얼마나 대문짝처럼 넓은 과녁판이냐! 판돌은 부드득 이가 갈리는 입에 담배를 꺼내 물었다. 지도부동무가 성냥을 그어주는 대로 뻑뻑 빨았다. (100-1면) |
| 『 (…) 유격전에서 무력계산부터 따지는 건 벌써 용긔가 줄어진 표밖에 아무것도 아니오. 어쨌든 용긔를 냅시다. 그깟놈들 이삼십명이나 기관총 한두대가 뭐 말러빠진 거요? 동무들 일본군대를 몇백배 몇천배를 상대해 싸운 김일성장군부대도 고작 오늘 우리가 찬 이 싸-총 한자루씩이 드랫소? 유격전의 영예는 소쑤로 다대수를 해내는데 있는 것 아니오?』<br>『옳습니다!』<br>황동무 혼자의 대답이나 여러동무들의 열기 띤 눈이 이를 함께 호응하였다.(101면) | 『 (…) 유격전에서 무력계산부터 따지는 건 벌써 용기가 줄어진 표바께 아무것도 아니오. 겁나는 동무는 우리헌테 짐바께 될것 없소. 아모리 솟수라도 좋으니 짐은 차라리 여기서 떨어져 주시오. 차라리 그게 우릴 돕는 거요. 동무들? 우린 무슨 축구시합을 나선 게 아니오. 생각해 보란 말이오. 한때 일제군대는 얼마나 많었구 얼마나 꽝장한 무장이드랫소? 김일성장군부대는 그놈들과 사람수가 맞어서 싸웠소? 무슨 별란 무기를 가져서 싸웠소? 그분들도 지금 우리처럼 고작 가진 것이 이 싸창 한자루씩이드랫소. 어쨋든 용기를 냅시다. 그깟놈들이 삼십명이나 기관총 한두대가 뭐 말러빠진 거요?』<br>『그렇소!』<br>황동무 혼자의 대답이나 여러동무들의 열기 띤 눈이 이를 함께 호응하였다.(117면) |

이런 조정으로 인해 작품은 유격 전술에 대한 믿음과 함께 승리에 대한 의지를 한층 더 강하게 보여준다. 원본에서는 미미한 형태로 제시되었던 인민의 존재가 개작본에서 반동 인물을 과감하게 처단하는 적극적인 형상으로 그려지는데 이 또한 그런 조정의 결과물이다. 인민들을 들볶아 괴롭혔던 정운조는 해방이 된 뒤에는 반탁운동과 모스크바 삼상 결정의 지지에 앞장서 민족과 국토를 분열시켜 미제에 팔아먹는 앞잡이로 그려져서 성토된다. 과거 인민들은 일제의 '혹심한 탄압으로 함구되어 말 한마디 제대로 못'했지만, 이제는 반동분자에 대한 성토를 "무데기로 쏟아"내며, 그런 원성을 근거로 정운조는 인민들의 엄숙한 처단을 받는다.

원본의 자연스러운 흐름을 작위적으로 조정한 이런 식의 개작은 이전의 이태준 소설에서는 볼 수 없었던 장면이다. 이런 개작은 1949년 당시의 정세와 연결지어 이해할 수밖에 없다. 곧, 1949년 6월 2일부터 7일 동안 평양에서는 북조선민전과 남조선민전의 통합대회가 열려 '조국통일민주주의전선'이 결성되었다. 조국통일민주주의전선의 출범 이후 북한은 남한에서 본격화된 인민유격대의 투쟁을 통일혁명의 주요 역량으로 간주하는 분위기가 형성되기 시작했다. "미제국주의자들과 리승만매국역도들을 반대하는 투쟁을 일층 맹렬히 전개함으로써 국토완정과 조국통일을 급속히 실현시키기 위한 숭고한 투쟁임무"에 민주역량을 집중해야 한다는[25] 이른바 국토완정론이 제기된 것이다. 거기에 이태준은 북조선문학예술총동맹 대표로 참석해서 '현하 국내의 정치정세와 우리의 임무에 대한 토론'을 벌였다.[26] 말하자면 이태준은 북한에서 인민민주주의 국가가 순조롭게 수립될 수

---

[25] 「김일성장군의 신년사」, 『문학예술』, 문화전선사, 1950.1, 3-4면.
[26] 배개화, 앞의 논문 263면.

있도록 조선로동당의 전선선동정책에 적극 앞장서고 있었다. 그런 관계로 당대 현안을 적극적으로 선전하게 되는데,「첫전투」의 개작은 그런 활동과 무관하지 않은 셈이다. 작품에서 이승만이 가차 없이 비판되고 김일성 유격부대가 투쟁의 모델로 제시된 것은 그런 맥락이다. 그렇다면「첫전투」는 남북한 단독정부가 수립되어야 할 절체절명의 시기에 문학자들에게 요구되었던 국토완정론의 임무를 적극적으로 수행한 작품이 되는 것이다.

## 6. 정치 활동과 창작

북한에서 문학에 대한 통제가 본격화된 것은 1946년 12월의 소위 '응향 사건' 이후부터이다.27) 북한 권력이 김일성을 중심으로 재편된 상황에서 문학 작품 역시 체계적으로 통제·관리되어야 한다는 의도에서 『응향』이 평가되고, 그것이 고착되면서 북한 문학 전반을 지배하게 된 것이다. 문학예술에서 당적 영도가 보장되어야 한다는 원칙에서 창작의 내용과 방법이 규정되고 그 결과물을 검열하며 작가 예술인들을 육성·관리하는 체계적 방법이 수립된 것이다.28) 1946년 이후 이태준의 창작과 개작은 이와 같은 당의 정책을 수용하고 과거 부르주아적 문학관을 부정하는 과정으로 정리할 수 있다.

이태준은 추상과 관념보다는 사실에 근거한 작품을 창작했고, 그것도 자기식의 개성적 표현으로 제시하였다. 진보적 리얼리즘, 그리고 해방기 북한 문단의 중요 창작방법론이었던 고상한 리얼리즘은 그와는 달리 당의 이념과 정책을 전달하는 선전과 계몽의 문학이고, 게다

---

27) 오태호의「'『응향』결정서'를 둘러싼 해방기 문단의 인식론적 차이 연구」(2011)와 유임하의 「월북 이후 이태준 문학과 '48년 질서'」(2013) 참조.
28) 신형기, 『북한소설의 이해』, 실천문학사, 1996, 11-14면.

가 수시로 변하는 정책을 반영해야 하는 시의적 문학론이었다. 해방 직후의 인민민주주론에서 1949년 이후의 '국토완정론'으로 정책의 변화는 창작의 준거를 새롭게 조정하도록 작가들에게 요구했는데, 그런 정책 변화에 따른 요구가 작품의 조정과 보완으로 나타난 것이다. '응향' 사건 이전에 창작된 「해방전후」는 이태준이 기존의 방식대로 주관적인 느낌과 견해를 제시한 것이었다면, 1949년의 개작은 당(黨) 정책을 수용한 조정의 결과물이다. 1948년 9월에 탈고된 「첫전투」는 당의 정책을 반영했지만 한편으로는 1949년 초에 제기된 국토완정론이라는 새로운 정책을 제대로 수용하지 못했던 까닭에 개작본에서는 이승만 정권을 타도하기 위해 김일성의 유격대 투쟁을 모델로 한 기습 작전을 성공시키는 것으로 조정한 것이다.

개작된 작품에서는 이태준의 고유한 특성이라 할 수 있는 개성적인 표현과 심미성은 사라지고 대신 당정책에 대한 선전과 계몽이 작품의 중심을 차지한다. 이들 작품에서는 더 이상 자신의 신념과 북한의 정책에 대한 회의를 찾을 수 없다. 사회주의를 향한 투철한 믿음과 그것을 가로막는 현실적 장애물에 대한 공격과 선전이 작품의 중심을 이룬다. 이태준은 스스로 당의 기사가 되었고, 당의 정책을 '진실되고 본질적으로' 그리고자 하였다. 응향 사건 이후 간행된 북한의 문학 작품은 거의 대부분이 그런 모습을 갖는데, 이태준의 개작은 그런 흐름에 상응하는 것으로, 개인적 특성의 소거와 당정책의 수용 과정으로 정리할 수 있다. 그리고 그것은 한편으로 '이태준'이라는 고유 명사의 소멸이고 동시에 당의 선전 일꾼의 탄생이다.

물론 예민한 감각과 자의식을 소유한 작가였기에 이태준이 당정책과 이념적 현실을 단순히 재생산하고 선전한 것은 아니다. 여러 연구자들이 지적했듯이, 「첫전투」 초간본이라든가 「먼지」 등에서는 당의 정책에 위배되는 내용들이 들어 있고 때로는 정책에 반발하는 듯한 모습도 나타난다. 그것은 그동안 완강하게 고수했던 정체성을 해체하고 새롭게 정체성을 주조하는, 스스로 겪을 수밖에 없는 진통으로 이해할 수도 있다. 그것이 후일 숙청의 빌미가 되지만, 흥미롭게도 바로 그런 점이 형성기 북한 문학의 특성을 상징적으로 보여준다. 『사상의 월야』가 다시 호출되고, 「해방 전후」와 「첫전투」가 다시 쓰여진 것은 과거 부르주아 문학에 대한 의도적인 부정이자 동시에 새로운 문학장으로의 편입이라는 통과의례이기도 하다. 개작 이후의 문학은 그런 북한 문학의 초기 과정을 상징적으로 보여주는 것이다.

## 제2장

# 심리적 강박과 탈출의 글쓰기

✣

## 황순원 『움직이는 성』의 개작을 중심으로

### 1. 개작과 문학적 진실

 식민지 시대와 분단을 가로지른 황순원(1915~2000) 문학의 행로는 그 자체가 우리문학사의 굴곡진 역사와 맞먹는다. 황순원은 한국문학의 번성기였던 1930년대 문학의 세례를 직접적으로 받으면서 작품활동을 시작했고 이후 해방과 분단의 파고를 온몸으로 헤치면서 작가의 길을 걸었다. 그는 문체와 서정성을 앞세워 작가적 양심을 포기하지 않았고 억압적 현실과 타협해서 영일을 도모하는 통속의 길을 걷지도 않았다. 일제의 탄압이 심해지자 낙향하여 고향에 칩거했고, 북한에 사회주의 정권이 들어서자 고향(평남 대동)을 등지고 남행길에 올랐다. 황순원은 좌파의 주장에 일정 정도 공감하면서도 좌편향의 관념론에 빠지지 않고 오히려 민족의 실제 현실에 충실한 중도의 길을 걸었으며, 특히 체험에 바탕을 둔 실존적 감각으로 현실을 포착하고 작품화하는 역량을 보여주었다. 해방 이후 '국어' 교과서나 각종 문학선집에 황순원 소설들이 다투어 수록되고, 또 황순원에 관한 많은 논문들이 쏟아져 나온 것은 그런 작가로서 받을 수 있는 온당한 조명이라 할 수 있다. 황순원은 간결하고 세련된 문장, 소설 미학의 전범을 보여주는 다양한 기법, 소박하면서도 치열한 휴머니즘, 한국인의 전통적 삶에 대한 애정 등을 고루 갖춘 작가로 평가되었고, 그의 소설이 보여주는 서정적 아름다움은 소설 문학이 추구할 수 있는 예술적 성과의 한 극치로 인식되어 왔다.1)

이 글은 기왕의 평가를 인정하면서 한편으론 그러한 평가가 황순원 문학을 협애(狹隘)화시키지는 않았는가 하는 의문에서 출발한다. 그것은 기존의 논의가 대부분 황순원의 '전집'을 텍스트로 한 것이라는 사실을 전제한다. 황순원은 작품을 발표한 뒤 그것을 몇 번이고 고치는 개필(改筆)의 수고를 아끼지 않았다. 그런데 그의 개작은 단순히 문법적인 것이 아니라 서사 내용과 주제까지 조정하는 전면적인 것이라는 데 유의할 필요가 있다.

황순원은 개작을 화가의 '개칠(改漆)'에 비유한다. 가령, 프랑스 화가 '루오'는 그림 한 폭을 놓고 개칠에 개칠을 하고, 깎아냈다가 또 깎아내는 식의 작업을 한없이 되풀이 하다가 끝내 마음에 들지 않으면 마지막에는 부숴버렸다. 그렇게 해서 완성된 작품은 숭고함까지 발산한다는 것.

「부끄러운 일입니다만 저도 한 댓번 고쳐 쓰는 셈이지요. 초고는 원고지 뒷장에다 쓰고, 이것을 두어번 고쳐가지고 원고지 앞면의 칸에다가 띄어쓰기로 옮겨 놓습니다. 그것을 또 두어번 손질을 하니, 제 원고는 부끄러워서 남에게 뵐 수 없을 정도로 지저분합니다. (…)」 (…중략…) 「(…) 잡지에 발표할 때에는 초고요, 이것을 단행본으로 발간할 때 수정을 가하면 재고라고 불러둘까요. 그리고 전집에 수록할 때 마지막 손질을 하여 결정판을 만드는 심정이라고 하면 그 질문에 대한 답이 될는지 모르겠습니다. (…) 작가란

---

1) 황순원에 대한 연구로는 『황순원전집12』에 수록된 오생근, 김병익 등의 글과 김종회 편의 『황순원』(1998), 임진영(1998), 박용규(2005)의 논문 등을 참조하였다.

그 자신이 찾고자 하는 진실이라고 할까, 그 무엇이라고 할까를 그 자신이 살아 있는 동안 추구해 나가야 할 줄로 압니다. 살아 있는 동안 자기 작품을 고칠 수 있다고 생각해요. 그 개필의 과정을 전집으로 매듭짓자는 것이 저로 하여금 전집 간행을 서두르게 했을 따름입니다.」2)

이 끊임없는 개작의 과정에서 황순원은 전집본을 '결정판'으로 명명하였고, 기존의 논자들은 이를 텍스트로 해서 황순원의 문학적 자의식과 예인 정신을 읽어내고 높은 평가를 아끼지 않았다.

그러나 이와 같은 독법은 어쩌면 작가가 '보여주고 싶은 것'만을 비판 없이 수용한 태도일 수 있다. 황순원은 자신이 "버린 작품들을 이후에 어느 호사가가 있어 발굴이라는 명목으로든 뭐로든 끄집어내지 말기를 바란다."3)는 단호한 태도를 보이면서 '생존 작가로는 처음으로' 전집을 간행하였다. 황순원은 그 전집을 '결정판'이라고 명명했는데, 이는 한편으로 작가가 자기동일성을 위해서 의도에 부합하는 것만을 정화하고 제거한, 배제의 산물이다. 하지만 그 과정에서 배제되고 버려진 것들도 사실은 부정할 수 없는 작가의 일부이다. 황순원이 배제했던 수많은 단어와 문장과 인물과 사건들은 다름 아닌 황순원(혹은 황순원 문학)의 실체를 구성하는 중요한 요소들이다. 전집(全集) 또한 원작이 발표되고 상당한 시일이 지난 뒤에 개작한 작품을 묶어놓은 것이라는 점에서 전집을 간행한 시점의 문학관과 세계관을 반영한 것이라는 사실도 유의할 필요가 있다. 10년 전의 작품을 개작했다는 것은 큰 틀에서는 변화가 없더라도 개작 당시의 시각과 느낌으로 인해 결코 원작과 동일할 수 없는 것이다.

---

2) 「황순원・심연섭 대담」, 『신동아』, 1966.3, 176-7면.
3) 황순원, 「말과 삶과 자유」, 『황순원전집11』, 문학과지성사, 1993, 193면.

더구나 황순원의 개작에는, 한 연구자가 실증적으로 밝혀 놓았듯이, 이데올로기적 억압에 의한 심리적 강박이라는 외적 요인이 중요하게 작용한다.4) 그런 사실은 여러 작품에서 나타나는데, 특히 1964년의 1차 전집5)에서 두드러진다. 해방 후 황순원은 진보적 자유주의자 혹은 중도 좌파적 성향을 보였고 그것이 국민보도연맹(國民保導聯盟)에 가입하는 계기가 되었는데, 이후 작품에서는 반공주의에 순응하는 태도를 보여주었다. 「산」의 원본, 『카인의 후예』 개작에서는 반공주의에 순응하는 작가의 모습을 볼 수 있다. 그런데, 이런 모습은 1964년의 전집에 오면 변화를 보여서 반공주의적 경향이 사라지고 좌파적 태도에 대해서도 유보적인 입장을 드러낸다. 이후 황순원은 사회 비판적인 내용의 작품들을 꾸준히 발표하지만 한편으로는 현실의 변화에 민감하게 반응하는 모습을 보여주었다. 여기서 작가에게 큰 영향을 준 외적 요인은 8.15해방, 보도연맹 가입과 6.25 전쟁, 1972년의 10월 유신 등이다. 말하자면 황순원의 개작은 작가 개인의 예인 기질에 따른 것과 함께 당대 현실에 대한 인식과 태도와 긴밀하게 연동되어 있다.6)

　그런 사실을 인정한다면 작품에 대한 평가 역시 새롭게 이루어질 필요가 있다. 황순원을 온당하게 이해하기 위해서는 여러 요소들이 복잡하게 얽혀 있는 원본과 개작본을 동시에 살피지 않을 수 없다. 여기서 주목하는 것은 황순원의 작품 세계가 완숙의 경지에 이른 후기

---

4) 황순원의 개작에 대해서는 박용규의 「황순원 소설의 개작과정 연구」를 참조하였다. 이 논문은 황순원 연구의 소중한 성과이지만, 안타깝게도 이후 연구들은 대부분 이 논문의 문제의식을 이어받지 못하였다.
5) 『황순원 전집』(6권), 창우사, 1964.
6) 그런 사실은 『카인의 후예』에서 주인공 훈의 비판의식이 강화되는 방향의 개작을 통해서 드러난다. 개작본에는 북한의 토지개혁에 대한 훈의 시각이 부정적으로 조정된다. 황순원의 월남과 국민보도연맹 가입, 그로 인한 트라우마는 노승욱의 「황순원 소설에 나타난 디아스포라의 지향도」를, 반공주의에 따른 심리적 위축은 김주현의 「'카인의 후예'의 개작과 반공이데올로기의 문제」를 참조하였다.

를 대표하는 장편 『움직이는 성(城)』이다. 작가가 가장 애착을 보인 작품으로, 한국인의 '가슴 밑바닥에 자리 잡은 유랑민 근성'을 그렸다고7) 평가되는 이 작품은 황순원이 54세 되던 1968년 5월부터 『현대문학』지에 연재되기 시작했다. 그해 10월까지 6회가 연재되었고, 다음 해인 1969년부터 1972년까지 5년간 모두 5번에 걸쳐 분재되었다. 그리고 연재가 끝난 다음 해인 1973년 5월에 삼중당에서 단행본으로 간행된 뒤 그해 12월에 『황순원문학전집』(삼중당)으로 묶였고, 1980년과 1989년(재판)에 부분적인 개필을 거친 뒤 문학과지성사의 3차 전집에 수록되었다. 여기서 대폭적인 개작이 이루어진 것은 1973년의 삼중당 간행의 단행본이다.8) 작품이 간행된 1973년은 유신체제가 공포된 다음 해로, 박정희 정권의 독재가 본격화되면서 사회 전반이 반공주의로 동토화되던 때였다. 단행본에는 그런 상황적 요인에 의한 개작이 상당 부분 목격된다.

여기서는 이 단행본을 참조하면서 잡지 연재본(이하 원본)과 작가가 결정본이라고 명명한 1989년의 『황순원 문학전집』 수록본(이하 전집본)을 비교해 볼 것이다.9) 이들 두 텍스트를 비교 검토하면서 개작의 양상을 살피고, 나아가 해석과 평가의 문제를 고찰해보고자 한다.

---

7) 황순원, 「유랑민 근성과 시적 근원」, 『문학사상』, 문학사상사, 1972.11, 318면.
8) 삼중당 간행의 『움직이는 성』과 문학과지성사의 『무너지는 성』(전집9)을 비교하면 개작이 거의 없는 것을 볼 수 있다. '떠어진다'(삼중당 68면)를 '띄워진다'(전집 80면)로, '엔지이(N.G)'(삼중당 219면)를 'N.G'(전집 251면)로, '은희는 보우에 다시 손을 대보고 거울 속에 전신을 담는다.'(삼중당 224면)를 '은희는 거울 속에 전신을 담는다.'(전집 256면)로 고치는 등의 부분적인 개작만을 볼 수 있다.
9) 본고에서 검토한 『움직이는 성』의 판본은 다음과 같다.
원본 ; 『현대문학』 1968년 5월~10월(6회) / 1969년 7월~9월(3회) / 1970년 5월~6월(2회) / 1971년 3월~6월(4회) / 1972년 4월~10월(7회)
단행본 ; 『움직이는 성』(삼중당, 1973.5) / 『움직이는 성』(전집1권)(삼중당, 1973)
전집본 ; 『움직이는 성』(전집9권)(문학과지성사, 1980 초판, 1989 재판)

## 2. 개작의 양상 ; 산문의 세계와 시적 지향성

『움직이는 성』은 사회적으로 소외된 가난한 사람들의 삶을 배경으로 샤머니즘과 기독교의 갈등, 그리고 정착하지 못하고 방황하는 사람들의 비극적 사랑과 구원의 문제를 다룬 작품이다.10) 세련된 문장과 치밀한 구성을 바탕으로 하는 전집본에 비하자면 원본은 상대적으로 거칠고 산만스럽다. 인물에 대한 섬세하고도 사실적인 묘사와 함께 사회 비판적인 내용들이 작품 전반에 배치되고 또 곳곳에 다양한 차원의 에피소드들이 삽입되어 전집본과는 사뭇 다른 느낌이다. 가령, 목화 인공교배 장면이라든가 자코메티의 조각 '광장', 그류네발트의 '십자가에 못 박힌 예수', 여러 무속 행위와 무당들의 무가, 준태의 천식, 민구와 박수 변씨의 동성애, 매사냥, 창조주의 눈 등의 삽화는 작품의 의미를 한층 복잡하게 만든다. 원본은 가공이 덜 된 원석(原石)과도 같다고나 할까. 그렇지만 소설은 현실을 반영하는 양식이라는 사실에 비추자면, 전집본보다는 원본이 한층 더 충실하고 다양하게 현실을 담아내고 있는 것을 볼 수 있다.

원본에는 우선 지명이라든가 사물의 이름이 실제 그대로 표기되어 있다. 전집본에서 '담배'로 표기된 것이 원본에서는 '신탄진 담배'로 되어 있고, '시장'으로 추상화된 공간이 '남대문시장'으로, '포목상'도 '수원 포목상'으로, '공중전화'가 '새마을 공중전화'로, '고산지대'는 '강원도 대관령'으로 구체적인 이름을 갖고 있다. 또 '잿빛 코끼리 애드발룬'이 떠 있는 교정에서 대학생들이 '라디오 레시버'를 꽂고 음악을 들으며 거니는 모습이나 민구가 무가를 채록하면서 채록자 이름과 장소와 방법 등에 대한 상세한 정보와 민속학 강의시간에 무가를 들려

---

10) 『움직이는 성』에 대한 연구로는 다음을 참조할 수 있다. 고진하(1986), 장현숙(2005), 허명숙(1996), 김혜영(1995), 정영훈(2007) 등.

주고 설명하는 대목 등을 삭제한 것도 중요한 변화이다. 더구나 원본에는 작품이 발표된 1968년~1972년까지의 세태와 풍속이 비교적 충실하게 제시되지만, 전집본에서는 그것이 대부분 삭제된다. 남쪽 지방에 가뭄이 들어 고통 받는 장면라든가 서울 동북방의 '새마을'로 집단 이주한 한강변 수재민들의 비참한 생활상, 가난한 동네에 무당과 점집이 늘어나는 현상을 자료를 통해 설명하는 대목, 세금 때문에 살기 힘들다고 아우성치는 서민들의 모습 등은 마치 신문 기사와도 같은 리얼리티를 보여주지만, 개작본에서는 모두 사라진다. 이러한 개작은 작품의 초점을 보다 명확히 하려는 의도로 이해할 수 있지만, 한편으로는 박용규의 지적처럼 1972년 후반의 유신체제의 출범과 그에 따른 작가의 심리적 위축에서 원인을 찾을 수 있다. 박정희 독재가 본격화되고 반공주의적 기율이 강화되는 현실에서 황순원은 과거의 상처를 떠올리고 사회와 현실 비판적인 내용들을 축소하거나 삭제한 것이다.11) 이런 사실은 박완서와 이호철, 홍성원 등의 작가들에게서도 두루 목격되는 당대의 비극적 일면이었다.

이와 함께 무엇보다 큰 변화를 보이는 것은 샤머니즘(shamanism)을 대폭 삭제하거나 축소한 점이다. 전집본에 비해 원본이 다른 소설이라는 느낌을 주는 것은 그런 사실과 관계되거니와, 그것이 특히 심하게 나타나는 곳은 작품의 Ⅰ~Ⅱ부이다. Ⅰ~Ⅱ부는 원본의 1/4 가량을 삭제할 정도로 과감한 개작을 보이는데, 문장을 바로잡거나 장면의 배치 순서를 조정하는데 그친 Ⅲ~Ⅳ부에 비하자면 매우 이례적이다. 이는 단행본을 간행하는 과정에서 5년 가까이 된 Ⅰ~Ⅱ부를 상대적으로 많이 손 본 때문으로도 보이지만, 근본적으로는 작가의 의도가

---

11) 앞의 박용규 논문, 201면.

변화·조정된 데 원인이 있다. 무속의 세계를 삭제함으로써 작품의 초점은 목회자인 성호에게 모아지고, 주제 역시 그를 통한 바람직한 신앙생활의 모색으로 조정된다.12)

전집본에서 삭제된 샤머니즘에 관한 항목을 정리해 보면 개작의 정도가 어떠한가를 실감할 수 있다.

① 밀양에서 가뭄이 들자 분묘를 파헤치고, 군수가 나서서 기우제를 지내는 등의 일화. (Ⅰ-1장, 17-8면)
② 명숙의 옆방에서 들리는 이야기. 죽은 시누이의 저주로 아들만 낳으면 죽는 여인(올케)이 방울무당을 찾고, 부적을 받아서 붙이자 시누이 귀신이 사라졌다는 일화. (Ⅰ-1장, 22-23면)
③ 무당 변씨가 춤을 추면서 '창부거리'의 '공수풀이'를 하는 장면과 무가. (Ⅰ-1장, 29면)
④ 민구가 민속학 강의시간에 강릉 39세 무녀로부터 채록한 '시준굿'을 들려주고 설명하는 장면. (Ⅱ장, 199-203면)
⑤ 춘천의 두 무녀가 동성애자로 살면서 남편 무녀가 아내 무녀를 지독히 감시하지만 아내는 그것을 팔자소관으로 여기고 살아간다는 이야기. (Ⅲ-2부, 284-5면)
⑥ 니체가 말하는 '광인'은 투시력을 갖고 있는 샤먼이라는 이야기. (Ⅲ-2부, 288면)
⑦ 민구가 강화읍 당집에서 무신도(임경업장군도, 서낭신도, 삼불제석도)를 훔치는 장면. (Ⅳ, 242-4, 248-9면)
⑧ 임경업 장군신에 대한 설명. 고기를 많이 잡게 해주는 풍어의 신이기 때문에 내륙이 아닌 해변가에서 모신다는 내용. (Ⅴ-1장, 30면)

---

12) 물론 이런 개작에는 작가의 기독교관의 변화가 중요하게 작용한다. 이 시기를 전후로 해서 작가는 현실 생활 속에서 신도들의 삶의 문제를 매개로 한 신앙을 강조하다가 내세 중심, 성령 중심으로 점차 변모한 것을 알 수 있다. 박용규의 논문 191-193면 참조.

⑨ 김씨 아주머니가 해상여귀풀이를 하는 장면. (Ⅵ장, 175-6면)
⑩ 세 청년에게 겁탈당한 뒤 집을 나간 처녀를 마귀에 씌었다고 말하는 할머니의 이야기. (Ⅱ-Ⅰ장, 29-30면)(1969.7)
⑪ 작두무당이 신명이 들어 작두를 타고 춤을 추는 장면과 무가. (Ⅱ-Ⅱ장, 194-8면)(1969.8)
⑫ 민구가 변씨 집에서 함경도 우구굿을 들으러 가면서, 경상도와 전라도, 서울의 오구굿을 비교하는 장면. (Ⅲ부 Ⅱ장, 293-4면)
⑬ 노파가 구송하는 함경도 오구굿 가사. (Ⅲ부 Ⅲ장, 17-8면)
⑭ 민구가 강의를 끝낸 뒤 국어학 전공 교수와 '오구굿'의 어원을 풀이하는 장면. (3부 1장, 22-3면)
⑮ 민구가 변씨와 어울려 '대감거리'를 실습하면서 춤을 추는 장면과 무가. (3장 2부, 244-5면)

이런 삽화들로 인해 원본은 마치 무속에 관한 탐구 보고서라 해도 과언이 아닐 정도의 모습을 보여준다. 작품 전반에 걸쳐 소개된 무속에 관한 이들 일화를 살펴보면, 황순원이 '지칠 줄 모르는 얘기의 채집가'[13]라는 것을 새삼 알 수 있다.

원본은 이런 샤먼의 세계가 작품의 중요한 축을 구성한다. 원본은 크게 두 개의 축으로 되어 있다. 하나는 민구를 중심으로 한 무속의 세계이고, 다른 하나는 교역자인 성호를 중심으로 한 기독교의 세계이다. 전자를 통해 전국 곳곳에 산재한 무속의 양상과 의미, 그것과 밀착된 서민들의 생활상이 펼쳐지고, 후자를 통해서는 그런 현실에서 바람직한 신앙(혹은 삶)의 모습이 어떠해야 하는가가 탐구된다.

---

[13] 유종호, 「겨레의 기억」, 『황순원』, 1998, 126면.

인물의 성격을 조정해서 주제를 선명하게 드러내고자 한 것도 전집본의 중요한 특징이다. 대표적인 인물이 창애와 지연이다. 원본에서 창애는 염치를 가리지 않고 남편에게 돈을 요구하고, 사교 클럽이나 다름없는 다방에 출입하면서 여러 남자들과 어울린다. 심지어 내연남과 법주사에서 데이트를 즐기고 그 증거물과도 같은 그림엽서를 남편에게 건네면서 그것이 어디서 났느냐고 물어주기를 기대한다. 이를테면 씀씀이가 헤프고 행동이 분방하고 위악적인 성격의 인물이 창애였다. 그런데 전집본에서는 그런 대목들이 대폭 삭제되고 대신 무심한 남편과의 형식적인 부부관계를 청산하고 자기만의 일을 갖고자 하는 자의식 강한 인물로 나타난다. 창애와 헤어진 뒤 준태가 만나는 지연의 모습도 창애와 크게 다르지 않다. 원본에서는 준태를 향한 마음의 추이가 꿈이나 회상의 형태로 제시되어 두 사람의 관계가 자연스러운 것으로 나타난다. 지연은 꿈에서 붕어가 물웅덩이에서 허우적거리면서 애원하는 듯한 모습을 보고, 다음날 준태와 함께 찾은 박물관 연못에서 잉어와 금잉어들이 엉겨 다니는 모습을 목격하며, 또 전시실로 들어가서는 물고기 무늬가 음각으로 새겨진 접시를 발견한다. 그리고 헤어지면서 준태의 '티없는 밝은 웃음'을 발견하고는 기분이 상기된다. 이런 삽화들로 인해 준태를 향한 지연의 사랑은 자연스러운 것으로 현실성을 부여받지만, 전집본에서는 그런 대목들이 삭제되거나 축소되어 두 사람의 사랑이 잠시 스쳐가는 운명인 듯이 제시되고 지연의 성격 역시 단순화되어 나타난다. 걸이와 섭이의 행동 역시 축소되어 제시된다. 젊은 남녀가 산속으로 들어가자 그들 옆으로 다가가서 소리를 지르면서 돈을 요구하는 걸이와 섭이의 악동적인 모습이나(제Ⅴ장, 1968.9, 24-27면) 평이가 수수께끼를 내고 걸이가 맞히는 놀이 장면,(제Ⅱ부1장, 1969.7,21-2면) 걸이가 여자애의 몸을 만지면서 희롱하는 장면(제Ⅱ부1장, 1969.7, 27면) 등이 삭제되어 이들의 행위 역시 단조롭고 밋밋하게 축소된다.

　김병익은 황순원이 현실과 역사를 내면화해서 제시하고 그래서 외견상으로는 그것이 잘 드러나지 않는다고 했는데,14) 이는 한편으로는 원본과 개작본의 차이를 시사하는 말로 받아들일 수 있다. 원본에서 구체적 형태로 제시된 사회와 역사 현실에 대한 삽화들이 축소되거나 삭제됨으로써 전집본에서는 그것이 암시적이거나 추상화된 상태로 드러나는 까닭이다. 황순원이 시를 쓰듯이 소설을 쓴다고 했던 것은 이런 사실과 관계된다. 시란 감성이고 이미지에 기반한다. 전집본은 일상의 구체적 장면들을 제거하고 대신 추상화된 장면과 장면을 빠르게 병치한다. 간결하고 정확한 문장과 영화와도 같은 장면, 상징적인 삽화 등으로 인해 작품은 마치 파노라마와도 같은 느낌이다. 전집본에서 자코메티의 조각〈광장〉이 강렬하게 다가오는 것은 그런 장면의 병치와 무관하지 않을 것이다. 이런 개작으로 인해 전집본은 원본과는 달리 추상적이고 무시간적인 특성을 보이며, 인물들의 행적 역시 상대적으로 돋보이는 것이다.

## 3. 원본 ; 무속의 현실과 정착의 논리

　원본 『움직이는 성』에는 무속이나 현실 비판적인 내용이 작품 전반에 산재되어 있다. 무속 연구가 민구와 그의 조력자인 무당 변씨를 중심으로 펼쳐지는 무속의 세계는 기독교인이나 일반 서민들, 심지어 군수나 시장과 같은 관료들 할 것 없이 모두의 삶을 지배한다. 민구와 성호, 준태, 지연 등은 각기 자신의 길을 가지만 어떤 식으로든 무속과

---
14) 김병익, 「순수문학과 그 역사성」, 『황순원 연구』(전집12), 25-6면.

긴밀히 연결되어 있고, 그래서 무속은 이들에게 생활과 실존의 배경으로 나타난다.

여기서 서사를 이끄는 인물은 민구이다. Ⅱ~Ⅳ부가 세 주인공인 민구와 준태와 성호를 고르게 서술하는 병렬식 구성이라면, Ⅰ부는 민구를 중심으로 한 서사라 해도 과언이 아닐 정도로 그의 비중이 크다. 민구는 처음에는 민요를 수집했으나 점차 무속에 심취되어 이제는 무속 연구가 '정도'가 되었다. '철저히 연구하려면 그 속에 빠져야 한다'는 생각에서 민구는 전국을 누비고 자료를 수집하며, 심한 경우 신당에 몰래 숨어들어 무신도(巫神圖)를 훔치기도 한다. 이 과정에서 그는 박수 변씨와 동성애 관계에 빠져드는데, 이는 샤머니즘의 신이(神異)함을 보여주는 것이면서 동시에 그것과 일체화된 민구의 삶을 표상한다. 민구는 샤먼의 세계를 소개하고 인도하는 이른바 '영혼을 안내하는 주술사'(psychopomp)인 셈이다.

민구를 중심으로 소개된 무속 관련 삽화들은 매우 신비롭고 다양하게 제시된다. 밀양에서 행해진 기우제와 분묘를 파헤치는 무속에서부터 방울무당 이야기, 강릉 시준굿, 춘천의 동성애자 무녀의 생활, 강화 당집의 무신도, 해안가의 임경업 장군무, 해상 여귀풀이, 함경도 오구굿, 경상도와 전라도와 서울 오구굿의 차이, 수원의 작두무당 등 전국 각지에 산재하는 무속들이 소개된다. 그리고 무속의 내용도 다양해서 죽은 시누이의 저주로 아들만 낳으면 죽는다는 방울무당 이야기에서부터 당금아기가 스님과 동침해서 세쌍둥이를 낳았고, 이후 세 아들은 모두 신령이 되고 당금아기는 삼신할머니가 되었다는 이야기, 동성애를 꺼리면서도 한편으로는 그것을 팔자소관으로 받아들이고 즐기는 듯한 무녀 이야기, 임경업 장군을 풍어의 신이라고 하는 내력, 작두무당이 작두를 타고 신명에 사로잡혀 춤을 추는 장면 등 마치 설화집을 읽는 듯이 다양하고 흥미롭다.

그런데, 이들 무속은 박제화된 형태가 아니라 생활 속에 뿌리내린 살아 있는 신앙으로 제시된다는 점에서 독특하다. 과학의 시대라는 말이 무색할 정도로 무속은 사회 곳곳에서 퍼져 있다. 가뭄이 들면 군수가 진두 지휘를 해서 기우제를 올리고, 문명의 상징인 '지하도'를 파면서도 시장이 직접 나서서 고사를 지낸다. 유명한 무당에게 점을 보려면 새벽부터 번호를 타서 기다려야 하는 상황이 연출되지만 누구도 그것을 미개하다고 비난하지 않는다. 그것은 무속이 서민들의 염원을 반영한 형태로 유지되기 때문이다. 무당이 맨발로 작두를 타면서 "무엇에 홀린 듯" 내놓은 '공수'는 다름 아닌 서민들의 염원이다. "나무성 가진 사람을 조심하라, 동방을 삼가라"(『현대문학』, 1969.8, 194-6면) 등의 공수는 오늘날의 시각으로 보자면 한갓 미신으로밖에 보이지 않지만, 거기에는 서민들의 오랜 믿음과 원망(願望)이 투사되어 있다. 사람들은 삼라만상이 어떤 보이지 않는 초인적 힘에 의해 지배되고 운행되는 것으로 믿었고, 그 초인적인 힘을 인간의 편으로 유도·조작하여 닥쳐올 불행을 예방하고 평안을 유지할 수 있을 것으로 생각하는 것이다.

실제로 무속은 불교와 결합되면서 당대 민중들의 원망을 반영하는 형태로 널리 확산되었다. 당금아기 설화에서 알 수 있듯이, 시준굿 첫머리에 천신이 하강했다는 말이 나오지만 곧 자취를 감추고 대신 석가여래 이야기가 나오고 급기야 스님이 서천 서역국에 등장한다. 스님이 아닌 천신이 나와야 하지만 불교가 개입해서 스님으로 변한 것이다. 또 무당이 굿할 때 사용하는 부채에 '삼불 제석'을 그린 것이나 무당의 방에 불상이 비치된 것, 절에 산신각을 짓고 절 입구에 장승을 세우는 등은 모두 무속과 불교가 '융합'한 결과물이다. 거기다가 굿거리의 세부에는 그곳 '지방색'이 곁들여지고 또 시대에 따라 다른 서민들의 소망이 담겨진다. 함경도 오구굿에서 등장인물들이 모두 죽는 비극을 보이는 것은 함경도 지역의 특수성에 원인이 있다. 함경도는 대륙과 인접해 있어 외적의 침범이 빈번했던 곳이고 이조시대에는 유배지의 하나였다. 충신과 효자들이 억울한 누명을 쓰고 정배를 가던 고장이고, 그것이 효자 충신에 대한 불신을 불러일으켜 "역사가 망령이 들어서" "일곱째 공주가 망령이 들어서"와 같은 무가로 나타난 것이다. 최근의 무가에는 '미깡'(밀감의 일본말)이라는 말이 나오고, 또 만삭이 되어 태동을 할 때 '풋볼을 차는 것같다'는 말이 등장하며, 삼신할미가 아이를 점지할 때 '대통령이나 장관이나 국회의원'을 낳을 수 있게 해달라는 등 '현세태의 반영'으로 나타난다.15) 그런 사실로 미루자면 장차 기독교가 좀 더 널리 퍼지면 샤머니즘이 기독교적인 요소를 흡수하게 될 가능성도 없지 않다. 교인들이 소원 성취를 위해서 혹은 천당에 가기 위해서, 아니면 죄를 용서받기 위해서 하나님을 믿는 것과 같이, 교인들은 '교리의 참다운 뜻'을 터득하기 위해서가 아니라 무슨 '실리적인 것'을 바라고 교회에 나가는 까닭이다.

무속은 또한 가난과 더불어 생명력을 이어왔다. '샤머니즘의 온상은 가난'이라는 진술처럼, 무속은 서민들의 가난한 생활에 뿌리를 두고 있다. 전집본에서 삭제된 가난한 현실에 대한 진술들은 무속의 현실적 기반이 가난이라는 것을 사실적으로 보여준다. 서울서 동북쪽으로 삼십 리가량 떨어져 있는 곳에 자리 잡은 '새마을'은 서울 한강변의 수재

---

15) 『움직이는 성』(제1부 제II장), 『현대문학』, 199-203면. 이 부분은 전집본에서는 모두 삭제되었다.

민과 무허가 건축의 철거민을 위해 세워진 집단주택이다. 사람들이 사는 곳이라 자연스럽게 병원과 약국, 음식점 등이 모여들지만, 흥미로운 것은 그보다 더 빠른 속도로 무당이나 점쟁이들이 늘어나는 현상이다. 성실히 일을 하면 그에 상응하는 보상을 받아야 하지만 현실은 그렇지 못하고, 또 십 년을 근검절약하면 그 보람이 나타나야 하지만 우리나라의 경제 사정은 그것을 보장해주지 못한다. 그런 불안정한 현실에서 서민들은 자연스럽게 무당을 찾는(V-1장, 31면) 것이다.

작가는 그런 신앙을 '피지배자의 신앙'이라고 규정한다. '피지배자의 신앙'은 서민의 신앙이고, 약자의 신앙이다. 참된 신앙은 거기서 벗어나는 것인데, 그것은 곧 성서의 한 구절처럼, 누가 오른편 뺨을 치거든 왼편 뺨까지 돌려대라는 말을 진정으로 실천하는 신앙이다.

① 「나두 거기 동감이야. 교리의 참다운 뜻을 터득하기 위해서라기보다 무슨 실리적인 것을 바라구 교회에 나가는 사람이 많은 것같애. 마치 샤먼에게서 무엇인가를 바라듯이 말야.」 민구가 말했다.   (…중략…)
「제가 보기에 그런 신앙은 약자의 신앙이 아닌가 생각하는데요. 이를테면 피지배자의 신앙이라 할까요. 성서에, 누가 네 오른편 뺨을 치거든 왼편 뺨까지 돌려대라는 말이 있지 않습니까. 그걸 올바루 행하기란 여간 힘든 일이 아니죠. 아마 강자만이 능히 할 수 있는 일일 겁니다. 약자의 신앙을 가진 사람이 남에게 한 뺨을 맞았을 때 다른 한 뺨마저 돌려댄다는 건 일종의 굴복밖에 더 되겠어요. 진정한 용서나 사랑이란 어설픈 관용을 베푸는 일은 절대 아니니까요. 진정한 사랑이나 용서란 미워할 것을 참말루 미워할 줄 아는 강자만이 가질 수 있는 특권이라구 봅니다. 예수두 바리새인더러 독사의 새끼들아 하구 분노를 감추지 않았습니다. 결국 우리나라 사람들의 신앙에는 강자로서의 일면이 결여돼 있는 게 아닐까요?」

「그럴는지두 모릅니다. 그러나 신앙은 인간을 변화시킵니다. 약자가 언제까지나 약자루만 있지는 않을 겁니다.」

성호의 눈과 준태의 눈이 마주쳤다. 한동안 마주친 대로 있다가 누가 먼저랄 것 없이 거두어졌다. 하이볼 친구가 컵에 남은 얼음을 입에 넣고 와작와작 씹고 있었다.[16]

여기서 '교리의 참다운 뜻을 터득하기 위한 신앙'이 구체적으로 무엇을 의미하는지는 명확하지 않지만, 인용한 성경 구절에 비추어 다음과 같은 해석이 가능하다. 인용된 구절 앞부분에는 복수의 이야기가 나온다. 가령 피해자가 복수를 하는 것은 당연하다. 그러나 복수는 또 다른 복수를 낳고, 그 순환 속에서 우리는 영원히 구원받을 수 없기 때문에 순환의 고리를 끊어야 하는데, 그것이 바로 '누가 오른쪽 뺨을 치거든 왼쪽 뺨마저 돌려 대어라'는 구절이다. 그런 행위는 '어설픈 관용'이 아니라 미워할 것을 미워할 줄 아는 '진정한 사랑과 용서'의 메시지이다. 분노할 대상에 분노하지 못하고, 무당을 찾아 빌고 간구하는 식의 신앙은 불교를 믿으면서도 샤머니즘을 기웃거리고, 기독교를 믿으면서도 주술적 행위를 일삼는 것과 같다. 진정한 신앙은 그런 약자의 신앙에서 벗어나는 것이다. 그렇다면 그것의 구체적인 모습은 어떠한가? 여기에 대한 답이 바로 『움직이는 성』에서 작가가 말하고자 하는 주제이다. 그런데 전집본에서는 이 구절이 삭제되고 대신 정신적으로 뿌리내리지 못한 '유랑자 의식'으로 교체된다. 이를테면 정신적으로 뿌리박지 못한, '유랑민 근성'을 면치 못한 신앙이라는 것.

② "제가 보기에 그런 신앙은 정신적으로 뿌리박지 못한 신앙이 아닌가 생각하는데요. 말하자면 유랑민근성을 면치 못한 신앙이라 할까요."

---

16) 『움직이는 성』(제일부 Ⅲ장), 『현대문학』, 1968.7, 289-290면.

"그러나 신앙은 인간을 변화시킵니다. 언젠가는 올바른 신앙이 뿌리박힐 겁니다."

"그럴까요."

성호의 눈과 준태의 눈이 또 마주쳤다. 한동안 마주친 대로 있다가 누가 먼저랄 것 없이 거두어졌다.

저 사람이 아무래도 어떤 문제로 심한 투쟁을 하고 있는 사람같다고 성호는 생각한다. 한번 따로 만나 이야기를 나눠봤으면 싶었다. 그러나 좀처럼 자기 심중을 털어놓지 않을 뿐 아니라 도리어 누구든 건드리면 껍데기를 더 단단히 닫아버릴 것같은 생각이 들었다.17)

원본의 두 번째 단락(이를테면~아닐까요?)이 삭제되고, 대신 ②의 두 번째 문장(말하자면~할까요?)으로 짧게 조정된다. 우리 민족의 신앙은 '유랑민근성을 면치 못한 신앙'이라는 주장이다. 그로 인해 원본과 전집본은 의미하는 바의 내용과 강조점이 다르게 드러나는 것을 알 수 있다. 그런 점에서 민구와 성호의 삶은 작가의 의도를 보여주는 구체적 사례로 볼 수 있다. 민구가 작가의 부정적 의도를 대변한다면, 성호는 긍정적 가치를 상징하는 셈이다.

민구는 무속에 기대 살아가는 사람들의 행태를 보여주는 존재로, 우리나라 사람들의 신앙생활의 실상과 함께 진정한 의미의 신앙생활이 어떠해야 하는가를 상징적으로 보여준다. 박수 변씨와 동성애 관계를 맺고 있고 또 무속을 자신의 '정도'라고까지 했던 민구가 무속과 돌연 결별하는 것은 기독교 신자인 약혼자의 '강경한 태도' 때문이다. 결혼을 앞두고 무속을 택하든가 아니면 자기를 선택하라는 은희의 요구에 밀려서 민구는 "평안한 생활"을 하기로 결심하고 무속을 포기

---

17) 『움직이는 성』(전집 9권), 523-4면.

한다. 이런 선택은 실익을 위해서 언제든지 종교를 바꾸는 우리나라 사람들의 신앙 행태를 단적으로 보여준다. 현실적 욕심에서 개종(?)을 단행한 것인데, 이는 작중의 원로 교역자들이나 일반 서민들의 행태와 하등 다를 바 없다. 최장로의 조부는 원래 무속을 믿었으나 '예수를 믿는 게 비용이 덜 들기 때문'에 기독교를 믿기 시작했고, 최장로는 노년에 복을 받기 위해 이름을 '영흥(永興)'으로 바꾸었다. 민구의 행동은 이와 동일한 것으로, 작가의 말을 빌자면 새롭게 '신장개업의 간판'18)을 붙인 것이다. 이런 선택을 통해 작가는 "교리의 참다운 뜻을 터득하기 위해서라기보다 무슨 실리적인 것을 바라구 교회에 나가는 사람"의 사례를 제시한 것이다. 물론 이런 변신은 자연스럽지 못하고 또 느닷없다. 무속 연구를 정업이라 여기고 심지어 '샤먼 세계를 하나로 묶는' '당굴교'를 창시해서 교주가 되겠다는 생각까지 했던 인물이 돌연 그것을 포기하는 것은 작품의 전개 상 개연성을 갖기 힘들다. 그런 사실을 보완하려는 듯이 전집본에서는 내적 갈등에 사로잡혀 고민하는 민구의 심경이 자세히 서술되고, 그런 행위를 '유랑민 근성'이라고 비난하는 준태의 모습이(전집, 335면) 삽입된다.

여기에 비하자면 성호의 삶은 한층 작가의 의도에 부합한다. 성호의 삶은 전집본보다 훨씬 현실성이 강한데, 이는 가난한 현실을 극복하는 실천적 교역자의 모습으로 형상화된 까닭이다. 성호는 당시로는 매우 진보적인 의식을 갖고 있다. 「우리나라 풍습과 기독교」라는 글을 통해서 성호는 기독교가 제사와 같은 샤머니즘에 대해 개방적인 태도를 가져야 한다고 주장한다. 제사는 조상에 대한 추모 행위의 하나이지 결코 신앙행위가 아니라는 것, 그것을 금지하면 폐백 때 신부 치마폭

---

18) 황순원, 「유랑민 근성과 시적 근원」, 『문학사상』, 1972.11, 319면.

에 대추를 던지는 행위나 돌상에 실타래나 책 등을 놓고 아이에게 집게 하는 행위 등도 금해야 한다. 현실을 외면하고 규제를 많이 만든다면 신도들의 죄의식은 그만큼 마비된다는 것. 한국 기독교는 한국 민족의 문화적 토양 속에 깊이 육화되지 못하고 서양에서 전래된 외래 종교로서 전통문화와 심각한 갈등과 충돌을 지속해 왔고, 그런 생각에서 복음의 순수성을 훼손하지 않는 범위에서 지역문화와 전통을 유연하게 받아들여야 한다는 주장이다.19)

성호는 또한 서울 변두리 돌마을에 교회를 세우고 가난한 사람들의 고통을 나누면서 목회 활동을 한다. 그렇지만 목회자로서 고통에 찬 사람들에게 전혀 도움을 주지 못하는 자신을 자책하고, 그들에게 신의 은총이 내리기를 간구한다. 이후 목사직에서 파면된 뒤에는 돌마을보다도 더 열악한 판자촌으로 들어가 군고구마 장사를 하면서 빈민들과 함께 하는 일체화된 삶을 살아간다. 거기는 동거남에게 가진 재산을 모두 사기당한 뒤 자살을 기도했다가 펨프로 전락한 전주댁이 살고 있고, 가난의 극단으로 몰려 몸을 팔아서 생활하는 거리의 여자들이 있으며, 학대받는 재일교포의 현지처인 영이엄마와 그 교포의 파렴치한 아들, 버림받는 거리의 어린이들이 산다. 그들과 함께 생활하면서 성호는 "생존의 밑바닥을 허덕이는 사람들에게 종교란 한갓 사치에 지나지 않는" 지도 모른다고 생각한다. 이 과정에서 성호는 영이엄마에게 가해지는 청년의 매질을 제지하다가 오물을 퍼서 청년에게 맞서는 아이들을 지켜보면서 삶에 대한 긍정정신과 함께 극복의 의지를 발견한다. 강자 앞에 비굴한 약자의 모습이 아니라 분노할 대상에게 분노할 줄 아는

---

19) 이런 견해는 이 작품이 1960년대 중반 한국 신학계의 '기독교 토착화' 논쟁과 긴밀하게 연관되어 있다는 것을 시사해준다. 정재림「움직이는 성에 나타난 종교의 주체적 수용 양상」 (2014) 참조.

참된 신앙의 가능성을 보는 것이다. 이후 성호는 판자촌 철거 현장에서 철거민들을 대변해서 관에 맞서 싸우고, 거리의 아이들을 모아 비닐하우스를 짓고 공동경작에 나선다. 지금까지 '막연하던 생각에 확신을 갖게 되'고(제Ⅲ부 Ⅲ장, 219면), 그것을 몸소 실천하는 것이다. 물론, 이런 성호의 모습은 전집본에서도 동일하게 유지되지만, 가난한 현실과 관련된 내용이 축소되거나 삭제됨으로써 그 의미가 추상화되는 것을 볼 수 있다. 그렇다면 원본 『움직이는 성』에서 작가가 궁극적으로 말하고자 하는 바는 무속이 만연한 현실과 그런 현실을 살아가는 사람들의 신산스러운 삶이다. 당대 현실을 사실적으로 그려낸 이런 내용에 비추자면 황순원은 사회 현실과 거리를 두고 문체와 추상적 구원에만 몰두한 작가로 한정되지는 않는다는 것을 알 수 있다.

## 4. 전집본 ; 추상화된 현실과 유랑의 논리

전집본은 원본에 비해 현실성이 현저히 약화되어 있다. 민구를 중심으로 서술된 무속의 세계가 대폭 축소되고 또 사회 비판적인 내용들이 삭제되어 성호에게 초점이 모아지고, 궁극적으로 서사가 협소해지고 문체와 기교만이 두드러진다. 『움직이는 성』이 인간 구원의 문제 혹은 궁극적인 신재(神裁)에 대한 진지한 탐색을 보여주는 작품으로 평가되는 것은 그런 맥락이다. 물론 전집본에서 당대 현실의 세목이 언급되지 않는 것은 아니다. 구봉광산 갱 속에서 15일 동안이나 갇혔다가 구조된 광부의 이야기가 언급되고, TV에서는 '황금박쥐'가 방영되며, 이주민들이 정착한 서울 동북쪽 마을에서는 가난한 사람들이 힘겹게 살아가는 모습이 제시된다. 그런데 이런 현실은 배음(背音) 이상의 의미를 갖지 못하는데, 그것은 이들 일화가 기껏 인물들의 한담 거리에 지나지 않기 때문이다.

무속 역시 동일한 방식으로 처리된다. 무속은 인물들의 삶을 규정하지 못하고 단지 객관화된 대상으로만 나타난다. 곧, 우리나라 사람은 본시부터 ― 단군 때부터 ― 잡신을 잘 받아들이는 바탕을 가졌고, 그래서 신앙을 가진 사람들도 기독교와 샤머니즘 혹은 불교와 샤머니즘 사이를 항상 오가는 특성을 지녔다.

"글세 … 그건 정착성이 없는 데서 오는 게 아닐까. 말하자면 우리 민족이 북방에서 흘러들어올 때 지니구 있었던 유랑민 근성을 버리지 못한 데서 오는 게 아닐까. 우리 민족이 반도에 자리를 잡구 나서두 진정한 의미에서 정치적으루나 정신적으루 정착해본 일이 있어? 물론 다른 민족두 처음부터 한곳에 정착된 건 아니지만 말야. 그렇지만 어디 우리나라처럼 외세의 침략이 그치지 않은데다가 나라를 다스리는 사람들의 폭넓은 영구적인 자주성이 결여된 나란 없거든. 신라 통일만 해두 그렇지 뭐야. 우리 힘으루 통일한 게 아니구 당나라의 힘을 빌리잖았어? 다른 면에서 본다면 당나라가 자기네 변방을 위협하는 고구려를 없애버리는 데 신라가 말려들었다구 볼 수두 있는 거지. 어쨌건 외군이 떳떳하게 우리나라 땅에 발을 들여놓게 된 게 신라 때부터구, 요즘 흔히 말하는 주체성의 결여두 그때부터라는 걸 상기해야 할 걸. 이렇게 우리 생활 밑바탕은 정착성을 잃구 살아온 민족야. 나두 거기 어엿이 한몫 끼어 있지만 말야." 준태의 언성은 약간 높아져 있었다.[20]

성호를 비롯한 인물들이 모두 현실에 뿌리내리지 못하는 것은 '우리 민족이 반도에 자리를 잡은 후 '진정한 의미에서 정착해본 일'이 없는 유랑의 유전자를 물려받았기 때문이다. 그래서 인물들은 선험적으로 유랑하며 주변 사람들과 함께하거나 정착하지 못한다. 준태는 농업시험장을 사직하고 전라도 산골로 낙향하고, 민구는 무속을 연구하지만 제약회사를 하는 장인의 사업을 물려받기 위해 그것을 포기하고, 성호

---

20) 황순원, 『움직이는 성』, 문학과지성사, 1989, 123-124면

는 목사직에서 파면되어 빈민촌으로 들어간다. 게다가 이들은 하나같이 원죄와도 같은 상처를 안고 살아간다. 준태는 유년시절의 상처를 간직한 채 성격이 맞지 않는 아내와 무의미한 결혼생활을 지속하며, 민구는 무속 연구 과정에서 만난 무당 변씨와 동성애 관계를 맺고 있고, 성호는 월북한 목사 부인과 불륜으로 잉태한 아이를 유산시킨 과거를 갖고 있다. 준태의 애인이 되는 지연은 카리에스를 앓아 임신을 할 수 없고, 창애의 애인인 미스터 강은 본업인 화가로 돌아가지 못한 채 방황을 계속한다. 심각한 것이 싫고 또 어떻게 하겠다는 삶의 목표도 갖고 있지 못하다.

  이들은 또한 사랑을 하지만 하나같이 타자와 함께 하는 것이 아니라 자기만을 위한 혹은 자기에게 갇힌 사랑을 한다. 준태와 창애의 부부관계는 자기 울타리에 갇혀 서로 소통하지 못하는 삶의 단적인 표상이다. 창애와 헤어진 뒤 만난 지연과의 관계 역시 그와 다르지 않다. 준태와 지연은 서로 사랑하는 사이가 되었음에도 불구하고 서로에 대해서 알려고 하지 않는다. 원본에서는 지연이 준태에게 반하고 마음이 울렁거리고 초조하게 준태를 찾아나서는 등의 장면이 제시되어 생동감을 주지만, 전집본에서는 그런 대목이 대폭 축소되고 대신 운명처럼 만나 잠시 사랑을 나누는 식으로 처리된다. 그런 점에서 지연의 방에 걸려 있는 자코메티의 〈광장〉은 작품 전반을 규율하는 강렬한 상징이다. 조각은 젓가락처럼 가느다랗고 긴 다섯 인물이 가운데로 향해 걸어가는 구도이다. 한 곳에 모일 듯하면서도 스치고 지나쳐버릴 것 같은, 서로의 대화란 있을 법도 없는 인물들, '광장'이라는 제목과는 달리 각기 '밀실'의 삶을 사는 고독한 모습이다. 성호가 이 조각을 보면서 그뤼네발트의 〈십자가에 못박힌 예수〉를 떠올린 것은, 광장의 가냘픈 인간들에게 느껴지는 고독과 이 세상 모든 사람들의 고통을 한 몸에 짊어진 예수의 고독을 동일하게 느꼈기 때문이다. 그런 조각 속의 인물들처럼 전집본 『움직이는 성』은 각기 다른 길을 가는 인물들의 고독한 모색과정에 초점이 집중되어 있다.

성호의 삶은 교역자로서 바람직한 길을 걷는 고독한 모색으로 나타난다. 성호는 월북한 목사의 부인인 홍여사를 돌보다가 연정이 생겼고, 급기야 넉 달쯤 된 태아를 지워야 하는 상황에 이르렀다. 죄책감에서 성호는 신학교에 편입했고, 교역자의 길을 걷게 되었다. 성호를 사로잡은 것은 이 원죄와도 같은 불륜의 트라우마이다. 작품에서 성호가 그려나가는 궤적은 이 트라우마를 씻고 다시 현실에 정착하는 과정이다. 그렇지만 그것은 단순한 비극이 아니라 참된 신앙을 찾는 계기가 된다는 점을 주목할 수 있다. 성호가 목사직을 사임하고 판자촌으로 들어가 빈민들의 생활을 돌보는 것은 자신에게 닥친 비극을 피하거나 거부하지 않겠다는 결심이다. 빈민과 더불어 살면서, 성호는 생존의 밑바닥을 허덕이는 사람들에게 종교란 한갓 사치에 지나지 않으며, 최소한의 먹고 사는 문제를 해결하고 나서야 신앙생활이 가능하다는 것을 알게 된다. 그래서 사적 전도를 하지 않겠다고 결심하고 판자촌의 아이들을 모아 비닐하우스를 만들고 농작물을 경작한다. 그는 가난한 돌마을 주민들의 왜곡된 신앙 체질, 곧 실리적인 기복신앙적인 속성을 부정하려 하지 않고 '세월이 오래 걸리더라도 언젠가는 기독교의 뿌리가 내리고 건전한 종교 이념이 형성'될 날이 있으리라는 신념을 온몸으로 실천한다.

준태의 삶은 이런 성호의 삶을 보완하는 역할을 한다. 무의미한 창애와의 부부 관계를 청산하고 또 새로 사랑하게 된 지연을 멀리하고 전라도 산골로 들어가 개간지를 가꾸는 준태의 삶은 한편으로는 기이하다. 우리나라 감자의 표준 품종인 '남작'을 가을 파종용으로 얻을 수 없을까 하는 게 준태의 고민이고, 그것을 얻기 위해 전라도 오지로 들어가 땅을 개간하고 감자씨를 파종한다. 그렇지만 안타깝게도 병이 악화되어 죽음에 이르는 것으로 작품은 종결된다. 성호와 함께 유랑민 의식에서 벗어나 현실에 정착하는 진지한 모색을 보여주지만, 죽음은 그것이 얼마나 힘겨운 일인가를 시사해 줄 뿐이다.

그런데 준태의 이러한 모색은 사실은 현실성이 떨어진다. 준태는 자기 내부를 향해서만 시선을 던지는, 자기애적 사랑에서 벗어나지 못한 존재였다. 원본과 전집본에서 개작이 상대적으로 적은 인물이 준태인데, 그는 시종일관 자기애적 사랑에 사로잡혀 있다. 아내 창애와 형식적인 부부관계를 유지하는 것이나, 애인 지연과의 관계에서도 결코 자기애적인 사랑에서 벗어나지 못한다. 준태가 그런 특성을 갖게 된 것은 어릴 적에 받은 상처 때문이다. 여섯 살 무렵 어머니의 자살 시도를 지켜봤고, 조금 지나서는 장사를 하면서 가난으로 인한 굴욕감을 뼈저리게 체험하였다. 그런 상처로 인해 그는 시종일관 자기애에 사로잡힌 유아기적 자아에 머문다. 결말부에서 느닷없이 암시되는 준태의 병과 죽음은 그런 사실을 구체적으로 시사해 준다. 준태는 지연을 만나 사랑하면서 '그 동안 경험하지 못했던 희열'을 느끼는데, 아이러니하게도 바로 그 순간에 심한 기침을 토한다. 걷잡을 수 없는 해수병, 그 병은 "약이나 메스로 고칠 수 없는" "아주 깊숙이 자리잡고 있어서 설명이 안 되는 병"이다. 그 병으로 인해 준태는 지연을 버리고 전라도 산골로 들어갔다. 그런데 아이러니하게도 거기서 그는 신 내린 과부 여인을 만나서 동거하다가 병이 심해져서 죽음에 이르는데, 이 과정에서 환상처럼 서술되는 장면들이 그가 지닌 상처의 뿌리가 어디에 있는가를 시사해준다. 소년은 어머니의 주문에 따라 손끝에 피를 흘리면서 어머니의 얼굴에 흙을 덮고, 손톱으로 마룻바닥에 구멍을 내고 쥐가 나타나기를 기다린다. 느닷없이 제시된 이들 장면은 과거 서호에서 자살을 시도했던 어머니와의 경험을 연상키시고, 그 긴 고통에서 벗어나고자 하는 내면의 모색을 암시한다. 환상처럼 병치된 이런 장면을 통해서 준태는 마침내 과거의 상처에서 벗어나 진정한 자신을 찾는 것으로 암시된다. 죽음에 임박해서 외치는 "가자! 이제 가자."라는 진술은 과거의 상처와 동시에 현실적 속박에서 벗어나고자 하는 오랜 열망을 보여준다. 준태를 구속해 온 오랜 속박은 과거의 상처였고, 작가는 그것을 이런 환상적인 방법을 통해서 해소한 것이다.

그렇다면 무당 과부와의 동거라든가 지병의 악화와 돌연한 죽음은 작품의 전개 과정에서 현실성을 획득하기 힘들다. 준태는 작품 전반에서 매우 이지적이고 현실적인 성격을 갖고 있었다. 그런 인물이 무당과 동거하고 병이 악화되어 죽음에 이른다는 것은 작품의 종결을 위한 작위적 설정으로밖에는 이해되지 않는다. 더구나 준태가 죽으면서 중얼거리는 다음과 같은 진술은 작가의 의도가 무엇인지를 혼란스럽게 한다. 지연을 그렇게 갈망했음에도 불구하고 무당과 동거하면서 준태는, "상반된 두 가지를 체취처럼 지닌 채 나 나름대로의 유랑민 같은 생활을 감당하는 수밖에 없는 거다."라고 말한다. 곧, 신들린 여인과 지연 사이를 오가면서 유랑민처럼 살겠다는 것, 환언하자면 무속과 기독교 사이에서 둘 모두의 특성을 간직한 채 유랑민처럼 살 수밖에 없다는 것인데, 이는 작품의 전개 과정에서 자연스럽게 도출될 수 있는 결론이 아니다. 작가는 작품 전반에서 유랑민 근성은 책임 있고 주체적인 삶을 살기 위해서 극복해야 할 정신적 태도라는 입장을 견지해 왔다. 그런 시각을 유지하다가 두 사람 사이를 유랑하는 식으로 준태의 삶을 정리한 것은, 그것도 죽음의 형태로, 그런 의도와는 상반되는 까닭이다. 작가는 준태를 통해 현실에 뿌리내리지 못하고 유랑하는 우리 민족의 삶을 보여주려 했는지도 모르지만 개연성이 떨어지는 것을 부인하기는 힘들다.

작가의 유랑민 의식이 근거가 없다거나 추상적이라는 것은 이를 두고 하는 말이다. 원본에서 이 결미가 "이제 자유다, 자유다."로 되어 있는 것은 그런 점에서 시사적이다. 그 말은 죽음을 통해서 과거의 상처와 현실적 속박에서 벗어나 자유로운 영혼(혹은 자아)을 찾겠다는 열망의 표현으로 볼 수 있는 까닭이다. 실제로 준태는 작품 전반에서 자기애에서 벗어나지 못한 채 유랑하는 모습이었고, 그런 점에서 이 말은 유랑을 끝내고 속된 현실에서 벗어나겠다는 의지를 표현한 것으로 볼 수 있다. 그렇다면 전집본에서 목격되는 준태의 행위는 부자연스러울 뿐만 아니라 문제를 회피하는 행동에 불과하다는 것을 알 수 있다. 전집본은 준태의 행위를 통해서 유랑민 의식에서 벗어나는 모습을 보여주고자 했으나 적절한 답을 찾지 못한 채 문제를 회피한 것으로 정리할 수 있을 것이다.

## 5. 상황적 개작과 평가의 새로운 척도

작가들이 개작을 하는 것은 크게 두 가지로 원인을 찾을 수 있다. 하나는 상황적 요인이고, 다른 하나는 심미적 요인에 의한 개작이다. 전자는 현실의 제약으로 인해 미처 표현할 수 없었던 것을 보완하고 조정하기 위한 것이고, 후자는 작품의 미비점을 보완하고 완성도를 높이기 위한 개작이다. 전자는 박완서와 홍성원 등에서 볼 수 있다. 남북의 분단과 이념적 대치가 창작의 자유를 제한하였고, 그것이 개작으로 이어진 것으로, 박완서는 전쟁 중에 일어난 모든 만행을 '공산주의자들의 몫'으로 돌렸다. 반공주의로 인해 박완서는 인민군과 국군 사이에 끼어 무참하게 죽어간 '오빠의 죽음'을 오랫동안 인민군의 만행으로 기술하였다. 그러다가 『그 많던 싱아는 누가 다 먹었을까』(92)와 『그 산이 정말 거기에 있었을까』(95)에 오면 인민군뿐만 아니라 국군에 대해서도 비판적인 태도를 취하고 오빠를 죽음으로 몰아간 것은 '남·북한 모두'였음을 고백한다. 반공주의의 압력으로 인해 과거의 사실을 숨기고 왜곡하다가 사회 민주화와 더불어 사실대로 복원하는 개작을 행한 것이다.21)

황순원 소설에는 이런 상황적 개작에다가 작가의 예인정신에 의한 심미적 개작이 결합되어 나타난다. 문장 하나하나를 다듬고 지루하고 산만한 대목을 대폭 삭제하는 등의 노력은 자신이 추구하는 문학적 정체성을 만들려는 성실함의 표현으로, 대부분의 소설에서 발견된다. 이런 개작은 작가가 언급한 대로 작가적 진실을 찾는 정결성을 보여준다는 점에서 수긍되고 또 존중되어야 할 것이다. 그런데 문제는 상황적 요인에 의한 개작이다. 『움직이는 성』에는 상황적 요인에 의한 개작이 두루 목격되는데, 이는 작가의 본래적 의도와는 무관하게 외적인 강요에 따른 것이라는 점에서 주목할 필요가 있다. 앞의 박완서나 홍성원이 상황적 억압에서 벗어나 미처 표현하지 못했던 것을 온전하게 표현하는 식이라면, 황순원은 그와는 정반대이다. 사회 현실에 대한 비판을 사실적으로 표현했다가 상황이 악화되자 그것을 의도적으

---

21) 홍성원이 『남과 북』을 대폭 개작한 것도 같은 맥락이다. 『육이오』(1970.9-1975.10)에서 6.25 전쟁을 다루었음에도 불구하고 북쪽의 시각을 배제해야만 했고 그것을 보완하기 위해 원고지 1천매 이상을 추가한 개작을 했다. 북쪽 이야기를 보완해서 균형을 맞추고 그 결과를 『남과 북』이라는 증보판으로 발표하였다.

로 제거한 것이다. 그렇다면 황순원의 본래적 특성이 여과 없이 드러난 것은 원본이다. 앞서 살핀 대로, 『움직이는 성』의 원본은 개작본에 비해서 서사의 내용이 풍부하고 현실 연관성도 훨씬 강하다. 1973년의 단행본은 새로운 작품을 창작한 것과 같은 전면적인 개작에 따른 것이라는 점에서 원본과는 다른 새로운 창조물이고, 따라서 황순원 문학의 특성을 새롭게 주조하는 중요한 증빙 자료가 된다.

우선, 원본 『움직이는 성』은 샤머니즘이 만연한 현실과 그 속에서 살아가는 사람들의 세태를 사실적으로 보여준다. 전국 각지에 분포하는 다양한 형태의 무속에 대한 서술은 마치 설화집을 보는 듯이 기이하다. 민구를 중심으로 제시된 주술의 세계는 서민들의 삶과 긴밀하게 결합되어 나타난다. 서민들은 가난과 미래에 대한 불안에서 지푸라기라도 잡는 심정으로 무당을 찾는다. 사회적 불안정이 심화될수록 무당과 점집은 점점 늘어나고 심지어 불교나 기독교마저 기복신앙으로 변질시켰다. 사람들이 불교를 믿는 것이나 기독교를 믿는 것은 참된 의미의 신앙 행위가 아니라 현세적인 실익을 얻기 위한 것이다. 샤머니즘은 또한 각 지역의 특성을 반영하면서 생명력을 이어왔다. 물론 주술은 합리적인 믿음에 바탕을 둔 것도 아니고 또 신뢰할 수 있는 행동도 아니다. 인간이 사자나 악령 그리고 자연의 영신들과 친교하는 행위가 주술이고 그것은 주로 점복술이나 투시술을 통해서 이루어진다. 그래서 미신으로 치부되지만, 아직도 주변에는 많은 무속인들이 성업 중이고 또 입시철이면 사찰과 점집에는 신들의 영험을 얻고자 하는 사람들로 만원이다. 민중들은 주술 행위를 통해서 불안한 심리를 달래고 궁극적으로 개인의 행복과 사회의 안정을 희구한다. 원본은 그런 세태 현실에 대한 풍속적 고찰이다.

게다가 성호와 준태를 통한 사회 현실에 대한 비판은 『움직이는 성』이 단순한 세태소설이 아니라 비판적 리얼리즘 소설이라는 것을 보여준다. 성호가 목사직에서 물러난 뒤 보여준 신앙 행위는 새로운 신앙의 모델을 제시하는 데서 벗어나 당대 현실의 문제를 해결하는 실천적 행동이라 할 수 있다. 현실의 어느 것이 중요하고 어느 것이 중요하지 않은가를 구별하는 것이 리얼리즘의 전제라면, 그것은 일상 세계의 미시적 서술을 특징으로 하는 것이 아니다. 장면 하나하나가 분리되어 서술된다면 작품은 모래알과 같은 세부 묘사의 집합에 불과하겠지만, 『움직이는 성』에서는 그런 삽화들이 사회 경제적인 맥락 속에서 중요하게 환기된다. 작품 전반에서 목격되는 가난이 지배하는 현실은 작가의 비판이 궁극적으로 경제적 삶에 놓여 있다는 것을 보여준다. 성실히 일해도 미래가 보장되지 않고, 또 근검절약하더라도 보람을 찾기가 힘들다. 그런 현실에서 사람들은 요행을 바라고 무당을 찾는다. 성호가 빈민촌에 들어가서 신앙생활을 하는 것이나 준태가 죽음에 임박해서 씨감자 파종을 멈추지 않았던 것은 그런 인식을 전제로 한다. 이 과정에서 성호는 판자촌 철거민을 대표해서 관(官)에 맞서 투쟁하는 인물로 변신한다. 이른바 '광주대단지사건'을 염두에 둔 듯한 성호의 활동은 한편으로 매우 선구적이다. 광주대단지사건은 서울에서 철거한 판자촌 주민들을 강제로 이주시키는 과정에서 일어난 사건으로, 1971년 8월 경기도 광주대단지(현재의 성남시) 주민들이 정부의 무계획적인 도시 정책과 졸속 행정에 항거하여 대규모 시위를 벌인 사건이다. 이 사건의 전말은 윤흥길의 「아홉켤레의 구두로 남은 사내」(1977)에서 사실적으로 그려졌고, 특히 작중의 권씨를 통해서 권력에 맞서는 저항의식으로 표출되었다. 권씨는 참외를 주워 먹는 군중들을 보면서 그동안 외면했던 빈민들의 아픔을 절감하고 시위대의 선봉에 서서 투쟁하는 등의 변화를 보이는데, 『움직이는 성』의 성호 역시 권씨와 같은 변신을 보여준다. 윤흥길이 1977년에 광주대단지사건을 다루었다면, 황순원은 그보다 훨씬 빠른 시기에 이 문제의 심각성을 인식하고 비판한 것이다.

황순원은 단순히 문체의 아름다움과 서정성에 갇힌 작가가 아니라 사회 현실에 대한 비판과 현실의 변화를 적극적으로 추구한 작가이다. 세련된 문체와 서정성이라는 평가는 대부분 전집을 텍스트로 한 평가들이다. 작가는 개필에 개필을 거듭해서 전집을 냈고, 그것을 통해서 평가를 받고자 하였다. 그동안 황순원에 대한 평가가 문체와 서정성의 범주를 맴돌았던 것은 그런 사실에서 유도된 면이 적지 않다. 그렇지만 전집은 수정하고 보완한 작품을 묶은 것이라는 점에서, 전집에서 삭제되고 배제된 것들이야말로 사실은 부정할 수 없는 작가의 본모습이라는 점, 더구나 작가는 반공의 트라우마를 무의식으로 간직한 채 폭압적 현실을 살아온 인물이라는 사실 또한 주목할 필요가 있다. 황순원은 그런 현실을 섬세하게 천착하고 변화의 가능성을 모색한 작가였던 것이다.

## 제3장

# 반공주의와 자전소설의 형식

## 박완서를 중심으로

### 1. 작품과 사회 현실

전쟁은 한 사회를 구조적으로 변화시킬 뿐만 아니라 개인에게 지울 수 없는 상처를 남긴다. 6·25 전쟁은 한국 사회 구성원 모두를 의식적으로나 무의식적으로 제약하는 일종의 정신적 외상이었다. 게다가 전쟁에 뒤이은 분단은 한국 사회를 냉전의 희생양으로 전락시켜 아직도 서로 다른 두 체제를 대립·반목케 하였고, 개인들에게는 이념적 적대감과 증오심을 내면화시켜 놓았다. 현대문학에서 빈번하게 활용되는 제재가 6·25 전쟁이라는 것은 그런 점에서 시사하는 바 크다. 현실을 긴밀하게 반영하는 양식적 특성상 현대소설은 분단 현실에 적극 대응하는 과정을 통해서 특유의 내용과 형식을 만들어 왔다. 1950년대 소설의 인물은 전쟁의 상처에서 벗어나지 못해 황폐화되거나 파괴된 자아를 갖고 있고, 1960년대 이후의 소설은 그로부터 점차 거리를 두면서 타자와 교섭하고 스스로를 정립하는 한층 성숙한 모습을 보여준다. 작품의 내용도 1950년대 소설이 전후의 참상과 혼란, 전쟁의 광기와 인간 모멸의 경험 등을 다루었다면, 1960년대 이후는 도시화와 산업화 등의 사회 문제나 소외와 분열 등의 실존 문제에 더 많은 관심을 보였다. 그런 관계로 현대소설을 살피는 과정에서 작품과 사회의 상관성을 규명하는 것은 문학 연구의 중요한 과제가 될 것이다.

골드만(L. Goldmann)이 일찍이 지적한 것처럼, 작품과 사회 현실은 긴밀한 상관성을 갖는다. 작품의 겉으로 드러난 내용이 아니라 작품이 갖고 있는 보이지 않는 구조나 특성에 주목하자면, 작가는 당대 사회의 중요한 습관이나 인습, 혹은 금기와 획일주의 등에 맞서면서 진정한 가치를 추구하는 문제적인 성격을 갖는다. 작품의 주인공이 진정한 가치를 추구하는 한 그 주인공은 당대 사회의 규율로부터 자유로울 수 없고, 사회와 개인 사이에는 뛰어넘을 수 없는 단절이 발생한다. 작품의 주인공이 타락한 방법으로 진정한 가치를 추구한다면, 주인공과 사회 사이에는 타락이라는 양상에 의해 하나의 공동체가 될 수밖에 없고, 소설은 바로 이 과정에서 나타나는 주인공과 세계의 대립과, 한편으로는 그 공동체의 구성원이라는 역설적인 관계 속에 존재하게 된다.1) 이를테면, 작가가 추구하는 가치는 현실의 가치와는 상충되지만 그것은 한편으론 작가가 발 딛고 있는 현실을 배제한 것이 아니라는 점에서 작가와 현실은 역설적인 관계에 놓이고, 바로 그러한 역설 속에 존재하는 것이 소설이다.

이런 사실은 우리 문학사에서 구체적인 형태로 목격할 수 있다. 가령, 전후 한국 사회를 지배한 이념의 하나는 반공주의였다. 반공주의는 개념상으로는 공산주의에 대하여 적대적이고 배타적인 논리와 정서를 뜻하지만, 우리의 경우는 그중에서도 특히 북한 공산주의 체제 및 정권을 절대적인 악(惡)과 위협으로 규정하고, 그것의 철저한 제거와 붕괴를 전제하는 말이다. 반공주의는 또한 남한 내부의 좌파적 경

---

1) 루시앙 골드만, 조경숙역, 『소설사회학을 위하여』, 청하, 1982, 1-2장 참조.

향에 대한 적대적 억압을 내포하는 말이기도 하다.2) 반공주의는 '남한=자유주의=선', '북한=공산주의=악'이라는 흑백논리와 조건반사적인 인식구조를 만들어 놓았고, 개인들에게는 감시와 통제의 기제를 내면화시켰다. 그것은 문학 분야에서도 예외가 아니어서 작가들 역시 반공주의라는 시대 분위기를 무의식적인 억압기제로 받아들이면서 창조적인 예술 활동을 방해받아 왔다. 사회적 금기에 대한 검열과 불이익에 대한 두려움으로 인해 작가들은 상상력의 제한을 받지 않을 수 없었고, 특히 분단과 이데올로기 문제를 파헤치고자 할 경우 자칫 반공주의의 규율에 걸리지 않을까 하는 심한 강박관념에 시달렸다.3) 반공이라는 오랏줄에 꽁꽁 묶인 상황에서 분단의 본질을 해명하고 과거의 진실을 복원하는 일은 난망할 수밖에 없다. 사상의 자유가 없는 사회에서 문화와 예술이 꽃필 수는 없다. 그런데도 우리 문학은 그러한 억압적 현실에 맞서면서 자유로운 창작과 사상의 영역을 확장해 왔다. 1954년의 이른바 '『자유부인』 논쟁'이라든가, 1965년의 「분지」 필화사건', 1994년의 '『태백산맥』 필화사건' 등은 모두 사회와 작가가 충돌하면서 일어난 사건들이고, 그런 불행한 사건을 겪으면서 우리 문학은 오늘과 같은 내실을 갖게 되었다.

   이 글은 이런 사실을 염두에 두면서 현대소설사에서 목격되는 반공주의와 작품(혹은 작가)의 관련 양상을 박완서 소설을 통해서 고찰해보고자 한다. 여러 글에서 확인되듯이, 박완서는 해방과 전쟁기를 살아오면서 반공주의의 폐해를 몸소 겪었고, 전쟁이 끝나고 군사독재가 종식

---

2) 권혁범, 「반공주의의 회로판 읽기」, 『탈분단 시대를 열며』, 삼인, 2000, 32-33면.
3) 이러한 사실은 작가들의 다음과 같은 고백을 통해서 확인할 수 있다. 박완서의 「구형(球型) 예찬」(『두부』, 79-92면) 및 좌담 「6.25 분단문학의 민족동질성 추구와 분단 극복의지」(『한국문학』, 1985.6), 김원일의 대담 「인간과 문학의 심오한 본질을 향한 도정」(『문학정신』, 1990.5), 홍성원의 「보완과 개작에 대한 짧은 해명」(『남과 북』 머리말) 등.

된 1990년대까지도 반공의 규율에서 자유롭지 못하였다. 2002년의 한 수필에서 박완서는 월드컵의 '붉은 물결'을 지켜보면서 "오랜 세월을 빨간 빛깔에 가위눌려 살아온" 과거를 회상하고, 지금도 "빨간 빛깔에 대한 거의 미신적인 피해의식"에 사로잡혀 있음을 고백한 바 있다. 박완서는 "빨간 빛깔이 연상시키는 건 떠오르는 태양도, 젊은 피도, 노을도, 장미도, 봉숭아도 아니고 특정 이념이었다."고 말한다.4) 빛깔 속에 가시나 이념이 들어 있을 리 없지만 오랜 동안의 편 가르기와 눈치보기로 인해 사물을 제대로 분별하는 눈을 잃어버렸다는 것이다.

이런 사실을 염두에 두고 반공주의와 소설의 상관성을 살피고자 하는데, 주목한 작품은 『목마른 계절』(1971-2), 「부처님 근처」(73), 「엄마의 말뚝 2」(85), 『그 많던 싱아는 누가 다 먹었을까』(92), 『그 산이 정말 거기에 있었을까』(95) 등 작가의 개인사에 바탕을 둔 자전소설이다.5) 자전소설을 대상으로 한 것은, 작중의 화자와 인물의 형상이 다양한 형태로 존재할 수밖에 없는 일반 서사와는 달리 작가의 개인사가 비교적 충실하게 재현된 데 있다. 자신의 실제 삶을 소재로 한 관계로 자전소설에는 작가의 현실에 대한 견해와 내면 심리, 거기에 작용한 사회적 압력과 작가의 무의식적 검열 양상 등이 사실적으로 나타난다. 특히 작중의 '화자'와 '인물의 형상'에는 현실에 대한 작가의 견해와 입장, 가치와 신념 등이 구체적으로 투사되어 있다. 화자는 작가의 분신이나 다름없고, 인물들에는 작가의 실제 체험이 투사되어 있기에, 그것을 살핌으로써 작가와 반공주의의 관련성을 구체적으로 검출해 낼 수 있는 것이다.

---

4) 박완서, 『두부』, 창작과비평사, 2002, 81-83면.
5) 자전소설에 대해서는 다음 책을 참조하였다. 『중국의 자전문학』(가와이 코오조오, 심경호 역, 소명출판, 2002) 및 『일본 사소설의 이해』(이토 세이 외, 유은경 역, 소화, 1997)

이런 생각에서 동일한 내용의 개인사를 다룬 1972년의 『목마른 계절』과 1995년의 『그 산이 정말 거기에 있었을까』를 대상으로 화자와 인물의 성격을 살피고, 나아가 거기에 작용하는 반공주의의 양상을 규명해보고자 한다. 미리 말하자면, 박완서는 1980년대 중반까지도 반공주의의 압력과 그로 인한 자기검열에서 자유롭지 못했지만, 1980년대 후반 이후 한국 사회의 민주화와 동구 사회주의권의 몰락을 겪고 보면서 점차 그로부터 벗어난 것으로 보인다. 『목마른 계절』에서는 화자가 과거의 상처에서 벗어나지 못한 모습을 보여주었다면, 『그 산이 정말 거기에 있었을까』에서는 그와는 달리 한층 공평하고 객관적인 태도로 과거사를 서술한다. 이 과정에서 주목되는 것은 '오빠의 죽음'이다. 1985년 이전의 작품에서는 그것이 '인민군의 만행'에 의한 것으로 처리되었으나, 1995년에는 그 책임이 남·북한 모두에게 있다고 서술되는데, 이런 데서 한층 객관화된 작가의 모습을 엿볼 수 있다. 반공의 억압에서 벗어나 객관화된 시선으로 과거사를 조망한 것인데, 본고는 그런 사실을 고찰하면서 반공주의와 현대소설의 관계를 살피고자 한다.

## 2. 반공주의의 압력과 작가의 자기검열

박완서 소설의 중요한 특징의 하나는 비슷한 체험을 반복해서 다룬다는 데 있다[6]. 다양한 체험 중에서도 특히 전쟁기의 체험은 박완서 소설의 근간을 이루는데, 이는 그 시기의 체험이 작가에게 무엇보다 깊은 상처로 내면화되어 있기 때문이다. 상처란 밖에서 가해진 공격이 아니라 그러한 공격이 남긴 심적 흔적을 말한다. 그렇기 때문에 중요

---

6) 박완서 소설에 대한 연구는 이선미의 『박완서 소설연구』(깊은샘, 2004) 및 이경호·권명아 편의 『박완서 문학 길찾기』(세계사, 2000), 『박완서 문학앨범』(웅진출판사, 2005), 김윤정의 『박완서 소설의 젠더의식 연구』(역락, 2013) 참조.

한 것은 충격이 아니라 상처의 원천으로서의 그 자국, 즉 감정을 떠맡고 있는 바로 그 영상이다.7) 박완서가 전쟁의 기억을 반복해서 그려냈다는 것은 그 상처의 흔적이 그만큼 강렬하고 깊었다는 뜻이다. "못이 녹슬고 썩고 삭아서 흙이 되고도 남을 세월이 지났건만 못자국의 통증은 자주 도진다."는 고백에서 알 수 있듯이, 박완서에게 있어서 6·25 전쟁은 그 "기억의 원점"8)에 해당하는 것이었다. 한창 감수성이 예민하던 대학 신입생 시절에 전쟁을 겪었고, 작은아버지와 오빠의 죽음이라는 참척의 고통을 체험한 까닭에 박완서에게 있어서 전쟁은 남다른 기억으로 각인될 수밖에 없었을 것이다. 그래서 박완서는 자신의 소설을 그러한 체험으로부터 벗어나기 위한 "복수로서의 글쓰기"9)라고 명명한다.

여러 수필과 작품을 통해 고백한 바처럼, 박완서에게 있어서 상처의 원형을 이루는 것은 한때 좌익에 관여했다가 전향한 오빠의 죽음이었다. 박완서의 오빠가 사회주의 사상에 빠져든 것은 "20대에 공산주의자가 아니면 하트가 없고 30대에서 공산주의자라면 브레인이 없다."10)던 회고에서 짐작되듯이, 젊은이로서의 정의감에서 비롯된 것으로 이해된다. 민중들의 삶을 돌보지 않고 좌우 이념 다툼에만 혈안이었던 해방 후의 현실에 대해 젊은이로서 울분을 느끼지 않을 수 없었고, 그런 상황에서 사회주의에 빠져들었지만, 인간을 도구화하고 이념만을 맹신하는 좌익의 실상을 목격한 뒤에는 바로 전향했던 것이다. 박완서에게 상처를 준 것은 이 오빠가 죽음에 이르는 과정에서 목격한 인간의 존엄과 기품을 용납하지 않는 이데올로기와 체제의 잔혹함이

---

7) 쥬앙 다비드 나지오, 표원경 역, 『히스테리의 정신분석』, 백의, 2001, 41면.
8) 박완서, 앞의 『두부』, 201면.
9) 『두부』, 190면.
10) 박완서, 「나에게 소설은 무엇인가」, 『박완서 문학앨범』, 웅진출판, 1992, 123면.

었다. 즉, 좌익에 가담했다가 전향한 경력을 갖고 있었기 때문에 "한쪽에선 오빠를 반동으로 몰아 갖은 악랄한 수단으로 어르고 공갈치고 협박함으로써 나약한 지식인에 지나지 않았던 그를 마침내 폐인을 만들어 놓았고, 다른 한쪽에선 폐인을 데려다 빨갱이라고 족치기가 맥이 빠졌는지 슬슬 가지고 놀고 장난치다 당장 죽지 않을 만큼의 총상을 입혀서 내팽개"[11]쳤는데, 이 틈바구니에서 오빠는 서서히 죽어갔다고 박완서는 믿고 있다. 박완서는 오빠의 이 참혹스러운 죽음을 지켜보면서 "불치의 상처"[12]를 입었다고 한다. 그래서 박완서는 전쟁을 인간으로서의 최소한의 기품마저 용납하지 않는 "벌레의 시간"으로 기억한다.

게다가 당시 박완서가 자신의 생명을 보존하기 위해서 겪어야 했던 수모와 고통은 이루 형언할 수 없는 것이었다. 좌익 치하에서는 붉은색으로 스스로를 위장하고 고된 부역을 감수해야 했으며, 우익의 세상이 된 뒤에는 그것을 숨기기 위해서 갖은 연극을 꾸며야 했다. 살아남기 위해서 갖은 수모와 만행을 견뎌야 했고, 특히 '인간 같지도 않은 자'들 앞에서는 "오냐, 내가 벌레가 아니라, 네가 벌레라는 걸 밝혀줄 테다"라는 오기로 이를 악물었다고 한다. 이런 복수심을 간직하고 버텼기 때문에 박완서는 벌레가 되지 않고 최소한의 자존심이나마 지킬 수가 있었다고 하며, 바로 그 순간에 '작가로서 자신의 운명'을 봤다고 한다.

나는 이념 때문에 꼬이고 뒤틀린 가족관계로 인하여 공산 치하에서는 우익으로, 남한 정부로부터는 좌익으로 몰려서 곤욕을 치르지 않으면 안되었다. 그게 얼마나 치명적인 손가락질이라는 건, 그 더러운 전쟁의 와중에 있어

---

[11] 『박완서 문학앨범』, 124면.
[12] 『박완서 문학앨범』, 123면.

보지 않고서는 도저히 상상도 못할 일이었다. 단지 살아남기 위해 온갖 수모와 만행을 견디어내야 했다. 그때마다 그 상황을 견디어낼 수 있는 힘이 된 것은 언젠가는 이걸 글로 쓰리라는 증언에의 욕구 때문이었다. 도저히 인간 같지도 않은 자 앞에서 벌레처럼 기어야 하는 상황에서도 오냐, 언젠가는 내가 벌레가 아니라 네가 벌레라는 걸 밝혀줄 테다. 이런 복수심 때문에 마음만이라도 벌레가 되지 않고 최소한의 자존심이나마 지킬 수 있었다. 문학에는 이런 힘도 있구나. 내가 글을 쓰게 된 것은 그 후에도 20년이나 뒤였지만 지금까지도 예감만으로 내가 인간다움을 잃지 않도록 버팅겨준 문학의 불가사의한 힘에 감사한다.13)

박완서가 많은 양의 자전소설을 창작했고 그것을 통해서 계속적으로 오빠의 죽음을 언급했던 것은 절치부심 이 모멸감을 증언하고 고발하기 위한 것이었다. 그렇지만 그것은 불행히도 당대를 억압한 반공주의로 인해 그 실상을 온전히 드러내 표현하기 힘들었고, 오랜 고통과 인고의 시간이 흐른 뒤에야 비로소 가능했다. 박완서가 자신의 체험을 비교적 사실적으로 고백한 초기의 『목마른 계절』(72)은 박완서의 그러한 억압 심리를 보여주는 첫 작품이라는 데서 의미를 찾을 수 있다.

『목마른 계절』은 작가의 체험이 서사의 근간을 형성한다는 점에서, 전쟁기에 우연히 만난 박수근(1914~1965) 화백의 일화를 소재로 한 『나목(裸木)』(1970)에 비해 한층 자전적 성격이 강하다. 대학에 갓 입학한 새내기로서 겪었던 1950년 6월에서 다음 해 5월까지의 1년간, 인민군과 국군이 번갈아 지배했던 서울에서의 체험을 소재로 한 이 작품은 자전소설의 맥락에서 볼 때 박완서가 '오빠'의 처지를 이해하고 궁극적으로 개인의 상처에서 벗어나 민족사의 문제로 시야

---

13) 박완서, 「내 안의 언어 사대주의 엿보기」, 『두부』, 창작과비평사, 2002, 191면.

를 확대하는 전기가 되는 작품이다. 주인공이자 화자를 작가의 분신과도 같은 인물로 설정한 것은 그런 의도를 보다 직접적으로 드러내기 위한 장치이고, 그래서 화자인 '하진'의 생각과 행동은 작가의 그것이라 해도 과언이 아니다. 그렇지만 작품에서 드러나는 체험의 양상은 실제의 그것과는 달리 상당히 굴절되어 제시된다는 점에서 섬세한 관찰이 요구된다.

작품의 전반부에서 주인공 하진은 자신의 행동을 반성하는 모습을 보이는데, 반성의 구체적인 내용은 좌익에 관여했던 자신의 행동과 오빠의 죽음에 관한 것이다. 먼저, 좌익에 대한 진이의 태도는 매우 호의적인 것으로 제시된다. 그녀는 일찍이 B고녀 시절에 민청(民靑) 지하조직에 관여했다가 정학처분을 받은 경험이 있고, 현재에도 거기에 깊이 관여하고 있는 상태이다. 그런 까닭에 좌익에 관여했다가 전향한 오빠의 행동을 "변절이고 배반"으로 생각한다. 또 북한이 남침을 감행하자 "전쟁이 살육과 파괴만이 목적이 아닐진대 반드시 썩고 묵은 질서의 붕괴와 찬란한 새로운 질서의 교체가 뒤따를 것"이라는 믿음에서 "야릇한 흥분"을 느끼기도 한다. 대학에 갓 입학한 뒤 현실보다는 이상과 희망에 사로잡혀 있었고 더구나 좌익에 몸담고 있었던 까닭에 진이에게 6.25는 새로운 사회가 도래하는 극적인 과정으로 비쳤던 것이다. 그래서 병원 뒤뜰에 방치된 국군의 시체마저도 "혁명"의 과정에서 그럴 수밖에 없는 불가피한 것으로 받아들이고, 서슴없이 S대학의 민청위원회에서 활동하는 대담성을 보였던 것이다.

그런데, 전쟁을 구체적으로 체험하면서부터 하진의 태도는 서서히 변해간다. 포화가 가까이 다가오고 또 인민군의 만행을 직접 목격하면서 진이는 혁명이나 전쟁이 결코 관념이 아니라는 것을 알게 되는데,

거기에는 다음과 같은 몇 개의 계기가 작용한다. 하나는 인민군 소년의 행동이다. 즉, 인민군이 밀려오는 광경을 지켜보던 한 노인이 군인들 속에 끼어 있는 어린 소년을 목격하고 측은한 생각이 들어서, "왜 학교를 안 가고 군인을 나왔어?"라고 묻자, 소년은 "공부보다는 남반부 인민의 해방이 더 중요하니까요"라고 대답한다. 이를 듣고 노인은 이 어린 소년마저 전쟁터로 내몬 김일성의 처사를 비난하는데, 여기에 대해 소년은 갑자기 노인에게 총부리를 겨누면서 "반동의 새끼"라고 격한 반응을 보인다.

「열여덟입니다.」

또렷하지만 메마른 말씨다.

「열여덟…? 저런, 그런데 왜 학교를 안가고 군인을 나왔어? 양친이 안 계신 거로군」

「…」

소년은 대답 없이 미간을 주름잡고 역력히 불쾌해진다.

「나랏일도 중하지만 그래도 공부할 땐 공부해야지」

「공부보다는 남반부 인민의 해방이 더 중요하니까요. 공부는 다지 개인의 일일 뿐이죠, 남반부 인민들이 리승만 괴뢰정부의 학정 밑에 신음하는데 어찌 편히 공부나 하고 있겠소?」

(…중략…)

「저런, 김일성이 그 사람도 잘못이야, 쯧쯧. 아무리 못난 노동자 농민의 자식이기로서니 어린것들이야 무슨 죄가 있다고 싸움터로 내보내다니, 그런 도척같은 …」

—아차 참 세상이 어떻게 바뀌었더라—할아버지가 문득 입을 다물고 어젯밤에 치른 난리와 어제와 달라진 오늘의 세상을 미처 생각해 내기도 전에,

「이, 이 새이끼가 반동의 새까 앙이가?」

「뭐 이 새끼? 요… 요 놈이 환장을 했나?」

아랫도리를 부들부들 떨며 일어섰으나 따발총의 총부리가 너무도 그의 가슴 가까이 있었다.14)

손자뻘의 병사가 노인에게 총부리를 겨누는 이 예기치 못한 장면을 목격하고서 진이는 "새 공화국의 억센 발걸음에 짓밟힌 낡은 질서 가운데 노인들의 권위"마저 용납하지 못하는 공산주의의 경직된 일면을 목격한다. "왜 하필 거보(巨步)를 보기 전에 그 밑의 티끌을 보며, 얼굴을 찾지 않고 추한 내장을 찾으려 드는 걸까?" 하는 의구심. 여기다가, S대학의 민청에 관여하면서 진이는 공산주의의 실상을 한층 구체적으로 알게 된다. 진이는 당(黨)을 자처하는 위원장 최치열 등과 함께 선전과 모금활동을 하는 과정에서 당을 앞세워 온갖 비인간적인 만행을 합리화하는 공산주의자들의 실상을 적나라하게 목격한다.

특히 비행기 살 돈을 모금하는 과정에서 보여준 최치열의 잔인한 행동은 진이에게 더 없는 충격이었다. 당의 이름은 전제군주시대의 왕처럼 온갖 희생을 합리화하는데 남용되었고, 그 제왕적 권력 앞에서 사람들은 굴복하듯이 순응하였다. 그렇지만 외형과는 달리 사람들이 마음으로 승복하지는 않는다는 것을 진이는 목격하였다. 이 과정에서 오빠의 행방불명은 진이를 공산당으로부터 벗어나게 만드는 결정적 계기로 작용한다. 즉, 벽제에 있는 중학교에 근무하던 오빠는 학교에 출근한다고 나간 뒤 행방불명이 되었고, 얼마 후 인민군에게 잡혀 북으로 끌려가고 있다는 소식이 전해진다. 얼굴이라도 한번 보자는 생각에서 가족들은 급히 미아리 고개로 달려가지만 거기에는 이미 같은 처지의 사람들로 발 디딜 틈조차 없는 상황이었다. 대부분의 사람들은 인민

---

14) 박완서, 『목마른 계절』(전집6), 세계사, 1994, 44-45면.

군의 엄격한 통제로 인해 가족을 만날 수 없었고, 간혹 운 좋게 만난 사람들도 잠깐 스치듯이 얼굴을 볼 수 있을 뿐이었다. 가족을 눈앞에 두고도 말 한마디 건넬 수 없는 현실에서, 진이는 한 생명의 소중함과 더불어 그것을 너무나 쉽게 생각하는 공산주의의 비정함을 다시금 확인한다. 미아리 고개를 넘어 북으로 끌려가는 오빠를 본 순간, 한 사람의 생명 뒤에는 그 몇 배나 되는 사람들의 사랑과 아픈 마음이 깃들어 있다는 것, 그런데 그 소중한 생명을 이렇듯 마음대로 취급하는 "비정의 거인"은 도대체 누구일까 하는 의구심을 갖는 것이다.

진이가 오빠의 전향을 이해하게 되는 것은 이런 체험을 통해서였다. 한때는 변절자이고 비겁하다고 비난했으나, 자기 스스로 공산주의의 실상을 체험하고는 오빠 또한 그러한 과정을 겪으면서 전향하지 않을 수 없었을 것이라고 이해하는 것이다.

이와 같이 하진은 좌익에 대해 처음에는 우호적인 태도를 보이다가 이후 조금씩 거리를 두면서 그것을 비판하는 인물로 그려지는데, 이런 태도는 화자가 작가의 분신과 다름없다는 사실을 염두에 두자면, 공산주의에 대한 작가의 시선이 결코 우호적이지 않다는 것을 시사해준다. 그것은 작품의 상당 부분이 공산주의자들의 만행과 그들에 대한 민중들의 배반감을 묘사하는데 할애된 사실로도 확인되거니와, 가령 진이의 눈에는 폭격에 쓰러진 수 많은 시체들이 목격되고, 그런 시체를 나무토막이나 돌멩이처럼 예사롭게 지나치는 행인들의 모습이 비쳐진다. 또 인간의 목숨이 벌레만도 못한 상황에서 민중들이 공산당에게 싸늘하게 등을 돌린 광경이 묘사되며, 특히 인민군이 두 번째로 서울을 점령했을 당시의 상황은 더욱 냉담한 것으로 그려진다. 부자는 물론이고 가난한 사람마저 거의 남아 있지 않는 서울의 거리는 인민군에 대한 민중들의 이반(離反)이 얼마나 심각한 상태였는가를 보여준다. 이런 상황에서 인민군들은 광적으로 젊은 사람들을 모으고 북으로 호송하려 하지만, 그 역시 민중들의 외면으로 인해 부질없는 행위가 되고 만다. 작가는 이렇듯 인민군 치하의 서울과 하진의 체험을 통해서 좌익의 만행과 실상을 고발한다. 그렇기에 『목마른 계절』은 공산주의의 허구적 실상을 고발하고 거기에 동참한 작가 자신의 행위를 반성하는 작품으로 이해될 수 있을 것이다.

그런데, 박완서가 추구하는 것은 '오빠'로 상징되는 전쟁의 진실이고, 그것은 앞에서 언급한 대로 남북한의 두 체제와 이데올로기를 동시에 문제 삼는 일이었다. 그런데도 『목마른 계절』에서는 오빠의 죽음이 실제 사실과는 달리 인민군에 의해서 사살된 것으로 처리되는 왜곡된(?) 형태로 나타난다. 작품에서 오빠를 죽인 것은 인민군 황소좌였다. 황소좌는 인민군 중에서도 상대적으로 인간적인 모습을 보인 사람이었으나, 서울에 진주한 뒤에는 몹시 지치고 실망한 모습을 보여주었다. 특히 가난한 산동네에서 느낀 실망감은 그를 광적인 흥분상태로 몰아 가는데, 그것은 자신이 목숨을 바치면서까지 신뢰했던 '가난뱅이', 이른바 무산계급마저 자신들에게 등을 돌렸기 때문이다. 황소좌가 생각하기에 적어도 이번 전쟁은 무산계급, 피압박계급을 위한 투쟁이었다. 그래서 자신은 가족까지 잃고 혈혈단신 남조선 해방의 최전방에 섰는데, 막상 가난뱅이들은 자신들에게 등을 돌리고 외면하는 현실을 목격하고는 '도저히 전쟁의 명분이 서고 혁명사업이 고무적일 수 없는 일'이라는 것을 깨닫는다. 그런 실망과 반감에서 황소좌는 남조선 인민들을 "영원히 해방될 길이 없는 천성의 노예들"이라 생각하고, 그들에게 앙갚음하듯이 진이 오빠에게 총을 난사한 것이다.

황소좌의 눈이 광희(狂喜)로 번들거렸다.

「역시, 역시 내 예감이 맞았구나. 넌 넌 국방군의 부상한 낙오병이지? 그렇지?」

까만 총구가 바로 열의 가슴팍을 겨눴다. 서여사가 매달리고 열이 아니라고 그랬다. 아니라고 아니라고 모자(母子)가 악을 썼다. 구구한 변명을 늘어놓기에는 총구가 너무 가까워 아니라는 악이 고작이었다.

「넌 국방군이야. 넌 내 손에 죽어야 돼. 내 식구도 너희 국방군놈의 총에 죽었어.」

총은 난사됐고 열은 나동그라졌다. 처참한 외마디 소리를 지르는 서여사에게 황소좌는 조용히 말했다.

「나는 원수를 갚은 것뿐이오.」[15]

이렇듯 오빠는 광희로 번들거리는 인민군에 의해 국방군 낙오병으로 오인되어 처참하게 사살되었다.

그렇다면 작가는 왜 오빠를 죽인 살인자로 공산주의자를 지목하고 이렇듯 부정적인 모습으로 그려낸 것일까? 앞서 언급한 대로 오빠의 죽음은 공산주의자의 광기가 아니라 남・북한 양 체제의 갈등과 그로 인한 갈등에 의한 것이었다. 그런데도 오빠의 죽음을 공산주의자의 만행으로 처리한 것은 우선, 개인적인 적대감에서 비롯된 것으로 생각해 볼 수 있다. 작품에서 언급되듯이 박완서는 공산주의에 대한 강한 거부감을 갖고 있었고, 그런 심리에서 오빠를 공산주의자에 의해 희생된 것으로 처리했다고 볼 수 있다. 실제로 박완서는 여러 수필에서 공산주의에 대한 적대심을 토로한 바 있고, 또 자신의 심경을 가식 없이 고백한 『그 산이 정말 거기에 있었을까』에서도 그것을 진솔하게

---

[15] 박완서, 『목마른 계절』(전집6), 세계사, 1994, 321면.

표현하기도 하였다. 하지만 보다 근본적인 것은 이 작품이 발표된 당대의 사회 분위기 때문으로 보인다. 작품이 발표된 1971~2년은 유신체제가 본격화되면서 반공주의가 국시(國是)로 숭상되던 시기였고, 박완서 역시 그러한 시대 분위기 속에서 과거사를 당당하게 표현할 엄두를 내지 못했던 것이다. 이런 내용을 감히 말할 수 있을까 하는 의구심, 나아가 그것을 표현했을 때 초래될 수 있는 사회적 탄압에 대한 두려움 등이 개개인들의 의식을 규율하였고, 박완서 또한 그런 분위기로부터 자유로울 수가 없었던 것이다. 반공을 국시로 하는 정권의 입장에서 볼 때 만행의 주체로 남한을 지목한다는 것은 자칫 현 체제를 비난하는 것으로 오인될 수 있었던 까닭에 오빠의 죽음을 인민군의 소행으로 처리할 수밖에 없지 않았을까. 그런 사실을 뒷받침해 주듯이 박완서는 자신의 작품에 대해 다음과 같은 고백을 한 바 있다.

> 박완서 저는 스무살에 6.25를 겪었습니다. 그런데, 글을 쓰기 시작하면서부터 그때의 체험들이 문학적으로 굉장한 보고(寶庫)라고 느끼기 시작했습니다. 다른 나이도 아닌 열아홉, 스무 살 때 전쟁 체험을 했다는 점에 저는 대단히 집착하게 되었습니다. (중략) 6.25에는 분명히 두 가지 형태의 죽음이 있었습니다. 그 하나는 반동이라고 해서 이북에서 죽인 것이고, 다른 하나는 빨갱이라고 해서 이남에서 죽인 죽음입니다. <u>그런데도 저는 모든 죽음을 빨갱이가 반동이라고 해서 죽인 것으로만 썼었습니다. 이렇게 정직하지 못했던 것, 정직할 수 없는 것이 앞으로의 전쟁문학에서도 큰 문제라고 생각됩니다.</u> 양쪽이 다 이데올로기에 눈이 멀어 얼마나 비인간적이며 잔혹했던가를 똑같이 증언하고 싶은데 못했던 것, 이것은 제 경우만이 아니라 다른 작가들에게도 공통되는 문제라고 생각합니다.[16] (밑줄-인용자)

---

16) 박완서 외, 「(좌담)6.25 분단문학의 민족동질성 추구와 분단 극복의지」, 『한국문학』, 1985.6, 48-49면.

여기서 박완서는 소설을 쓰면서 남북한 모두가 이데올로기에 눈이 멀어 저지른 비인간적인 만행을 증언하고 싶지만 그것을 정직하게 쓰지는 못했다는 사실을 고백하는데, 특히 주목되는 부분은 "모든 죽음을 빨갱이가 반동이라고 해서 죽인 것"으로 처리할 수밖에 없었다는 것, 그런데 그것은 단지 자기 개인만의 문제가 아니라 '전쟁문학의 공통되는 문제'라는 대목이다. 여기에 비추자면, 『목마른 계절』에서 '오빠의 죽음'을 인민군의 만행으로 처리한 대목이 자연스럽게 이해되며, 또 작품의 전반부에서 북한군의 만행이 강조된 것도 같이 이해할 수 있다. 이런 사실은 1985년 이전에 발표된 다른 작품들에서도 오빠의 죽음을 모두 "빨갱이가 반동이라고 해서 죽인 것"으로 처리한 데에서도 확인된다. 1973년에 발표된 「부처님 근처」에서는 오빠가 인민군 동지로부터 사살당한 것으로 처리되었고, 1985년의 「엄마의 말뚝 2」에서는 인민군에게 총상을 입고 죽어가는 것으로 서술되었다. 그런 점에서 이들 작품은 반공주의가 작가의 창작에 직접 개입해서 인물의 형상마저도 왜곡한 소설사의 이례적인 경우라고 할 수 있을 것이다.

『목마른 계절』이 전쟁기의 참상을 증언하고 있음에도 불구하고 반공주의적인 모습을 보이는 것은 현실의 압력을 이렇듯 작가가 무의식적으로 수용하고 있기 때문이다. 박완서는 적어도 1985년도까지는 반공주의의 압력에서 자유롭지 못하였다. 물론, 작품을 전개하면서 작가는 단순히 공산주의자들의 만행만을 강조하지는 않았다. 국군이 서울에 입성한 뒤의 행태 역시 한때 부역행위를 했던 자신과 같은 사람에게는 결코 유리한 것이 아니었음을 고백하고, 또 전쟁 초기 인민군의 서울 함락이 임박한 상황에서 국민들을 안심시켜 놓고는 오히려 야반도주한 이승만 정권의 비열한 행태에 대한 비판 역시 신랄하다.

하지만 남한 체제에 대한 비판은 『그 산이 정말 거기에 있었을까』에 비하면 상대적으로 미흡하고 오히려 공산주의에 대한 비판이 작품의 대부분을 차지하는데, 이는 반공주의가 지배했던 시대 분위기와 무관한 것이라고 할 수 없다.

## 3. 작가의 균형감각과 성찰의 시선

『그 많던 싱아는 누가 다 먹었을까』와 『그 산이 정말 거기에 있었을까』는 박완서가 자전소설이라는 사실을 밝히고 쓴 작품들이라는 점에서 각별하다. 이전에는 이런 종류의 작품을 쓰지 않았다는 것이 아니라 '소설로 쓰는 자화상'이라는 부제까지 붙이면서 본격적으로 쓴 작품이 이들 자전소설이다.

박완서가 『그 많던 싱아는 누가 다 먹었을까』를 자전소설의 형태로 쓴 것은, 작가의 고백에 따르자면, 나이가 들수록 기억이 흐려지는 까닭에 더 늙기 전에 자신이 살았던 과거 1940년대에서 1950년대의 사회상, 풍속, 인심 등을 증언하고 싶었기 때문이다. 이를테면, "화가가 자화상 한두 장쯤 그려보고 싶은 심정"으로 작품을 썼고, 따라서 "순전히 기억력에만 의지해서 (…) 쓰다 보니까 소설이나 수필 속에서 한두 번씩 울궈 먹지 않은 경험이 거의 없었다. 그러나 (…) 이번에는 있는 재료만 가지고 끼 맞춰 집을 짓듯이 기억을 꾸미거나 다듬는 짓을 최대한으로 억제한 글짓기"를 했다고 한다.17) 그래서 작품에는 과거 소설에서 단편적인 일화의 형태로 제시되었던 사적인 체험들이 파노라마처럼 종합적으로 구성되어 드러나고, 그것을 바라보는 작가의 시선도 한층 성숙하고 공평하다. 앞서 살핀 대로, 『목마른 계절』이

---

17) 박완서, 「작가의 말」, 『그 많던 싱아는 누가 다 먹었을까』, 웅진출판, 1992, 5-7면.

반공주의의 압력에서 자유롭지 못했다면, 여기서는 그로부터 벗어나 과거의 상처를 한층 객관적으로 바라보고 고백하는 여유와 평정심을 보여준다. 그런 사실은 두 가지로 확인할 수 있다. 하나는 화자의 성격이 한층 자기 고백적이고 성찰적인 모습을 보인다는 점이고, 다른 하나는 오빠의 죽음이 수필에서 언급된, 사실 그대로의 모습으로 재현된다는 점이다. 이런 사실들을 통해서 반공이라는 억압적 규율에서 벗어난 작가의 모습을 확인할 수 있다.

먼저, 화자는 『목마른 계절』에서보다 한층 적극적으로 자신의 행위를 고백하여 과거와는 다른 모습을 보여준다. 앞에서 살핀 대로, 『목마른 계절』에서는 좌익에 자발적으로 관여했다가 점차 그로부터 멀어진 사실을 회상하면서 좌익에 대한 증오와 거부감을 토로한 바 있다. 그런데 『그 산이 정말 거기에 있었을까』에서는 좌익에 관여한 행위가 자발적이라기보다는 다분히 상황적 필요에 의한 것으로 회상된다. 인민군 치하에서 민청에 관여한 것이나 또 국군 치하에서 향토방위대에 관여한 것은 모두 생존을 위한 불가피한 선택이었다. 병자인 오빠와 노모, 그리고 올케와 어린 자식들을 홀로 감당할 수밖에 없었던 상황에서 화자는 단지 살기 위해서 인민군들의 눈치를 살피지 않을 수 없었고, 그런 상황에서 미력하게나마 협조하지 않을 수 없었다. 그리고 국군 치하에서는 자신의 부역행위와 오빠의 좌익 전력을 숨기기 위해서 그들의 요구를 받아들이지 않을 수 없었고, 마침내 국군을 도와 청년조직인 향토방위대에 출근했다고 한다. 자칫 기회주의적으로 비칠 수도 있는 행위를 이렇듯 여과 없이 고백한 것은 책의 머리말에서 언급한 대로 과거의 기억을 "꾸미거나 다듬지 않고" 있는 그대로 서술하려는 심리와 관계될 것이다. 물론, 좌익에 관여한 것이 『목마른 계절』에서처럼 과연 자발적인 것이었는지 아니면 상황에 따른 불가피한 선택이었는지의 여부는 작품의 내용만으로는 판별하기 힘들다. 그럼에도 작품 속의 고백이 진실하게 다가오는 것은, 그동안 숨겨왔던 작가 개인의 '사특한 이기심'을 스스럼없이 고백하고 반성하는 모습을 보였다는 데 있다. 말하자면 작가는 그동안 다른 작품에서 한 번도 언급한 적이 없었던 내용 즉, 가족을 버리고 홀로 피난길에 올랐던 자신의 이기적 행동을 서슴없이 고백하고 뉘우치는 모습을 보이는데, 이는 『그 많던 싱아는 누가 다 먹었을까』에서 언급한 바 있는 "자기 미화의 욕구"를 극복하려는 의도로 이해할 수 있다. 그동안 박완서는 작품을 쓰면서 가족이나 주변 인물들에 대해서는 '세밀하고 가차 없는 묘사'를 했지만, 자기 자신에 대해서는 '모호하게 얼버무리거나 생략한 경우가 많았다'고 한다. 말하자면 자기 "자신에게 정직하기가 가장 어려웠[18]"다고 하는데, 이 작품은 바로 그러한 자신의 치부를 과감히 고백했다는 데 의미가 있다.

여기서 고백의 내용은 가족들을 버리고 홀로 피난길에 올랐던 과거의 행동에 대한 것으로, 공교롭게도 그것 또한 오빠로부터 비롯된 것이었다. 관통상을 입은 후 오빠는 피난 생활을 몹시 힘들어했고 서서히 무너지고 있었다. 그런 상황에서 인민군이 다시 서울로 쳐들어오자 오빠는 극도의 신경 분열적 모습을 보였고, 가족들은 어떻게든 피난을 떠나지 않을 수 없게 되었다. 이때 오빠가 피난처로 지정한 곳은 천안에 있는 죽은 전처의 집이었다. 그것도 올케를 비롯한 온 가족을 동반하고 '거기'로 피난을 가자고 우겼는데, 이는 화자가 보기에 도저히 받아들일 수 없는 상식 밖의 행동이었다. 올케와 어머니의 입장을 고려하자면,

---

18) 박완서, 앞의 「작가의 말」 7면 참조.

그런 행위는 전쟁이라는 극한의 상황을 감안하더라도 "졸렬한 응석"으로밖에 비치지 않았던 것이다. 그런데도 오빠는 마치 "첫사랑에 순(殉)하기를 동경해 마지않는 소년 시대로 퇴영한 것"처럼 그곳을 고집했고, 그런 구차스러운 행동을 지켜보면서 화자는 가족들을 내팽개친 채 향토방위대를 따라 홀로 피난길에 올랐던 것이다. 물론, 그런 행위를 하면서도 화자는 자신의 행동을 뉘우치는 모습을 곳곳에서 보여준다. 수레를 구해서 오빠와 가족을 싣고 함께 피난을 떠났어야 했던 게 아닐까 하고 뉘우치고, 특히 피난을 다녀온 뒤에는 오빠가 죽자 하루만에 바로 매장한 것으로 인해 심한 죄의식에 시달리기도 한다.

이와 같이 작가는 화자의 입을 빌려 그동안 마음 깊이 숨겨두었던 죄의식을 고백하는데, 이는 그만큼 과거사에 대해 솔직해졌다는 뜻이고 한편으로는 그 죄의식으로부터 멀어졌다는 것을 의미한다. 마음속 깊이 각인되어 있던 죄의식은 그동안 작가를 구속하는 심리적 억압 요인이었고, 그것을 사실적으로 털어놓음으로써 그로부터 벗어나 정신적 해방을 찾고자 했던 것이다. 고백이란 상처의 본질을 응시하고 조망함으로써 그로부터 자유롭고자 하는 행위이고, 따라서 그것은 일종의 심리적 자기치유와도 같다.19) 그런 치유된 심리로 과거사를 회상하고 기록한 까닭에 작품은 이전과는 달리 한층 고백적이고 때론 참회록과도 같은 느낌을 주는 것이다.

오빠의 죽음이 『목마른 계절』과는 달리 한층 사실적으로 그려진 것도 화자의 이러한 태도와 연결된다. 화자는 사뭇 담담한 태도로 오빠의 죽음이 남・북한 양 체제의 압력에 의한 것이었음을 고백한다. 곧, 화자가 보기에 오빠는 전향을 한 이후 서서히 죽어가고 있었다.

---

19) E. 프롬, 호연심리센터역, 『정신분석과 듣기 예술』, 범우사, 2000, 53-60면.

인민군과 국군이 번갈아 지배하던 서울에서의 생활이 전향한 경력이 있는 오빠에게는 이중의 고통을 안겨주었는데, 인민군 치하에서는 국군의 패잔병이 아닌가 하는 의심 속에서 숨을 죽여야 했고, 국군치하에서는 과거 좌익이었던 경력이 드러날까 봐 안절부절못하였다. 그런 상태였기에 오빠는 인민군이 장악하기 직전의 현저동 생활에서 매우 비정상적이고 정신분열적인 모습을 보여주었다. 화자와 올케에게 바깥의 동정을 살피라고 조바심치는 오빠의 표정에는 단지 "우리가 누구 치하(治下)에 있나"만이 관심사일 뿐 주변에 이웃이 있고 없고, 혹은 '이데올로기의 진공상태'(남 · 북한 두 체제의 영향력이 미치지 않았던 현저동에서의 생활)에서 누구의 억압도 존재하지 않는다는 사실은 전혀 중요한 것이 아니었다. 오빠는 그런 상황에서 "사색이 되어 좌불안석, 시시각각 언어 능력조차 퇴화해" 갔던 것이다. 오빠의 붕괴는 이후 점차 그 정도를 더해서, 인민군이 다시 서울로 진입을 하자 막무가내로 피난을 가야 한다고 우기는 대목에서는 마치 죽음을 앞둔 사람의 주문처럼 섬뜩한 광경으로 그려진다. 이러한 몰락 과정 속에서 오빠는 총 맞은 지 팔 개월 만에 싸늘한 주검으로 변한 것이다. 화자는 이런 사실을 담담하게 기록할 뿐 죽음에 따른 절통한 심정이라든가 현실에 대한 적개심을 내보이지 않는다.

    오빠는 죽어 있었다. 복중의 주검도 차가웠다.
    그때가 몇 시인지 우리는 아무도 시계를 보지 않았고 왜 엄마 혼자서 임종을 지켰는지도 묻지 않았다. 엄마도 자다가 옆에서 끼쳐 오는 싸늘한 냉기 때문에 깨어났을지도 모른다. 체온 외엔 오빠가 살아 있을 때 하고 달라진 건 아무 것도 없었다. 눈 똑바로 뜨고 지키고 앉았었다고 해도 아무도 그가 마지막 숨을 쉬는 순간을 포착하지 못했을 것이다. 총 맞은 지 팔 개월 만이었고, '거기' 다녀온 지 닷새 만이었다. 그는 죽은 게 아니라 팔 개월 동안 서서히 사라져 간 것이다. 우리는 아무도 그의 임종을 못 본 걸 아쉬워하지 않았다. 그 대신 그의 너무도 긴 사라짐의 과정을 회상하고 있었다.[20]

주관적인 흥분이나 감정을 최대한 배제하고, 있는 그대로의 모습을 고백함으로써 작가는 과거사를 한층 객관적으로 재현해낸다. 인용문에서 볼 수 있듯이, 화자의 고백에는 감정의 앙금이라든가 적의(敵意)가 배제되고 단지 담담하게 과거사를 회상하는 평정심이 엿보인다. 꺼릴 것도 두려워할 것도 없는 형평(衡平)의 상태, 그렇기에 이 작품에서는 이전처럼 반공주의로 인한 내적 검열이라든가 규율이 거의 발견되지 않는다. 1985년 이전의 작품에서는 반공주의라는 시대적 압력에 의해 오빠의 죽음이 인민군의 만행으로 처리되었지만, 여기서는 수필에서 밝힌 그대로의 모습이다.

작품에서 남·북한에 대한 비판이 어느 한쪽에 치우치지 않고 한층 균형 잡힌 시각을 유지하는 것도 이런 균형 잡힌 심리에서 비롯된다. 작품에서 인민군에 대한 비판이나 국군에 대한 비판은 양적으로 거의 비슷하고, 비판의 내용 역시 남한과 북한의 어느 한쪽에 치우치지 않고 공평하게 양쪽 모두의 잔혹함을 향한다. 적 치하의 생활을 통해서 공화국의 하늘 아래서 살고 싶지 않은 가장 큰 이유를 "사람 사는 세상에 대한 최소한의 믿음과 상식이 전혀 안 통하는 데 있"다고 말하며, 또 국군에 대해서도 결코 호의적인 태도를 보이지 않는다. 남한 체제 역시 상식이 통하지 않는 불합리와 비인간성에 바탕을 두고 있다고 보는 것이다. 인간을 외면한 이 두 체제의 이데올로기적 갈등으로 인해 오빠가 죽었고, 남북한 모두가 그 책임의 당사자라는 게 작가의 생각이다.

---

[20] 박완서, 『그 산이 정말 거기 있었을까』, 웅진닷컴, 1995, 177-178면.

그리고 작품에는, 전쟁을 직접 체험하지 않고 들은 이야기로, 또는 짐작이나 상상으로는 쓸 수 없는 세세한 풍경과 장소와 인물과 사건과 감정들이 가득 차 있는 것을 볼 수 있다.21) 가령, 수복 직후의 서울 돈암동 시장과 회현동 미군 PX 앞 거리 풍경 등은 기록 영화를 보는 듯이 생생하고, 특히 어느 한쪽에도 동조하지 못하고 남한과 북한 사이에 끼어 좌불안석 공포와 불안에 시달리는 화자를 비롯한 일반 시민들의 묘사는 이 작품만의 독특한 성과라 할 정도로 섬세하다. 이와 같은 증언적 서사로 인해, 『그 많던 싱아는 누가 다 먹었을까』는 극적 갈등이나 긴장감이 없이 담담하게 과거사가 술회되고 있음에도 불구하고, 시종일관 독자들을 사로잡는 매력을 발산하는 것이다.

이런 객관화된 시선으로 인해 이 작품은 또한 이전 소설에서는 볼 수 없었던 여러 새로운 내용들을 담게 된다. 그 중의 하나가 생명(혹은 생존)의 소중함에 대한 자각인 바, 그것은 삶에 대한 화자의 강렬한 욕망으로 표현된다. 작품 전반에 걸쳐 화자를 사로잡고 있는 것은 "오로지 배고픈 것만이 진실이고 그 밖의 것은 모조리 엄살이요 가짜"라는 생각이다. "인민위원회에 나가는 일에 그다지 몸을 사리지 않았던 것도 깊은 마음은 식량 문제와 닿아 있었"기 때문이고, 향토방위대를 도와주었던 것이나, 그들을 따라서 피난길에 올랐던 것은 식량 걱정을 하지 않아도 된다는 이유에서였다. 생명에 대한 이 강렬한 집착에서 화자는 도둑질도 주저하지 않았고, 또 그런 자신에 대해서도 심각하게 죄의식을 느끼지 않았던 것이다. 올케 역시 갖은 수모를 감수하면서도 양공주들을 찾아다니며 행상을 했고, 화자 또한 모멸을 감수하며 미군 PX에서 양키들에게 웃음을 팔았던 것이다.

---

21) 이남호, 「그 때 거기에 있었던 슬픔과 아름다움에 대하여」, 앞의 『그산이 정말 거기에 있었을까』, 321면.

이 과정에서 화자가 공산주의에 대해 심한 환멸감을 느꼈던 것은 삶에 대한 이 원초적 본능마저 외면하는 파렴치함 때문이었다. 인민군 치하에서 강제로 관람하게 된 연극은 공산주의 체제의 희극적 성격을 보여주는 단적인 사례에 해당한다. 이를테면, 화자는 칠흑의 밤길을 걸어서 인민군들이 베푸는 공연을 감상한 적이 있었다. 무대에는 한 소녀가 작업복에다가 머리를 질끈 동여맨 채 망치와 낫을 들고 있었고, 분홍 드레스를 입은 다른 한 소녀는 하프 비슷하게 생긴 반짝거리는 장난감을 들고 있었다. 두 무용수가 격렬하게 엇갈리고 쫓고 쫓기는가 했더니 마침내 분홍 드레스가 무대 한가운데 힘없이 무너져 내렸다. 낫과 망치를 든 소녀가 두 발을 모으고 역동적인 춤을 추다가 분홍 드레스 허리를 밟고 서면서 무용이 끝났다. 말하자면 노동자의 승리를 암시하면서 연극이 끝난 것이다. 이를 보고 화자가 느낀 것은 "먹어야 산다는 만고의 진리"마저 외면한 '공산주의의 벌거벗은 모습'이었다.

> 나는 이불 속에서 외롭게 절망과 분노로 치를 떨었다. 이놈의 나라가 정녕 무서웠다. 그들이 치가 떨리게 무서운 건 강력한 독재 때문도 막강한 인민군대 때문도 아니었다. 어떻게 그렇게 완벽하고 천연덕스럽게 시치미를 뗄 수가 있느냐 말이다. 인간은 먹어야 산다는 만고의 진리에 대해. 시민들이 당면한 굶주림의 공포 앞에 양식 대신 예술을 들이대며 즐기기를 강요하는 그들이 어찌 무섭지 않으랴. 차라리 독을 들이댔던들 그보다는 덜 무서울 것 같았다. 그건 적어도 인간임을 인정한 연후의 최악의 대접이었으니까. 살의도 인간끼리의 소통이다. 이건 소통이 불가능한 세상이었다. 어쩌자고 우리 식구는 이런 끔찍한 세상에 꼼짝 못 하고 묶여 있는 신세가 되고 말았을까.[22]

---

[22] 『그 산이 정말 거기에 있었을까』, 57면.

이런 심경이 담담하게 토로된 까닭에 작품에서 반공주의로 인한 굴절은 거의 드러나지 않으며, 대신 전쟁기를 견뎌온 한 여성의 눈물겨운 체험만이 사실적으로 서술된다. 그래서, 굶주림과 정신적인 고통 속에서 가정을 유지하기 위해 버둥대는 일련의 과정은 한편으로는, 우리 여성들의 눈물겨운 수난사를 대변한다고 볼 수 있다. 더구나 화자가 걸어온 길은 남성이 부재하거나 제 역할을 하지 못하는 상황에서 이루어진 것이라는 점에서 남성을 대신하는 민족의 끈질긴 생명력을 상징하는 것이기도 하다. 작품 말미에서 화자가 그동안 오해하고 심지어 증오하기까지 했던 어머니를 이해하고 수용하는 것은 그런 사실의 연장선상에 놓여 있다. 작품에서 어머니는 시종일관 화자에 대해서 냉담하고 심지어 비정하기까지 한 모습을 보여주었다. 인민군 숙소에 불을 때 주기 위해서 화자가 늦은 밤에 인민군을 따라갔을 때 어머니는 무관심한 척 외면했고, 식량을 구하기 위해서 남의 집 담을 수시로 넘었을 때 한 번도 그 노고를 위로하거나 감싸주지 않았다. 그랬던 어머니조차도 화자는 '자신이 지금껏 살아 온 힘은 순전히 어머니 때문이었다'(에필로그)고 고백한다. 어머니의 넉넉한 사랑과 자식들에 대한 본능적인 모성이 다시 가족의 유대를 부활시키고 자기로 하여금 새로운 가족을 가질 수 있도록 해주었다는 것.

이 작품이 화자의 개인사에 얽힌 눈물과 고통을 기록하고 있음에도 불구하고 작품을 읽고 난 뒤 넉넉한 포용심과 따스한 온기를 느끼는 것은 화자의 이 깊은 시선에서 비롯된다. 그래서 작품은 한 여성의 수난사를 통해 가족의 소중함을 환기하고 민족의 끈질긴 생명력을 포착해 낸 증언적 기록이 되는 것이다.

## 4. 자전소설의 의미와 지평

　자전소설이란 자신의 삶을 회상하고 소환하여 현재를 성찰하고 살피는 계기를 제공하는 소설 양식이다. 여기서 과거의 삶을 회상하고 불러온다는 것은 과거를 현재화하고, 한편으론 과거사의 복원을 통해 자신의 상처를 치유하는 과정을 의미한다. 인간이란 본질적으로 자유를 갈망하는 존재이고, 그 자유란 육체적인 것만이 아니라 정신적인 것까지 포함한다. 자신의 상처를 회상하고 분석한다는 것은 상처의 근원을 찾고 그것을 드러냄으로써 그로부터 해방을 얻고자 하는 것이고, 그래서 자기 분석이 주는 효과는 자기 자신의 진정한 갈등을 찾음으로써 자유를 증가시키는 데 있다.23) 박완서가 과거의 체험을 반복해서 서사화했던 것은 그런 맥락에서 이해될 수 있다. "작품을 쓰면서 정직하지 못한 구석을 남겨놓고 있었다."는 진술에서 스스로 정직해지고 싶다는 성찰과 함께 그로부터 벗어나 자유롭고자 하는 의지를 엿볼 수 있는 셈이다.

　그런데 어떤 한 사람을 형성하고 조형하고 행동을 결정짓는 요인은 개인적인 것과 함께 그가 속한 사회 구조라 할 수 있다. 프롬이 언급한 것처럼, 사람들은 사회의 필요에 따라 만들어질 수밖에 없다.24) 그런 사실을 감안할 때, 박완서에게 있어서 극복해야 할 또 하나의 요소는 사회적인 억압이고, 구체적으로는 반공주의였다. 박완서는 그 압력으로 인해 상상력과 창작에서 상당한 제약을 받았고 심지어 인물의 형상마저 왜곡된 형태로 제시하지 않을 수 없었다. 화자의 태도와 인물의 형상을 중심으로 살필 때, 박완서 소설이 1990년 이전과 그 이후가

---

23) 앞의 『정신분석과 듣기 예술』 53-60면 참조.
24) 『정신분석과 듣기예술』, 107면.

사뭇 다른 모습을 보이는 것은 그런 사실로 설명될 수 있을 것이다. 여기서 1990년이라고 말한 것은, 박완서가 그 시점부터 반공주의에서 완전히 벗어났다는 것을 뜻하는 게 아니라, 한국 사회의 급속한 변혁을 통해서 군부독재를 청산하고 민주주의의 가능성을 확인한 1987년의 민주화투쟁과 그 이후 도미노처럼 허물어진 동구 사회주의의 몰락을 지켜보면서 반공주의의 내면화된 기율에서 벗어난 것이 1990년을 전후한 시기였음을 의미한다. 실제로 박완서는 이러한 심리의 변화를 수필을 통해서 직접 언급하기도 했다.

> 한참 꽃다운 나이에 나라가 분단되고 그 후 우리는 공산주의를 신봉하는 북조선과, 남한에서도 좌익이념을 가진 사람들을 한데 싸잡아 빨갱이라고 불렀다. 북조선에서 반동분자로 지목되는 게 치명적이었던 것처럼 이 땅에서는 빨갱이로 몰리는 게 가장 가혹한 따돌림이었다. 빨간 빛깔이 연상시키는 건 떠오르는 태양도, 젊은 피도, 노을도, 장미도, 봉숭아도 아니고 특정 이념이었다. (…중략…) 그렇게 수단껏 비굴하게 살아남은 후엔 행여 빨갱이로 몰릴까봐 먼저 남을 빨갱이로 몰아 선수를 치기도 하고, 미운 놈이나 정적을 파멸시키기 위해 빨간 빛깔을 이용하기도 했다. 오랜 세월을 이렇게 빨간 빛깔에 가위눌려 살아온 우리 세대는 지구상에서 좌우의 이념 대결이 무의미해지고 남북이 말을 트기 시작한 후에도 빨간 빛깔에 대한 거의 미신적인 피해의식으로부터 놓여나지 못했다. 우리에게 빨강은 의식의 한 올을 가시처럼 찌르고 잡아당기는 이상한 빛깔이었다. 빛깔 속에 가시나 이념이 들어 있을 리 없건만 오랜 편가르기와 눈치보기가 없는 걸 있는 것처럼 헛보이게 했다. 붉은 악마들은 우리 세대의 이런 고질적이고도 황당한 빨간 빛깔과의 악연을 단숨에 날려버렸다.[25]

---

[25] 「구형(球型) 예찬」, 『두부』, 창작과비평사, 2002, 82-83면. 「나에게 소설은 무엇인가」(『문학앨범』)에서도 그런 사실을 확인할 수 있다.

'오랜 세월을 빨간 빛깔에 가위눌려 살아' 왔다가 월드컵의 붉은 물결을 지켜보면서 '빨간 빛깔과의 악연'을 단숨에 날려버렸다는 것. 이런 변화는 물론 박완서의 경우에만 해당하는 것은 아니다. 반공주의가 맹위를 떨치던 1970년대의 현실에서 홍성원, 김원일, 조정래 등은 모두 같은 문제를 감당해야 했다. "아버지가 월북함으로 인하여 아버지의 비밀을 장자로서 끝까지 지켜야 된다는 관념을 어릴 때부터 어머니로부터 훈계조로 교육받았는데, 이것이 일종의 억압심리로서 내 의식 속에 존재했다."는 김원일의 고백이나[26], 대하장편 『남과 북』(1976)을 발표하면서 홍성원이 좌익 쪽의 이야기를 빼놓고 쓸 수밖에 없었던 것은 그런 사정과 연관되어 있다. 작품을 발표한 이후 25년의 세월이 흐른 뒤 홍성원은 개작을 통해서 좌익 쪽 인물들을 추가하고 보완해서 공백으로 남아 있던 반쪽을 채웠고[27], 김원일도 1970년대에는 미처 할 수 없었던 이야기를 『불의 제전』(80-97)에서 거침없이 쏟아 놓은 바 있다. 조정래 역시 보수 우익의 필화사건을 뚫고 민족사를 새로운 시각으로 재구성한 대하장편 『태백산맥』을 완성할 수 있었다. 그렇기에 박완서가 받았던 상처와 창작상의 제약은 그 자신만의 것이라기보다는 한 시대 전체가 감당해야 했던 시대의 질곡이자 천형 같은 것이었다.

그런데, 김원일이나 조정래 등이 시대와 현실의 어둠을 뚫고 삶의 새로운 지평을 열어 놓았다면 박완서는 그와는 달리 시대 현실을 수용했고, 1990년대 이후에야 그 압력으로부터 자유로워졌다는 점에서, 1980년대 소설은 그리 만족스럽지 못하다. 오빠의 형상이나 작품 전반을 관통하는 반공주의적 시선은, 온몸으로 그것에 맞서면서 새로운

---

[26] 김원일, 앞의 대담, 20면.
[27] 홍성원, 앞의 머리말 5-8면.

진실을 추구한 작가들에 비하자면 상대적으로 소극적이고 안이하다. 박완서의 시야와 관심 범위는 필화사건으로 혹독한 고초를 겪고 그에 맞선 작가들에 비하자면 상대적으로 개인의 울타리를 벗어나지 못하였다. 작품이 사회 현실을 편벽되지 않고 공평하게 담아내기 위해서는 새삼스럽지만 시대의 질곡에 맞서는 작가적 고투를 전제하지 않을 수 없다. 소설은 눈에 보이고 경험된 현실의 구조를 드러내기보다는 체제가 표방하는 것 뒤에 감추어진 보이지 않는 진실을 천착하는 까닭에 그런 노력은 무엇보다 절실하다. 박완서 소설이 능란한 입담과 천의무봉의 문체로 전쟁기의 참화를 증언하는 성과를 획득했음에도 불구하고 아쉬운 것은 그런 점이다.

# 제4부
# 시대 환경의 변화와 개작

**제1장**
이념적 순응과 새로운 주체의 정립 – 해방 후 이태준과 김동리 소설의 개작

**제2장**
허구적 서사와 수필적 서사 – 이호철의 「판문점」과 「판문점2」를 중심으로

**제3장**
우의(寓意)의 서사와 직설의 서사 – 이병주의 「소설·알렉산드리아」와 『그해 5월』의 경우

**제4장**
포즈로서의 문학과 현실로서의 문학 – 『7번국도』의 개작을 중심으로

## 제1장

# 이념적 순응과 새로운 주체의 정립
✥
## 해방 후 이태준과 김동리 소설의 개작

### 1. 이태준과 김동리

　우리가 접하는 작품은 대부분 개작을 통해 새롭게 태어난다. 개작은 글쓰기가 시작된 이래 지금까지 계속되는 창작의 한 방법이다. 작품은 매체에 발표된 뒤 단행본으로 묶이면서 개작되고, 그것은 다시 단행본이나 선집(혹은 전집)에 수록되면서 개작된다. 개작을 통해 작품은 표현과 의미에서 한층 새로운 모습을 갖는다. 그래서 원작과 개작본은 상호텍스트성으로 설명될 수 있다. 개작은 개작의 대상이 되는 원본의 존재를 전제하고, 그 원본은 작가의 가치관과 수사(修辭)를 통해서 새로운 텍스트로 거듭난다. 고칠 때마다 작품의 결점이 줄어들고, 막연하게 그려졌던 이미지가 선명해지며, 마음속에 모호하게 자리하고 있던 정념이 또렷해지고, 전체 구성이 단단하고 짜임새 있게 엮이는 것이다.[1] 최인훈의 『광장』은 1960년 『새벽』지에 처음 발표된 이래 50년에 걸쳐 10번이나 개작되면서 완성되었다. 발표된 다음 해에 원고지 600매였던 작품이 800여 매로 확장되어 단행본으로 나왔고, 이어 1967년과 1973년에 각각 재출간되면서 단어와 문맥이 수정되

---

[1] 마루야마 겐지, 김난주 역, 『아직 오지않은 소설가에게』, 바다출판사, 2019, 50면.

면서 새롭게 탄생하였다. 그리고 1976년의 『최인훈 전집』에 수록되면서 대폭 개작되었고, 2009년 10번째 개작을 통해 다시 한번 새로운 텍스트로 탄생하였다. 한번 발표된 텍스트는 그 자체로 완결되는 것이 아니라 부단히 각색되고 변형되면서 새롭게 태어나는 것이다.

여기서 문제삼는 이태준과 김동리의 개작도 작가의 가치관이나 수사학에 의해서 새로운 텍스트로 재생산된 것이라는 점에서 동일하다. 알려진 대로 이태준과 김동리는 개작과 퇴고를 누구보다 중시하고 몸소 실천한 작가들이다. 이태준은 "이대로 3년이면 3년을 나가는 것보다는 지금의 작품만 가지고라도 3년 동안 퇴고를 해놓는다면 그냥 나간 3년보다 훨씬 수준 높은 문단이 될 것"[2]이라 단언하였고, 김동리는 "작가는 신이 아니기 때문에 완벽한 작품을 쓸 수 없"고, 그래서 "한번 발표된 작품이라도 생명이 있는 날까지 계속적으로 완벽을 향해 노력해야"[3] 한다고 말하였다. 그런 생각에서 이들은 작품을 고치고 또 고치었다. 그런데, 여기서 주목하는 「밤길」(이태준)과 「산화(山火)」(김동리)의 개작은 후행 텍스트가 선행 텍스트보다 질적으로 떨어지는 형태로 나타난다는 점에서 독특하다. 「밤길」(40)과 「산화」(36)는 모두 일제 치하에서 발표된 뒤 해방 후 단행본 『첫전투』(49)와 『무녀도』(47)에 재수록되면서 대폭 개작되는데, 여기에는 작가의 정치적 입장과 신념에 따른 자기검열이 개입되었다. 주지하듯이, 이태준이나 김동리는 모두 해방 후 정치 활동의 일선에 나섰던 작가들이다. 이태준은 해방 전과는 전혀 다른 모습으로 좌익 문단의 지도급 인사가 되었고, 김동리는 이전의 정치적 행보를 한층 강화해서 이태준과는 대척(對蹠)인 우익 문단을 이끌었다. 그런데 두 사람은 일제강점기에

---

[2] 이태준, 「명제 기타」, 『무서록』(이태준전집5), 소명출판, 2015, 57면.
[3] 김동리, 「작가의 변: 전체와 부분의 전도된 개작」, 『월간 독서생활』, 1976.1, 293면.

는 문학적으로나 정치적으로 거의 같은 입장을 보여주었다. 이태준은 문학의 자율성을 옹호하면서 프로문학과 거리를 두었고, 김동리 역시 이태준과 거의 동일한 입장을 견지하였다. 그런데 흥미롭게도 해방과 함께 두 사람의 정치적 행보가 정반대로 바뀌고 서로를 적대하는 두 진영의 중심인물이 되었다. 좌익 문단을 주도한 이태준은 과거 계급문학을 반대하고 문학의 순수성을 옹호했던 것을 부정해야 했고, 김동리는 과거의 반계급적인 입장을 강화하면서 잠시 동조했던 좌익적 시각을 지워야 하는 상황이 되었다. 이를테면, 두 사람은 모두 과거의 역사를 새로 써야 하는 처지가 된 것이다.

이태준이 「밤길」을 개작하여 『첫전투』에 수록하면서 "이 작품은 해방 이전 것이나 그때는 검열불통과로 단편집에서 빠졌기 때문에 이번 단편집에서 수록함"[4]이라고 명기한 것은 과거를 소환해서 현재의 처지에 맞게 정당화했다는 변명으로 볼 수 있다. 검열로 단행본에 빠졌다고 한 것은 사실 진술이라기보다는 소환의 명분을 말한, 일종의 자기변명이고, 그런 변명을 앞세워 과거의 역사를 다시 쓰고자 한 것이다. 한편, 김동리는 이태준의 아류라는 평가에서 벗어나기 위해 작심하고 썼던 프로문학과 흡사한 형태의 「산화」를 새로 창작하듯이 개작하는데, 이 역시 자기검열에 따른 과거사 지우기로 볼 수 있다. 「산화」는 발표 당시에 프롤레타리아 작품으로 평가될 정도로 계급적 갈등과 분노를 중심 서사로 하는데, 개작된 「산화」에서는 그런 대목이 삭제되거나 완화되는, 곧 우익의 입장에 맞도록 조정되어 있다. 재수록의 변(辯)을 특별히 남기지는 않았으나, 청년문학가협회를 이끌면서 "문학이 당의 문학이 되어 정치나 당파의 선전 도구가 되는 현실을

---

[4] 이태준, 『첫전투』, 문화전선사, 1949.11, 235면.

허용할 수 없다."5)는 주장을 적극 개진하던 상황에서 「산화」는 지워야 할 치부였던 셈이다. 「산화」의 개작은 이런 정치적 입장에서 과거의 과오를 바로잡고 새롭게 자신의 정체성을 주조(鑄造)하는 과정에서 이루어진 것이다.

이글은 이런 사실을 「산화」와 「밤길」의 개작본 비교를 통해서 살펴보고자 한다. 미리 말하자면, 일제강점기의 개작은 검열이라는 외적 강제와 맞서는 치열한 고투의 산물이라면, 해방 후의 개작은 정치적 입장에 따른 자기 부정이라는 점에서, 과거의 흔적을 지우거나 조정하는 역사 다시쓰기의 모습으로 나타난다. 그래서 후행 텍스트는 선행 텍스트와는 다른 정치적 컨텍스트 속에 자리잡는다. 이를 통해서 우리는 같은 경향의 작가가 해방 후 각기 다른 길을 선택하는 분화 과정을 확인하고, 궁극적으로 문학과 정치, 창작과 개작의 문제를 이해하게 될 것이다.

## 2. 「산화」의 개작

「산화」는 김동리의 신춘문예 세 번째 당선작이다. 시 「백로(伯鷺)」가 1934년 〈동아일보〉 신춘문예에 김창귀라는 이름으로 당선되었고, 다음 해에 「화랑의 후예」가 당선되었다. "경쟁자 없이 단연 수위에 올리지 않을 수가 없는 호조(好調) 소설"(김동인)이라는 선후평을 듣고 김동리는 한껏 고무되지만, 안타깝게도 문단의 평가는 그리 좋지 않았다. 월평(月評)에서,6) 「화랑의 후예」에서 이태준의 「불우선생」의 냄새가 난다는 박태원의 지적을 받았고, 이태준의 아류라는 인식을 심어

---

5) 김동리, 「문학과 자유를 옹호함」, 『문학과 인간』, 1952. 청춘사, 133-148면.
6) 박태원, 「'신춘작품'을 중심으로 작가, 작품 개관」, 〈조선중앙일보〉, 1935.2.13.

주었다. "잔뜩 코가 높아져 있던 나로서는 여간 화가 나지 않았다. 문체나 주제의 문제 같으면 모르지만 소재의 공통점을 가지고 신인의 작품에 흠을 붙일 까닭이 무어라 말이냐 하는 불만도 있었다. 그래서 소재면에서부터 전인미답의 새로운 경지를 개척해 보이리라 스스로 다짐했던 것이 이 숯구이였던 것이다." 곧, 「화랑의 후예」로 문단의 인정을 받지 못하고 심한 자존심의 손상을 당한 뒤 절치부심 "다시 신춘문예에 응모할 계획"을 갖고 "실지 답사"7)까지 해서 만든 작품이 「산화」이다. 그런 결기로 「화랑의 후예」를 발표할 때 사용했던 김시종이라는 이름마저 버리고 "김동리로 이름을 갈아서 〈동아일보〉에 응모"했던 것이다. 이런 창작 배경에 비추자면, 「산화」는 신춘문예에 당선하기 위해 의도적으로 취재·제작된 작품이라 할 수 있다.

「산화」는 윤참봉과 뒷실이 가족을 중심으로 지주와 소작인의 갈등과 대립을 그린 작품이다. 뒷실이는 윤참봉네 머슴과 같은 존재로 농사철에는 농사를 짓고 겨울에는 숯을 구워 주인에게 바치는 인물이다. 뒷실이를 비롯한 마을 사람들 역시 모두 같은 처지이다. 윤참봉은 탐욕스럽고 몰인정한 인물이어서 갖은 방법으로 마을 사람들을 착취한다. 거기다가 장성한 두 아들도 탐욕스러워서 큰아들은 가게를 차린 뒤 첩에게 맡겨 운영하면서 소작인들로부터 이익을 취하고, 둘째 아들은 화물자동차 운전을 하면서 소작인(송아지)의 아내를 내연녀로 삼아 농락한다. 사건은 약을 먹고 죽은 소를 마을 사람들에게 팔면서 발생한다. 죽은 소를 싼값으로 팔고, 그것을 먹은 사람들이 하나둘 육독(肉毒)으로 죽어간다. 출산을 앞둔 뒷실이 아내는 사산을 한 뒤 죽어가고, 뒷실이 어머니는 가족의 무탈을 빌면서 신음을 토한다. 거기다가 뒷실

---

7) 김동리, 『김동리 문학전집』(26), 김동리기념사업회, 계간문예, 2013, 144면.

이의 둘째 아들 작은쇠는 윤참봉에게 담뱃대로 머리를 맞고 피를 쏟으며 죽는다. 신음소리가 마을 전체에 울려 퍼지고 사람들은 하나둘 윤참봉네 집으로 몰려들고, 그들의 분노를 대변하듯 '산화(山火)'가 시뻘겋게 타오르면서 작품이 마무리된다.

이런 내용의 「산화」는 사실 김동리 소설로는 매우 독특하다. 지주와 소작인의 문제를 다루었다는 점이나 동리 소설 전반을 관통하는 무속이 상대적으로 빈약하게 제시된 점 등이 다른 작품과는 확연히 다르다. 특히 소작인들이 지주의 악행에 맞서 집단으로 저항하는 대목은 무(巫)라는 주술을 통해 '생의 구경적 의의'를 추구하는 「무녀도」 등과는 전혀 다른 모습이다. 「산화」의 중심 서사는 지주인 윤참봉 일가의 착취와 그로 인한 작인들의 고통이다. 지주이자 산주(山主)인 윤참봉은 '참봉'이라 불리지만 얼마 전까지만 해도 '윤주사'로 불렸던 인물이다. 서자인 아버지가 30여 년 만에 백 석지기의 농장과 큰 산을 유산으로 남겼고, 그것을 윤주사는 손수 짓고 또 숯을 구워 팔아 큰 부자가 되었다. "매년 벼를 오륙백 석이나 받게 되고 겨울에는 뒷ㅅ골 사람 전부가 그에게 숯을 구어 바"친다. 그런데도 윤참봉의 탐욕은 멈출 줄을 몰라서 죽은 소마저 팔아먹는 몰염치한 행동을 서슴지 않는다. 고기에 주린 사람들에게 인심을 베풀듯이 헐값에 팔아넘기지만, 상한 고기를 먹은 마을 사람들은 하나둘 비명 속에서 죽어간다. 거기다가 윤참봉은 성격마저 포악해서 어린아이에게도 거침없이 폭력을 행사한다. 6살짜리 작은쇠가 (먹을 것이 없어) 집을 나간 자기 집 강아지를 보고 반갑게 안고 만지는데, 그것을 본 윤참봉이 자기 집 강아지를 빼앗아 가려는 것으로 알고 담뱃대로 머리를 내려치자 작은쇠는 피를 쏟으며 꼬꾸라진다. 자신의 이익이 조금이라도 침해되면 거침없이 폭력을 행사하는 악한의 전형이다. 그런데 작가는 이 윤참봉에게 대항하는 인물을 제시해서 그에 대한 분노를 구체적인 형태로 표현한다. 한쇠는 평소 윤참봉에게 반감을 갖고 있었는데 동생 작은쇠가 꼬꾸라지는 것을 보고 순간적으로 쇠갈퀴를 들고 윤참봉의 얼굴을 찌른다. 마지막 대목에서 마을 사람들이 아우성을 치며 윤참봉네로 향하고 산불이 "미친 나래를 떨치고" 뻗어나가는 것은 윤창봉의 전횡에 당하지만은 않겠다는 저항의 심리를 단적으로 표현한 것이다.

> 뒤ㅅ골 사람들은 거이 절반이 나 윤참봉네 소고기를 먹엇고 먹은 사람은 거이 전부가 육독이 들엇고 육독든 사람들은 만히 살어날 가망이 없어 뵈엇다. 그들은 못 견데서 모도 죽는다고 고함을 첫다. 이리하야 집집마다 죽어가는 사람들의 웨치는 소리가 우뢰같이 밤이 깊어갈수록 산ㅅ골에 높어젓다.
> 산에 잇든 사람들은 모도 마을로 내려왓다. 숯굴마다 불이 낫다. 어떤 사람은 한쇠네 숯굴에서 먼저 불이 날러 여기저기 벋은 게라 하고 혹은 어느 사람이 일부러 노흔 것이라고도 하엿다.
> (…중략…)
> 사람들은 골목마다 숙설거렷다. 어느듯 그들은 불과 바람과 같이 아우성을 치며 한곳으로 몰려들엇다. 그들은 입입이 윤참봉이 약을 먹여 죽은 소고기를 팔엇다는 것과 그의 둘재아들이 송아지의 처를 속여서 화물자동차에 실고 달어낫다는 것과 그가 자근쇠의 머리를 뚫어주어서 자근쇠는 피를 쏟고 죽엇다는 것을 웨치며 그의 집으로 향하엿다.
> 바람은 점점 그 미친 나래를 떨치고 중독자의 비명은 높어 가고 골목사람들의 아우성은 끊이지 안코 산ㅅ불은 억울한 혼령들의 저주같이 뻗어나갓다. 이리하야 그들은 날이 밝기를 재촉하엿다.[8]

---

[8] 김동리, 「산화」, 〈동아일보〉, 1월 18일.

윤참봉에게 복수하기 위해 집단으로 몰려가는 장면이다. 이런 내용으로 해서 「산화」는 발표 직후 "「서화」(이기영)를 연상케 하는 단편"이라는 평가를 받는다. 윤참봉 일가와 한쇠네 일가의 대립구도 속에서 소작인들이 착취와 천대를 겪으면서 마침내 저항하는 형국이 프로문학의 계급투쟁 양상과 그대로 부합하는 것이다. 게다가 「서화(鼠火)」가 돌쇠를 통해서 가난한 농민의 참상을 사실적으로 제시했다면, 「산화」는 거기다가 작인들이 저항하는 모습까지 그려냈다는 점에서 「서화」보다도 한층 더 전향적인 모습이다. 물론 문제의 본질을 지적하고 투쟁의 방향을 지시하는 정광조와 같은 문제적 인물이 등장하지 않고, 지주-소작이라는 경제적 문제보다는 지주의 부도덕한 행동에 감정적으로 저항하는 형태로 그려진다는 점에서 프로문학과는 일정하게 구별된다. 김우철의 지적처럼 "현실에 대한 방관적인 태도는 이 작품의 '호흡'을 감상적인 한숨으로" 만든 것이다.9) 하지만 그럼에도 불구하고 작품은 지주와 소작인의 대립이 중심축이 되고, 할머니로 상징되는 무속은 상대적으로 미미한 형태로밖에 제시되지 않는다는 점에서 독특하다. 이를테면 무속은 삽화처럼 제시될 뿐이고 작품의 중심은 지주와 소작인의 갈등에 있다. 이태준의 아류에서 벗어나 전인미답의 작품을 쓰겠다는 결심이 이렇듯 프로문학에 버금가는 작품의 산출로 나타난 것이다.

개작본에서는 윤참봉과 소작인의 대립이 축소되고 대신 무속의 비중이 한층 강화되는 식으로 조정된다.10) 물론 작품을 발표한 지 10년

---

9) 김우철, 「현상당선 소설을 읽고- 생활의 진실과 체험 김동리씨의 '산화'」, 〈동아일보〉, 1936. 2.21.
10) 「산화」의 개작에 대한 논의로는 다음을 참조할 수 있다. 김윤식의 『김동리와 그의 시대』(민음사, 1995), 이동하의 『김동리』(건대출판부, 1996), 김복희의 「정치로서의 작품 창작의 한 전형」(『Journal of Korean Culture』, 2017.8), 홍기돈의 『김동리 연구』(소명출판, 2010) 등.

이 경과된 시점이어서 미진했던 부분을 보완하거나 문장을 다듬는 등 완성도를 높이기 위한 개작도 곳곳에서 목격된다. 가령, 원본에서 윤참봉이 작은쇠를 내려쳐 죽게 만든 장면은 납득하기 힘든 것이었다. 작은쇠가 강아지를 안고 집으로 데려가려 하자 흥분한 윤참봉이 담뱃대로 작은쇠의 머리를 내려치는데, 이는 작품 전개상 과도하고 억지스럽다. 그런 사실을 의식했음인지 개작본에서는 '윤새령'이라는 말에 흥분한 윤참봉이 작은쇠를 내려친 것으로 조정된다. "윤참봉은「윤새령」이라 부르는 사람만 보면 반드시 시비를 걸었다. 그만큼 그는「윤새령」으로 불리우는 것을 싫어하였고, 또 이제 와서는 그를 면대해서까지「윤새령」으로 부르는 사람도 없었다."11)라는 구절과 함께 작은쇠가 무의식적으로 "윤새령 집에 가지마"라는 말을 반복하자 그 말에 흥분한 윤참봉이 작은쇠를 내려친 것으로 개작하였다. 작은쇠의 말이 윤참봉의 신분적 콤플렉스를 자극했고, 그것이 이런 돌발적 행동을 일으킨 것으로 바꾸어 원본의 부자연스러움을 바로잡은 것이다.

그렇지만 대폭적인 개작은 계급적 적대감과 분노를 삭제・완화하고, 무속(巫俗)적 측면을 강화한 데 있다. 계급적 증오와 적대감을 언급한 대목은 곳곳에서 축소되고 개작된다. 원본에서 한쇠 어머니는 죽어가면서 "내 죽은 뒤라도 우리 원수 갚고 자근쇠랑 잘 살어라이" 하고 당부하고, 한쇠는 "내 원수 갚어 줄게"라고 입술을 깨물고 울먹인다. 또 산에 있는 숯굴마다 불이 나고 그것을 본 사람들은 "한쇠네 숯굴에서 먼저 불이 날려 여기저기 번진 게라고 하고 혹은 어느 사람이 일부러 놓은 것"이라고 하여 윤참봉에 대한 반감과 저항심을 제시하였다. 그런데 개작본에서는 이런 대목들이 모두 삭제된다. 한쇠 어머니는

---

11) 김동리,「산화」,『무녀도』, 을유문화사, 1947, 100면.

아들을 바라보면서 할머니를 부탁할 뿐이고, 누군가가 일부러 놓은 것으로 암시된 산불에 대한 설명은 흔적도 없이 사라진다. 또, 원본에서는 작은쇠가 윤참봉에게 맞아서 죽는 것으로 처리되지만, 개작본에서는 앞에서 언급한 대로 "작은쇠가 「윤새령」이라 했다가 그의 대꼭지에 맞아서 머리가 뚫어졌다는 것"으로 수정하여, 죽었다는 부분을 삭제하였다. 그리고, 원본에서는 한쇠가 윤참봉의 사마귀를 쇠막대로 찌르자 윤참봉이 급히 달아나지만, 개작본에서는 "벌겋게 달은 쇠갈키가 막 윤창봉의 누렁 사마귀를 찌르려는 순간 송아지는 한쇠의 손을 잡"아 만류하는 것으로 조정된다.

그리고 무엇보다 마지막 대목에서 윤참봉네로 몰려가는 대목을 삭제하여 윤참봉과 마을 사람들의 대립이라는 서사의 축이 소멸되고, 대신 무속과 관련된 부분이 강화되어 작품의 주제마저 바꿔놓았다. 개작본에서 할머니는 무속적 믿음이 한층 더 두터운 존재로 그려지고, 작품 곳곳에서 무속과 관련된 서술이 길게 나열된다. 작중의 할머니는 「화랑의 후예」의 황진사처럼 피붙이에 대한 강한 애정을 보여서 가족이 병들면 먼저 냉수를 떠 놓고 신령에게 빌고, 상한 곰국을 먹으면서도 신령의 도움으로 아무 탈이 없을 것이라고 믿는 인물이다. 원본에서는 그런 장면이 삽화처럼 짧게 제시되지만, 개작본에서는 그 분량과 비중이 상대적으로 늘어나 있다.

| 「산화」(《동아일보》, 1936.1.12) | 「산화」(『무녀도』, 1947, 107-8면) |
| --- | --- |
| 이튿날 새벽이다.<br>고음ㅅ국이 끌헛다.<br>할머니는 먼저 고사를 지낸다고 소반 우에 고음ㅅ국 한사발을 엇어들고 방에 들어와 | 이튿날 새벽이다.<br>고음국이 끓었다.<br>할머니는 먼저 고사를 지낸다고 소반 우에 고음국 한사발을 들고 뒤안으로 가서 |

| | |
|---|---|
| 「천지신명님네께 빕내다. 조앙신주님네께 빕내다」<br>하고 손을 부비며 사방을 보고 절을 하고 나서<br>「인제 모도 오니라」<br>「자 한쇠도 오나라」 | 「산신님네, 산신님네. 은혜는 하늘같 삽내다마는 불쌍한 우리 인간들은 산신님네 은덕을 다 갚을 수 없삽내다. 이 국을 먹고 나거든 이 늙은 것도 소생하여 눈언저와 입아귀가 실룩이는 병을 본데 같이 낫게 하여 주옵소서. 우리 한쇠 에미는 본래 아무 죄도 없삽내다. 이 늙은 것 때문이올시다. 이 늙은 것의 머리에다 벼락을 쳐 주옵소서, 그리고 우리 한쇠는 첨품이 제 애비를 닮지 않고 제 에미를 닮아 뚝심이 세고 성미가 콸콸합내다만 효성이 놀랍습내다, 산신님네 이 고음국을 먹고 나거든 부디 병과 화는 이 집에서 다 물러나고 복과 재수만 들어와 조옵소서, 부디부디 산신님네 태산 같은 은혜만 믿삽내다.」<br>「인제 모도 오너라 …자 한쇠도 얼른 오너라」 |

　이런 조정으로 인해 개작본은 지주의 착취와 악행에 대해 전혀 저항하지 못하는 순응적 존재로 마을 사람들이 그려지고, '산화'의 의미 역시 변화된다. 산화가 나면 난리가 나거나 아니면 큰 병이 드는데, 이 몇 해 동안은 산제(山祭)를 안 지냈기 때문에 그런 변이 생겼다는 것을 암시하면서 작품은 마무리된다. 여기에 비추자면 '산화'의 상징적 의미는 무속을 등한시한 사람들에 대한 신의 응징이 되는 것이다.

　산에 있던 사람들도 모두 마을로 내려왔다. 숯굴마다 불이 났다.
　「저 불 봐라!」
　「야아, 불났다!」

사람들은 이렇게 소리만 지를 뿐 아무도 불을 끄러 산으로 가는 사람은 없었다. 그들 중에는, 산이 비어서 숯굴의 불 보는 사람이 없는 데다 바람까지 불고 해서 불이 났을 게라고 하는 사람도 있었고, 혹은 일부러 누가 질렀을 게라고 하는 사람도 있었다. 불은 삽시간에 뻗어 합하고 합친 불은 다시 골을 건너고 잔등을 넘었다.

(…중략…)

「아무리나, 어끄제부터 홍화산에 산화가 났더라니.」

한 노인이 이렇게 말하자, 또 한 사람이,

「홍하산에 산화가 나면 난리가 난다지요?」

하고 물었다.

「난리가 안 나면 큰 병이 온다지.」

그리자, 또 한 사람이,

「그보다 이 몇 해 동안 통이 산제를 안 지냈거던요.」

이렇게 말하자 또 다른 사람이 이에 덩달아,

「옛날 당산제를 꼭꼭 지낼 땐 이런 변이 없었거던.」

하는 사람도 있었다.

바람은 점점 그 미친 날개를 떨치고 불은 산에서 산으로 뻗어 나갔다.

「우―」

「울―」

불 소리, 바람 소리와 함께 마을 사람들의 아우성 소리는 한곳으로, 한곳으로 모여들었다. 그리하여 그들은 모두 바라보았다. 바로, 뒷산의 불 소리, 바람 소리, 그리고 골목의 비명소리도 잠간 잊은 듯 그들은 멍멍이 서서 먼 산의 큰불을 바라보고 있었다. 하늘 한쪽을 아주 녹여내리는 듯한 벌건 먼 산불이었다.[12]

---

12) 김동리,『무녀도』, 을유문화사, 1947, 126-8면.

마을 사람들이 한곳에 모여 있지만 단지 산불을 구경하기 위한 것이고, 그래서 산불의 의미는 원본과 확연히 달라진다. 윤참봉 일가의 탐욕과 악행이 축소되거나 삭제됨으로써 지주에 대한 저항과 분노의 상징인 '산화'의 의미 역시 변해서 산제를 소홀히 한 사람들에 대한 신의 응징으로 조정된 것이다.

이런 개작으로 인해 「산화」는 서사의 밀도나 주제에서 원본과 확연히 다른 작품으로 변한다. 개작본에서 윤참봉과 마을 사람들의 대립축이 해체됨으로써 윤참봉의 착취와 악행만이 두드러지고, 마을 사람들은 그것을 운명처럼 받아들이는 전근대적이고 소극적인 인물로 변한다. 윤참봉 때문에 죽어가면서도 산제를 등한시한 자신들을 탓할 뿐인 존재는 현실성을 갖기 힘들고, 그래서 "골목의 비명소리도 잠간 잊은 듯 그들은 멍멍이 서서 먼 산의 큰불을 바라보고 있었다."는 결말은 서사적 개연성을 갖기 힘들다. 답사까지 해서 선택한 '숯구이'라는 소재가 정치·경제적 의미를 상실한 채, 개작은 개악이 된 것이다.

### 3. 북한의 이념과 체제 순응의 개작(이태준의 「밤길」 개작)

이태준의 해방 후 작품에서 개작된 것은 네 편이다. 곧 『사상의 월야』, 「해방 전후」, 「밤길」과 「첫전투」이다. 『사상의 월야』는 1941년 〈매일신보〉에 연재되었던 것을 1946년 단행본에 수록하면서 구성과 내용에서 많은 부분이 개작되었다. 주인공 송빈의 동경 유학생활까지를 다루었던 원문이 개작본에서는 송빈이 현해탄을 건너는 것으로 바뀐다. 「해방 전후」(46)는 보다 큰 폭으로 개작되어 『첫전투』(49)에 수록되면서 170매 분량의 원본이 157매 내외로 줄었다. 「첫전투」 또한 단편집에 수록되면서, 유격대 활동에 대해 소극적인 작가의 시선이 적극적인 의지와 함께 기습작전에 성공하는 것으로 개작된다.13) 이들 작품에서 볼 수 있는 개작은 해방 이전에 목격되었던 것과는 다른 정치적 판단에 따른 것이다. 곧, 월북과 함께 북한 문단의 지도급 인사가 된 이태준은 북한의 문예정책을 주도하고 실천해야 하는 처지가 되었고,14) 그런 상황에서 이전의 신변적이거나 탈정치적인 작품을 새롭게 수정해야 했다. 미적인 추구가 부르주아적인 것으로 비판되고, 일상 현실을 서술한 것이 신변소설로 비판되는 상황에서 이태준은 과거의 작품을 스스로 검열하고 새롭게 손볼 수밖에 없었던 것이다. 「해방 전후」 개작에서 언급한 것처럼, 신변적인 작품을 쓸 수밖에 없었던 것은 "총독 정책의 강박한 검열제도" 때문이었고, 그래서 어떤 작품은 아예 "작품집에 수록될 수도 없었다"15)고 회고한다. 그런 자기 합리화의 과정에서 개작한 작품이 「밤길」이다.

「밤길」은 『문장』 1940년 5호와 6·7월 합병호에 연재된 단편으로, 1949년의 『첫전투』에 수록되면서 대폭 개작된다. 재수록 작품 말미에는 "이 작품은 해방 이전 것이나 그때는 검열 불통과로 단편집에서 빠졌기 때문에 이번 단편집에서 수록함"이라고 언급되어 있다. 검열로 인해 단편집에서 빠졌기 때문에 재수록했다는 것인데, 실제로 일제 치하에서 간행된 『이태준 단편집』(41)이나 『돌다리』(43)에는

---

13) 해방 후 이태준 소설의 개작에 대해서는 「이태준 소설의 개작연구」(강진호, 『Journal of Korean Culture』, 2019) 참조.
14) 이태준은 해방과 더불어 좌파의 문화건설중앙협의회에 참여하고 문학가동맹에서 부위원장을 맡았으며, 더불어 조선공산당 기관지 〈현대일보〉의 주간을 역임했다. 1946년 2월에는 민주주의 민족전선 문화부장이 되었고, 8월 초에는 월북하여 방소문화사절단의 일원으로 모스크바와 레닌그라드 등지를 여행하였다. 1949년이 되면서 북조선문학예술총동맹 부위원장과 함께 국가학위수여위원회 문학분과 심사위원이 되었고, 6.25 전쟁 중에는 종군작가로 낙동강 전선까지 참여했다.
15) 앞의 『첫전투』, 27-8면.

「밤길」이 수록되어 있지 않다. 그러다가 해방 후 간행된 『해방전후』(47)에 수록되었는데, 이는 작가의 말대로 '검열 불통과'로 단편집에서 빠졌고 그것을 해방 후 단편집에 수록한 것으로 볼 수도 있다. 그렇지만 내용을 자세히 살피면 그런 주장은 사실과 다르다는 것을 알 수 있다. 검열 불통과로 단편집에서 빠졌다면, 단편집 『해방전후』에 수록하면서는 검열로 삭제된 부분을 보완하여 수록할 수도 있었을 터인데 원본과 재수록본 사이에는 전혀 차이가 없다. '아-수꾸리'(아이스크림)가 '아수꾸리'로, '낮잠만 자고'가 '낮잠만 자며'로, '비맞는'이 '비맞은'으로, '노래두'가 '노흐레두'로 바뀌는 등 표기만 일부 수정되었을 뿐 문장 하나 바뀐 것이 없다. 이는 해방이 되고 1년 6개월밖에 되지 않은 시점이어서 작품을 고칠 여유가 없었기 때문으로 볼 수도 있지만, 사실은 원본 자체가 검열로 인해 삭제된 부분이 없다는 것을 시사해 준다. 이태준은 검열에 대해서 누구보다도 민감했고[16] 또 검열을 피하기 위해 다양한 방법을 구사하기도 했다는 점에서,[17] 원문 「밤길」은 검열에 걸리지 않는 수준에서 발표됐고, 그것도 암흑기인 1940년의 시점에서, 그것을 해방 후에 그대로 재수록했다고 보는 게 실상에 부합할 것이다.

그런 사실은 또한 1949년판 『첫전투』에 수록된 개작의 내용이 당시 북한의 문예정책[18]에 부합하는 것이라는 데서도 근거를 찾을 수

---

[16] 검열과 언론에 대한 이태준의 진술로는 다음과 같은 글이 있다. 「평안할 지어다」(『별건곤』, 1931.9), 「의무진기(意無盡記)」(『춘추』, 1943.5), 「조선의 소설들」, 「누구를 위해 쓸 것인가」, 『첫전투』(1949.11, 27-8면). 앞의 두 글은 앞의 『무서록 외』(이태준전집5) 참조.
[17] 한만수의 「문인들의 검열우회 유형」 및 「이태준의 '패강냉'에 나타난 검열우회」(『허용된 불온』, 소명출판, 2015) 참조.
[18] 북한에서는 1946년 10월 북조선예술총연맹이 결성되면서 문학예술은 당 사상의 안내자이자 종합적 지도기관으로서의 역할을 담당하게 된다. 당시 북조선문예총의 창작 범위는 주로 해방의 은인 소련 군대와 전체 소련 인민에 대한 친선, 조선 민족의 영명한 지도자 김일성

있다. 1949년판 「밤길」은 계급적 적대감과 노동자적 연대의식이 상대적으로 강조되어 개작된다. 곧, 원문에는 자식들을 버리고 도망간 아내에 대한 원망과 죽어가는 갓난이를 매장하는 아비의 비정한 행위가 서사의 중심이 되지만, 개작본에서는 가진 자들에 대한 적대감이 그것을 대체한다.

| 「밤길」[『문장』(1940) 및 『해방전후』(1947)] | 「밤길」(『첫전투』, 1949.11) |
|---|---|
| ① 권서방은 집도, 권속도 없이 떠돌아다니는 홀아비지만, 황서방은 서울서 나려왔다. 수표다리께 뉘집 행랑사리나마 안해도 자식도 있다. 계집애는 크게 둘이지만, 아들로는 첫아이를 올에 얻었다. 황서방은 돈을 뫄야겠다는 생각이 딸애들 때와 달리 부쩍 났다. 어떻게 돈십원이나 마련되면 가을부터는 군밤장사라도 해볼 예산으로, 주인나리헌테 사정사정해서 처자식만 맡겨놓고 인천으로 나려온 것이다.(『문장』, 36면) | 권서방은 집도 권속도 없이 떠돌아 다니는 호래비지만 황서방은 그렇지 않다. 서울 수표다리께 뉘집 행랑살이나마 안해도 자식도 있다. 계집애는 크게 둘이지만 아들로는 올에 첫아들로 얻었다. 황서방은 돈을 모아야 되겠다는 욕망이 딸애들 때와 달리 부쩍 났다. 어떻게 돈十원이나 마련되면 가을부터는 군밤장사라도 해볼 예산으로 주인나리헌테 사정사정으로 처자식을 굶기지만 말어 달라고 애원하고 인천으로 나려온 것이다. *새벽같이 일어나 들어가 三간대청의 걸레질로부터 빨래 다듬이 진일 마른일 도맡어 하는 안해는 물론이요 나릿님의 술심부럼 도련님의 주전부리 심부럼에 제동생 보아줄 새도 없는 딸년들도 결코 공으로 먹는 밥이 아니건만 나릿님은 행랑에서 따로 밥을 짓지 않는 날은 종일 심기가 편안치 않았다.* |

장군에 대한 민족적 감격, 토지개혁을 위시한 여러 민주개혁을 형상화하는 데 모아졌었다. 민전의 선전부장 및 상임위원을 맡고 북조선문화사절단의 일원으로 소련을 다녀온 이태준은 이 창작 가이드라인을 적극 실천해야 하는 입장이었다.

| | |
|---|---|
| | *(오떻하면 자식들에게나마 눈칫밥을 안 먹여보나?)*<br>*황서방은 큰 뜻을 품고 인천으로 한몫 미천을 장만하기 위해 나려온 것이다.*<br>(215-6면) |
| ②「거, 황서방 땡이로구려!」<br>하는데 밖에서 비맞는 지우산소리가 난다.(38면) | 「거 황서방 땡이로구랴!」<br>하고 권서방은 이마에 핏줄이 일어서 움푹한 눈을 욕심스럽게 껌벅거리며 황서방을 바라보았다. 황서방은 눈도 코도 자랑스럽게 벌신거리드니<br>「거 권서방두 젊은 거 하나 구해보지 그래?」<br>한다.<br>「구허면야 사람 없겠수? 돈이 없지…」<br>「돈 없다구 평생 홀아비루 마출테야?」<br>「세상이 그렇게 되먹은 걸 뽀죽헌 수 있수? 돈 있는 놈은 계집을 두럼으루 차구 살지만 …」<br>「어디 차구 사는 제계집뿐인가? 돈만 지니면 간테마다 계집이지!」<br>「그렇게 그런 생각험 일두 허구 싶지 않다니까. 밤낮 벌어야 제한입 풀칠허기가 힘드니 무슨 내다뵈는게 잇어야 한해?」<br>「그래두 벌어야지!」<br>「흥 개처럼 벌어 정승같이 먹으랬대지만 것두 괜한 소리여! 개처럼 벌어서 개같이 먹을 수나 있는 세상인 줄 알어?」<br>하는데 밖에서 비 맞는 지우산 소리가 난다.(219-220면) |

여기서 볼 수 있는 개작은 계급적 적대감을 드러내기 위한 데 있다. 곧, 자식 세 명을 두고 어떻게든 돈을 모아야겠다는 생각에서 주인에게 처자식을 맡기고 인천의 공사판으로 내려왔다는 내용이 개작본에서는 공짜 밥을 주기를 꺼리는 주인나리의 탐욕스럽고 몰인정한 모습으로 바뀐다. 거기다가 ②에서처럼 권서방과 황서방의 대화를 통해서 빈부에 따른 성(性)의 불평등한 분배 문제가 삽입된다. 원본에서는 14살이나 연하인 아내와 함께 사는 황서방을 부러워하는 권서방의 모습이 제시되지만, 개작본에서는 돈이 없기 때문에 평생 홀아비로 살아야 하고 돈 있는 사람들은 "계집을 두럼으로 차구" 사는 것을 불평하는 내용으로 바뀌어 있다.

그런 개작과 함께 다음 부분에서는 황서방이 겪는 계급적 적대감이 구체적인 형태로 표현된다. 인천으로 내려온 황서방은 부지런히 일을 하지만 장마가 시작되면서 사건이 발생한다. 세 자식을 버리고 달아난 아내를 대신해서 주인이 자식들을 데리고 나타난 것인데, 갓난아기는 거의 죽어가는 상태였다. 황서방은 죽어가는 아이를 안고 병원으로 가지만, 원문과는 달리, 돈이 없다고 쫓겨난다. 갓난아기는 결국 죽음에 이르는데 이 과정에서도 크게 두 대목이 조정된다. 하나는 주인이 입주하지도 않은 새집에서 아이를 죽게 할 수 없다는 이유로 아이를 안고 나오는 장면이 개작본에서는 집주인에게 발각되어 쫓겨나는 것으로 조정되고, 다른 하나는 결말에서 자식을 두고 달아난 아내에 대한 원망이 개작본에서는 주인과 의원에 대한 계급적 적대감으로 바뀌어 서술된다.

| 「밤길」⟨『문장』(40) 및 『해방전후』(47)⟩ | 「밤길」(『첫전투』, 1949) |
|---|---|
| ③ 캄캄해졌다. 초를 사올 돈도 없다. 아이의 얼굴이 희끄므레할뿐 눈도 똑똑히 보이지 않는다. 비소리에 실날같은 숨소리는 있는지, 없는지 분별할 도리가 없다.<br>「이 사람?」<br>모기를 따리노라고 연성 종아리를 철석거리던 권서방이 울리지 않는 점잔은 목소리를 내인다.<br>「생각허니 말일세… 집쥔이 여태 알진 못해두…」<br>「집쥔?」<br>「그랴… 아무래두 살릴 순 없잖나?」<br>「애 말이지?」<br>「글세」<br>「어쩌란 말야?」<br>「남 새집… 들기두 전에 안됐지 뭐야?」<br>「흥! 별년의 소리 다 듣겠네! 자녠 오지랍두 정치겐 넓네」<br>「넓잖음 어쩌나?」<br>「그럼 죽는앨 끌구 이 우중에 어디루 나가야 옳아?」<br>「글세 황서방은 노염부터 날줄두 알어 그렇지만 사필귀정으로 남의 일두 생각해 줘야허느니…」<br>「자넨 이누므집서 뭐 행랑사리나 얻어힐가구 그러나?」<br>「예끼 사람! 자네믄 그래 방두 뀌미기 전에 길 닦아 놓니까 뭐부터 지나가더라구 남의 자식부터 축어나감 좋겠나? 말은 바른대루…」 | 밤은 캄캄해졌다. 초를 사올 돈도 없다. 아이의 얼굴이 희끄므레할 뿐 눈도 똑똑히 보이지 않는다. 비는 퍼부어 실날같은 숨소리조차 있는지 없어 졌는지 분별할 수 없다. 큰년 두애는 그래도 애비 옆이라고 마음을 놓고 가마니 뙤기 위에서 모기가 덥비는 것도 모르고 초저녁부터 잠이 들었다. 비 맞은 옷들이라 풀 쉰내가 누룩이나 뜨는 방처럼 시크므레하다. 아이는 또 비리치근한 것을 꼴각 꼴각 게운다. 성냥을 그어 대로 들여다보는데 밖에서 전짓(電池)불이 번쩍거리었다. 집주인이 암기와만 덮은 지붕이라 등이 달어 새은 데를 보려 온 것이었다.<br>집주인의 자전차에 다는 저짓불은 방마다 천정을 비치며 구석구석 둘러보았다. 황서방과 권서방은<br>「아직 이방은 새지 않습니다」<br>하며 문을 막았으나 주인의 전짓불은 방안으로 들어왔고 방 천정만 비친 것이 아니라 방바닥의 황서방의 식구들이 늘비한 것도 비치고야 말았다. 더욱 포대기 안에 쌔인 갓난 것이 숨을 모두고 있는 흉한 광경에 이르러서는 주인은 「아이그머니!」 소리를 질렀다. 주인은 비가 새여 그방 한간이 온통 허물어졌기로 이다지 놀라지는 않았을 것이요 아다지는 흉쯔를 느끼지는 않았을 것이다.<br>「이놈아 차라리 이 집 꾸미기 전에 불을 질러라. 남 새집 짓구 들기두 전에 |

244 작가는 왜 고치는가

| | |
|---|---|
| 「자넴 또 자네자식임 그래 이 우중에 끌구 나가겠나?」<br>하고 황서방은 버럭 소리를 질렀다.<br>(중략)<br>황서방은 아이를 안고 한손으로 지우산을 받고 나서고, 그 뒤로 권서방이 헛간을 가리였던 가마니를 떼여 둘르고 삽을 메고 나섰다.(150-153면) | 이게 무슨 구진일이냐 네가 내집과 무슨 원한이 있느냐? 냉큼 못 끌구 나가느냐?」<br>황서방은 결국 애걸복걸하여 큰애 둘만 이 집 속에서 날을 밝히게 하고 죽어가는 애는 품에 끼고 어두운 밤거리에 나서고 말었다.<br>「황서방?」<br>「……」<br>「황서방?」<br>황서방은 지우산에 비 퍼붓는 소리에 얼른 알아듣지 못하였다. 권서방이 헛간을 가리웠던 가마니 짝을 등에 두르고 삽을 끌고 따라나선 것이다. (228-9면) |
| ④ 「내 이년을 그예 찾아 한구뎅이에 처박구 말테여…」<br>「허! 이럼 뭘허냐?」<br>「으흐흐… 이리구 삶 뭘허는 게여? 목석만도 못한 애비지 뭐여? 저것 원술 누가 갚어…… 이년을 내 젖퉁일 썩뚝 짤라다 묻어줄메다」<br>「황서방 진정해요」<br>「노래두 ……」<br>「아, 딸년들은 또 어떻게 되라구?」<br>『……』<br>황서방은 그만 길가운데 철벅 주저앉아버린다.<br>하눌은 그저 먹장이요 비소리 속에 개구리와 맹꽁이 소리뿐이다.<br>(156면) | 「내 이년을 그예 찾어 한구뎅이에 처박구 말테여」<br>「허! 이럼 뭘허는 거유? 한 구뎅이에 처박을 푼수면 두 집주인놈들부터 의 워놈들부터 처박아야 허우!」<br>「으흐흐… 이리구 살어서…… 」<br>황서방은 길바닥에 철벅 주저앉았다.<br>— 一九四〇년 六월—<br><br>(이 작품은 해방이전 것이나 그때는 결렬불통과로 단편집에서 빠졌기 때문에 이번 단편집에 수록함. 작가)<br>(235면) |

이와 같이 개작본에서는 원본에서 볼 수 없었던 계급적 반감이 상대적으로 두드러진다. 주인 나리의 비인간적이고 탐욕적인 모습과 돈만 밝히는 의원의 모습, 죽어가는 자식을 쫓아내는 집주인의 가혹한 모습 등이 추가됨으로써 원문과는 완전히 다른 작품으로 변한 것이다. 사실 원본에서 목격되는 젊은 아내는 「오몽녀」의 오몽녀와 흡사했다. 14살이라는 나이 차이나 얼굴이 예쁘다는 등의 묘사는 지참봉과 오몽녀를 연상케 하며, 두 여성이 모두 욕망을 좇아 가정을 버리고 달아나는 것도 유사하다. 말하자면 원문은 이태준 소설에서 자주 목격되던 인물 유형이고 결말 처리 방식이다. 그런 원작의 내용을, 가진 자들에 대한 적대감으로 치환하는 곧, "한 구뎅이에 처박을 푼수면 두 집주인놈들로부터 의원놈들부터 처박어야" 한다는 것으로 개작한 것이다. 또, 원문에서는 황서방과 권서방이 성격 차이로 말미암아 자주 마찰을 빚는데 반해, 개작본에서는 두 사람의 관계가 매우 우호적으로 바뀌어 있다. 같은 처지의 노동자로서의 동료애와 유대감이 강조된[19] 것이다.

그렇지만 개작된 작품은 원본에 비해 작품의 초점이 분산되고 또 의도 역시 혼란스럽게 드러난다. 개작과 함께 작품이 단단하고 짜임새 있게 엮이는 것이 아니라 오히려 산만하고 의도와 형상이 괴리되어 드러난 것이다. 문장을 다듬고 시점을 조정하고 인물의 성격을 선명하게 다듬었던 이전의 개작과는 전혀 다른 모습이고, 그렇기 때문에 이런 식의 개작은 '검열 불통과로 빠졌던 것'을 재수록한 것이 아니라 북한에서의 정치적 필요에 의해 스스로를 검열한 결과로 볼 수밖에 없다. 북한 문단을 이끄는 지도급 인물로서 이태준은 이제 북한의 집단적 가치와 정책을 작품으로 실천해야 하는 처지가 되었고, 그런 입장에서 과거사를 검열하고 다시 쓰는 정당화 작업을 수행한 것이다.

---

19) 민충환, 『이태준 소설의 이해』, 백산출판사, 1992, 41-2면.

## 4. 작가의 자의식과 정치적 지향

작품의 질적 향상을 도모하는 개작은 작가들에게는 자연스러운 일이다. 작가는 신이 아니기 때문에 완벽한 작품을 쓸 수가 없고, 더구나 소설가가 자신의 존재를 증명할 수 있는 것은 작품뿐이라는 점에서 한번 발표한 작품이라도 "생명이 있는 날까지 계속적으로 완벽을 향해 노력"[20]할 수밖에 없다. 시간이 흐르면서 작가의 세계관과 수사학은 변하기 마련이고, 그러면 그에 따라 작품은 개작될 수밖에 없다. 그런데 이태준과 김동리는 그런 경우와는 달리 정치 활동의 일환으로 작품이 개작된다는 점에서 구별된다. 해방기는 누구나 이념과 체제를 선택할 수 있었고, 두 사람은 각기 다른 정치적 입장을 선택하였고, 그 길을 걸어갔다. 좌익과 우익 두 진영의 문단을 선도하는 인물이 되면서 두 사람은 각기 문학과 정치를 동일시하는 작품을 창작했고, 평론을 통해 정치적 입장을 직설적으로 개진하였다. 문학과 정치가 일체화된 것인데, 이 과정에서 두 작가는 공히 자신의 과거 행적을 돌아보면서 스스로를 검열한다. 이태준은 계급문학에 무관심했던 과거를 반성하였고, 김동리는 잠시 관심을 보였던 좌익적 경향을 바로잡아야 하는 검열의 상황에 직면한 것이다.

「산화」에서 계급적 적대감과 분노를 삭제하고 무속적 측면을 강화한 것은 그런 이유이다. 언급한 대로 원본에서는 지주 윤참봉 일가의 탐욕과 거기에 대항하는 마을 사람들의 분노가 구체적으로 형상화되었지만, 개작본에서는 그런 대목들이 약화되거나 삭제된다. 지주에 대한 저항과 분노를 상징하던 '산화'가 개작본에서는 산신제를 지내지 않는 등 신령에게 소홀한 마을 사람들에 대한 신의 응징으로 개작된

---

[20] 김동리, 앞의 「작가의 변; 전체와 부분이 전도된 개작」, 293면.

다. 「밤길」에서는 이와는 정반대로 계급적 적대감이 강화되는 식으로 개작된다. 원본에서는 칠흑같은 밤길의 분위기가 갓난애를 생매장할 수밖에 없는 아버지의 참담한 심정을 대변하는 것으로 제시되었지만, 개작본에서는 인물들의 행위가 모두 계급적 적대감과 반감으로 바뀌어 서술된다. 주인의 비인간적이고 탐욕적인 모습과 돈만 밝히는 의원의 모습, 죽어가는 자식을 쫓아내는 집주인의 가혹한 모습 등이 추가되어 원본과는 완전히 다른 계급주의적 작품이 된 것이다. 이러한 개작의 결과 「산화」나 「밤길」은 원본과는 확연히 다른 작품으로 변한다. 「산화」 개작본에는 윤참봉과 마을사람들의 대립축이 해체되어 윤참봉의 탐욕과 악행만이 두드러지고, 마을 사람들은 그것을 운명처럼 받아들이는 전근대적인 인물로 변한다. "골목의 비명소리도 잠간 잊은 듯 그들은 멍멍이 서서 먼 산의 큰불을 바라보고 있었다."는 진술은, 윤참봉으로 인해 죽어가면서도 산제를 등한시한 자신들을 탓할 뿐인 마법적 존재로 변한 것이다. 답사까지 하면서 선택한 '숯구이'라는 소재가 현실성을 상실하고 정치적 의도에 의해 의미가 변질된 것이다. 「밤길」 개작본은 원본에 비해 작품의 초점이 분산되고 주장이 작위스럽다. 자연스럽던 원본에다가 계급적 적대감과 동료에 대한 연대의식을 삽입함으로써 작품은 혼란스럽고 또 의미하는 바도 불분명해진다. 그런 점에서 '검열 불통과로 빠졌던 것'을 재수록한다는 주장은 한갓 췌언에 지나지 않는 것을 알 수 있다. 북한의 집단적 가치와 정책을 작품으로 실천해야 하는 입장에서 이태준은 과거사를 검열하고 다시 쓰는 정당화 작업을 수행한 것이다.

해방기의 특수한 상황에서 문학과 정치가 균형을 맞추기는 쉽지 않았을 것이다. 남한과 북한 모두에서 정치는 문학을 압도했고 작가들은 그 격랑 속에서 각자의 길을 찾아야 했다. 이태준과 김동리의 개작에서 알 수 있듯이, 정치적 의미가 과도하면 작품의 자율성은 훼손되고 작품의 구조는 왜곡된다. 개작된 후행 텍스트가 선행 텍스트보다 서사의 밀도나 내용에서 개연성이 떨어지는 것은 정치라는 또 다른 텍스트에 의해 문학 텍스트의 맥락과 내용이 변질된 데 있다. 이때의 개작은 질적 완성도를 제고하기 위한 텍스트의 조정이 아니라 정치적 목적 달성을 위한 도구가 되는 것이다.

## 제2장

# 허구적 서사와 수필적 서사

✢

## 이호철의 「판문점」과 「판문점2」를 중심으로

### 1. 개작과 재창작

 우리가 읽는 작품은 대부분이 개작을 통해 완성된 판본이다. '개작(改作)'은 문학 작품이 발표된 뒤 단행본으로 묶이면서 수정·보완되는 새로운 판본의 생산이다. 개작은 작품을 발표하기 전의 초고 상태에서도 이루어지고 신문이나 잡지에 발표한 뒤 단행본으로 간행되는 과정에서도 이루어진다. 그 동안 개작에 대한 관심이 저조해서 충분한 연구가 이루어지지 않았지만, 개작은 우리가 알고 있는 이상으로 많은 작가들이 행해 왔다. 작가들이 작품을 고치고 다듬는 일을 반복하는 것은 작품의 완성도를 높이고, 자신의 의도에 좀더 가까운 작품을 만들고자 하는 데 있다. 물론 개작이 이루어지는 원인이나 동기는 다양하다. 자신의 미적 기준에 맞게 작품을 다듬는 개작에서부터 시대에 따라 변화되는 독서 환경과 독자들의 요구에 부응하는 개작, 그리고 정치·사회적 상황에 따른 검열을 피하기 위한 개작에 이르기까지 실로 다양한 방식의 개작이 이루어진다.

 여기서 주목하는 이호철도 빈번하게 개작을 행한 작가이다. 일찍이 황순원은 이호철이 「탈향」을 5번이나 개작한 사실을 언급하면서 "개작하는 겸허와 노력을 아끼지 않은 사람"으로 평가했고, 그것은 "유능하다는 증좌"1)라고 칭찬하였다. 이호철은 개작을 "후세 독자를 위해서 작가 나름의 성의를 보이는 것"2)이라고 생각해서 제목부터 작품 내용에 이르기까지 다양한 차원의 개작을 행하였다. 발표 원문을 단행본에 수록하면서 문장을 다듬고 손질한 것은 물론이고 인물의 성격과 사건의 내용까지 바꾸는 등의 적극적인 개작도 서슴지 않았다. 「백지 풍경」을 「빈 골짜기」로 바꾸었고, 「살인」을 「짙은 노을」로, 「중간동물」을 「먼지 속 서정」으로, 「핏자욱」을 「소묘」로 바꾸었으며, 「소묘」는 이후 전집(1988)에 수록하면서 「오돌 할멈」으로 다시 제목을 바꾸었다. 1978년에 간행된 장편 『그 겨울의 긴 계곡』은 36년 후 다시 간행하면서 『남과 북, 문 열리나』로 개제되었다.3) 여기다가 "큰 덩어리의 구성은 어쩔 수 없는 대로 문장에만 어느 정도 손을 댔다"4)고 한 것처럼, 단어와 문장을 바로잡는 식의 개작은 거의 일상처럼 행하였다. 물론 이런 식의 개작은 거의 모든 작가들에게서 발견되는 현상이고, 그래서 황순원은 '마지막 손질을 하여 결정판이 된 작품'을 독자들이 읽어주기를 바란다고5) 말한 바도 있다. 그런데, 이호철은 거기서 한 걸음 더 나아가 보다 적극적으로 '큰 틀'을 바꾸기도 하였다.

---

1) "여기 薦하는 탈향의 작가는 재질뿐만 아니라, 자기 작품을 매만질 줄 아는 끈기와 노력까지도 겸비한 사람이다. 한 4년 동안에 내가 개인적으로 보아온 작품만도 10여 편이 넘지만, 그 중의 3, 4편은 두 세번씩 개작하는 겸허와 노력을 아끼지 않은 사람이다. 특히 여기의 탈향은 다섯 번씩이나 개작을 했다. 이것은 결코 이 젊은 작가가 무능하다는 표가 아니요, 도리어 얼마든지 유능하다는 증좌인 것이다."(황순원, 「소설천기(小說薦記)」, 『문학예술』, 1955.7, 76면) 이호철은 회고담에서 「탈향」을 세 번에 걸쳐서 대폭으로 개작했다고 밝혔다. 첫 작품은 45장 분량의 「어둠 속에서」였는데, 그것을 250장 분량의 「암야(暗夜)」로 개작했고, 그 분량으로는 추천할 수 없다는 황순원의 지적을 받고 다시 60장 내외의 「탈향」으로 고쳤다고 한다. 민병모 엮음의 『선유리』(미뉴엣, 2010) 16-18면 참조.
2) 이호철, 「개작의 변」, 『한국문학』, 한국문학사, 1999.12(겨울호), 185면.
3) 이호철의 『그 겨울의 긴 계곡』(현암사, 1978) 및 『남과 북, 문 열리다』(아침책상, 2014) 참조.
4) 이호철, 『소시민』, 강미문화사, 1979, 7면.
5) 「황순원 · 심연섭 대담」, 『신동아』, 1966.3, 176-7면.

『소시민』에서 볼 수 있듯이, 이호철은 시간과 상황에 따른 신념과 가치의 변화를 적극적으로 반영하는 개작을 행하였다. 『세대』지 발표 원문(1964.7~1965.8)을 그대로 수록한 『소시민』(1968, 신구문화사)과 1979년판 『소시민』(강미문화사)을 비교해 보면 그런 사실을 알 수 있다. 원본에서는 화자가 정씨의 아들에게 깊은 애정과 신뢰를 보이고 그를 통해 사회 변혁의 새로운 가능성을 찾고자 했다. 그런데 강미문화사판(79)에서는 그런 모습이 완전히 사라지고 대신 그를 말만 앞세우는 되바라진 인물로 조정한다. '정씨의 아들'은 이제 새로운 세대의 가능성이 아니라 단지 "말의 힘 같은 것을 지나치게 과신하고 있는" "입부터 되까진 자"로 정리되는 것이다. 또 작가의 신망을 받던 '정씨'도 아예 작품에서 배제된다. 원작에서 화자는 정씨와 다른 생각을 갖고 있음에도 불구하고 그를 인정하고 존경하는 태도를 보였으나, 1979년판에서는 그런 대목이 완전히 삭제되고, 특히 정씨에 대한 화자의 우호적 시선이 두드러진 '22절'은 거의 전부가 축소·조정된다. 혁명이란 환상에 불과하지만 그래도 그것이 있어야 "새로운 가능성의 실마리"가 보인다는 정씨의 말에 동의했던 화자의 모습이 강미문화사판에서는 완전히 빠지고, 그 자리에 거제도로 포로들이 이송되는 장면과 열병으로 누워 있는 화자를 위로하는 주인집 여자와의 대화 장면이 장황하게 서술된다.6) 이런 개작에 비추자면 『소시민』은 하나가 아니

---

6) 이러한 개작은 1960년대의 사회 분위기와 그로부터 10여 년이 지난 이후의 작가의 태도 변화에 따른 것으로 이해된다. 강미문화사판 서문에서 밝혔듯이, 이호철은 『소시민』을 쓰면서 '1960년대의 사회 분위기를 의식하지 않을 수 없었다'고 했는데, 여기에 비추면 『소시민』은 4·19와 한일회담 반대 데모를 이어지는 당시 변혁운동의 고조된 분위기를 수용했고, 그것을 정씨와 정씨 아들에 대한 긍정적 시선으로 표현한 것으로 볼 수 있다. 그런데 이호철은 원래 이와는 다른 견해를 갖고 있었다. 인간의 삶은 어떤 이념이나 열정으로 도식화할 수 없는 '미묘한 그 무엇'이라는 것. 거기에 비추면, 현실에 대한 도식적 재단과 배타적 신념으로 무장한 '정씨 아들'의 행동은 기껏 "말만이 되바라진 오만한 무리"에 지나지 않으며, 그 지향점이 무엇이든 결국은 인간의 본래적 삶을 왜곡할 수밖에 없다고 본 것이다. 그런 생각에서 작가는 두

라 둘이 된다. 작품은 그것이 활자로 인쇄되어 세상에 드러나는 순간 역사성을 갖기 때문에 각기 다른 내용을 지닌 원본과 개작본은 서로 다른 판본의 소설로 볼 수밖에 없다. 따라서 어느 것을 텍스트로 삼느냐에 따라 작품에 대한 평가는 다르게 나올 것이다.

여기서 주목하는 「판문점」에서도 여러 형태의 개작이 발견된다. 단어와 문장을 다듬는 수준에서부터 아예 작품 자체를 「판문점 2」로 재창작하는 등의 적극적인 개작도 목격된다. 「판문점」이 처음 발표된 것은 4.19 직후인 1961년이지만, 작가는 그로부터 50년이 경과한 시점에서 작품의 개작본이자 속편인 「판문점 2」(2012)를 내놓았다. 원작을 이어받아서 동일한 제목을 붙였고, 등장인물도 50년이라는 세월의 경과로 80살이라는 나이를 먹었다 뿐이지 동일 인물들을 재등장시켰으며, 남과 북의 '교류'를 통해서 통일을 이루어야 한다는 염원 역시 동일하게 유지하였다. 게다가 작가 자신이 작품 속에 직접 등장해서 두 작품이 동일선상에 있다는 것을 설명하는데, 곧 「판문점」을 창작할 당시를 회고하고 거기서 미처 못다한 이야기를 언급하는 등 메타픽션(metafiction)적 서술방식을 구사한다.7) 「판문점 2」는 「판문점」의 속편이고, 작중의 화자와 작가 자신은 동일인이며, 작품 속의 주요 사건은 자신의 실제 체험이라는 것. 허구와 실재, 과거와 현재의 경계를 넘나드는 이런 반(反)소설적 형식은 작품에 대한 신뢰를 획득하려는 소설적 트릭으로 볼 수 있지만, 한편으로는 작가 자신의 실제

---

인물에 대한 태도를 상당 부분 조정한 것이다. 여기서 '개작'은 세계관의 변화를 반영한 것이라기보다는 내면화되어 있던 가치관이 시대의 변화와 더불어 자연스럽게 외화된 것으로 이해할 수 있다. 자세한 것은 강진호의 「전후사회의 재편과 근대화의 명암」(『현대소설과 근대성의 아포리아』, 소명출판, 2004) 참조.
7) 메타 픽션에 대해서는 『메타픽션』(퍼트리샤 워, 김상구 역, 열음사, 1989)와 『포스트모더니즘』(김욱동, 민음사, 2008) 참조.

체험이 투사된 때문이기도 하다. 「판문점」이 허구의 형식을 빌려 자신의 의도를 말했다면, 「판문점 2」에서는 허구에다 자신의 실제 체험을 섞어서 의도를 구체화한 것이다. 이호철은 말년으로 가면서 점차 현실과 허구의 경계를 허물고 소설을 수필처럼 쓰는 경향을 보였는데, 「판문점 2」가 바로 그런 경우이다. 그렇다면, 「판문점」과 「판문점 2」는 단순한 속편이 아니라 「판문점」에 대한 해설이자 그 후일담이고 동시에 새로운 형태의 창작물이다.

이 글은 이런 사실을 전제로 「판문점」과 「판문점2」를 살펴보고자 한다. 「판문점」이라는 동일 제목의 작품을 발표하게 된 이유는 무엇인지, 그 속에 담긴 작가의 심리와 태도의 변화, 그리고 새롭게 말하고자 한 바가 무엇인지 등을 고찰하고, 궁극적으로 분단과 더불어 한평생을 살다 간 이호철의 문학을 정리해 보고자 한다.

## 2. 「판문점」, 이호철 소설의 원점

개작은 작가가 작품을 어떻게 보는가 하는 작품에 대한 태도를 살필 수 있는 중요한 통로이다. 개작은 작가가 가진 의도의 직접적인 표현이고 그 실현이다. 판(板)을 달리하는 과정에서 부단히 작품을 고치는 것은 그만큼 자신의 의도에 맞게 작품을 만들고자 했다는 뜻이다. 그런 고심은 개별 작품에서도 나타나고 작가의 작품 전체에서도 나타난다. 작품에 대한 작가의 태도와 의식은 결국 작가의 일관된 인생관과 문학관에서 나오고, 그렇기에 개작을 살피는 것은 문학에 대한 작가의 태도와 가치를 고찰하는 일이다.

이호철은 등단 직후 초기에는 감성적 인식을 바탕으로 작품을 창작했다. 등단작 「탈향」이나 「나상」에서 목격되듯이 이호철은 대상을 논리적으로 분석하고 구성하기보다는 감성적으로 포착하고 서술하는 경향이 강했다. 그래서 작품은 현실에 대한 객관적인 이해나 현실 연관성을 보여주지 못한 경우가 많았다. 논리의 뒷받침을 받지 못한 감성이란 센티멘털리즘에 불과하고, 그래서 이호철의 전쟁 관련 소설은 "6·25 동족상잔에 대한 증언으로서는 전혀 핵심에서 벗어난 것이 된다."[8]는 지적을 받기도 하였다.「판문점」은 그런 경향이 점차 현실에 대한 구조적인 이해로 변화되는 과정의 중간 단계를 보여준다. 개인적 체험을 바탕으로 사회 현실을 감각적으로 포착하고 있지만 그 이면에는 사회 심층에 대한 구조적 인식을 전제하고 있어 이전과는 다른 모습이다. 소시민적 삶에 젖어서 분단 현실을 '이역시(異域視)'하는 세태에 대한 비판과 남북 교류의 필요성을 역설한 대목은 현실에 대한 구조적 이해에 바탕을 둔 것이고, 그래서「판문점」은 초기의 감성적인 측면과 함께 현실에 대한 객관적 이해가 결합되었다는, 곧 주관에서 벗어나 객관 세계로 나가는 과정을 보여주는 작품이라고 할 수 있다.

「판문점」이 발표 이후 단행본으로 묶이면서 감각적이고 즉물적인 표현들을 삭제하고 사실적인 문장으로 조정하는 등의 변화를 보이는 것은 그런 흐름과 궤를 같이한다. 『사상계』(1961.3)에 발표된 원문과 『이호철 전집』(1988)에 수록된 작품을 비교해 보면, 개작은 문장과 표현을 바로잡는 수준에서 크게 벗어나지 않는다.

| 사상계(1961) | 이호철 전집(1988) |
| --- | --- |
| ① 새벽녘에는 빗방울이 돋았으나(374) | 새벽녘에는 빗방울이 들었으나(57) |
| ② 거리는 잔잔함을 잃고 변덕스럽게 들떠 보였다.(374) | 거리는 수선스럽게 들떠 보였다.(57) |

---

[8] 백낙청,「작가와 소시민」,『문』, 민음사, 1981, 342면.

| | |
|---|---|
| ③ 들어가자마자 웃저고리를 갈아입는 형수에게서는 방 전체에 떠도는 화장품 내음새와 더불어 좀 불결한 내음새가 났다. 그러구 보니까 필요 이상으로 도사연해서 앉아 있는 형님에게서도 딱히 알 수는 없지만 그런 종류의 내음새가 났다.(375) | 웃저고리를 갈아입은 형수에게서는 방 전체에 떠도는 화장품 냄새와 더불어 약간 불결한 냄새가 났다. 필요 이상으로 도사연해서 앉아 있는 형님에게서도 비슷하게 역겨운 것이 풍겼다.(57) |
| ④ 「녜, 안녕하세요.」<br>이렇게 받았다.<br>그러자 엊저녁부터 예상했던 바이지만 물큰물큰한 이역의 내음새가 왈칵 안겨왔다. 아리랑담배를 피워물면서 비스듬히 그녀 편으로 돌아섰다.<br>「저, 서울에두 간 밤에 비 많이 왔지요?」<br>그녀가, 또 이렇게 물었다.<br>(어렵쇼, 금니까지 하구)<br>진수는 이렇게 생각했다.<br>「녜?」(381) | "네, 안녕하세요."<br>하고 받았다.<br>아리랑 담배를 피워물면서 비스듬히 그녀 편으로 돌아섰다.<br>"저, 서울에도 간밤에 비 많이 왔지요?"<br>그녀가 또 이렇게 물었다. '어렵쇼, 금니까지 하고.'<br>"네? 비 많이 왔지요?"(67) |
| ⑤ 「녜?……」<br>일순간 그녀는 완연하게 약하고 수집어지면서 한 손으로 입을 차악 가렸다.<br>「금니 어디서 했어?」<br>눈을 부릅뜨며 진수가 다시 물었다.<br>「평양에서요.」<br>그녀가 대답했다.<br>「입 벌려봐.」<br>진수가 말했다.<br>「싫에요.」<br>그녀가 고개를 흔들었다.<br>「가족이 몇이야?」 | "네?……"<br>그녀는 한 손으로 입을 가렸다.<br>"금니 어디서 했어?"<br>눈을 부릅뜨며 진수가 다시 물었다.<br>"평양에서요."<br>"입 벌려봐."<br>"싫어요."<br>"가족이 몇이야?"<br>"일곱요."<br>"누가 벌어먹여?"<br>그녀는 비로소 키들거리듯이 웃었다.(75) |

| | |
|---|---|
| 진수가 물었다.<br>「일곱요..」<br>그녀가 대답했다.<br>「누가 벌어 먹여?」<br>진수가 물었다.<br>그녀는 조금 킬킬거리듯이 웃었다.(386-387) | |
| ⑥ 형님이 툭명하게 말했다.<br>어머니는 쓸쓸한 표정으로 말이 없었다. 진수에게 또 물었다.<br>「어디 다친덴 없냐?」<br>「녜.」<br>진수가 대답했다.<br>「그래, 또 쌈이나 안 나겠드냐? 난리말이다, 난리.」<br>「녜.」<br>진수가 대답했다.<br>형님이 이맛살을 찡그렸다.<br>(389- 390) | 하고 형님이 괜스레 퉁명스럽게 말했다.<br>어머니는 조금 무안을 당하는 낯색으로 잠시 말이 없다가 진수에게 조심조심 또 물었다.<br>"또 쌈이나 안 나겠더냐? 난리 말이다, 난리."<br>"네."<br>형님이 오만상을 찡그리며,(79) |
| ⑦ 이 백년쯤 후 판문점이란 고어로 『板門店』이 될 것이다. (진수의 생각은 또 비약했다.) 그 때 백과사전엔 이렇게 쓰일 것이다. 一九五三년에 생겼다가 一九××년에 없어졌다. 지금의 개성시의 남단 문화회관이 바로 그 자리다. 이 어휘의 창시자는 확연치 않으나 시초부터 익살과 야유가 좀 섞여 있었던듯 하고 하여튼 문이 판자로 되어 있는 점포라는 것은 확실했다. 원래 점포라는 말은 〈상점〉이라든가 〈가게〉라는 말과 동의어로 쓰였다.(391) | 2백년쯤 뒤 판문점이란 고어로 '板門店'이 될 것이다. (비몽사몽간에 진수의 생각은 또 비약했다.) 그때 백과사전에는 이렇게 쓰일 것이다. 1953년에 생겼다가 19××년에 없어졌다. 지금의 개성시의 남단 문화회관이 바로 그 자리다. 원래 점(店), 혹은 점포라는 말은 '상점'이라든가 '가게'라는 말과 동의어로 쓰였다.(81) |

〈표〉에서 볼 수 있듯이, ①"빗방울이 돋았으나"를 "빗방울이 들었으나"로 주어에 맞게 술어를 바꾸었고, ②"거리는 잔잔함을 잃고 변덕스럽게 들떠 보였다."처럼 의미가 중첩된 구절을 "거리는 수선스럽게 들떠 보였다."로 간결하게 조정하였다. 그리고 ③"들어가자마자 웃저고리를 갈아입는 형수에게서는 방 전체에 떠도는 화장품 내음새와 더불어 좀 불결한 내음새가 났다. 그러구 보니까 필요 이상으로 도사연해서 앉아 있는 형님에게서도 딱히 알 수는 없지만 그런 종류의 내음새가 났다."를 "웃저고리를 갈아입은 형수에게서는 방 전체에 떠도는 화장품 냄새와 더불어 약간 불결한 냄새가 났다. 필요 이상으로 도사연해서 앉아 있는 형님에게서도 비슷하게 역겨운 것이 풍겼다."로 고치면서 불필요한 연결어와 모호한 의미의 표현을 명징하게 바로잡았다. 그리고, ④~⑥처럼, 즉물적 표현이나 추측과 감정적인 표현을 과감히 삭제하고 한층 논리적인 문장으로 바꾸었다. 말하자면 감각적이고 즉물적인 표현과 서술을 삭제하거나 조정하였을 뿐 작품의 취지나 의도를 바꾸지는 않았다. 언급한 대로 「판문점」 이후에 이호철은 감각적인 인식에서 벗어나 현실을 보다 객관적으로 파악하고 서술하는 특성을 보였는데, 위의 개작은 그런 흐름과 맥을 같이 한다.

  이 작품은 이후 단행본에 수록되는 과정에서도 위와 같은 수준의 부분적인 퇴고만을 보일 뿐 '큰 틀'의 개작은 없다. 『이호철 전집』(1988)과 이후 『(자선대표작품집) 소슬한 밤의 이야기』(1991)와 최근의 『판문점』(2012)을 비교해 보면, 1988년판 전집에 수록된 작품이 거의 그대로 재수록되어 있음을 볼 수 있다.

| 자선 대표작품집(1991) | 판문점(2012) |
|---|---|
| 더블베드에 눕힐 법도 한데 더블베드는 비어 있고 조카 아이는 바닥에 눕혔다.(71) | 더블베드에 눕힐 법도 한데 더블베드는 비어 있고 조카아이는 그냥 바닥에 눕혔다.(154) |
| "아이, 좀 지루하겠군." 하고 형님쪽을 또 쳐다보면서 하는 형수의 말은 지리 여부보다도 '안 그렇소, 여보'하고 형님의 얼굴을 이쪽으로 돌려잡자는 속셈같았다.(71) | —아이, 좀 지루하겠군. 하고 형님 쪽을 또 쳐다보면서 하는 형수의 말은 '안 그렇소, 여보'하고 형님의 얼굴을 이쪽으로 돌려잡자는 속셈같았다.(155) |
| '이것 좀 봐요. 여보, 애 기지개 켜는 것 좀 봐요. 좀 보래두.'(71) | 이것 좀 봐요. 여보, 애 기지개 켜는 것 좀 보세요. 좀 보래두요.(156) |
| 그러구 어머님이 늙으시구 쓸쓸하시어서 이것저것 잔소리가 심할 테지만 그런 걸 고깝게 여기면 못 쓰니까 조심하구.(73) | 그러구 어머님이 늙으시구 쓸쓸하셔서 이것저것 잔소리가 심할테지만 그런 걸 고깝게 여기면 못 쓰니까 조심하구.(158) |
| 진수 편을 힐끗 보고는 다시 차악 가라앉아졌다.(71) | 진수 편을 힐끗 보고는 다시 차악 가라앉았다.(156) |
| 간밤 내내 판문점이라는 곳이 풍겨주는 이역감은 니깃니깃한 기름기로서 소용돌이쳤다.(74) | 간밤 내내 판문점이라는 곳이 풍겨주는 이역감은 니깃니깃한 기름기로써 소용돌이쳤다.(159) |
| 정말 우스운 것이라면 이 정도로 떨어진 자리에서도 그 분위기에 저도 모르게 전염되어 웃음이 비어져나올 것이다.(75) | 정말 우스운 것이라면 이 정도로 떨어진 자리에서도 그 분위기에 저도 모르게 전염되어 웃음이 삐져나올 것이다.(162) |
| 나는 거기서 비로소 미국이라는 나라는 덩어리만 컸지 뿌리는 얕다고 실감으로 느낄 수 있었지요.(78) | 나는 거기서 비로소 미국이라는 나라는 덩어리만 컸지 뿌리는 얕다고 실감나게 느낄 수 있었지요.(166) |
| "아가씨, 몇 살이오?" 진수가 조금 전의 억양과는 달리 단호하게 물었다. 여자가 너무 까불면 못써, 제법 이런 눈짓으로 숙성한 남자의 그 위엄을 드러내면서.(90) | —지금, 몇 살이오? 진수가 조금 전의 억양과는 달리 단호하게 물었다. 여자가 너무 까불면 못써, 제법 이런 눈짓으로 숙성한 남자의 그 위엄을 드러내면서.(185) |

1991년판과 2012년판을 비교해 보면, 어투를 조정하고 표현을 바꾸고, 부호를 조정하는 등의 부분적인 변화만이 보일 뿐 내용이나 구성에서는 변화를 찾을 수 없다. 그렇다면 「판문점」의 개작은 "큰 덩어리의 구성"과는 무관하게 부분적으로 문장과 표현을 다듬는 정도임을 알 수 있다. 그것은 1991년까지만 하더라도 「판문점」을 창작할 당시의 의도가 변함없이 유지되었다는 것을 말해준다.

그러면 「판문점」에서 작가가 의도했던 바는 무엇일까? 그것은 크게 두 가지로 정리할 수 있다. 하나는 분단 10년을 경과하면서 점차 분단 현실에 무관심해지는 사회 풍토에 대한 비판이고, 다른 하나는 그런 현실에서도 남과 북이 교류해야 하고, 그러면 머지않은 시점에 통일이 이루어지리라는 믿음의 제시이다. 첫 번째를 보여주기 위해서 형 부부와 외국인 관광객을 등장시켰고, 두 번째를 보여주기 위해서 판문점에서 북한 여기자와 진수가 만나는 장면을 제시한 것으로 이해된다.

형 부부를 통해서 환기된 것은 분단된 지 10년도 안 된 시점에서 목격되는 분단 현실에 대한 무관심이다. 당대 소시민을 대변하는 형 부부는 자신의 삶을 향락하면서 편안한 일상을 즐기고자 하는 욕망의 소유자들이다. 적당히 '야한 냄새'를 풍기고 둘만의 오붓한 시간을 갖고자 하며, 그것을 누구로부터도 방해받고자 하지 않는다. 동생이 용무가 있어서 방에 들어오지만 형 부부는 특유의 '야한 분위기'를 숨기지 않은 채 어서 빨리 나가기를 바란다. 반면에 '어머니'를 대할 때에는 그와는 정반대의 태도를 보여준다. 이를테면, 어머니가 먹고 싶어 하는 음식을 챙기는 등의 '작위적 진지성'을 드러내면서 한편으로는 욕망에 사로잡힌 이중적 태도를 취한다. 이런 양면성을 목격하면서 화자는 형에게서 묘한 '이역감'을 느낀다. 그런데 작가는 그런 모습이 바로 외국인들이 '판문점'을 방문하고 느끼는 감정과 하등 다르지 않다는 것을 시사한다. 기자들을 태우고 '판문점'으로 향하는 한 시간 남짓한 여정에서 외국인들이 보이는 반응이란 이국의 기이한 풍경을 보고 느끼는 호기심과 두려움 그 이상이 아니다. 이들이 주고받는 이야기는 기껏 자식들의 대학생활이나 외국 여행, 용돈 등 신변 일상사이고 남북의 군사적 대치라든가 이질화는 전혀 관심 밖의 일이다. '판문점'은 그저 신기한 '볼거리'에 지나지 않는다. 이런 대비를 통해서 작가는 분단된 현실을 잊고 점차 세속화되는 현실을 비판한다. 실제로 4·19와 5·16을 겪으면서 한국 사회는 새로운 '건설'의 열기에 사로잡혔고, 소시민들의 관심사 역시 경제 쪽으로 중심을 옮기면서 분단과 통일 등 민족사의 현안을 소홀히 하는데, 형 부부가 보이는 향락적이고 이기적인 행태는 그런 현실을 단적으로 시사해준다.

그렇지만, 작가는 그런 '이역화'된 현실을 수긍하지 않고 '판문점'이라는 특수한 공간의 환기를 통해서 그 극복의 가능성을 시사하는 적극적인 의지를 개진한다. 화자가 판문점에서 북한의 여기자를 만나 어색하게나마 소통의 분위기를 연출한 것은 그런 사실과 관계된다. 즉, 판문점에서 남북회담을 취재하는 도중에 '화자'는 북한 여기자를 만나고 자연스럽게 대화를 주고받는다. 서로 다른 체제에서 살아온 까닭에 두 사람의 대화가 처음부터 원활할 수는 없었다. 체제와 이념의 차이에 따른 단절감이 둘을 가로막고 있었던 것이다. 그런 상태에서 둘은 뜻하지 않은 교감을 맛보는데, 그것은 두 사람이 모두 이데올로기와 정치적 입장에서 벗어나 선남선녀로 돌아가면서부터였다. 남한 기자인 화자가 먼저 인간적인 이야기를 꺼냈고 북한 여기자가 거기에 조금씩 반응하면서 굳게 닫혔던 마음의 문이 열리는 것이다.

「참, 저 남북 교류를 어떻게 생각하세요?」

그녀가 또 이렇게 물었다.

「네? 교류요? 글쎄…. 결국 이렇죠. 지금 당신하구 나하구 교류가 가능해지지 않았습니까. 참 간단하게…. 그러나 이런 걸 고집해서 모든 것이 다 이런 투로 될 수 있다고 생각하는 건 너무 소박하구 낙천적인 생각이지요. 우리의 경우라는 것은 조금 더 착잡해요, 결국 객관적인 조건이 문제지요, 우리나라를 둘러싼 객관적인 정세의 리얼리티를 리얼리티대로 포착하는 것… 참 리얼리티라는 말은 모르겠군.」

진수는 얘기가 신명이 나지 않는 듯 뜨적뜨적 이렇게 말하곤 씽긋 웃었다.

「사실주의(寫實主義)의 그, 그것 말이지요?」

「네, 네, 결국 그런 것요, 그런 것과 관련이 있는 문제거든요. 민족으 양식(良識)이라는 것도 현실적인 조건 앞에서 요새와선 좀 변모를 했어요. 현실은 어떻게 해 볼 도리가 없게 되어 있지 않아요?」

그러자 그녀가 달래듯이 말했다.

「그렇지가 않아요. 조금도 복잡하지도 착잡하지도 않아요, 지극히 간단하지 않아요? 당신도 자기 운명은 자기가 쥐고 있다고 생각하시지요? 그렇지 않으세요? 그렇지요? 그러니까 간단하지요, 패배의식과 우유부단은 못써요, 문제는 간단한 걸 괜히 복잡하게 생각하려고 대들어요. 교류를 하면 교류가 되는 거야요.」9)

남북 관계의 리얼리티, 곧 6.25 이전부터 복잡하게 얽혀 있는 현실의 여러 국면들을 고려하자면 교류가 결코 쉽지 않으리라는 게 진수의 생각이다. 그렇지만 북한 기자는 그와는 달리 그것이 지극히 간단하다고 말한다. 간단한 걸 괜히 복잡하게 생각한다는 것, 그래서 단순하게 '교류를 하면 교류가 된다'고 말한다. 마치 4.19 직후 남한 대학생들이

---

9) 이호철, 「판문점」, 『사상계』, 사상계사, 1961.3, 383면.

판문점으로 달려가 평화통일을 외쳤던 것처럼 패배의식과 우유부단만 떨치면 교류가 가능하고, 그러기 위해서 "세부에 구애되지 말고 큰 윤곽으로 포착해야" 한다고 말한다. 진수는 거기에 대해서도 '철저한 현실주의가 작용'한다는 것을 말하면서 유보적인 입장을 취하지만, 작가는 두 사람의 관계를 통해서 교류가 의외로 쉬울 수도 있다는 것을 암시한다. 갑자기 소나기가 쏟아지면서 분위기가 급변하고, 둘은 지프차 안으로 몸을 피하면서 연인이 밀담을 나누듯이 대화를 주고받는다. 차 안이라는 고립된 분위기와 거침없이 오가는 대화로 인해 여기자는 당황해서 어쩔 줄 모르지만, 이미 처녀 본연의 부끄러움을 드러낸 상태였다. 지프차는 '스피커 소리'가 들리지 않는 "자유"의 공간이고, 그런 곳에서 진수는 자유를 느껴야 한다고 말하고, 여기자는 그건 "썩은 냄새"이기에 "끝까지 경계해야" 한다고 응대한다. 이성적으로 완강하게 울타리를 치고자 한 것이지만 그녀는 이미 "발작이나 하듯이 울기 시작"한 이후였다. 화자가 북한 기자의 젖은 머리에서 "신 살구알 냄새"를 느꼈다는 것은 정치와 이념을 벗어던지면 결국 남는 것은 인간 본연의 모습이라는 것. 남과 북의 교류 역시 이와 같은 단순한 행위가 아닐까 하는 게 작가의 생각이다.

작가는 이런 내용을 서술하면서 남과 북이 대치하는 현실이란 실상은 허망하고 우스꽝스러운 '익살'이라는 것을 환기하고 그 극복의 가능성을 전망한다. 남과 북을 갈라놓은 휴전선은 "가슴패기에 난 부스럼"과도 같은 "해괴망측한" 존재라는 것. 화자가 작품의 후반에서 중얼거리는 독백은 그런 현실에 대한 통탄이다. "인간의 성실성이라는 것이, 이렇게도 어이없는 데 소모될 수도 있다"는 사실, 이 얼마나 어이없는 일이고 민족의 에너지를 쓸데없이 좀먹는 일이었던가.

이 백년쯤 후 판문점이란 고어로 「'板門店」이 될 것이다. (진수의 생각은 또 비약했다.) 그때 백과사전엔 이렇게 쓰일 것이다. 一九五三년에 생겼다가 一九XX년에 없어졌다. 지금의 개성시의 남단 문화회관이 바로 그 자리다. 이 어휘의 창시자는 확연치 않으나 시초부터 익살과 야유가 좀 섞여 있었던 듯하고 하여튼 문이 판자로 되어 있는 점포라는 것은 확실했다. 원래 점포라는 말은 〈상점〉이라든가 〈가개〉라는 말과 동의어로 쓰였다. (…) 단도직입적으로 얘기하기로 하자. 판문점은 분명 〈板門店〉이었다. 그리고 해괴망칙한 잡물이었다. 이를테면 사람으로 치면 가슴팍에 난 부스럼과 같은 것이었다. 부스럼은 부스럼인데 별로 아프지 않은 부스럼이다. 아프지 않은 원인은 부스럼을 지닌 사람이 좀 덜됐다, 불감증이다, 어수룩하다, 그런 말씀이다. (…) 이럭저럭 지나는 사이에 부스럼 여부는 까마득히 잊어버리고 멀쩡한 정상인의 행세를 시작했다.10)

먼 후일의 시점에서 보자면, '판문점'으로 상징되는 분단의 실체란 이렇듯 정상과는 거리가 먼 우스꽝스러운 잡물일 수밖에 없을 터이다. "통탄, 통탄이다." 그렇지만 그 탄성은 단순한 회한이 아니라 머지않아 "기념비적인 익살"로 판명나리라는, 분단 극복의 전망을 내재한 것이라는 점에서 전향적이고 낙관적이다. 후일 '한 살림 통일론'으로 구체화되는 이러한 통일론은 『별들 너머 저쪽과 이쪽』(2009)에서도 줄곧 강조되는데, 곧 통일이란 그렇듯 복잡한 문제가 아니며, 그것은 한마디로 '물 흘러가는 것'과 같은 자연스러운 일이라는 것. 통일은 어느 한 사람의 자의나 어느 하나의 이론으로 인위적으로 꾸려가다가는 기필코 어느 대목에서부터는 돌이킬 수 없이 꽉 막힐 수밖에 없다는 것, 「판문점」의 두 남녀가 몇 마디 말을 통해서 이념적 허위와 적대감을 벗고 순간적으로 하나가 되었듯이, 통일 역시 그러한 과정을

---

10) 이호철, 「판문점」, 『사상계』, 사상계사, 1961.3, 391-392면.

통해서 오리라는 것, 작가는 그런 생각을 환상과도 같은 200년 후의 시점을 빌려서 보여주었다.

「판문점」이 판을 거듭했음에도 불구하고 '큰 틀'을 바꾸지 않은 것은 초기의 이런 견해가 이후에도 근본적으로 변하지 않았기 때문이다. 그렇지만 이런 주장은 객관적인 근거라든가 정보가 아닌 주관적 믿음에 근거를 둔 것이라는 점에서 현실성을 갖고 있지 못하다. 「판문점 2」가 창작된 것은 여기에 대한 보완으로 이해할 수 있다.

### 3. 「판문점 2」, 이호철 문학의 귀결점

외견상 「판문점 2」와 「판문점」은 유사한 점이 많다. 작가의 분신인 진수가 '판문점'을 방문한 경험을 소재로 「판문점」을 썼다면, 「판문점 2」는 그로부터 50여 년이 경과한 80살의 나이에 영호라는 가상의 친구를 만나 대화를 주고받는 식이다. '판문점'이라는 동일 이름을 사용한 것이나 「판문점 2」의 '후기'에서 "「판문점」의 반세기 뒤 후일담인 셈으로 「판문점 2」를 창작했다."는 고백은 두 작품의 연속성과 함께 동일성을 말해준다. 실제로 작가는 「판문점 2」의 앞부분에 직접 등장해서 과거 「판문점」을 창작할 당시를 회고하고 50년간의 변화된 심경과 상황을 정리해서 설명한다. 김정일의 장례식을 보면서 북한 사회가 걸어온 과정을 정리하고 민주화가 실현된 남한 사회의 지나온 역사를 설명하는데, 이는 작품이 단순한 허구가 아니라 현실에 근거하고 있다는 것을 보여준다. 메타픽션으로 명명되는 이런 방식은 소설이 허구라는 것을 보여주는 동시에 재현의 대상이 되는 현실도 사실은 허구라는 것을 폭로하기 위한 방법이지만,[11] 여기서는 그와는 달리

---

11) 퍼트리샤 워, 김상구 역, 『메타픽션』, 열음사, 1989.

서사 내용(허구)과 실제 현실이 일치한다는 것을 보여주는 방증(傍證)으로 기능한다. 작가는 「판문점」을 창작한 뒤 50년이 경과한 이후의 상황을 일지(日誌) 형식으로 제시함으로써 작중의 내용이 사실에 근거한 견해라는 것을 보여주는데, 그런 점에서 「판문점 2」는 소설이라기보다는 오히려 수필에 더 가깝다.

> 「판문점」은 1961년에 『사상계』 3월호에 발표되었던 단편소설로 작금년에는 세계 여러 나라에 번역·출간되어 있고, 미국과 일본에서는 아예 단편소설집의 표제로 되어 있을 정도여서, 내 단편소설 중의 대표작의 하나로까지 널리 알려져 있다. 하지만 그로부터 꼭 반세기, 50년이 경과한 2012년 오늘에 서서 보면, 어느 일면으로는 곤혹스러운 느낌에서 헤어날 수가 없다. 그 단적인 예로, 그 소설 속에서는 우리의 남북이 통일되는 시기를 1980년대 말쯤으로 잡고 있었는데, 그런 정도로 쉽게 예견하고 있었다는 점부터 지금에 와서 다시 돌아보면 쑥스럽기 그지없다.
> 하여 이참에, 북에서 김정일 국방위원장의 사망에 즈음해서 생생하게 드러나기도 한 화면 상의 현지 장례 과정까지를 아우르면서, 2012년으로 들어선 오늘의 우리 남북 관계에다 초점을 맞추어, 그 옛날에 썼던 그 소설 '판문점'의 반세기 뒤 후일담인 셈으로 '판문점2'라는 이 한 편을 다시 꾸려 내보았다.12)

「판문점」을 창작했던 4.19 직후는 통일에 대한 열망이 상대적으로 고조되어 있었고, 그런 시대 분위기에 힘입어 20세기가 가기 전에 통일이 이루어지리라 낙관했지만, 50년이 경과한 지금의 시점에서 보자면 그건 사태를 너무 안이하게 파악한 "쑥스럽기 그지없"는 행동이었다는 것. 여기에 비추면 이호철에게 세상살이와 소설쓰기는 거의 동일한 것임을 알 수 있다.

---

12) 이호철, 「후기」, 『판문점』, 북치는마을, 2012, 267면.

그런 특성을 갖고 있는 까닭에 「판문점 2」에는 작가의 연륜과 함께 인식의 변화가 깊이 투사되어 있다. 특히 통일에 대한 견해는 「판문점」을 창작할 당시와는 달리 한층 구체적이고 현실화되어 나타난다. 1961년의 상황에서 제시한 '사사로운 교류'나 '현실의 복잡한 리얼리티를 생각해야 한다'는 견해는 실상 "어느 쪽 체제가 '낫다' '못 하다'는 식"의 냉전 패러다임을 전제한 사고지만, 「판문점 2」에서는 거기서 벗어난 한층 원숙한 시선을 보여주는 것이다.

작품의 서두에서 「판문점」을 창작할 당시에는 숨겼던 사실을 사실적으로 고백한 것은 그런 사고의 변화에 따른 것이다. 「판문점」에서 진수는 신문사 기자로 등장했지만 사실은 "1.4 후퇴 때, 북에서 막 월남해 왔던 작가 본인"이라는 것, 판문점 행은 외견상으로는 소설을 한편 쓰겠다는 것이었지만 사실은 북쪽 기자를 만나 자신의 소식을 북에 있는 가족들에게 전하기 위한 것이었고, 그 의도대로 목표가 달성되었다. 북쪽 여기자에게 자신은 월남한 사람이고 현재 북에서 활동하는 아무개는 이종사촌 형님이고 또 아무개는 외6촌 형님이라는 것을 알렸고, 그러자 상대 여기자가 엄청 놀라며 그쪽 관계기관에 통고해 불과 몇 분 뒤에 인민 군복 차림의 청년이 카메라를 메고 와서 사진을 몇 장 찍어 갔다는 것. 「판문점」에서는 전혀 언급되지 않았던 이 실제 일화를13) 고백하면서 작가는 그동안 자신의 "저의(底意) 쪽은 무의식일망정 거의 숨기는 데만 버릇들여져 있"었다는 것을 말한다. 삼엄했던 당대 남쪽의 분위기 속에서 스스로 위축되고 또 경계할 수밖에 없었는데, 실제로 1959년에 진보당 사건으로 조봉암이 처형당했고, 5.16 이후에는 〈민족일보〉 발행자를 비롯 〈청맥〉 잡지와 통혁당사건, 인혁

---

13) 이호철의 「촌단(寸斷)당한 삶의 현장」(『이호철 문학앨범』, 웅진출판, 1993, 151면) 및 『선유리』(민병모 엮음, 미뉴엣, 2010, 265-292면) 참조.

당사건 등으로 1970년대 초까지 진보적 인사들이 무더기로 처형을 당했다. 그런 냉전적 현실에서 이호철은 "당국 쪽의 눈치를 보지 않을 수 없었"고, 그래서, 「판문점」을 발표한 뒤, 두 번째로 판문점에 방문했을 때 북한 여기자가 함께 취재 나왔던 러시아의 이즈베스챠 기자의 인터뷰 요청을 거부했던 사실도 감출 수밖에 없었다고 고백한다.

냉전과 반공주의가 지배했던 현실에서는 감히 고백할 수 없었던 이런 일화들을 언급하면서 작가는 만일 그때 그런 일을 숨기지 않고 소설에서 정면으로 다루었더라면 「판문점」이 지금의 그것보다 훨씬 더 '당대의 남북 관계를 약여(躍如)하게 그리고 절절하게 다루어 내지 않았을까' 하는 아쉬움을 토로한다.

그런 관계로 「판문점 2」에서는 구체적인 자료를 바탕으로 한층 객관화된 현실의 모습이 제시된다. 최근의 북한 상황은 'NK지식인 연대'(2008년 설립)가 공개한 글을 통해서 그려진다. 회령에서 모처럼만의 식량 배급에 '생명을 안은 느낌'을 받았다는 이야기, "그냥 앉아 있어도 죽고, (두만강을) 건너가다가 잡혀도 죽을 바에는, 뭐라도 해보다가 죽는 게 나을 것 같아서" 탈북을 했고, 그래서 잡히더라도 북한으로 돌려보내지 말고 차라리 중국 감옥으로 보내달라는 탈북자들의 절규, 남편과 딸을 모두 잃고 혼자 사는 정옥이 어머니의 땔감을 사다 파는 이야기, 배가 고파서 잠도 안 온다는 인민학교 2학년 은실이의 사연 등이 르포처럼 소개된다.

**두만강 넘은 자, 차라리 중국 감옥에 넣어 달라**

중국 도문 지역 국경 경비대에서는 해가 바뀌자마자 벌써 10여 명 가까이 두만강을 넘어온 자를 붙들어 돌려보냈다. 모두 하나같이 너무너무 배가

고파 넘어온 사람들이었다. 목숨을 걸고 탈북한 이유가 뭐냐는 질문에, 예외 없이 "그냥 앉아 있어도 죽고, 건너가다가 잡혀도 죽을 바에는, 뭐라도 해 보다가 죽는 게 나을 것 같아서"라고 대답하더라고 한다. 그러고는 "죽을 각오로 천신만고 끝에 무사히 넘어왔다고 좋아했는데 이 꼴이 됐다"라고 하면서, 죄다 공통적으로 북한에만은 보내지 말아 달라고 호소하더란다. 차라리 중국 감옥에 보내달라며, "그쪽 감방 안에서 잡일이라도 하게 해 달라, 아니면 이 자리서 죽이라"고 하는 사람도 있었다.

중국 측은 "되도록 탈북자들은 강변에서 잡지 말고, 가능한 한 그 자리에서 그냥 북으로 돌려보내라"고 지시했다고 한다. 현지 중국 쪽의 한 간부는 "중국 감옥에 넣고 관리하는 것도 쉽지 않아서 탈북자들은 잡는 족족 돌려보내고는 있지만, 저쪽(북한) 식량난이 원체 너무 심해서, 먹을 것을 찾아 넘어오는 사람은 줄어들지 않고 있다"고 푸념이다. 특히 요 근래에는 저 북쪽 경비가 살벌하다시피 삼엄해졌는데도, 더더 넘어오는 것을 보면, "정말 죽을 각오로 넘어온다는 저들 말이 실감이 난다"라고도 한다.[14]

살기 위해서 국경을 넘지 않을 수 없는 상황, 게다가 병이 들어도 약 하나 쓸 수 없는 곳이 북한이다. 가령, 외화벌이 돌격대 채벌공으로 일하던 남편이 사고로 크게 다쳤지만 치료 한번 제대로 받지 못하고 세상을 떠났고, 그 2주일 뒤에는 두 돌이 지난 딸이 구토와 설사로 신음하다가 약 한 알 써 보지 못한 채 세상을 떠났다는 리금순의 사연 등은 아비규환의 생지옥을 방불케 한다. 이 참담한 현실을 전하면서 작가는 북한의 지도부에 대해 분노를 표시한다. 일제 치하 백두산 속에서 유격전으로 단련해 왔던 그 간고한 싸움의 연속으로만 현실을 생각하고 '전체 인민들의 하루하루 먹여 살릴 경영(經營)에는 무관심'하다는 것, '오직 역사 발전의 필연성? 변증법적 유물론? 주체철학?

---

14) 이호철, 「판문점2」, 『판문점』, 북치는마을, 2012, 49면.

그런 어려운 헛소리만 몇십 년간을 소리소리 질러 대기만' 해온 북한 지배층은 '저능아'에 지나지 않는다는 것.

작가가 보기에 그런 현실이 초래된 것은 북한이 러시아 식으로 교조화되었기 때문이다. 레닌의 장례식을 본떠서 김정일의 시신을 영구 보존하게 된 데서 그런 사실을 알 수 있는데, 이를테면 스탈린이 레닌의 유해를 영구 보존한 것은 자신의 무능을 레닌의 후광으로 만회하고자 하는 의도에서였다. 그런데 김일성과 김정일이 죽은 뒤에 북한이 보여준 행태는 그보다도 더 '저질스러운 호화판'이었다. 온 나라의 백성들은 거개가 굶어 죽기 직전임에도 불구하고 엄청난 거금을 들여 '해괴망측한 잔치'를 벌였는데 그것은 레닌처럼 후광을 빌려 북한을 통치하겠다는 의도로 볼 수밖에 없고, 그것이 결국은 '사람살이의 근본을 도외시한 저능아의 행태'가 되었다는 주장이다.

그런 시각에서 남한에서 제시된 이른바 '2013년 체제 만들기'라는 제안에 대해서도 비판적인 태도를 취한다. 남한의 대선 국면에 직면해서 연방제 형태의 체제를 만들어가야 한다는 주장은 그 '당당한 논조'에 비해서, 정작 그 끝머리의 맞상대인 '현 북한에 대한 이야기'가 송두리째 빠져 있다는 것을 지적한다. "현 북한 사회 구석구석의 명실공히 약여한 실상 같은 것"이 글쓴이의 의도 속에 개입되어 있지 않으며, 더구나 거기에는 "좌와 우 노선, 일컬어 '좌와 우', '진보와 보수', 우리 남쪽 사회에서 지난 몇십 년 동안 지겹게 이어져 내려왔던 그 해묵은 구도가 이 대목에서도 약여하게 내비쳐져 있었다."는 것, 말하자면 진영 논리를 반영한 주장이고 그래서 전면적으로 동의할 수는 없다는 견해이다.

이런 인식을 통해서 작가가 제시한 문제 해결 방안은 경제적 교류이다. 지금 당장 북한에서 필요한 것은 경제이다. 김정일이 처음 권력을 잡았을 때처럼 항일 혁명 전통만을 강조하면서 문제를 풀 수는 없는 상황이고, 결국은 인민들이 먹고사는 문제를 해결하기 위한 정책을 펴야 하는데, 그러기 위해서는 중국의 후원과 함께 미국과의 오랜 적대관계에서 벗어나야 한다. 남한의 보수 정권은 그런 북한의 속사정을 무시하는 쪽으로만 치닫고 있지만, 북한은 정권 유지 차원에서라도 북미 협상을 적극적으로 모색할 수밖에 없다. 그렇기 때문에 지금이 남북한의 정치적 화해가 마련될 수 있는 전환점이자 호기이다. 그런 인식에서 이호철은, 「판문점」에서 원론적으로 제시했던 남북 교류를 경제적인 측면에서 본격화해야 한다는 이른바 '한살림 통일론'을 제안한다.15) 「판문점」을 쓸 당시에는 남과 북이 갈린 지 얼마 되지 않은 때여서 사사로운 대화나마 가능했지만, 요즘은 "그런 식의 대화조차도 애시당초에 불가능해"졌다. 더구나 천안함 사건과 연평도 포격 등으로 남북의 정치 현실이 꽁꽁 얼어 있고, 심지어 북한에서는 이명박 정권과는 아예 상종조차 안 하겠다고 한다. 그런 현실에서 작가는 '민간이 주도하는 경제적 교류'를 내세운다. 정부 차원에서의 교류가 불가능해졌기에, "민중, 백성, 시민, 다시 말해서 좌우를 가릴 것 없이 민간 운동 차원으로 주도권을 잡고 새로운 차원으로 용약 나설 좋은 기회"라는 것이다.

---

15) 이호철이 말하는 '한살림 통일론'은 과거 남북한은 핏줄을 함께 나눈 공동체이기에 한 살림으로 살았고, 그것을 회복하는 것이 바로 통일의 길이라는 주장이다. 한 살림의 회복을 위해 경직될 대로 경직된 정치는 일단 보류하고 경제 쪽부터 시작해야 한다. 또 정부보다 민간이 주체로 나서야 한다. 어떤 식으로든 우리 돈이 북한에 들어가면 들어간 만큼 '한살림'이 시작됐다고 볼 수 있다. 자세한 것은 『이호철의 한살림 통일론』(정우사, 1999) 참조.

이런 태도는 「판문점」(61)에서 남과 북의 무조건적인 교류를 주장했던 북한 여기자의 제안에 망설이면서 '현실의 리얼리티'를 언급했던 진수(작가의 분신)의 태도와는 확연히 다른 모습이다. 현실론을 내세우면서 "세부에 구애되지 말고 큰 윤곽으로 포착해야" 한다는 북한 여기자의 주장을 반박했던 인물이 이제는 북한 여기자와 동일한 태도를 취한 것이다. 여기에는 1961년의 현실과는 달리 경제 대국으로 성장한 남한의 자신감이 담겨 있다. 1961년의 「판문점」에서는 경제적인 면에서 상대적으로 앞섰던 북한이 적극적인 교류를 주장했다면 여기서는 정반대의 상황이 된 현실을 배경으로 진수는 '월남인들의 대대적인 방북'을 제안한 것이다. 월남인들은 실상 남한의 발전을 이끌었고 그 과정에서 많은 사람들이 부를 축적하였다. 이들이 "금의환향 하듯이 제각기 각자가 저들이 태어난 고향 땅으로들 되돌아가"서 "거의 굶어 죽기 직전인 저 어려운 사정들부터 왕창 풀어"주자는 것. 정주영의 소떼 방북에서 시사 받을 수 있듯이, 남한에서 성공한 월남민들이 대거 고향을 방문한다면 훨씬 더 실제적인 교류가 가능하리라는 주장이다. 그리고, 그것은 "구태의연하게 보수니 진보니 하는 재래적인 이념의 잣대에만 지나치게 매달려 있어서는 안" 된다고 한다.

　낭만적으로도 보이는 이런 주장이 공감되는 것은 모든 것이 경색된 2012년의 상황을 감안할 때 딱히 다른 방법을 찾을 수 없기 때문이고, 한편으로는 북한의 현실을 더 이상 외면할 수 없다는 작가의 절박한 심정이 담겨 있기 때문이다. 물론 남북 관계에서 핵심 과제는 당연히 '남북 양측의 권력 문제, 권력 관계'이지만, 군주정으로 변한 "저 북한 권력을 상대로 그러저러하게 무슨 일을 벌인다"는 것은 불가능하며, 더구나 북쪽 권력을 생각하면 "뭔가 조신부터 하게 되고, 어쩐지 함부로 거론하는 것조차 주저하게 되고 슬슬 피하고 싶어"지는 게 남한의 현실이다. 그런 상황에서 '일종의 통 큰 투자'를 하듯이, "곤경에 처해 있는 저들 북쪽 요구대로, 그 무엇이건 죄다 들어 주어도 무방"하다. 워낙 곤궁한 처지에 있기에 그렇게 요구를 들어주면서, 서로 마주 앉아 허심탄회하게 모든 것을 죄다 털어놓고 이야기를 진행하게 되면, "그 어느 날엔가는 남북 간의 그런 산적해 있던 문제들도 어? 하고 자신들도 미처 의식해 볼 틈도 없이 어느새 자연스럽게 하나하나 해결이 나 있을 것을, 그들 자신부터가 와락 놀라움 섞어 보아 내며 알아차리게 되"리라는 주장이다.

작가는 그런 주장이 전혀 불가능하지 않다는 것을 중국과 대만의 관계에서 찾는다. 중국은 경제적으로 엄청난 발전을 이뤘고, 대만은 민주주의를 이루었다. 중국 사람들은 대만에서 편안함을 느끼고 대만 사람들은 중국과의 교류를 통해서 이익을 얻는다. 두 나라가 서로를 보완하고 이익을 나누면서 공존하는 것처럼, 남과 북 역시 어느 일방의 입장에서 무리하게 통일을 강요하지 말고 점진적으로 교류하면서 통일로 나가야 한다는 주장이다. 작품 전체의 주제를 함축하는 다음 구절은 실상 남한과 북한에 그대로 적용할 수 있는 견해로 볼 수 있다.

"오늘 같은 정황에서는 함부로 통일을 무리하게 강제하지 않는 것이, 중공으로서도 제대로의 길이지요. 그렇게 대륙도 차츰차츰 더 개혁을 추진, 변화해 가면서, 그 결과로 대만인들에게도 받아들여질 만한 정치체제가 되면 그때에 가서 논의를 시작해도 늦지는 않지요. 그러니까 지금은 피차에 대립을 최소한으로 억제, 제각기 발전과 문제의 완화에 공을 들이며 모색해 가야 할 것이에요."16)

---

16) 이호철, 「판문점2」, 『판문점』, 북치는마을, 2012, 139-140면.

조건이 무르익지 않은 상황에서 무리하게 통일을 강제하지 않는 편이 중국으로서도 득책(得策)임을 현 중국 지도자들이 깨닫고 있듯이, 경제적으로 북한의 몇십 배가 되는 남한이 북한의 처지를 무시하고 통일을 일방적으로 강요해서는 안 된다는 것, 대신 지금은 양측 모두가 대립을 최소화하고 제각기 발전해 가면서, 하나하나 머리를 맞대고 문제를 풀어 가는 쪽으로 노력과 모색을 경주해야 한다는 주장이다.

이런 주장은 「판문점」에서와는 다른 50년의 시간에 따른 변화로 이해할 수 있다. 거기에는 물론 '한살림 통일론'으로 요약되는 이호철의 통일관이 반영되어 있지만, 실상은 「판문점」에서 이미 언급했던 내용을 상황에 맞게 구체화한 것이다. 「판문점」에서 언급한 '사사로운 교류'가 여기서는 '민간 주도의 경제 교류'로 변형되어 제시된다. 물론 정치의 문제를 배제한 이런 식의 교류가 현실적으로 가능할지는 의문이지만, 거기에는 북한 사람들의 고통을 더 이상 지켜볼 수 없다는 작가의 '진정한 마음'이 담겨 있다. '2013년 체제 만들기'가 진영 논리에 갇혀 있음에도 불구하고 그 진정성만은 수용해야 한다고 했듯이, 경제적 지원이란 그런 진정한 마음의 표현이자 방책이다.

50여 년의 시간적 경과에도 불구하고 '판문점'이라는 동일 제목을 사용한 것은 분단에 대한 이런 태도와 믿음이 동일하게 유지된 때문이다. 그렇다면 「판문점 2」는 시간과 연륜의 축적에 따른 원작 「판문점」의 보완이자 다시쓰기라고 할 수 있을 것이다.

### 4. 이호철 소설의 힘

이호철은 분단문학의 아이콘과도 같은 존재이다. 가족을 북에 두고 월남 길에 오른 이후 이산의 상처와 고통을 두루 겪은 증인으로서 이호철의 인생 행로는 우리 현대사와 궤를 같이한다. 분단은 이호철의 전 생애를 지배하는 화두이자 실존의 주제였고, 이호철은 그것을 온몸으로 감당하면서 분단문학의 큰 산을 이루었다. 2016년 타계하기 직전까지 65년에 이르는 이호철의 긴 문학의 여정은 유장한 강물과도 같지만, 그 내면에는 분단과 이산에 따른 아픔과 통한이 요동치고 있었다.

이호철은 작품을 통해 월남민의 고통과 그리움을 그려냈을 뿐만 아니라 그것을 바탕으로 분단 시대를 사는 삶의 보편적 가치를 제시하였다. 그것은 간절하지만 결코 서두르지 않는 염원, 곧 소망의 미학이다. 작가 스스로 시간의 경과와 더불어 점차 소멸해가는 처지임에도 불구하고 결코 서두르거나 불안해하지 않았다.「판문점」을 창작했을 당시에는 통일의 시기를 못 박고 조만간 통일이 이루어지리라 희망했지만, 남과 북의 갈등과 현실의 복잡한 리얼리티를 겪으면서는 더 이상 그런 조급함을 보이지 않는다.「판문점 2」의 창작은 그러한 태도의 변화를 반영한다.「판문점 2」에서 무엇보다 중시되는 것은 '간절한 마음'이다. 북한 사람들의 생활이 경제적으로 향상되고 나아가 남한과 북한이 '한 살림'을 회복할 때 진정한 의미의 통일이 가능하리라는 것. 그런 주장의 근거를 작가는 허구가 아니라 실제 현실에서 찾았고, 그것을 작가 자신의 체험을 통해서 표현하였다. 이호철에게 문학은 삶 자체와 동일어였다. 문학을 한다는 것은 온몸으로 사는 것이고, 그것은 시대적 유행이나 취향과는 거리가 먼, 실존의 행위였다. 이호철은「판문점」과 더불어 한 시대를 살았고, 그 살아온 이력을「판문점 2」에 그대로 옮겨 놓았다. 그래서「판문점 2」는 허구와 실제가 섞이고, 뚜렷한 서사구조도 없는 구술(口述) 수필이 된다. 그렇다면 이호철에게 있어서 개작은 작품의 단순한 개필이 아니라 삶과 결합된 구술 행위라고 할 수 있을 것이다. 실제로 이호철은 "소설은 쓰는 일이 아니라 고치는 일이라는 기분도 든다. 나 자신의 일체를 고치는 것이다."17)라고 말하기도 하였다.

최근 남북 관계의 급격한 변화는 한 편의 소설보다도 더 극적이다. 전광석화로 전개되는 남북과 북미 정상회담을 지켜보면서 국가 간의 관계를 결정짓는 근본 요인은 정치라는 것을 새삼 실감한다. 핵 동결과 도발 행위 중단, 평화협정 체결과 북미 수교 등의 급박한 프로세스는 그런 사실을 웅변해준다. 그렇지만 통일의 궁극적인 지향은 경제적 삶에 있다. 통일이란 남과 북이 잘살기 위한 조건과 환경을 만드는 일인 바, 그것을 누구보다도 잘 알기에 이호철은 정치의 문제를 배제한 경제적 교류를 무엇보다 앞세운 것이다. 남북 관계의 급격한 변화는 이런 작가의 '간절한 마음'이 통한 때문이 아닐까.

---

17) 민병모 엮음, 『선유리』, 미뉴엣, 2010, 35면.

# 제3장

## 우의(寓意)의 서사와 직설의 서사

이병주의 「소설 · 알렉산드리아」와 『그해 5월』의 경우

### 1. 검열과 자기검열

감시자의 존재가 드러나지 않지만 수용자는 끊임없이 감시되는 구조를 가진 감옥을 최초로 구상한 사람은 벤담이었고 푸코는 그것을 『감시와 처벌』에서 현대사회의 특성을 설명하는데 활용하였다. 일망감시시설(판옵티콘)로 알려진 이 원형 감옥은 가운데 있는 감시탑에서 바깥쪽 감옥의 수감자를 감시하는 구조로, 수감자들은 감시자의 존재를 확인할 수 없어서 늘 감시의 눈길을 의식하며 통제를 받는다. 이로 인해 사람의 몸은 통제하고 조절하는 권력 앞에 노출된다. 감옥뿐만 아니라 군대, 학교, 병원, 공장, 회사 등의 장소 역시 몸을 효과적으로 통제하기 위한 장치들이다. 이런 길들어진 몸을 만드는 여러 기법들과 전술을 통틀어 푸코는 '규율'이라고 했는데,[1] 이 기법들이 모세혈관처럼 사회 전 영역을 관통하면서 구성원들을 감시하고 통제하는 곳이 바로 현대사회이다.

이런 현실과 비교하자면 과거 전체주의 시절의 감시와 통제는 외견상 소박한 것이었다. 이승만과 박정희 정권 시절의 감시와 통제는 어

---

[1] 미셸 푸코, 오생근 역, 『감시와 처벌』, 나남, 2016.

떤 개인의 행동이나 표현물을 살피고 조사하는 일을 의미했다. 신문이나 서적, 방송과 영화 등의 표현 내용을 문제 삼고 때로는 우편과 같은 사적 서류를 검열하기도 했지만, 한정된 영역에서 가시적인 형태로 행해졌기 때문에 전면적인 것은 아니었다. 물론 전제정권은 그 사각지대를 없애려는 듯이 무력을 동원해서 검열과 감시를 한층 전면적이고 강압적으로 행하였고, 규율을 어기면 구금·고문하고 심할 경우는 사회에서 영원히 격리하는 등의 방법을 동원했다. 그런 현실에서 사람들은 심한 두려움과 공포에 시달렸다. 작가들은 작품을 발표한 뒤 잠적하거나 아니면 검열을 피해서 아예 작품을 발표하지 않고 폐기하거나 방치하는 경우도 있었다. 그런 공포의 상황에서 만들어진 심리적 방어기제가 바로 자기검열이다. 자기검열은 가상의 시선이나 평가를 상상하면서 시작된다. 그것은 검열을 어겼을 경우 권력으로부터 가해지는 위험에 대한 공포와 불안감에서 스스로를 억압하고 통제한다. 그 억압으로 인해 작가들은 표현을 자유롭게 못하고 사회적으로 문제 되지 않을 것만을 발표한다. 그런 행위는 신체뿐만 아니라 상상력과 표현의 자유마저 구속한다는 점에서, 감시자를 확인하지도 못하면서 늘 감시의 눈길을 의식하는 원형감옥의 상황과도 같은 것이다. 다음 시는 그런 사실을 단적으로 보여준다.

    모두 별안간에 가만히 있었다
    씹었던 불고기를 문 채로 가만히 있었다
    아니 그것은 불고기가 아니라 돌이었을지도 모른다
    신은 곧잘 이런 장난을 잘한다

    (그리 흥겨운 밤의 일도 아니었는데)

사실은 일본에 가는 친구의 잔치에서
이토츄[伊藤忠] 상사(商事)의 신문광고 이야기가 나오고
곳쿄노 마찌 야야기가 나오다가
**이북으로 갔다는 나가타 겐지로 이야기가 나왔다가**

아니 김영길이가
이북으로 갔다는 김영길이 이야기가
나왔다가 들어간 때이다

내가 나가토[長門]라는 여가수도 같이 갔느냐고
농으로 물어보려는데
**누가 벌써 재빨리 말꼬리를 돌렸다…**
신은 곧잘 이런 꾸지람을 잘한다

— 「나가타 겐지로」2) (강조-인용자)

수선스러운 술자리에서 별안간 침묵이 흐르고 씹던 불고기가 돌연 돌로 느껴진 것은 '북'과 관련된 이야기가 '나왔다가 들어간' 데 있다. 모두들 '돌'을 씹은 듯이 얼어붙은 긴장의 순간에 개입된 것은 그 자리에 존재하지도 않지만 어딘가에서 영향력을 행사하는 감시자의 시선이다. 이 감시의 시선은 "그리 흥겨운 밤의 일도 아니"었던 특별하지 않은 때, 자연스럽게 일상에 침투해서 이렇듯 사소하고 허망한 방식으로 작동하고, 그것을 김수영은 '신의 장난'이라고 일컫는다.3) 김수영

---

2) 김수영, 「나가타 겐지로」, 『김수영 전집1』, 민음사, 2018, 221면. '나가타 겐지로'는 김영길이라는 재일교포 테너 성악가로 1960년에 북송되었다. 곳쿄노 마찌(國境の町, 국경의 거리)는 1934년 발표되어 크게 유행한 노래 제목이다.
3) 김혜진, 「김수영 문학의 '불온'과 언어적 형식」, 『한국시학연구』(55), 한국시학회, 2018.8, 191-2면.

은 의용군으로 끌려갔다가 도망해서 거제 포로수용소에서 2년 가까운 시간을 보냈는데, 이 체험은 그를 평생토록 '레드 콤플렉스'에 시달리게 했다. 5·16이 일어나자 대엿새 동안 행방을 감췄다가 머리를 중처럼 깎고 나타났고, 북쪽에서 돌아오는 포로들을 다룬 「조국에 돌아오신 상병포로 동지들에게」나 의용군 체험을 담은 미완의 소설 「의용군」은 써놓기만 하고 아예 발표를 하지 않았다. 군사 정권에 대한 공포와 두려움, 의용군에 복무한 사실이 드러날지도 모른다는 데 대한 불안이 그의 내면을 강박하고 있었던 것이다.

문필 활동을 시작하면서 김수영과 동갑내기(1921년생)인 이병주가 마주한 현실 역시 한국전쟁이 끝난 직후의 이러한 전제 권력 시절이었다. 당시 전제 정권이 구사한 반공 이데올로기는 한국 사회의 성원들에게 어떤 회의나 일탈도 허용하지 않는 강력한 규율이었다. 그것은 비록 특정한 내용의 기의(記意)로 채워지지 않은 기표(記標)로만 존재하는 것이었지만, 기의의 그 텅 빔을 이용하여 전방위적으로 사상을 규제하는 실제적인 힘을 발휘하였다.

그런 현실에서 이병주는 빨갱이로 오해받아 큰 고통을 겪는다. 이병주는 6.25 당시 인민군과 국군에게 각각 체포되어 고초를 겪는가 하면 출가를 위해 해인사를 방문했을 때에는 해인사를 습격한 빨치산에 의해 납치될 뻔한 위기를 넘겼으며, 전쟁이 끝난 직후인 1954년 하동군 민의원 선거에 출마했을 당시에는 자유당에 의해 빨갱이라는 낙인이 찍혀 낙선한 적도 있었다.[4] 그런 상황에서 필화사건을 겪게 된

---

[4] 이병주의 『1979년;이병주 칼럼』(세운문화사, 1978) 및 자전소설 『관부연락선』 참조. 이병주의 사상에 대해서는 정미진의 「공산주의자, 반공주의자 혹은 휴머니스트; 이병주 사상 재론」 (『배달말』63, 2108.12, 469-496면) 참조.

것이다. 이병주는 1955년부터 1961년까지 7년 동안 〈국제신보〉에서 편집국장과 주필을 겸하면서 칼럼을 쓰고 있었는데, 1961년 5.16 직후 돌연 체포된다. 5.16쿠데타 직후 박정희는 혁명 검찰부를 구성하고 교원노조 운동을 용공으로 매도하며 소속 간부들을 잡아들였는데, 이병주는 교원노조 고문을 맡고 있다는 명목으로 구속된 것이다. 그렇지만 사실이 아니라는 것이 밝혀지자 혁명검찰은 「조국의 부재」와 「통일에 민족역량을 총집결하라」라는 2개의 칼럼을 문제 삼아 제소한다. '중립통일론'을 주장했다는 이유로 혁명재판부에서 징역 10년형을 선고받고 2년 7개월을 복역한 뒤 석방된 것이다.

오늘날 보자면 별로 문제 될 것도 없는 칼럼(자세한 것은 3장 참조)임에도 불구하고 이병주가 구속되는 수모를 겪었던 것은 박정희가 쿠데타를 합리화하는 과정에서 희생양이 필요했기 때문이다. 박정희는 한국군 내 공산주의자의 일원이었고, 1948년 여순사건 당시에도 공산주의자여서 재판을 통해 사형선고를 받았는데, 그 과정에서 군 내부에 있던 3백명 가량의 남로당계 관련자 명단을 넘겨줌으로써 극형을 모면한 경력을 갖고 있었다. 이 전력 때문에 5·16 직후 미국이 그의 사상을 의심하자 좌익, 혁신정당, 교원노조, 각종 노조 지도자, 보도연맹원을 영장 없이 체포했고, 이 과정에서 좌익으로 의심받던 이병주 또한 걸려든 것이다.[5] 그런 관계로 이병주는 구속을 몹시 억울해하고 분노하였다. 더구나 이병주는 박정희와 술자리를 같이할 정도로 안면이 있었고, 쿠데타 이후 실세가 된 황용주(박정희와 대구사범 동창생)와도 친분이 있었다. "술친구였던 박 대통령이 자기를 2년 7개월이나 감옥살이를 시키다니…. 잡혔을 때는 그러려니 했지만 시일이

---

5) 임헌영, 「분단 후 작가 구속 1호 이병주」, 〈경향신문〉, 2017. 3. 2.

지날수록 원한이 사무치게 된 것이다." 그런 절치부심에서 이병주는 박정희 정권이 붕괴될 때까지는 과거 일제강점기나 해방기로 시선을 돌리거나 아니면 간접화법을 통해 우회적으로 이념과 정치에 대한 견해를 드러낼 수밖에 없었다.

이글에서 주목하는 「소설·알렉산드리아」가 직필(直筆)이 아닌 우의(寓意)의 형식으로 발표된 것은 그런 현실과 무관하지 않다. 이병주는 신문사 논설위원으로 있으면서 몇 년간 직필을 구사했고 그에 대해 큰 자부심을 가졌지만, 그것이 자신을 구속하는 상황에서 필설의 방법을 바꾸지 않을 수 없었다. '기록자'가 되겠다는 결심에서 소설가가 되었고, 출옥 후 첫 작품으로 「소설·알렉산드리아」를 우의(allegory)의 형식으로 발표한 것이다. 그런데, 자기검열이라는 심리적 규율 상태는 사회가 민주화되고 민주적 제도가 효력을 발휘하면서 점차 회복되는 모습을 보이는데, 고백과 반성이 나타나고 점차 자기검열의 수위가 달라지는 양상을 보여준다.6) 필화사건 이후 이병주는 '요시찰 대상자'로 일거수일투족을 감시받는 상태였다. 그런 상황에서 박정희 사후 "원한에 사무쳤던" 박정희 통치 18년을 고발하듯이 증언한 『그해 5월』(82-88)을 발표하는데, 이는 검열의 규율에서 잠시 자유로웠던 1980년대 초반의 현실을 배경으로 한다. 작품에서 이병주는 자신을 작품 속에 직접 등장시키고 검찰의 공소장과 변호사의 변론, 속기록과 신문 기사 등을 활용하여 구속의 부당함을 토로한 뒤 박정희 통치 기간에 일어난 여러 사건과 관련 인물들의 행적을 일지 형식으로 제시한다. 후대의 평가를 기다리며 자료를 정리하겠다고 했지만, 사실은 '5.16은 쿠데타'이고 '박정희는 결코 출현하지 말았어야 할 인물'이라는 견해

---

6) 조항제, 「언론 통제와 자기검열—개념적 성찰」, 『언론정보연구』54(3), 서울대 언론정보연구소, 2017.8, 41-72면.

를 자료를 통해서 증언한 것이다. 직필로 구속까지 되었던 작가가 자기를 검열한 권력자를 심판하는 문학사에서 유례를 찾기 힘든 광경을 연출한 것이다.

여기서 「소설·알렉산드리아」와 『그해 5월』을 비교하는 것은, 두 작품이 15년이라는 시차에도 불구하고 작가 자신(혹은 분신)이 중심인물로 등장하고, 언급되는 사건 역시 동일하다는 데 있다. 『그해 5월』은 「소설·알렉산드리아」를 저본(底本)으로 해서 자료를 보완하고 서사를 추가해서 장편화한 개정 증보판이라 해도 지나친 말이 아니다. 그런데, 두 작품 사이에는 반공주의에 따른 검열이라는 프리즘이 놓여 있어 작품의 구성과 내용에는 상당한 변화가 나타난다. 이를테면 검열로 인해 「소설·알렉산드리아」는 우의라는 간접화의 방법을 구사했고, 『그해 5월』은 그것이 해소되면서 논설과 칼럼, 공소장과 변론 등을 활용한 직설의 방법을 구사하였다. 그런 사실을 고찰하면서 반공주의가 자기검열의 기제가 되어 작품의 내용과 형식에 어떻게 작용했는가를 살펴보고자 한다.

## 2. 검열과 알레고리라는 형식 (「소설·알렉산드리아」의 경우)

이병주는 자신의 체험을 서사의 근간으로 세우는 작법을 즐겨 구사한 작가이다. 자신이 겪은 드라마와 같은 삶의 곡절을 「소설·알렉산드리아」, 『관부연락선』, 『지리산』, 「변명」 등 다수의 소설과 인터뷰와 칼럼을 통해서 제시하였다. 이들 작품은 사적 체험을 근간으로 식민치하의 삶과 이데올로기에 대한 견해를 보여주는데, 여기서 이병주는 '어떤 사상이라도 사상의 형태로 있을 때는 무해하지만 그것이 정치적 목표를 갖는 조직으로 행동화되면 자연스럽게 악해진다'는 견해를 피력하였다. 공산주의 역시 나름의 진리를 갖고 있지만 진리를 추구한다는 명목으로 수단을 가리지 않는 방법을 동원하거나 국민을 노예화하는 등의 악을 자행했다는 점에서 비판받아야 한다고 보았다. 그런 견지에서 공산주의와 전체주의를 동시에 비판했고, 필화사건의 빌미가 된 칼럼에서는 '중립 통일'이 차선의 방법이 될 수 있다고 주장하였다. 하지만 그런 주장은 북진통일과 반공을 앞세웠던 현실에서는 자칫 오해를 불러일으킬 소지가 있었고, 실제로 1961년의 필화사건은 그런 오해가 불러온 '불려(不慮)의 화'7)였다. 그런 상황이었기에 이병주는 「소설・알렉산드리아」에서 감시의 눈을 피하기 위한 여러 장치를 마련한다.8) 그것은 우선 작품을 전재하면서 제시된 「편집자의 말」과 소설 제목에 '소설'이라는 말을 붙인 데서 드러난다.

> "어떤 사상이건 사상을 가진 사람은 한번은 감옥엘 가야 한다고 생각한다. 사상엔 모가 있는 법인데 그 사상은 어느 때 한번은 세상과 충돌을 일으키기 때문이다."라고 작자는 말하고 있다. 이병주 씨는 직업적인 작가가 아니다. 오랫동안 언론계(전 국제신보 주필)에 종사하며 당하고 느낀 현대의 사상을 픽션으로 승화시킨 것이 이 「알렉산드리아」다. 화려하고 사치한 문장과 번뜩이는 사변의 편린들은 침체한 한국 문단에 커다란 자극제가 될 것이다.9)

작품의 내용을 암시하는 듯한 '사상을 가진 사람은 한번은 감옥엘 가야 한다'는 경구는 「소설・알렉산드리아」의 주인공이자 작가의 분

---

7) 이병주, 「소설・알렉산드리아」, 『소설・알렉산드리아』, 한길사, 19면.
8) 「소설・알렉산드리아」에 대한 연구로는 다음 글을 참조하였다. 고인환, 「이병주 중・단편 소설에 나타난 서사적 자의식 연구」(『국제어문』48, 국제어문학회, 2010) ; 노현주, 「5.16을 대하는 정치적 서사의 두 가지 경우」(『문화와 융합』39, 한국문화융합학회, 2017) ; 손혜숙, 「이병주 소설의 역사서술 전략 연구: 5.16소재 소설을 중심으로」(『비평문학』52, 한국비평문학회, 2014) ; 정미진, 「이병주 소설 연구」(경상대학교 박사논문, 2017.2) ; 조영일, 「이병주는 그때 전향을 한 것일까」(『황해문화』80, 새얼문화재단, 2013.9)
9) 「편집자의 말」, 『세대』, 1965.6, 334면.

신인 '형'의 삶을 대변한다. 사상은 어느 때 한번은 세상과 충돌하기 마련이고, 그런 충돌로 인해 '형'은 지금 10년 형기로 감옥에 갇혀 있다. 편집자는 이 작품이 '오랫동안 언론계에 종사하며 당하고 느낀 바를 픽션으로 승화시켰다'고 말하지만 사실은 작가의 수감체험을 작품화한 것이다. 곧 필화사건으로 감옥살이를 했던 억울한 처지를 회고하고 그 부당함을 간접화된 방식으로 고발한 것이다. 그런 자전적 내용을 담고 있기에 작가는 작품의 이름에 의도적으로 '소설'이라는 말을 붙이고, '픽션으로 승화시켰다'고 말함으로써 감시자의 눈을 피하고자 한 것이다. 실제로 작품에서 "감옥에서 편지가 나오려면 검열이란 게 있습니다. 그것을 고려에 넣으셔야죠."라고 한 것은 그런 사실에 대한 고백이다. 그런 관계로 작품은 정치권력에 대한 비판을 먼 이국 알렉산드리아에서 절대권력자 히틀러와 나폴레옹을 비판하는 방식으로 행하고, 그것을 '환각'이라고 표현하였다. 작가는 자신을 감옥에 가둔 부정한 정치권력에 맞설 도구가 필요했고, 알레고리라는 장치를 이용해서 정치 현실과 일정한 거리를 유지하고 스스로를 방어하고자 했던 것이다.10) 작품이 두 개의 공간으로 나누어지는 것은 그런 이유로 볼 수 있다. 한국의 서대문형무소와 이집트의 알렉산드리아라는 이원화된 공간 설정은 자신이 경험한 '검열'로 대표되는 폭압적 현실을 사실적으로 재현하기 위한 고발의 방식이다.

현실의 공간인 서대문형무소는 억울하게 옥살이는 하는 형의 세계이다. 동생에게 보낸 편지를 통해서 볼 수 있는 그 세계는 분노와 억울함, 원한이 응혈진 장소이다. 형이 구속된 것은 2개의 논설 때문이다. 유죄 판결의 근거가 된 것은 "조국이 없다. 산하가 있을 뿐이다.",

---

10) 정미진, 앞의 논문, 102-105면.

"이북의 이남화가 최선의 통일방식, 이남의 이북화가 최악의 통일방식이라면 중립통일은 차선의 방법은 되는 것이다. 그런데 이것을 사악시하는 사고방식은 중립통일론보다 위험하다."라는 두 구절인데, 사실 그것은 오독의 산물이다. "조국이 없다."라는 말엔 진정하게 사랑할 수 있는 조국이 없으니 그러한 조국을 만들어야 한다는 뜻과 설명이 잇달아 있었지만, 그런 것이 통할 리가 없었고, "중립통일"을 주장하지도 않았는데 마치 반공 국시를 무시하는 것처럼 이해되었다. 이는 통일이 되어야 한다는 주장을 과도하게 해석한 것이다. 형이 주장한 것은 "우리나라를 스칸디나비아반도의 여러 나라와 같은 나라로 만들어보겠다고 응분한 노력을 다한 죄밖에 없다."(곧 사회민주주의를 옹호한 것)는 것. 형은 그것을 위해 분투하다가 오해를 받고 투옥되었다. 더구나 논설을 썼을 때는 그걸 처벌할 법률이 없어서 먼저 잡아 가둔 다음에 법률을 만들어서 적용한 소급법에 따른 것이었다.

한편, 동생이 있는 알렉산드리아는 구금과 억압의 서대문형무소와는 정반대의 공간이다. 알렉산드리아는 "고전적, 중세적, 현대적, 미래파적으로 음탕한" 공간이고, 한편으론 "아라비안나이트적인 교합과 할리우드적인 교합과 이집트적인 교합"이 이루어지고, "다섯 종류의 인종이 붐비고, 다섯 종류의 언어가 소음을 이루고, 몇 타스의 교리가 서로 반복하고 질시하고 있는 도시"이다. 그곳에서는 "남성과 여성만으로선 다할 수 없는 성의 형태, 자웅동종의 형태에 이르기까지 성은 분화하고 그로테스크하게 이지러져" 있다.

이 두 공간의 대비를 통해서 작가는 억울한 구속에 대해 소명하고 복수의 결의를 다지는데, 그 복수는 가상의 공간인 알렉산드리아에서 이루어진다. 알렉산드리아는 나치에 의해 동생을 잃은 한스 셸러와 독일군의 폭격으로 가족과 고향 모두를 잃고 무희로 살아가는 사라 안젤이 복수를 하는 곳이다. 한스 셀러와 사라 안젤은 그런 원한에서 나치의 게슈타포였던 엔드레드에게 복수하고자 한다. 엔드레드를 유인하는 공연을 열고 마침내 오랜 기간 숨어 지내던 엔드레드가 나타나자 한스와 사라는 술자리를 만들어서 그를 살해한다. "게르만의 프라이드"를 그대로 간직하고 있는 국수주의자 '엔드레드'의 살해는 개인적인 원한 풀기의 방식으로 이루어졌지만, 작가는 환각의 힘을 통해 이를 "병든 유럽 문명을 단죄"하는 행위라고 의미를 부여한다. 알렉산드리아의 법원은 이들에게 '알렉산드리아에서의 퇴거'를 명하고, 판결을 보류한다. 형이 민족의 통일을 염원하며 쓴 논설 한 편 때문에 감옥에 갇혀 수감생활을 하는 것과는 극명하게 대조를 이룬다. 작가는 형이 겪었던 군부독재의 횡포와 사라와 한스가 겪었던 스페인 내란, 2차 대전의 유대인 학살사건을 알레고리적 유비 관계에 놓고, 이를 통해 당시의 시대 상황을 이국의 역사적 사실에 투사한 것이다. 이러한 등가관계를 전제로 작가는 사라와 한스에 대한 복수를 통해 독재 권력의 횡포를 비판하고, 이들의 '복수'를 성공시킴으로써 독재 권력에 대한 단죄를 시도한 것이다.

작품 후반부에 제시된 한스와 안젤에 대한 긴 변론은 복수의 정당성을 보여주는 장치로 이해할 수 있다. 안젤에 대한 변론에서, "빨갱이를 폭격하는 건 좋아요. 우익과 좌익의 싸움이니까 우익이 좌익을 공격하는 건 당연하죠. 그러나 빨갱이를 폭격하려면 빨갱이 있는 곳을 폭격해야 되지 않겠오? 왜 아무런 죄도 없는 사람들을 죽이는 거죠?"라는 주장은 좌익으로 오해되어 구속된 이병주 자신에 대한 변명으로 읽어도 무방하다. 빨갱이도 아무것도 아닌 순박한 백성에 지나지 않는 자신을 오폭했다는 주장. 또 혁명검찰이 내세운 일벌백계주의에 대해서도 비판한다. 그것은 위험하며 비인도적인 법 운용이라는 것. 이를테면 일벌백계(一罰百戒)란 전쟁과 같은 극한 상황이 아니고서는 성립될 수 없다. "나를 희생시켜 다수를 위한다."고 할 때, 언제나 희생되는 사람은 확실하게 존재하지만, 위함을 받는 다수는 막연한 존재라는 것, 그러니 죄는 어디까지나 죄상과 정상 그대로를 확대 추리와 확대 해석을 피하고 다루어야 하지만 일벌백계 사고방식을 도입해서 죄상 파악과 정상참작에 영향을 끼치는 일이 있어선 안된다고 한다. 말하자면 작가 자신이 일벌백계라는 잘못된 법 운용에 의해 희생되었다는 주장이다.

이렇듯 「소설・알렉산드리아」는 시종 알레고리의 형식을 빌려 작가가 자신의 억울함과 그에 대한 복수의 심리를 그려내었다. 그렇지만 검열의 현실을 의식하지 않을 수 없었던 관계로, 작가는 한편으로 그런 주장에 대해 그것은 '환각'이고 '정신병적인 것'이라고 비판한다. "도대체 그러한 글을 쓸 수 있다는 정신상태가 틀려먹은 것 아냐. 조국이 없다가 뭐야."11) 동생의 입을 빌려 형이 받은 10년은 너무나 적고 사실은 사형이나 무기형을 받아야 한다고 말한다. '혁명이 일어났고, 그 혁명의 파도에 휩쓸려 형은 감옥에 갈 수밖에 없는 존재였다.'는 것이다. 자신의 억울함을 호소하는 형에 대해 이렇게 비판을 가함으로써 작가는 자신을 주시하고 있을 감시자의 눈을 피하고자 한 것이다. 「소설・알렉산드리아」를 쓴 1965년은 박정희 군사 정권이 정권을 다지기 위해 반공 정책을 가혹하게 시행하던 때였고, 그런 현실에서 이병주는 이렇듯 우회적인 방법으로 자신의 의도를 피력할 수밖에

---

11) 이병주, 「소설・알렉산드리아」, 『세대』, 1965.6, 345면.

없었다. 작품 말미에서 '형'이 출옥 후 "행동 스케쥴"을 구상하는 장면은 그런 점에서 의미심장하다.

> 그러나 저러나 7년만 지나면 초라한 황제도 바깥바람을 쏘일 수 있을 것이다. 그때의 행동 스케쥴을 지금부터 작성하고 있는 것도 좋은 일이 아닌가. 나는 누에 모양 스스로 뽑아낸 실로서 고치를 만들어 그 속에 들어 누어 번데기가 되었다. 세상 사람들은 모두들 나를 죽었다고 생각할 것이다. 죽었다고까진 생각하지 안해도 죽은거나 마찬가지라고 생각하고 있을 것이다. 그러나 나는 번데기이긴 하나 죽지는 않았다. 언젠가 때가 오면 내 스스로 싸 올린 이 고치의 벽을 뚫고 나비가 되어 창공으로 날을 것이다. 다시는 작난구러기 아이들에게 잡혀 곤충 표본함에 등에 바늘을 꽂히우고 엎드려 있는 꼴을 당하지 않을 것이다. 간악한 날짐승을 피하고 맹랑한 네발짐승도 피하고 전기가 통한 전선에도 앉지 않을 것이고 조심스리 꽃과 꽃 사이를 날라 수백 수천의 알을 낳을 것이다.[12]

다시는 장난꾸러기 아이들에게 잡혀 곤충 표본함에서 등에 바늘을 꽂히우고 엎드려 있는 꼴을 당하지 않을 것이라는 다짐은 이후 이병주가 폭풍처럼 쏟아낸 작품을 통해서 입증되거니와 그것을 구체적 형태로 보여준 것이 검열의 고리가 약화된 시기에 발표된 『그해 5월』이다.

### 3. 증언과 기록으로써의 글쓰기(『그해 5월』의 경우)

동생을 초점 화자로 해서 '형'의 심경을 서술했던 「소설 · 알렉산드리아」와 달리 『그해 5월』은 작가가 직접 등장해서 자신의 체험을 고백하면서 박정희 정권 시절의 상황을 일지 형식으로 기록한 작품이다. 여기서 작가는 작품에 직접 등장해서 「소설 · 알렉산드리아」에서 언급

---

[12] 이병주, 「소설 · 알렉산드리아」, 『세대』, 1965.6, 410면.

할 수 없었던 검찰의 공소장과 변호사의 변론, 신문의 사설 등을 인용해서 자신의 억울함을 변호하듯 서술하였다. 작가는 그것을 역사라고 하지 않고 '구체적인 기록을 정리하는 것'이라고 말하는데, 그것은 "역사를 쓰기엔 시간적인 거리가 아직"이르고 "다만 나는 허상이 정립되지 않도록 후세의 사가를 위해 구체적인 기록"을 정리하는 것이라고 말한다. 주인공의 이름을 '이사마'라고 한 것은 그런 의도와 관계되는 바, '사마'는 『사기』를 쓴 사마천의 성(姓)에서 따온 것으로 "20세기 한국의 사마천"이 되고자 하는 결심,13) 실제로 『그해 5월』은 이사마로 개명한 작가 이병주의 박정희 집권기에 대한 실록적 기록이다.

(실제로 『그해 5월』은 소설이라기보다는 자전적(증언적) 기록이다. 개인사와 일치하는 실제 체험을 서사의 근간으로 하고 있고, 그 바탕 위에서 구속의 부당함을 증명하는 구체적 자료와 기록들을 장황하게 나열하였다. 언급되는 인물들 역시 대부분 실재했던 사람들이다. 작품의 시점 역시 혼란을 보여서, 작가가 구속되고 출소하기까지는 작가의 친구인 '나'가 화자로 등장하여 서사를 이끌지만, 작가가 출옥한 이후에는 작가 자신이 주인공이자 화자로 등장한다. 1권 처음부터 3권의 「1963년 12월 17일」 전반부까지는 '나'가 화자이고, 출옥한 직후에는 작가인 '이주필'이 서술자가 되고, 다음 장인 「망명의 피안」에서는 '이사마'로 개명한 작가가 주인공이 되어 자신의 이야기를 서술한다. 3권 후반부를 읽으면서 독자들이 혼란을 느끼는 것은 이런 시점의 변화에 원인이 있다.)

---

13) 그런 점은 『그해 5월』뿐만 아니라 수필집 『백지의 유혹』(남강출판사, 1973)에서도 언급된다. "竹簡에 한자씩 새겨 넣고 있는 사마천의 모습을 상상하고 그 심정을 추측하면 실로 처절하다고도 할 수 있는 기록자의 태도와 각오에 부딪친다."(65면)

『그해 5월』에서 우선 주목할 점은 5.16을 '혁명'에서 '쿠데타'로 조정한 대목이다. 「소설·알렉산드리아」의 화자는 5.16을 '혁명'으로 명명했는데, 『그해 5월』에서는 영국 기자 조스의 입을 빌려 '쿠데타'로 규정하고 신랄하게 비판한다. '혁명이란 제도의 변혁이다. 왕제를 공화제로 한다든가 자본제를 공산제로 한다든가 하는 식의 변혁이다. 반면 쿠데타는 체제는 그대로 둔 채 권력만을 빼앗는 수작'이다. 가령 민주당 정권은 절대적인 것이 아니라 4년 후엔 바뀔 수 있는 정권이고, 또 헌법에 의해 평화적 정권 교체의 길이 열려 있었다. 그런 정권을 임기 전에 빼앗는 것은 헌법을 유린한 행동이다. 막강한 무력을 가진 군대가 정부가 하는 일에 불만이 있다고 해서 헌법을 예사로 유린할 수는 없고, 그런 이유에서 쿠데타를 긍정할 수 없다고 한다. 작가의 생각이 집약된 이 견해대로 『그해 5월』은 쿠데타 세력이 저지른 만행에 대한 기록이다.

박정희 권력의 만행은 우선 쿠데타를 정당화하기 위해서 반공주의를 전면에 내세우면서부터 시작된다. "반공을 국시의 제1의로 삼고 이때까지의 형식적이고 구호에만 그쳤던 반공 태세를 재정비 강화한다."는 혁명공약 1호를 앞세워 '빨갱이'라는 심증이 생기면 누구든지 영장 없이 잡아들였다. "김일성의 주구들과 그 동맹자들을 우리 사회에서 철저히 뿌리째 뽑아 우선 사회를 정화해야 하겠다"는 것. 쿠데타와 함께 단행된 대대적인 검거 선풍은 그런 배경에서 이루어졌고, 진보적 입장을 견지했던 이병주가 구금된 것도 '용공단체인 교원노조의 고문'을 맡았다는 데 있었다. 또 쿠데타 과정에서 비협조적이던 국무총리 장면과 일곱 명의 각료를 제거한 것도 '용공분자로서의 혐의'였다. 그런 명분에서 사회 전반에 걸친 대대적인 검거선풍이 일어나는데, 작가가 가장 안타까워하고 분개하는 것은 '민족일보 조용수 사건'

이다. 민족일보의 사장 조용수에 대한 상세한 기록과 정리는 조용수의 비극이 작가 자신의 그것과 다름없다는 동병상련의 심리로 이해할 수 있다. 조용수의 혐의는 공소장에서 다음과 같이 언급된다. "조용수 등이 위장 평화통일로 용공세력을 부식, 민족일보 운영자금을 조달하기 위해서 재일 혁신계, 한인 부정자금을 투입하고, 〈민족일보〉를 통해서 반국가체인 목적 수행을 위하여 선동·고무·동조했다는 것"(공소장) 이를테면, 평화적인 통일을 주장한 것이 북한 괴뢰 집단의 주장과 동일한 것으로 간주되어 사장 조용수는 사형을 구형받았다. 그렇지만, 이 사건 역시 반공을 앞세워 진보적인 인사들을 탄압하기 위한 것이었다.14) 〈민족일보〉는 창간된 뒤 민주당 정권이 제정하려 했던 반공법을 반대하고 남북 교류와 평화통일을 주장하는 등 진보적인 태도를 취했는데, 그것이 탄압의 빌미가 된 것이다. 평화통일론은 반공 이데올로기가 지배하던 1960년대 초반의 사회 현실에서는 공감을 얻기가 힘들었다. 더구나 민족일보 사건에 적용된 '특수범죄 처벌에 관한 특별법(법률 제633호)'은 1961년 6월 22일에 공포되었는데, 공포된 날로부터 3년 6개월 전의 행위에 대해서까지도 적용할 수 있도록 만든 소급법(遡及法)이었다. 이병주가 그토록 억울해했던, 엉터리 법 적용과 동일한 것이었다. 그런 조작과 부적절한 법 적용이었기에 작가는 화자의 입을 빌려 "조용수에게 죄가 있다면 그 정열이 너무나 순일하다는 점일 뿐이다. 그의 정열은 순일하여 때론 과격할 정도였다. 해방 직후 진주서 좌익과 싸울 때도 그는 생명을 걸었고, 일본에선 조총련의 동포 북송을 방지하기 위해 열차의 레일 위에 드러눕기까지도 한 사람이 아니었던가."(1권 218면)라고 안타까움을 토로한다.

---

14) 조용수 사건에 대한 자세한 설명은 정진석의 「민족일보와 혁신계언론 필화사건」(『관훈저널』 (49), 관훈클럽, 1990.7) 참조.

조용수 사건과 함께 장황하게 서술된 것은 이전 작품에서 미처 말하지 못했던 자신의 필화사건에 대한 부당함과 억울함의 심경이다. 주인공 이사마는 '특수범죄 처벌에 관한 특별법' 위반으로 10년을 언도 받았지만, 그것은 소급법의 적용을 받았고 또 공소장의 내용도 터무니없는 것이었다. 그런 사실을 입증하기 위해 작가는 구속의 원인이 된 두 개의 논설 전문을 제시하고 설명한다. 「조국의 부재」(『새벽』, 1960.12)에 대해서, "정부를 전복하고 노동자 농민에게 주권의 우선권을 인정한 프롤레타리아 혁명을 일으켜야만 조국이 있고, 이러한 형태로서의 조국이 아니면 대한민국은 조국이 아니라고 하고, 차선의 방법으로서 중립화 통일을 하여 외국과의 제 군사협정을 폐기하고 외군이 철수해야만 조국이 있다는 등의 선전 선동을 하여 용공사상을 고취"했다는 내용의 공소장이 소개된다. 또 「통일에 민족역량을 총집결하자」에서는 "대한민국과 북괴를 동등시하고" "일반 국민으로 하여금 상기한 민중의 의사에 따라오지 않으면 폭동을 일으켜야만 통일이 되는 것같이 선동하여 용공사상을 고취"했다는 공소장을 제시한다. 이 모든 것들이 부당하다는 생각에서 작가는 「조국의 부재」와 「통일에 민족의 총역량을 집결하자」의 전문을 제시해 스스로를 입증하고자 한 것이다.

> 중립통일이란 이 심각한 '한국적' 현황 속에서 고민에 빠진 젊은 지성인들의 몸부림이다. 중립통일론은 고민 끝의 하나의 결론이다. 이 논의의 정당성 여부를 따지는 것은 다음으로 미루더라로 이 논의 자체를 그저 부정하려는 심산에 우리들은 음흉한 술수를 본다.
> 이북을 이남화한 통일을 최선이라 하고, 이남이 이북화된 통일을 최악이라 할 때, 중립화 통일론은 차선의 방법이 되는 것이다.

그런데 이북의 이남화란, 무력에 의한 정복의 방법 외엔 불가능할 때 굳이 최선이라고 해서 한국의 헌법 절차에 의한 통일만을 원한다면 이는 통일하지 말자는 의사표시나 별다를 것이 없다.

그리고 곧 중립화를 공산화라고 우기는 부류가 있는데, 이는 민주주의를 이해하지 못하는 사람들이다. (중략) 자주성을 가진 평화적 통일을 우선 마련해 놓고, 다음은 민주정신·민주정치에 의한 공산주의의 흡수·소화, 이런 방향으로 정치인의 패기가 발현되지 않고선 조국은 아득한 미래에 있는 것이다. 요는 중립통일론까지를 사고 범위에 포섭하는 민주주의적 논의의 바탕을 만드는 게 급선무다.15)

'중립통일론까지를 염두에 두고 민주주의적 논의를 해보자'는 내용은 사실 크게 문제될 것도 없고 또 용공이라고 단언할 수도 없다. 중립통일론까지도 허용하는 언론 풍토가 조성되어야 한다는 내용이지 중립통일을 주장한 것은 아니었기 때문이다. 그렇지만 그런 사실에도 불구하고 이사마는 교원노조 고문으로 추대되었다는 사실과 함께 '용공이라는 특수 반국가 행위'의 혐의로 10년 징역이 확정된다. 사실무근의 내용으로 억울하게 당한 것이었기 때문에 작가는 변호사의 입을 빌려 그것은 모두 조작된 것이라고 주장한다.

"이 주필이 억울한 것은 확실합니다. 내가 그 사건을 맡았으니 더욱 더 잘 알죠. 오죽해서 이 주필이 최후의 진술 때 2천여 편이나 쓴 논설 가운데 단 두 개를 골라선 그것도 천 수백 행의 문장 중에서 불과 20행도 안되는 분량으로 이곳저곳을 발췌하고 함부로 연결을 지어 불온사상을 적시하는 이런 수단을 써서 사람을 얽어맨다면 나는 케네디 대통령의 연설문을 취사 선택하고 당신들처럼 확대해석해서 케네디를 크레물린의 스파이로 몰 수가 있겠다고 했겠습니까. 그런데 알아 두십시오. 억울한 사람은 이 주필만이 아닙니다."16)

---

15) 이병주, 『그해 5월』(2권), 한길사, 2006, 23-4면.
16) 이병주, 『그해 5월』(2권), 한길사, 2006, 170면.

작가에게 적용된 법은 '발췌와 확대 해석'이라는 주장이다. 작품 전반부는 이와 같이 작가 자신의 개인적 체험에 대한 기록이다.

그런데 이 작품에서는 「소설·알렉산드리아」에서와 달리 박정희에 대한 평가를 유보하면서 '기록자'의 위치를 유지하겠다고 한다. 「소설·알렉산드리아」에서는 우의의 형태로 박정희에게 복수를 가했지만, 『그해 5월』에서는 박정권에 대한 판단 자체를 유보한다. 출옥 후 박정권에 대한 입장을 묻자 작가는 다음과 같이 말한다. "나는 이 정권의 편에 설 수는 없어. 세워주지도 않을 것이고, 그러나 반대할 의사는 없어. 나는 오직 지켜볼 뿐이야. 기어이 레지티머시(합법성)를 획득할 수 있을 것인지, 끝끝내 그러지 못하고 파산할 것인지 지켜볼 뿐이다."(3-226) 이를테면, "박정희가 만일 앞으로 좋은 치적을 쌓기만 한다면 나는 그를 구국의 영웅으로 받들 용의가 있습니다."라고 말한다.17) 그런 생각에서 1961년 5월 16일부터 1963년 12월 17일까지에 있었던 일은 괄호 속에 묶어 불문에 부치고, 단지 기록만 하겠다고 말한 것이다.

이런 태도를 견지하는 까닭에 작품은 외견상 박정희 집권기에 대한 실록적 기록으로 일관하는데, 그 서술은 집요하고 구체적이어서 기록영화를 보는 듯이 생생하다. 작품의 전반부에 해당하는 1~3권에서 제시된 박정희가 쿠데타를 일으킨 뒤 대통령에 취임하기까지 자행된 각종 공안사건과 반혁명사건을 정리하면 다음과 같다.

---

17) 박정희에 대한 이병주의 태도는 「소설·알렉산드리아」에 비해서 상대적으로 완화되어 있다. 출옥 후에도 박정희와 여러 번 만나기도 했고, 측근 인물들과도 친분을 유지했던 데서 그런 태도의 변화를 짐작할 수 있다. 개인적인 원한 때문인지 아니면 그런 원한을 스스로 통제하기 힘들어서인지, "이병주에게 박정희란 붓의 무게중심을 상실할 정도로 소설적으로 다루기 힘든 존재"였다고 한다. 조영일의 「이병주는 그때 전향을 한 것일까」(『황해문화』80, 새얼문화재단, 2013.9, 292-302면) 참조.

- ◆ 1961년 7월, 부정선거 관련 최인규, 한희석, 송인상, 임흥순, 신도환 등 5건, 민족일보사건의 조용수, 폭력행위사건의 이정재 등 공소 제기
- ◆ 7월 29일, 민족일보 사건 공판(공소장 제시), 장건상(독립운동가, 중립통일 주장) 구금
- ◆ 10월, 이주필(이병주)과 논설위원 변노섭의 공판(공소장 및 변론, 「조국의 부재」 및 「통일에 민족역량을 총집결하자」 원문 제시)
- ◆ 12월 21일, 곽영주(이승만 경호책임자), 최백근, 최인규, 임화수, 조용수 사형 집행
- ◆ 12월 23일, 장도영 외 4명 반혁명사건, 사형 구형(공소장 수록, 증인 박정희의 증언 속기록, 김형욱의 증언 속기록, 판결문, 변호인의 상소장 제시)
- ◆ 유족회사건(6.25 때 좌익으로 몰려 학살당한 사람들의 유골을 찾는 모임)
- ◆ 김동복 예비역 대령, 6군단장 김응수와 제8사단장 정강도 반혁명 사건(공소장 및 판결문 제시)
- ◆ 1962년 5월 2일, 밀수범 두목 한필국 사형(공소장과 판결문, 상소 이유서 제시)
- ◆ 1963년 3월 11일, 박정희 의장 암살 음모 사건 발표(이규광 예비역 준장, 대령 2명, 중령 5명)
- ◆ 8월 11일, 내각 수반 송요찬 구속
- ◆ 1963년 12월 16일 이병주 부산 형무소에서 출감
- ◆ 12월 17일, 박정희 대통령 취임

위의 사건들은 간첩 혹은 간첩단으로 발표된 공안사건의 일부이다. 공안이란 공공의 안녕과 질서가 편안히 유지되는 상태를 말하며, 공안사건은 공안을 파괴하려는 의도와 행위를 한 조직과 관련자들을 지칭하는 말이다. 실제로, 박정희 시대에 발생한 대표적인 공안사건은 주로

'간첩' 혹은 '간첩단'으로 발표된 사건이었다. 1964년 8월 14일에 발표된 인민혁명당사건, 1967년 7월 8일의 동베를린 거점 북한대남 공작단사건, 1968년 8월 24일의 통일혁명당사건, 1971년 4월 20일의 재일교포 유학생학원침투 간첩단 사건, 1974년 4월 25일의 인민혁명단 사건, 학원침투 간첩단 사 등이 대표적인 사례들이다. 이 사건들은 공안 당국에 의해 간첩죄, 국가보안법, 반공법 등으로 송치 또는 기소되었다.18) 이병주는 작품에서 이 사건들을 상세하게 소개하면서 박정희의 행위를 비판하는데, 그것은 이들 사건이 모두 박정희가 정치적 위기를 돌파하기 위해 조작한 것이라는 데 있다. 가령, 동백림사건은 19678년 6월 8일에 실시된 총선거 이후 부정선거를 규탄하는 시위가 분출하여 급속히 확산되던 시점에 발표되었고, 북한의 청와대 침투와 미국 정보함 프에블로호 피랍사건 등으로 정치·군사적으로 긴장관계가 고조되었던 상황에서 1968년 8월에 통혁당사건이 발표되었다. 박정희 시대의 마지막 공안사건이었던 남민전 역시 대통령긴급조치 제9호가 발동된 엄혹한 정세를 배경으로 한다. 이런 사실을 상세히 언급하면서 작가는 "무리한 출발이었기 때문에 그 무리를 호도하기 위한 무슨 수단이 있어야만 했"다고 지적한다. 쿠데타로 정권을 잡았기에 그것을 호도하기 위해 용공과 좌익의 혐의를 이용한 것이고, 그것은 박정희 정권을 유지하기 위한 유력한 도구였었다. 이런 실록적 요소들로 채워진 관계로『그해 5월』은 소설이라기보다 차라리 '5.16의 역사적 평가를 위한 한 우수한 관찰자의 기초자료 모음집'19)이라 해도 지나친 말이 아니다.

---

18) 박정희 집권기의 공안사건에 대해서는 정호기의「박정희시대의 '공안사건'들과 진상규명」(『역사비평』, 역사비평사, 2007.8, 266-287면) 참조.
19) 임헌영,「기전체 수법으로 접근한 박정희 정권 18년사」,『그해 5월』(6권), 한길사, 2006, 290면.

여기서 작가의 관찰과 정리가 특히 돋보이는 것이 한일국교 정상화 협상이다. 오늘날도 미해결로 남아 있는 일제 식민통치에 대한 사과와 보상문제는 이병주의 관찰과 정리를 통해서 그 해답을 찾을 수 있을 정도이다. 가령, 한일 간의 국교가 정상화되려면 먼저 국민의 생명 문제가 가장 중요시되어야 하고 따라서 적어도 일본인 전사자에 준하는 처우는 당연히 청구해야 하며, 또 그럴 명분도 당당했다. 그런데 한일회담을 주도한 김종필이 선거 때 일본으로부터 사적으로 70억 원을 받았고, 또 군사 정부가 일본으로부터 1억 3천만 달러를 받았다. 그에 대해 국회 진상조사위원회까지 설치되었지만 흐지부지되고 말았다. 한일 간의 국교 정상화는 당연하지만 한국에 유리하도록 일본의 양보를 촉구하는 태도를 취해야 했지만 이처럼 뒷거래가 있었기에 명분이 당당했음에도 불구하고 기껏 5억 달러로 정리된 것이다. 그렇게 함으로써 박정권은 경제위기를 극복하고 정치적 안정을 얻을 수 있었고, 그래서 엄청난 반대에도 불구하고 협상을 서둘러 마무리했던 것이다. 일본이 제공한 무상 3억 달러, 유상 2억 달러, 민간 차관 3억 달러의 경제원조는 사죄에 필요한 최저 조건도 충족시키지 못한 것이고, 그런 굴욕외교였기에 반대투위가 생기고 연일 성토 데모가 벌어졌던 것이다. 작가는 이런 사실들을 집요하게 추적하여 협상의 전과정을 일목요연하게 보여준다. 이 문제는 '작가 후기'에서 다시 한번 언급할 정도로 작가가 지대하게 관심을 가졌던 사안이다. 가령, 대만과 같은 수준의 보상을 받았더라면 최소 42억 달러는 받았어야 했는데 현실에서는 기껏 5억 달러에 그쳤다고 아쉬움을 표하면서 "이 전말을 살피기 위해서라도 '장군의 시대'는 계속 씌어져야"(곧, 박정희 집권기에 대한 탐구는 계속되어야) 한다고 다짐한다.

다음으로 시선을 끈 것은 남정현의 「분지」 필화사건이다. 최태응으로부터 남정현이 붙들려 갔다는 소식을 듣고 이사마는 「분지」가 북괴의 선전에 동의했다는 이유를 수긍하지 못한다. 남정현은 '동인문학상을 수상한 예리한 관찰안과 수발한 문제의식을 가진 뛰어난 작가'로, 「분지」는 조국을 사랑하는 나머지 그 치부적인 상황을 보아넘길 수가 없어서 쓴 작품이다. 이사마는 남정현 씨의 작품을 다시 읽고도 무슨 까닭으로 이것을 쓴 작가를 체포해야 했는가를 납득하지 못한다. 과격한 선동적 표현이 있는 것도 아니고, 그렇다고 반미적 경향이 있는 것도 아니다. 미국을 비판한다는 것이 미국을 반대하는 것이 아니란 것은 미국을 비판하는 마음의 바닥에는 미국을 찬양하는 마음이 공존할 수 있기 때문이다.

"김일성의 편을 들자"
"한국을 말살하자"

이렇게 들고 나왔다면 작가이건 시인이건 어떤 예술이건 체포해야 마땅하다. 그것이 우리의 숙명적인 제약이니까. 그러나 반공의 명분으로써 남정현 씨를 체포할 수는 없다. 반공은 공산주의자들이 쓰는 그 수단방법 가리지 않고 목적만 달성하면 그만이라는 사고방식에 대한 반대라야 하니까. 내 의견에 동조하지 않으면 적이다. 적은 죽여야 한다는 것이 공산주의자의 방침이 아닌가. 그런 방침에 반대하는 것이 진정한 의미에 있어서의 반공이다. 그렇다면 남정현 씨를 얽어 범인으로 만든다는 것은 그것이 바로 공산당적인 수법이 아닌가.[20]

이사마는 지금 감방에 있는 남정현 씨의 모습을 상상하고 "죄 없는 사람을 체포하지 않곤 성립될 수 없는 또는 지탱될 수 없고 유지될

---

20) 이병주, 『그해 5월』(4권), 한길사, 2006, 197면.

수 없는 정권이 존재한다는 사실을 발견"한다. 이런 태도는 결국 문학을 말살하겠다는 공공연한 선언이었다. 비록 필화사건이 발생한 지 15년이 지난 시점에서 씌어진 작품이지만, 이사마의 이런 시각은 수많은 민주인사들을 탄압한 반공주의의 허구에 대한 통절한 고발이다. 작품 말미에서 "반공문학조차도 가능하지 못한 상황은 휴머니즘문학도 질식케 한다."고 일갈한 것은 몸소 겪고 체험한 현실에 대한 진실한 고백이다. 기록자의 입장을 유지하고 그 의도대로 자료를 정리하겠다고 했지만 이렇듯 "5.16에 의해 희생된 군상"을 기록함으로써 작가는 "5.16은 민족사적으로 민주정치사적으로 결정적인 비극"이라는 것을 분명히 하면서 작품을 마무리한다.

### 4. 통일에서 통일로 종결된 문학

4·19혁명 직후 김수영은 한 신문에 다음과 같이 썼다. "4·26[21] 전까지 나의 작품 생활을 더듬어 볼 때 시는 어떻게 어벌쩡하게 써 왔지만 산문은 전혀 쓸 수가 없었고 감히 써 볼 생각조차도 먹어 보지를 못했다. 이유는 너무나 뻔하다. 말하자면 시를 쓸 때에 통할 수 있는 최소한도의 '캄푸라주'(위장)가 산문에 있어서는 통할 수가 없었기 때문이다."[22] 이 고백대로 4·19를 겪으면서 김수영은 사회와 정치 현실에 대해 격앙되고 과감한 발언을 거침없이 쏟아 놓았다. 4.19는 진보와 자유를 향한 근대적 이성의 정점을 보여준 사건이었고 작가들은 그런 현실에 환호했다. 그러나 그것도 잠시, 혁명은 군사정권에 의해 무참히 짓밟히면서 실패로 귀결되었다. "혁명은 안 되고 나는

---

21) 1960년 이날 이승만 대통령이 하야 성명을 발표했다.
22) 김수영, 「책형대에 걸린 시―인간 해방의 경종을 울려라」, 『김수영 전집2』, 민음사, 2018, 230면. 원문은 〈경향신문〉, 1960, 5.20.

방만 바꾸어버렸다 / 그 방의 벽에는 싸우라 싸우라 싸우라는 말이 / 헛소리처럼 아직도 어둠을 지키고 있을 것이다"23)라는 자조의 상황.

그런 시점에서 이병주는 한때 술자리를 같이했던 박정희에게 구속당하는 비운을 겪는다. 박정희는 쿠데타와 함께 좌익이나 혁신정당원 등을 영장도 없이 잡아들였고, 거기에 이병주도 걸려든 것이다. '반공을 국시의 제1의로 삼는다'는 혁명공약대로 박정희는 미국을 비롯한 자유 우방과 유대를 강화하고, 자본주의적 경제건설에 주력하면서 반공법과 국가보안법, 중앙정보부법을 강화·신설하여 반공주의를 제도적으로 정착시켰다. 작중의 〈민족일보〉 사건이나 통일혁명당사건, 재일교포 유학생 간첩단사건, 남정현 필화사건 등은 그런 억압적 상황을 보여주는 사례들로, 그 강압적 현실에서 작가들은 상상력과 표현에서 큰 제약을 받았다. 박정희는 정권의 정통성을 마련하기 위해 의도적으로 반공을 앞세웠고 그것을 이용해서 반대세력을 제압하였다. 해방과 분단 이후 지금까지 우리 사회가 심각한 적색 공포증에 시달렸던 것은 정치권에서 그것을 이렇듯 악용한 데 있다. 전후 현대문학은 광기와도 같은 이 반공주의의 폐단을 척결하고 삶과 사회 전반을 정상으로 돌리는 과정이었다고 해도 지나친 말은 아닐 것이다.

여기서 주목한 것은 이 반공주의가 작가들에게 자기검열의 기제로 내면화되어 작품의 형식과 내용에 심각한 영향을 주었다는 점이다. 그런 사실을 이병주의 「소설·알렉산드리아」와 『그해 5월』을 통해 살펴보았다. 반공주의는 공산주의에 대한 단순한 부정이 아니라 고문이나 구속과 같은 원초적 공포와 연결되어 있었고, 그래서 분단과 통일의 문제를 다룰 경우 자칫 반공주의의 검열망에 걸려들지 않을까 하는

---

23) 「그 방을 생각하며」, 앞의 책, 160면.

심한 강박관념에 시달렸다. 이병주가 출옥 후 발표한 작품의 제목에 '소설'이라는 말을 의도적으로 넣었던 것이나 '알렉산드리아'라는 먼 외국을 배경으로 서사를 전개한 것은 감시자의 눈을 피하기 위한 '캄푸라주'(위장)였다. 박정희 사후 발표한 『그해 5월』에서 각종 자료를 활용해서 구속의 부당함을 토로하고 박정희의 만행을 기록한 것은 자기검열의 수위가 낮아지면서 가능했던 일이다. 구속에서 풀려난 이후 이병주는 "떳떳한 직장을 갖지도 못하고, 외국에 나가보지도 못하고 자유를 구속당한 채 전전긍긍 살아왔"다고 고백한다. 그런 공포와 두려움에서 사회 현실을 비판적으로 서술하기 힘들었는데, 박정희가 사망함으로써 '기록자'가 되어 박정희 집권기 전 과정을 일지 형식으로 서술, 한 시대를 증언하고 고발하는 문학적 소임을 수행한 것이다.

언급한 공안사건 외에도 『그해 5월』에서 중요하게 서술된 것은 박정희의 폭정이 북한에 의해 조장된 면이 적지 않았다는 대목이다. 한국인 35명과 북한 무장유격대 30명이 사망한 청와대습격사건(1.21사건)은 그 자체로도 엄청난 인명의 손실을 가져 왔지만 한편으로는 남한 사회를 불안하게 만들고 국민을 구속하는 질곡을 낳았다. 1960년대 후반기에 북한의 대남 도발은 엄청나게 늘었고, 김일성은 1970년대에 가서는 남조선을 해방할 것이라는 목표를 세우고 대남공작을 급격하게 활성화시켰다. 그로 인해 박정권은 간첩의 침투를 막는 정책이나 방침을 강화했고, 그것은 결과적으로 국민을 통제하는 정책이나 방침이 되고 또 반정부 행동을 이적행위로 보는 구실을 제공하였다. 박정희는 북한의 침략을 막겠다는 명분을 내세워 장기 집권을 위한 3선 개헌을 밀어붙이고 관철시켰다. 그런 현실을 적시하면서 작가는 "죽어나는 것은 북한의 인민이고 남한의 인민이다. 그러니 문제 해결의 핵심은 남북의 통일에 있을 수밖에 없다."고 단언한다. 통일이 되지 않는 한 안정은 바랄 수 없고, 안정된 상태가 아니고선 민족이 그 품위를 지킬 수 없다는 것. 그렇다면 문제는 통일을 어떻게 할 것인가에 모아질 수밖에 없다. 작품 말미에서 언급된 이런 견해는 이병주 문학을 집약한 것으로 볼 수 있다. 이병주를 구속시킨 두 편의 칼럼이나 대표작 「소설·알렉산드리아」, 『관부연락선』, 『지리산』, 『소설 남로당』 등은 모두 통일에 대한 작가의 염원을 담고 있다. 그런 사실을 고려하면 분단과 검열의 족쇄를 뚫고 나간 이병주 문학의 행로란 결국 통일에서 시작해서 통일로 종결된 문학이라 할 수 있을 것이다.

# 제4장

## 포즈로서의 문학과 현실로서의 문학
✢
『7번국도』의 개작을 중심으로

### 1. 소설관과 개작

우리가 만나는 많은 작품은 개작이라는 과정을 거쳐서 완성된다. 개작은 단순히 고쳐 쓰는 것을 넘어, 작품의 완성도를 높이고 미적인 가치를 한 단계 끌어올리는 작업이다. 작가들이 운명처럼 작품을 수정하는 것은 이러한 개작의 중요성 때문이다. 개작은 작가의 의도를 직접적으로 드러내고 실현하는 행위라고 할 수 있다. 따라서 작품의 개작 과정을 살펴보는 것은 작가가 문학을 어떻게 바라보고 어떤 태도를 가지고 있는지를 탐구하는 일과 같다. 그런 사실을 전제로 여기서는 김연수의 『7번 국도』의 개작을 살펴보기로 한다. 김연수는 원고를 발표한 뒤 단행본으로 묶으면서 문장이나 표현을 바꾸는 등의 부분적인 개작을 했지만, 『7번 국도』의 경우는 『7번 국도 Revisited』라고 작품을 다시 쓸 정도로 전면적인 개작을 행하였다.

김연수는 두 번째 장편소설 『7번 국도』(1997)를 13년이 지난 후에 『7번 국도 Revisited』(2010)라는 제목으로 다시 써서 출간하였다. 원작을 발표한 이후 긴 시간이 흐른 뒤 다시 쓴 『7번 국도 Revisited』는 현실을 보는 눈과 삶에 대한 태도가 이전과는 다른 모습을 보여준다.

인물의 성격이 한층 명확해지고 사건들도 인과적 구성 속에서 전개된다. 김연수는 "소설을 쓰는 사람들은 결국 시간에 대해 깨닫게 되는 것 같아요. 인생의 시간이 되게 길다는 것, 그래서 어느 시점을 잡아 글을 쓰느냐에 따라 이야기가 달라져요. 스물일곱 살 때 글을 쓸 때는, 27년밖에 보내지 않은 삶이니까, 거기에 대해 쓰거든요. 마흔이 넘은 이 시점에서 글을 쓰게 되면, 그 뒤로도 시간이 아주 오랫동안 지속된다는 걸 알게 되는 거죠. (…) 현재의 일을 쓰더라도, 지금의 일이 먼 훗날까지 영향을 받는다는 걸 알고 쓰기 때문에 예전의 글과 달라질 수밖에 없어요."[1]라고 말한다. 이를테면 27살에 쓴 것과 40살에 쓴 작품은 다르다는 것, 그것은 한편으로 1990년대의 삶과 2010년대의 삶이 달라졌다는 것, 그런 변화를 전제로 『7번 국도 Revisited』를 다시 썼다고 한다. 그런 점에서 『7번 국도』의 개작은 단순한 자구의 수정이 아니라 주제와 구조의 조정이고, 한편으로는 시대 변화에 따른 대응이라 할 수 있다.

이 글은 그런 사실을 '포즈(pose)'로서의 문학에서 '현실(reality)'로의 문학으로의 변화라는 측면에서 살펴보고자 한다. 이는 김연수 소설에 대한 재인식이자 동시에 개작의 사회문화사적 의미에 대한 고찰이다.

## 2. 기억의 재구성과 개작의 양상

김연수는 1993년 『작가세계』 여름호에 시를 게재하면서 문단에 나왔다. 이듬해 장편소설 『가면을 가리키며 걷기』로 제3회 작가세계 문학상을 수상하며 소설가로 본격적인 활동을 시작하였다. 글쓰기에

---

1) 김수영, 「"이제는 우리, 사치스럽게 살아요"—김연수, 『우리가 보낸 순간』『7번 국도』」, 채널 예스, 2011. 1. 13.

대한 자의식을 메타적으로 풀어내는 작가로 평가받은 것은 불가해한 현실을 이해하고자 하는 작가의 자의식과 역사관이 드러나는 경향 때문일 것이다. '1970년대 생의 세대적 자의식'2)을 출발점으로 삼은 김연수의 소설이 "1980년대적인 영혼으로 1990년대적인 예술의 가면"3)을 쓴 것이라고 보는 게 초기의 대체적인 평가였다. 서영채는 김연수 소설에 나타나는 방법적 다양성을 그가 1990년대를 20대로 보낸 세대라는 점에서 찾는다. 386세대와는 다른 정신적 입지를 지닌 이 세대가 성인이 되어 감각한 1990년대라는 시대는 이전과는 매우 달랐고 김연수는 그것을 민감하게 자각하고 있었다는 것이다. 한기욱은 1990년대 '신세대 문학'의 기수로 꼽히는 김연수의 자의식을 포스트모더니즘적 인식론으로 파악하면서 김영하나 하성란과 다른 점은 그가 1980년대를 시효가 만료된 과거로 받아들이지 못했다는 데 있다고 보았다. "1990년대를 살아가는 자들은 이미 죽은 자들이고 1990년대가 오기 전에 죽은 자들이야말로 살아 있는 자들"4)이라는 언술에서 알 수 있듯이, 1990년대를 살아가는 사람들이란 1980년대와 그 이전의 진정성 있는 삶이 사라진 이후의 '유령들'이라는 인식을 보여준다는 점에서 김연수는 '1990년대적인 예술의 가면을 쓰고 있는 1980년대적인 영혼'이라는 주장이다.5)

---

2) 서영채,「유토피아 없이 사는 법」,『문학동네』(30), 2002. 2. 참조.
3) 한기욱,「형식실험의 역설: 김연수의 특이한 서사적 행로」,『창작과비평』(여름호), 2004. 6, 100쪽;『7번 국도』(1997)의 해설을 쓴 강상희 또한 '1980년대 식의 영혼'이라는 표현을 쓰고 있다. (강상희,「희망을 찾아가는 우리 세대의 모험」, 김연수,『7번 국도』, 문학동네, 1997, 216면.)
4) 김연수,『스무살』, 문학동네, 2000, 227면.
5) 정연희의「김연수 소설에 나타나는 소통의 욕망과 글쓰기의 윤리」(『현대문학이론연구』(41), 현대문학이론학회, 2010.), 이혜린의「김연수 소설의 자의식적 글쓰기—『나는 유령작가입니다』를 중심으로」(『문예시학』(22), 문예시학회, 2010.), 김지원의「김연수 소설의 정치성 연구」(고려대 석사논문, 2012.), 서덕순의「김연수 소설의 정치성 양상 연구—포즈로서의 성격을 중심으로」(『한국언어문화』(65), 한국언어문화학회, 2018.) 참조.

이런 견해들은 대체로 김연수의 초기 작품들을 대상으로 한 것이다. 이들의 평가대로 김연수의 초기작들은 다양한 에피소드를 나열하고 있지만 필연적이거나 일관된 방식으로 서술되지 않는 특성을 보여준다. 소설이지만 서사가 없이 이미지만 존재하는, 하나의 사건이 뒷일에 영향을 주지 않는, 작품을 이른바 시적으로 접근해서 쓴 것이다. 그래서 작품은 삶과 현실에 대한 탐구보다는 그에 대한 즉자적인 생각(혹은 이미지)을 기록하는 식이다. 그런 사실을 김연수는 "딱히 어떤 글을 쓰고 싶다기보다, 글을 쓰는 일을 즐겼어요. 소설가, 시인, 극작가를 꿈꾼 게 아니라, 뭐든 쓰는 경험이 좋았어요."[6]라고 말한다. 김연수에게 문학이란 현실이기보다는 일종의 포즈(pose)에 가까운 것이었다. 그래서 이들 작품에서 인물의 삶을 사회적·역사적인 범주 속에서 인식하고 재현하려는 노력을 찾기 힘들다. 여기서 『7번 국도』(1997)의 개작에 주목한 것은 그런 즉자성과 불안정에서 벗어나 한층 성숙한 의식을 갖고 쓴 작품이 개작본 『7번 국도 Revisited』인 까닭이다.

 개작 전과 이후의 차이를 이해하기 위해서는 작품 초반부에서 목격되는 구성의 변화와 함께 시와 노래를 삽입하는 방식에 주목할 필요가 있다. 우선 원작에는 서두인 '작가의 말'에서부터 시가 등장한다. 이성복의 「그 여름의 끝」을 부분적으로 수정하여 시어 '백일홍'을 '7번 국도'로 대체하여 수록한 것이다.[7] 이성복의 「그 여름의 끝」에는 '백일홍'이 두 번 등장하는데, 그것을 '7번 국도'로 대체하였다. "그 여름 나무 7번 국도는 무사하였습니다." "넘어지면 매달리고 타올라 불을 뿜는 나무 7번 국도 억센 꽃들이 두어 평 좁은 마당을 피로 덮을 때, 장난처럼

---

[6] 김수영, 「이제는 우리, 사치스럽게 살아요」—김연수, 『우리가 보낸 순간』 『7번 국도』, 채널예스, 2011. 1. 13.
[7] 김연수, 『7번 국도』, 문학동네, 1997, 5면.

나의 절망은 끝났습니다."『7번 국도』를 관통하는 시간과 기억의 문제는 「그 여름의 끝」을 서두에 놓으면서 시작되는 셈이다. "지금 이 순간 내가 서 있는 곳이 태어난 이후로 가장 멀리까지 온 시간"[8]이라는 점을 상기하면서 "7번 국도의 세계"를 발견하려는 것이 이 소설을 관통하고 있는 태도이다. 소설의 제목이기도 한 '7번 국도'는 청춘을 대표하는 지나간 한 시절을 드러내는 은유이기도 하다. 이성복의 시를 빌려 전면화한 '여름'이라는 계절의 이미지는 화자인 '나'와 주요 인물 '최재현'이 함께 7번 국도를 여행한 바로 그 시절과 연결된다. 청춘을 대변하는 이 계절은 당시에는 치열하고 절박했지만 결국에는 "장난처럼" 끝이 나고 만다. 7번 국도를 여행하는 이들의 절망은 청춘의 한때로 기억되며, 세월은 흘러서 나의 현재는 그로부터 가장 멀리 있게 된다. 이때 7번 국도는 '우리 세대'의 한 면모를 효과적으로 드러내면서 동시에 다채로운 의미의 변주를 이루는 장치로 기능하는 것이다.

그런데 원작과 달리 개작본에서는 7번 국도 여행을 계획한 계절이 여름에서 봄으로 바뀌고 도입의 구성과 배치가 상당 부분 달라져 있다.

[표1] 초반부 구성의 변화

| 『7번 국도』[9](원본) | 『7번 국도 Revisited』[10](개작본) |
|---|---|
| 작가의 말<br>우리 세대<br>이 책에 '7번 국도'라는 제목을 붙이기까지<br>재현이 내게 했던 세 가지 욕설 중 그 첫번째<br>오래간만에 기분 좋은 오후<br>*7번 국도의 희생자들; 리스트(수집순)* | 된장찌개 국물에 반쯤 잠긴 두부<br>네 멋대로 하라<br>*7번 국도의 희생자들; 리스트(수집순)*<br>재현이 내게 했던 세 가지 욕설 중 그 첫번째<br>그해 봄의 중고음반 거래<br>사랑 안에서 망각은 보존의 다른 말 |

---

[8] 위의 책, 6면.

원작과 개작본의 초반부를 살펴보면 [표1]과 같이 구성이 변한 것을 볼 수 있다. 쓰는 행위 자체에 관한 자의식과 함께 주제의식을 단적으로 보여주는 '작가의 말'이 원작에서는 앞부분에 제시되어 작품의 의미를 창출하는 기능을 했으나, 개작본에서는 삭제되어 있다. 또 '작가의 말' 다음에 놓인 '우리 세대'라는 소제목으로 서술된 부분은 삭제되거나 각주 형태로 바뀐다. 인더스트리얼/테크노 그룹인 '기형도'의 신곡이 〈우리 세대〉라는 제목으로 소개되었던 것이11) 개작본에서는 〈네 멋대로 하라〉라는 제목으로 수정되고, 이 곡을 작사·작곡·노래한 '기형도 혹은 최재현'이라는 1인 밴드에 관한 설명은 주(註)로 처리된다. 원작에서 서두에서부터 등장한 '7번 국도'라는 기표는 개작본에서는 그보다 뒤에 배치되는데, 이는 인물 간의 관계 변화와 연관된다. 주요 인물들의 관계에 관한 서술을 먼저 배치하여 이들의 관계를 독자가 유추할 수 있도록 한 다음에 그 인물들이 주요 소재로 등장하는 점이 차이인 셈이다. 주요 시어를 '7번 국도'로 수정한 시를 인용한 '작가의 말'로 시작하고 '덧붙이는 말'로 끝나는 원작과는 달리 개작본에서는 화자와 '세희'의 이야기로 작품이 시작되면서 '나'와 '세희' '재현'과의 관계가 먼저 암시되는 식이다.

　소설의 초반부 구성이 이렇듯 바뀐 것은 서사의 전개 방식이 인물 중심으로 변했기 때문이다. 개작본의 도입부인 '된장찌개 국물에 반쯤 잠긴 두부'의 내용은 원작에서는 다섯 번째로 배치된 '오래간만에 기분 좋은 오후'의 내용에 해당한다. 그런 관계로 개작본의 의도는 명확해진다. 원작의 도입부인 「그 여름의 끝」의 패러디에 이은 인더스트리얼/

---

9) 김연수, 『7번 국도』, 문학동네, 1997. 본문에서 인용할 때는 원본과 개작본의 도서명과 쪽수만을 밝힌다.
10) 김연수, 『7번 국도 Revisited』, 문학동네, 2010.
11) 위의 책, 7~10면.

테크노 그룹의 소개, 그리고 '7번 국도'라는 소설 제목에 관한 메타 서술은 모두 1990년대를 대표하는 장치들이다. 포스트모더니즘적으로 1990년대의 면모를 담은 것인데, 가령 그룹 '기형도'를 설명하면서 실제 인더스트리얼 록밴드 '나인 인치 네일스(Nine Inch Nails)'에 비견하는 식이다. 이렇듯 인더스트리얼 록처럼 실험적인 정신으로 무장한 도입부가 원작 특유의 개성적 구성이라면, 개작본은 인물의 삼각관계에 보다 초점이 맞춰져 있다. 도입부의 이런 차이는 세 인물 사이에서 야기된 사건이 중심부로 이동했음을 의미한다. 여전히 '7번 국도 여행'이 소설의 전체를 관통하는 핵심 사건이지만 인물 간의 관계가 더욱 선명해졌다는 점에서 개작의 특성이 드러나는 것이다.

이런 강조점의 변화는 '1990년대적인 것'의 목록 중의 하나인 문화적인 기호를 삽입하는 방식에서도 나타난다. 인물들의 삼각 구도를 중심축으로 하고 시와 노래를 재배치하면서 삭제하거나 변경하는데, 그 양상을 정리하면 다음과 같다.

[표1] 시와 노래 삽입 부분 비교

| 『7번 국도』(원본) | 『7번 국도 Revisited』(개작본) | |
|---|---|---|
| '작가의 말'「그 여름의 끝」 패러디 | — | 삭제 |
| 우리 세대(8~10면) | 네 멋대로 하라(18~20면) | 제목 및 가사 내용 변경 |
| (여러분들도 같이 따라할 수 있는) 노란 잠수함(42면) | (여러분들도 따라 할 수 있는) 노란 잠수함(35~36면) | 행 변경 |
| 1991년의 서연을 위한 테마(59~60면) | 1991년의 서연을 위한 테마(97~98면) | 삽입 위치 변경 |

| | | |
|---|---|---|
| Route 7(64면) | Route 7(91면) | 비틀즈 희귀싱글(가상) 가사 삽입 위치 변경 |
| 세희를 위한 테마(77~78면) | 세희를 위한 테마(78~80면) | 가사 내용 부분 변경 삽입 위치 변경 |
| 절망한 재현을 위해 내가 부르는 노래(176~177면) | ― | 삭제 |

『7번 국도』의 원작이나 개작본에 등장하는 '노래'가 함의하는 바는 단순히 1990년대 문화적 기호에만 국한되지 않는다. 소설 초반부에서는 중심인물 '재현'이 발표하는 노래의 가사를 통해서 소설을 관통하는 기억과 사랑에 관한 서술이 이루어진다. "누구도 우리는 기억하지 않았지 그 누구의 / 깃발도 따를 수 없었어 우리를 지배한 것은 / 타오르는 불꽃, 제 살을 제가 사랑한 것일 뿐 / 아무도, 아무도 기억할 수 없었어."라는 구절로 시작하는 이 노래의 제목은 〈우리 세대〉에서 〈네 멋대로 하라〉로 변경되었다. 기억의 문제를 상기하는 노래에서 세대론의 관점을 제외하고 행위적인 면모를 더 드러낸다는 점이 중요한 차이라고 할 수 있다. 또한 이 노래에서 "고개를 숙이고 거리를 지나가는 집 잃은 숱한 그리움들"이라는 구절은 "고개를 숙이고 거리를 지나가는 몇 개의 겹친 얼굴들"로 수정되는데, 방황하는 신세대의 상실감이 '얼굴'이라는 표상으로 대체된 것이라 하겠다.

한 사람이 있고 그 사람을 둘러싼 모든 기억들은 시간이 흐를수록 죽어간다. 우리는 그것을 '학살'이라고 불렀다. '학살'된 것들은 죽을 당시 그대로의 모습을 가지고 아직도 우리들 기억 어딘가에 남아 있다. 그곳에 희망은 없으며 우리는 그 세계에서 벗어날 수 없다는 사실을 잘 알고 있었다. 빛이 바랜 사진들은 응고된 액체처럼 우리들 기억 속의 동맥을 경화시키고 우리를 아주 익숙한 세계에 머물게 만들었다. 스무 살 그 무렵의 일들로, 도무지 내 것이 아닌 것만 같았던 사람들과의 관계 속으로, 우리가 애당초 바라보았던, 우리가 애당초 말했던, 우리가 애당초 원했던 그 세계 속으로, 끊임없이.

아름다워, 그 시절들.

— 「이 책에 '7번 국도'라는 제목을 붙이기까지」[12]

한 사람이 있고, 그 사람을 둘러싼 기억들은 시간이 흐르면서 하나둘 죽어간다. 우리는 그걸 '학살'이라고 불렀다. 우리가 처음 만난 날의 날씨를 잊었고, 싫은 내색을 할 때면 찡그리던 콧등의 주름이 어떤 모양으로 잡혔는지를 잊었다. 나란히 앉아서 창밖을 내다보던 이층 찻집의 이름을 잊었고, 가장 아끼던 스웨터의 무늬를 잊었다. 하물며 찻집 문을 열 때면 풍기던 커피와 곰팡이와 방향제와 먼지 등의 냄새가 서로 뒤섞인 그 냄새라거나 집 근처 어두운 골목길에서 꽉 껴안고 등을 만질 때 느껴지던 스웨터의 까끌까끌한 촉감 같은 건 이미 오래전에 모두 잊었다. 그렇게 세월이 흐르고 마침내 그 사람의 얼굴이며 목소리마저도 잊어버리고 나면, 나만의 것이 될 수 없었던 것들로 가득했던 스무 살 그 무렵의 세계로, 우리가 애당초 바라봤던, 우리가 애당초 말을 걸었던, 우리가 애당초 원했던 그 세계 속으로 완전한 망각이 찾아온다.

완전한 망각이란, 사랑 안에서 가장 순수한 형태의 보존. 그러니 이 완전한 망각 속에서, 아름다워라, 그 시절들.

— 「사랑 안에서 망각은 보존의 다른 말」[13]

[표1]에서 알 수 있듯이, 「이 책에 '7번 국도'라는 제목을 붙이기까지」라는 소제목은 〈우리 세대〉의 가사에 이어서 거의 초반에 제시되

---

12) 김연수, 『7번 국도』, 문학동네, 1997, 11면.
13) 김연수, 『7번 국도 Revisited』, 문학동네, 2010, 38~39면.

었다. 이 부분은 소설에서 중심 서사를 이루는 7번 국도 여행의 의미를 부여하는데, "마술로의 여행, 미지로의 여행, 혹은 희망 속으로의 여행"14)이 그것이다.

이러한 의미화 이전에 거론되는 것은 기억과 시간의 문제이다. 누군가를 둘러싼 모든 기억이 시간이 흐를수록 죽어간다는 스무 살 무렵의 관점은 다소 추상적인 방식의 '학살된 기억들'이라는 이미지로 제시된다. 그런데 개작본에서는 이 부분 이전에 화자인 '나'와 '재현', 그리고 '세희'와의 관계가 드러나고 '나'와 재현이 만나게 된 계기가 먼저 언급된다. 「그해 봄의 중고 음반 거래」에서는 자살할 계획이었던 재현이 비틀스의 108번째 싱글 〈Route 7〉15)을 팔기 위해 중고 게시판에 글을 올리면서 '나'와 만나게 된 장면이 묘사된다. 이 앨범에는 실제로 비틀즈의 노래 제목 〈Yellow Submarine〉이 등장하지만, 수록한 가사는 창작된 것이다. 이 가상의 싱글 앨범명은 「Route 7」이라는 소제목에서도 중요하게 다루어지는데 여기서 도입부의 가사는 비틀스의 〈Revolution〉을 부분적으로 수정한 것이다.

이처럼 『7번 국도』에 삽입된 시나 노래는 기존의 문화적 기호를 차용하면서 재창작하는 방식으로 작품 전체의 분위기를 만들어 낸다. 또한 개작본에서는 그것이 「사랑 안에서 망각은 보존의 다른 말」이라는 제목으로 변경되고 해당 내용은 기억과 시간의 문제를 한층 구체화한다. 여기서는 과거의 어떤 구체적 장면들을 상세히 나열하면서 그것을 모두 잊었다고 표현한다. 이러한 '완전한 망각'이야말로 "사랑 안에서

---

14) 『7번 국도』, 14면.
15) 이 가상 앨범에 대해 원작의 「덧붙이는 말」에서는 "여기에 나오는 비틀스의 싱글은 존재하지 않습니다."(『7번 국도』, 213면)라고 부기하고 있고, 개작본에서는 "비틀스의 싱글은 제가 아무리 찾아봤지만 이 세상에는 없었습니다."(『7번 국도 Revisited』, 206면)라고 서술하고 있다.

가장 순수한 형태의 보존"이라고 본다는 점에서 스무 살 무렵의 시절은 더욱 구체적으로 감각되고, 그럼으로써 7번 국도 여행은 "완전한 망각, 망실, 망명, 그러니까 무의 존재를 향한 매혹적인 여행의 시작"16)이라는 의미를 획득하게 되는 것이다.

이렇듯 원작은 서사를 중심으로 진행되지 않고 단일한 관점으로 서술되지도 않으며, 시간의 교차가 무척 어지럽게 이루어진다. 개작본은 그와는 달리 서사적으로 다듬어진 형태를 취하는데, 이는 변화된 소설관이 중요하게 작용한 까닭이다. 원작이 정형화된 서사가 아니라 파편적 장면들이 나열되거나 교차되고 시적인 이미지에 집중되어 있다는 사실은 역설적으로 작품이 개작하기에 좋은 조건을 구비하고 있다는 뜻이다. 그런 점에서 20대에 쓴 『7번 국도』가 13년 뒤의 시간을 의식하면서 재구성된 것은 필연적인 셈이다.

## 3. '7번 국도' 여행의 의미

소설의 제목이면서 작품 전체를 관통하는 '7번 국도'와 작중인물들이 7번 국도를 여행하는 것에 대한 의미를 짚어볼 필요가 있다. '7번 국도'는 부산에서 시작해서 속초까지 동해 해안선을 따라 이어지는 실제 도로이고, 중고 음반 거래가 인연이 되어 만나게 된 '나'와 '재현'이 자전거로 여행을 떠난 도로이다. 거기다가 '7번 국도'는 물고기를 감염시킨 세균(7번 국도 균)이고, 남대문 거리에서 사 온 화분이었으나 이제는 말라서 죽어버린 나무에 붙여준 이름(뒈져버린 7번 국도)이며, 생맥주를 마시면서 자전거 여행을 계획했던 카페(카페 7번 국도)이면서 비틀즈의 108번째 싱글 앨범의 제목(〈Route 7〉)이기도 하다.

---

16) 『7번 국도 Revisited』, 41면.

그리고 여행의 마지막에 도달한 '빌어먹은 마더퍼커들의 땅'에서 만난 할아버지 우체부를 기억하는 방식(우리가 마지막으로 본 7번 국도)이고, 공사가 중지된 최신식 테마빌딩에서 목을 매달고 죽은 남성을 지칭하는 말(7번 국도 씨)이기도 하다.

이 모든 것을 '7번 국도'로 명명하는 소설의 방식은 기성세대와 구분되는 '우리 세대'(1970년대 생 작가들)의 특성을 드러낸 것으로 볼 수 있다. 기존의 관념을 파괴하거나 흔들면서 정초하는 세대론적 정체성이란 기성세대와의 차이를 강조하면서 이루어지는 것이기 때문이다. 386세대와는 다른 1970년대생의 세대적 감각은 자본주의의 성장에 힘입은 1990년대 소비문화적 기호의 섭렵뿐 아니라 소통 채널의 차이에서도 기인한다.

7번 국도 여행에 대한 가장 직접적인 설명과 묘사를 정리하면 다음과 같은데, 원작과 달리 개작본에서는 '7번 국도'를 다룬 김연수의 소설 『7번 국도』에 대한 기사가 수록된 것을 볼 수 있다.

| 『7번 국도』(원본) | 『7번 국도 Revisited』(개작본) | |
|---|---|---|
| 7번 국도는 부산에서 시작하여 포항을 거쳐 영덕, 삼척, 강릉, 속초를 지나 우리가 아직 알지 못하는 미지의 미래 속으로 들어가는 도로이다. (중략)<br>그렇게 해서 우리는 그해 여름, 모두 3만 cc의 생맥주와 수십 마리의 말린 바 | 그해 봄, 우리는 카페 7번 국도의 구석자리에 앉아 대략 하루에 1,000cc씩 한 달 동안 모두 30,000 cc의 생맥주와 수십 마리의 말린 바다생물들을 씹어먹으며 자전거 여행을 꿈꿨다.<br>(「사랑 안에서 망각은 보존의 다른 말」, 39면) | |

| | | |
|---|---|---|
| 다생물을 씹어먹은 뒤에 7번 국도로 자전거 여행을 떠나기로 결심했다. 마술로의 여행, 미지로의 여행, 혹은 희망 속으로의 여행. (「이 책에 '7번 국도'라는 제목을 붙이기까지」, 12, 14면) | **문학 속의 7번 국도는 '삶의 지루함' 또는 '무의미' 동해안 따라 자전거 여행 이젠 추억 속으로 사라져**<br><br>'7번 국도는 부산에서 시작해 포항을 거쳐 영덕·삼척·강릉·속초를 지나 우리가 아직 알지 못하는 미지의 미래 속으로 들어가는 도로다…… 그해 여름 우리는 대략 하루에 1,000cc씩 한 달 동안 모두 30,000cc의 생맥주와 수십 마리의 말린 바다생물을 씹어 먹으며 7번 국도를 자전거로 여행 가려는 계획을 세웠다.'<br> 국도 7호선은 1971년 도로법에 따라 부산—온성간 도로라는 뜻의 부온선을 고쳐 부르게 됐지만 우리 문학에서 7번 국도에 관한 이야기는 작가 김연수의 『7번 국도』뿐이다. (「그리고 7번 국도가 죽다」, 163면) | 「그리고 7번 국도가 죽다」의 신문기사는 이종욱 기자가 쓴 『경북일보』 2010년 1월 13일자 기사를 그대로 옮겼다고 '덧붙이는 말'에서 밝힘. |
| | 차 안에는 프랑스, 러시아, 미국, 영국, 독일, 일본 등지에서 유학온 이십대 학생들이 어색한 침묵 속에 앉아 있었다. 7번 국도를 자전거로 여행하던 무렵의 내 나이들이었다. 그때만 해 | 후일담 추가 |

| 도 나는 7번 국도를 여행한 일로 소설을 쓸 것이며, 그 소설이 상업적으로 출판될 것이며, 그로부터 다시 십여 년이 지난 뒤에 전 세계에서 온 학생들과 함께 7번 국도 문학기행을 떠나게 되리라는 사실을 짐작조차 할 수 없었다. 살아간다는 건 때로 새로운 규모의 입자가속기를 마주한 물리학자의 심정을 이해하는 일과 비슷했다. 그는 입자가속기 안에서 일어날 일들을 어느 정도 짐작할 수 있을 것이다. 하지만 실제로 그 일을 관찰하는 순간, 자신의 짐작이 옳았든 옳지 않았든 무조건 그는 놀랄 것이다. 짐작하는 것과 실제로 지켜보게 되는 건 전혀 다른 일이니까. 그러니 살아가면서 나는 수없이 많은 시간을 놀라면서 보낼 수밖에 없었다. (「다시 가본 7번 국도」, 191면) | 후일담 추가 |
|---|---|

원작에서는 '작가의 말'에서부터 7번 국도의 기표를 드러내고 있다면, 개작본에서는 '작가의 말'이 제외되고 소설 후반부에서 '7번 국도' 여행에 관한 후일담이 추가되어 있다. 여기에는 「그리고 7번 국도가 죽다」라는 제목의 신문기사 인용뿐만 아니라 2009년 11월 13일 한국

문학을 공부하는 외국 학생들과 함께 간 7번 국도 문학기행에 관한 서술이 포함된다.

화자는 세계란 가역적이지 않으며 절대적인 진리 또한 존재하지 않는다는 것을 안다. '7번 국도'라는 기표는 고정되지 않은 여러 실체를 거느리다가 종래에는 존재 자체마저 사라진다. 여기에는 시간의 흐름이 개입되는데, 전술했듯이 이를 더 적극적으로 반영한 것이 개작본인 『7번 국도 Revisited』이다. 개작본의 제목에 'revisited'라는 말을 붙인 것은 작가가 7번 국도를 다시 방문하여 첫 번째 방문 경험을 회고하듯이 서술한 까닭이다. 김연수의 작품은 독특하지만, 작품의 기초가 되는 사건과 경험은 우리 모두가 쉽게 해볼 수 있는 것들이다. 우리가 20대 초반에 갔던 여행지를 13년(혹은 14년)만에 다시 찾았을 때는 분명 첫 번째 방문과는 다른 느낌을 받을 것이다. 20대 초반에 느꼈던 감정이 정제되지 않고 단편적으로 흩어져 있는 것이라면, 30대 중후반 혹은 40대가 되어서는 완전히 다른 종류의 느낌을 받거나 비슷하면서도 보다 성숙된 감정을 느낄 수 있을 것이다. 후자의 경우, 어렸을 때의 정제되지 않은 감정을 잘 갈고 닦아 완성의 단계로 가고자 하는 차원일 수 있다. 첫 번째 방문과 두 번째 방문에서 느낀 감정을 비교하며 첫 번째 방문에서의 감정을 돌아보고 정리한 게 개작본이고, 그것이 곧 『7번 국도』와 『7번 국도 Revisited』의 관계인 것이다.

7번 국도를 다시 찾았다고 해서 '나'가 겪은 과거의 일들이 사라지거나 새롭게 생겨나지는 않는다. 물론 몇몇 에피소드는 원작에만 있거나 개작본에만 있기도 하고, 또 같은 사건을 다루었더라도 세부적인 서술은 약간 다르지만, 원작과 개작본의 구성은 전반적으로 동일하다. 차이는 7번 국도를 다시 찾기 전의 어떤 다른 일에서가 아니라 오직 그 경험에서 생겨나는 것이다. 한국문학을 공부하는 외국 학생들과의 문학기행이라는 목적으로 다시 방문한 곳에서, 자신도 예상하지 못한 새로우면서도 묘한 감정을 번뜩 느끼고는 과거의 감정을 정제하고 싶다는 충동을 느꼈을 것이다. 그리고 그 경험을 계기로 작가는 이리저리 흩어져 묶어 부를 수 없을 것만 같았던 삶의 파편들을 "새로운 규모의 입자가속기를 마주한 물리학자의 심정"이라는 말로 묶을 수 있게 된다. 이러한 작가의 작품, 그리고 개작 행위는 일종의 역설이다. 이리저리 뒤섞였던 생각들을 정리할 수 있는 나이가 되어 작품을 다시 썼지만, 작품을 다시 쓴 계기가 되어준 경험은 예측하지 못했던 것이고, 작품을 다시 쓰고 있는 지금도 여전히 삶은 "상실과 희망, 폐허와 구축 사이를 왕복"한다. 따라서 제목에 쓰인 어휘 'revisit'를 'revise'(글, 문장 등을 다듬다.)로 해석한다면 개작의 의미는 한층 분명해진다. 개작본은 원작을 'revise'한 것이고, 원작은 개작본이라는 최종적 결과물을 위한 하나의 재료인 셈이다.

작가는 자신이 『7번 국도』를 개작하여 『7번 국도 Revisited』를 내게 된 것은 첫눈을 바라보며 결심한 일이라고 했다. '너무나 비현실적인, 부스러기 같은 것들이 날리는 창밖의 풍경'을 보면서 말이다.

> *왜? 거짓말 같아?/ 응, 거짓말 같아./ 뭐가?/ 그 모든 일들이. 우리가 사랑했던 순간들이. 지금 우리가 서로 떨어진 거리들이./ …… / 저 하얀 부스러기 같은 첫눈들처럼./ 첫눈들.*

> 그 첫눈들을 바라보다가 나는 『7번 국도』를 처음부터 다시 써보면 어떨까, 생각했다.[17]

---

17) 『7번 국도 Revisited』, 193면.

창밖의 풍경을 본 일이 개작할 결심으로 이어지는 과정에는 세희에게서 마지막으로 전화가 걸려 온 일과 재현과 세희의 근황을 이야기했던 일이 있다. 이 과정을 통해서 '첫눈'은 작품 속의 '나'가 재현으로부터 세희의 근황을 들었던 일을 떠올리고, '우리가 사랑했던 순간들과 지금 우리가 서로 떨어진 거리들'을 비롯한 모든 일들이 거짓말 같다고 느끼게 만든 매개체로 기능하는 것을 알 수 있다. 이러한 생각은 '나'가 아니라 곧 작가 본인의 생각이다. 그렇기에 7번 국도를 다시 찾은 일과 연결지어 개작을 결심한 이유를 작품에 담은 것이라고 추측할 수 있다.

　이처럼 이 작품은 분명 소설이지만 허구와 현실 사이를 넘나들면서 그 경계를 모호하게 만들었다. 작품 속 인물들이 상실과 희망, 폐허와 구축이라는 서로 반대되는 영역을 넘나들었던 것처럼, 작품 자체도 사실과 허구라는 서로 다른 두 영역을 가로지른다. 그렇다면 '나'는 작가 자신이 되므로, 김연수 작가는 재현이 세희의 소식을 전해준 것과 같은 경험을 현실에서 했을 수도 있다는 상상이 가능하다. 첫눈을 보며 떠올릴 만한 그런 사건, '나', 그리고 작가가 '물리학자'의 심정을 느끼게 하는 그런 사건 말이다.

　원작의 주제는 개작을 통해 더욱 강화된다. 정돈되지 않은 것들을 정돈하는 것이 개작본의 역할이지만, 한편으론 개작을 했다는 사실이 원작의 주제와 만나 결코 완벽한 완성이란 없다는 진리를 드러내 주기도 한다. 작가의 개작 행위가 "추억의 아득한 시간을 가로지르며 상실과 희망, 폐허와 구축 사이를 왕복"하는 삶과 그 속을 채우는 허무함을 다시 한번 깨달으면서 촉발되었기 때문이다. 작가가 그랬듯이, 독자들은 원작을 읽고 개작본을 읽으며 이러한 사실을 깨달을 수 있고, 그것이 바로 원작과 개작본이 모두 그 가치를 갖고 명성을 유지하는 비결인 것이다. 독자의 깨달음이 바로 작가의 깨달음이 되는 것, 원작만 있었더라면 '물리학자'는 일반 독자들에게까지 닿지 못했을 것이다.

여기서 독자는 작품에서 두 가지를 확인할 수 있다. 먼저 힘든 시간을 이겨내는 방법으로는 그 시간에 머무르거나 '7번 국도'로 도피하는 방법이 있는데, 도피를 택해 막상 떠난들 특별한 일은 없다는 점, 곧 모든 것이 덧없다는 사실을 깨달을 수 있고, 또 이러한 깨달음을 바탕으로 계속해서 나아가야 한다는 것을 확인할 수 있다. 청춘의 시간들을 읽고, 기억하고 싶은 것과 잊고 싶은 것들을 생각하고, 그럼에도 살아가야 할 시간들을 바라봐야 한다는 것이다.

## 4. 소설적 재현과 사랑의 불가능성

앞에서 살펴본 것처럼 원작이 시적인 이미지 구현에 주력했다면 개작본은 시간성을 의식하면서 서사적으로 정돈된 형태로 되어 있다. 단편의 연속이라는 유사한 구성을 취하면서도 개작을 통해 사건의 인과성을 한층 강화했다는 의미이다. 김연수는 13년이라는 시간 차를 두고 작품을 개작한 이유로 "소설관이 바뀌었기 때문"이라고 밝힌 바 있다. 원작을 출간할 때만 해도 "문학을 일종의 '포즈'로 인식했는데, '문학은 현실'이란 생각을 하게 되면서 작품을 다시 보게 됐"[18]다는 것.『7번 국도』를 개작해서 출간하기 전에 그는 장편『밤은 노래한다』(2008) 또한『파라21』에 연재한 원고를 개작하여 단행본으로 출간했는데, 두 소설 모두 고쳐 쓰면 더 나아질 수 있다는 소설가로서의 판단에 따른 것이었다. 다시 말해, 글을 고치면 고칠수록 나아진다는 명제에 동의하면서도 실제로 개작을 시도한 것은『7번 국도』와 같이

---

18) 이윤주,「작가들이 개작하는 까닭은?」,『주간한국』, 2010. 12. 28.

'잘 고쳐 쓰는 일'이 가능한 경우로 한정되었다. 『7번 국도』를 개작하면서 이야기의 뼈대는 그대로 둔 채 '문학적 포즈'에 해당하는 부분을 수정하거나 삭제한 데는 그런 변화된 소설관이 작용한 때문이다.

김연수 초기 소설을 이해하는 데 중요한 참고가 되는 글은 1999년 『작가세계』 봄호에 발표한 「소수의 문학성이지 감각이 아니다」이다. 이 글에서 김연수는 "머릿속과 머리 밖의 현실 사이의 부조화"를 깨닫게 된 '기이한 경험'으로 1991년 소련 붕괴의 기폭제가 되었던 공산당 쿠데타를 언급한다. 이 쿠데타에 관한 소식을 두 개의 사건으로 제시하는데 첫 번째, "소련 공산당의 쿠데타가 실패했다."라는 문장과 두 번째, "소련 공산당이 쿠데타를 일으켰다."[19]라는 문장이 그것이다. 발생한 현실과 결과의 간극, 그리고 그것의 의미 전달 체계에서 김연수가 자각한 것은 실체가 없는 현실이었고 따라서 기댈 곳은 오로지 자신의 '육체'뿐이라는 사실이다.

> 1990년대 문학의 기원은 어디인가는 차치하고서라도 내 문학의 기원은 바로 여기였다. 객관적 현실은 어디에도 존재하지 않으므로 주관적인 내 몸뚱어리의 경험을 무한히 세계의 지평까지 확장시키려는 욕망이다. 이 욕망은 내 경험을 즉각적으로 문자로 옮겨주는 퍼스널 컴퓨터, 24시간 방영되며 개인 경험의 보편적 확장을 강조하는 위성TV, 진리를 내 몸쪽으로 끌어다 주는 유용한 이론 포스트모더니즘, 전적으로 내 귀의 즐거움을 위해 봉사하는 이어폰, 매번 나만을 위해 재현되는 컴퓨터 오락 등을 통해 승인됐다. 나는 불신의 제자 도마처럼 내게 인지되는 것만을 믿기 시작했다. 인지되는 그것이 현실인지, 환상인지는 중요치 않았다.
> 
> 현실은 재현하는 행위를 통해 재현된다. 현실은 내가 그것을 인지하는 방법이며 다시 글로 표현하는 방법이다. 판단은 끝까지 유보된다. 완전히 재현됐

---

19) 김연수, 「소수의 문학성이지 감각이 아니다」, 『작가세계』 40, 1999. 2, 302면.

을 때, 현실은 참이다. 다시 1991년으로 돌아가자면, 〈소련 공산당의 쿠데타가 실패했다〉도 참이고 〈성공했다〉도 참이다. 말하자면 현실의 제작 공정은 내 감각의 데이터를 해독해 재현의 양식으로 만드는 그 과정인 것이다. 결국엔 지극히 주관적인 개인의 감각이 이성의 자리를 대신했다는 것. 바로 여기서부터 내 문학이 기원했다는 말이다.[20]

'1990년대 문학과 나, 그리고 전망'을 논하는 자리에서, 김연수는 "내 문학의 기원"을 다루면서 현실과 재현의 문제를 언급한다. "현실은 재현하는 행위를 통해 재현"되며, 그것이 "완전히 재현됐을 때, 현실은 참"이라는 것. 그러므로 소련 공산당의 쿠데타가 실패했다는 것도 성공했다는 것도 모두 참이 된다. 그렇다면 과연 현실의 재현이 가능한가 하는 점이다.

> 「당신들 모두 서른 살이 됐을 때」 같은 경우에는 용산이 불타는 걸 보고 처음에는 의욕적으로 시작을 했죠. 저 일에 대해서 소설을 한번 써야 되겠다, 사회적 자아로서 가지고 있던 여러 가지 생각들도 있고 또 감정적 분노도 있고 그랬으니까요. 그래서 이걸 소설로 써서 마치 사관이 된 것처럼 길이길이 역사에 남기리라, 하는 심정으로 시작했는데, 쓰면 쓸수록 그걸 쓸 수 없다는 걸 절실하게 느끼게 돼요. 왜 쓸 수 없냐 하면, 내가 아는 사실들이 진짜 그 사람들이 경험한 바로 그 사실들일까 하는, 엄청나게 큰 벽이 생기거든요……[21]

여기서 김연수는 십 년이 넘는 기간 동안 소설을 쓰면서 "쓰고자 하는 것을 쓰지 못한다."는 것을 절실히 느꼈다고 고백하고, 역설적으로 소설의 무용함을 깨닫는 순간에야 비로소 쓸 수 있게 되었다고

---

20) 위의 글, 302~303면.
21) 김훈·김연수·신수정 좌담 「문학은 배교자의 편이다」, 『문학동네』 2009년 겨울호, 61면.

말한다. "아무것도 쓸 수 없는 상태가 되어서⋯⋯ 실은 그 상태에서야 뭔가를 쓰기 시작하는 거지요."22) 실패할 것을 알면서도 시도하(지 않을 수 없)는 재현의 역설은 '쓰는 주체'가 지니는 윤리의 문제와 필연적으로 맞닿는다. 다시 말해, 용산참사라는 현실을 통해 김연수가 문제 삼는 것은 "비극적인 동시대의 사건을 대상화하는 소설적 거리"23)이며, 곧 문학의 정치성과 윤리성에 관한 질문과 다르지 않다. 이때 윤리란, "소통하려는 의지를 지니고 가 닿으려고 하는 행위이자 그것의 의지를 보여주는 것"24)으로 정의된다.

김연수 소설에서 구축되는 인물 간의 관계는 소통의 불완전성을 이미 알고 있으면서도 소통 그 자체를 포기하지 않는 행위를 바탕으로 이루어진다. 『7번 국도』의 화자와 주요 인물인 재현과 세희의 관계는 우연적인 사건들의 연쇄 속에서 만들어진다. 그들의 이야기와 그 사이에 배치된 사건들은 여느 청춘이 겪는 내용과 다르지 않으면서도 매우 사적인 기록들이다. 이들의 이야기를 사후적으로 재배치하는 일은 "사관이 된 것처럼 길이길이 역사에 남기"는 것과는 다른 방식의 기록이며, 이때 실패하는 사랑을 수행하는 인물들은 한 시절을 통과하는 서로 다른 양상을 드러낸다. 사랑은 필연적으로 실패함에도 불구하고 소통의 가능성을 열어준다는 점에서 인물들 간의 관계 정립에 중요한 계기로 작용하는 것이다.

인물들 간의 관계를 중심으로 개작본의 특성이 잘 드러난 부분을 정리하면 다음과 같다.

---

22) 위의 글, 61면.
23) 정홍수, 「소설의 정치성, 몇가지 풍경들」, 『창작과비평』, 2010.6, 36면.
24) 김훈·김연수·신수정 좌담, 앞의 글, 70면.

| 『7번 국도』 | 『7번 국도 Revisited』 |
|---|---|
| 오래간만에 기분 좋은 오후 | 된장찌개 국물에 반쯤 잠긴 두부 |
| "재현이 오빠한테는 얘기하지 마세요." (중략)<br>"재현이가 널 좋아하는 것 아니?"<br>"알아요."<br>세희는 심드렁하게 말했다.<br>"넌 어때?"<br>"난 누구도 사랑하지 않아요. 아까 말했듯이 매일 그렇게 기도한다니까요. 누구도 사랑하지 않고 누구도 기억하고 싶지 않다고요. 아이 따위는 낳지 않을 거고, 나는 혼자서 살다가 혼자서 죽을 거예요."<br>'나도 그래?'라고 자꾸만 묻고 싶은 욕망을 내 머릿속에서 떨쳐버렸다. (17~18면) | "재현 오빠에게는 얘기하지 마세요." 침대에 누워 나를 올려다보면서 세희가 말했다. 그건 혼자 라디오를 듣는 일보다 훨씬 더 나를 고독하게 만드는 말이었다.<br>"무슨 얘기?"<br>"그냥…… 이 집에서 내가 잤다는 얘기."<br>고독이 먼저였는지, 비로소 그녀가 여자처럼 느껴졌다는 생각이 먼저였는지 알 수 없었다. (9~10면) |
| 재현이 내게 했던 세 가지 욕설 중 그 세 번째의 부기(附記) | 재현이 내게 했던 세 가지 욕설 중 그 세 번째에 대한 부기(附記) |
| "재현아."<br>"왜?"<br>"7번 국도에 간다고 해서 달라지는 게 있을까? 내가 직장을 그만둔 지도 시간이 꽤 흘렀잖아. 그동안 그럭저럭 살수 있었던 것 같아. 아르바이트를 소개시켜 주는 사람도 있었고, 또 너도 아는지 모르지만 시나리오 작가도 되었어. 하지만 그게 다야. 살아가는 방식은 달라졌지만, 변한 것은 아무것도 없어. 나는 여전히 이 길이 정말 내가 가야만 하는 길인가 하는 걱정을 하고 있고, 또 미래도 두려워. 희망 같은 것 | "글쎄, 이번 여름에는 못 갈 것 같은데."<br>"어째서?"<br>"너한테는 말해도 잘 모르겠지만."<br>"그게 뭔데?"<br>"음…… 7번 국도보다 소중한 것을 알게 됐거든." (중략)<br>"사랑, 우정, 존경, 친애, 다정…… 뭐, 그런 감정들 말이야. 사람과 사람 사이에 마땅히 흘러야만 하는 따뜻함. 우린 그런 것들에 대해서 좀 무지해. 사치품이 아니라 필수품인데도 그런 것들을 보면 졸부들의 천박한 취향이라도 대 |

| | |
|---|---|
| 은 없고 그저 영원히 제대가 유예된 말년 병장처럼 시간만 축내고 있단 말이야. 이것저것 남들 일에 참견이나 하고 남들을 고갈시키거나 하면서 말이야." (170면) | 한 것처럼 화들짝 놀라 비웃지. 그런 주제에 7번국도에 간들 무슨 소용일까? 한 십 년쯤 열심히 노력하고 살면 우리 같은 것들도 사람이 될지도 모르지. 하지만 지금은 아니야. 7번국도는 그때 가는 게 좋겠어." (167면) |
| "세희 사랑해?"<br>재현이 물었다. 나는 멍청하게 서 있었다.<br>"대답해! 세희 사랑하냐구?"<br>왜 그랬을까? 나는 힘없이 고개를 저었다. 어쩌면 재현이 앞에서 나는 영영 세희를 사랑할 수 없는 것인지도 몰랐다. (171면) | 삭제 |
| 재현은 내 품에서 벗어나 한쪽으로 가서 앉았다.<br>"세희를 사랑할 자신이 없어. 가끔씩 혼자 거울을 볼 때면 나라는 인간이 너무 무서워져. 흉측하게 생긴 내 마음은 시간이 갈수록 점점 황폐해져. 누구에게도 사랑받지 못하고 나는 그저 부랑자처럼 떠돌다가 아무도 기억하지 않는 곳에서 죽어버리겠지. 그게 내 운명이겠지."<br>"아니야. 재현아, 그렇지 않아."<br>재현은 고개를 돌려 나를 바라보았다.<br>"나, 사랑해?"<br>"사랑해."<br>"나, 영원히 버리지 않을 거지?"<br>내가 고개를 끄덕였다. 재현은 내게로 와서 오랫동안 나를 껴안았다.<br>(173~174면) | 삭제 |

| | |
|---|---|
| **너와 함께 늙어갈 수 있다면……** | **너와 함께 늙어갈 수 있다면……** |
| "두 분은 서로 사랑하는 사람들 같아요." 세희가 나와 나란히 걸어가면서 말했다. "어떨 때는 여자인 내가 샘이 날 때가 있다니까요." (179면) | "두 분은 서로 사랑하는 사람들 같아요." 나란히 걸어가는데 세희가 말했다. "어떨 때는 여자인 내가 샘이 날 때가 있다니까요." (176면) |
| "재현이 하고 7번 국도로 자전거 여행을 가기로 했어. 재현이가 말했니?" "아니요. 그렇게 둘이서만 가는 거야? 나 빼놓고?" "위험할지도 모르니까. 그리고 누군가 한 사람은 기다리고 있어야지." (중략) 나는 전철역으로 세희가 사라질 때까지 오랫동안 서서 세희의 뒷모습을 바라보았다. 세희의 짧은 단발머리가 다시 여리게 하늘거렸다. 세희를 사랑하니? 머릿속에서 누군가가 물었다. 사랑해. 나는 스스로 묻고 스스로 대답했다. 하지만……. (183~184면) | "재현이 하고 7번 국도로 자전거 여행을 가기로 했어. 재현이 말했니?" "아니요. 그렇게 둘이서만 가는 거야? 나만 빼놓고?" "그 녀석을 개처럼 묶어놓고 내 자전거를 끌게 할 속셈이거든." (중략) 나는 전철역 안으로 세희가 들어갈 때까지 계단 위에 서서 그 뒷모습을 바라봤다. 세희의 단발머리는 작고 검은 점이 되어 사라졌다. 세희를 사랑하니? 머릿속에서 누군가가 물었다. 사랑해. 내가 대답했다. 그렇게 대답하자, 이제까지 내게 없었던 마음 하나가 생겨났다. 그제야 나 역시 그때까지 뭔가 결여된 채로 살아왔다는 걸 알게 됐다. (180~181면) |
| **세희가 7번 국도에 있는 우리들에게 보낸 편지** | **세희가 7번 국도의 우리에게 보낸 편지** |
| 구원되지 않는 삶이란 쓸쓸하기 그지없죠. 증오보다도 더 지독한 이 상태에서 벗어날 수 있다면, 저는 여러분들 중 누구라도 사랑할 수 있을 거예요. 두 사람은 서로를 지극히도 사랑하니까, 나 없이도 잘 지낼 수 있겠지만. (190면) | 삭제 |

제4부 시대 환경의 변화와 개작   327

> 사랑에 대해 말하려고 이렇게 에둘러 왔네요. 이제는 죽고 없는 누군가를 사랑하는 일, 나 자신을 사랑하는 일, 동시에 두 남자를 사랑하는 일, 한 번도 만난 적이 없는 사람을 사랑하는 일, 그리고 아직 태어나지 않은 미래의 인간을 사랑하는 일. 그 모든 사랑이 내게는 공평하고 소중하다는 걸 말하기 위해서. 그러므로 내가 할 일은 기억하는 것. 잊지 않는 것. 끝까지 남아 그 사랑들에 대해서 말하는 증인이 되는 것. 기억의 달인이 되어, 사소한 것들도 빼놓지 않고, 어제의 일인 것처럼 늘 신선하게, 거기서 더 나아가 내가 죽은 뒤에도 그 기억들이 남을 수 있도록, 이 세계 곳곳에 그 기억들을 숨겨두는 일. (187면)

　여기서 주요 인물들의 관계가 한층 선명하게 제시된 것을 볼 수 있다. '나'와 '재현'은 각각 '세희'와 관계를 맺지만 정신적인 교류는 하지 않는다. 첫 번째 인용한 부분에서 알 수 있듯이 세희는 육체적인 관계를 할 수 있지만, 그와는 별개로 아무도 사랑하지 못한다고 고백하는 인물이다. 이 말에 '나'는 그 대상에 자신도 포함되는 것인지 질문하고 싶은 욕망을 참는다. 그런데 개작본에서는 이처럼 인물이 자신의 성향을 직접 말하는 부분이 삭제되고 그보다는 '나'의 고독감이 한층 더 두드러진다. 둘 사이에서 벌어진 일에 의미를 부과하지 않겠다는 세희의 요청에 '나'가 느낀 감정은 "혼자 라디오를 듣는 일보다 훨씬 더" 고독하다는 것과 비로소 그녀가 "여자처럼 느껴졌다."는 것이었다.

생각보다 좋아진 스물두 살 세희의 특징을 생각하며 만든 요리가 '된장찌개'이고 이 소재를 반영하여 개작본에서는 좀 더 구체적인 묘사를 담은 소제목으로 변경된다. 원작에서는 이들의 일화가 '오래간만에 기분 좋은 오후'라는 제목으로 다섯 번째 배치된 것에 비해 개작본에서는 첫 번째로 순서가 조정된다. '나'와 '재현'이라는 인물이 차례로 등장한 원작에서는 포스트모던한 기호가 먼저 나열되었다면, 개작본에서는 인물 간의 삼각 구도가 더 중요하게 다루어진 것이다.

두 번째로 인용한 부분에서 7번 국도 여행에 관한 의미와 사랑을 다루는 방식의 차이를 볼 수 있다. 7번 국도 여행으로 과연 무엇이 달라질 수 있는지 반문하는 '나'의 말로 미래에 대한 불안감을 표현하는 원작에 반해, 개작본에서는 '감정'에 의미를 부여하는 가치판단이 드러난다. 사람과 사람 사이에는 따뜻한 감정이 흘러야만 한다는 관점에는 감정에 기반한 소통의 가능성이 내포되어 있다. 한편, 원작에서 세희를 사랑하는지 질문하는 재현에게 '나'는 제대로 답변하지 못한다. 그런 '나'에게 재현은 자신의 마음이 황폐하여 세희를 사랑할 자신이 없고 아무도 기억하지 않는 곳에서 죽을 운명일 것이라고 한탄한다. '나'는 재현과의 관계 때문에 세희를 사랑할 수 없다고 느끼고, 재현 또한 "세희를 사랑할 자신이 없"다고 고백한다. 위로하는 '나'에게 재현은 자신을 사랑하느냐고 질문하면서 영원히 버리지 말아 달라고 한다. 그런데 대화를 통해 직접적으로 드러난 이들의 정서적 교류는 개작본에서는 제외되어 세 번째로 인용한 부분처럼 세희의 발언으로만 암시되어 처리된다. 또한 전철역 안으로 들어가는 세희를 바라보면서 그녀를 사랑하는지 자문하는 '나'는 결여를 깨닫는 동시에 그동안 "없었던 마음 하나"가 생겨나는 것을 느끼는 방식으로 개작된다.

이들의 연애가 가능하지 않은 이유는 명확하다. 사랑할 수 없는 현실 때문이다. 재현은 세희를 만나기 전에 사랑에 실패한 경험(첫사랑 서연의 죽음)이 상처로 남아 있고, 세희는 아버지의 부재에서 비롯된 자학적 행위를 멈추지 못한다. 이들 사이에서 방황하는 '나'는 그들과 각각 다른 방식으로 교류하지만 적극적으로 다가가지는 않는다. 이들의 파편화된 사랑 또는 사랑의 가능성은 실패로 귀결된다. 군대에서의 일화나 풍물패 동아리방을 훼손하는 일화를 통해서 쉽게 순응하지 않는 재현이라는 인물의 성향이 드러나지만, 반항적인 면모를 가진 인물도 사랑의 좌절 앞에서는 무력해진다는 것이 강조된다. 그는 첫사랑의 죽음을 완전히 받아들이지 못하고 자주 사랑을 의심하고 시험하면서도 사랑받고 싶은 마음을 숨기지 못한다. 자살을 결심했으나 실패하면서 판매했던 앨범(비틀스의 108번째 싱글)을 다시 찾으려고 연락하는 과정에서 내뱉는 욕설에서도 이러한 마음은 드러난다.

한편, 사랑을 믿지 않는 세희라는 인물이 지닌 내면의 부정성은 가족의 부재에서 기인한 것이다. 그녀는 아버지가 오래전에 죽었다고 알고 있었고, 자신을 사랑하는 사람은 이 세상에서 오직 외할머니뿐이라고 생각했다. 할머니의 죽음 이후에 내면의 거대한 공허를 견디지 못하는 세희는 우연히 만난 남자들과 성적 관계 맺기를 부단히 반복한다. 이는 외로움이라는 감정을 다루는 방식이기도 한데, '나'와 '재현'과의 사이에서 자신의 내면을 들여다보게 된 이후에는 죽었다고 알고 있던 일본인 아버지를 찾아서 떠나는 행위로 나타난다. 재현과 세희 사이에서 이들의 다툼을 중재하는 역할을 했던 '나'는 결국에는 세희를 사랑하게 되었음을 시인한다. 그러나 그 사랑은 끝내 표현되지 않는다. 이러한 인물들의 관계는 원작에서는 대화를 통해 직접적으로 드러나는 데 반해 개작본에서는 수정하거나 삭제하여 암시적으로 처리되고, 사건의 배치를 달리하는 방식으로 변경되어 나타난다.

## 5. 개작과 작품의 의미

작가는 작품을 통해 자신의 존재를 증명하기에, 자신이 만든 작품을 고쳐 쓰는 것은 너무나도 당연한 일이다. 작가는 창작자이지만 신이 아니므로, 이미 발표한 작품이라도 계속해서 수정할 수밖에 없다. 게다가 시간이 흐르면서 작가의 세계관이나 글쓰기 방식이 변하면, 작품에도 자연스레 그 변화가 반영되어 수정이 이루어진다. 이렇게 개작을 거친 작품은 이전 버전보다 질적으로 더욱 우수해지며, 작가는 독자들이 이 개작된 작품을 최종본으로 받아들이기를 희망한다.

『7번 국도』의 원작과 개작본 사이에는 13년이라는 시간이 개입되어 있다. 그 시간의 흐름과 함께 소설관이 변화되어 원작을 '다시 바라보게 되'고 그것이 개작본 『7번 국도 Revisited』로 나타난 것이다. 여기에는 물론 시대 현실에 대한 인식의 변화도 작용한다. 김연수는 한국문학에 제대로 된 연애소설이 드문 이유로 '육체적 훼손을 전시하며 각인시키는' 반공주의 체제를 언급한다.25) 김연수의 소설에서 연애담이 빈번하게 활용되지만 연애가 실패로 귀결되는 이유의 하나는 이런 사실과 관계가 있다. 하지만 그럼에도 김연수 소설에 등장하는 연애담은 소통의 시도와 연결되어 있다. 사랑과 소통의 불가능성을 알고 있으면서도 인물들은 타자와 연결되려 하고 소통하려 하며 또 끊임없이 사랑을 갈구한다. 한 치 앞을 알 수 없는 막연한 여행을

---

25) 김연수, 「관습적 서사는 어떻게 우리를 갈취하나?—국가보안법의 경우」, 『문학동네』(41), 2004. 11. 참조.

떠나고, 별다른 의미를 찾지도 못하면서 대화를 멈추지 않는다. 외부와 타자를 향해 열려 있어야만 가능한 이 태도는 『7번 국도 Revisited』의 후반부에서 일본으로 떠난 세희가 보낸 편지에서 단적으로 드러난다. 개작본에는 원작의 편지 내용이 삭제되고 '사랑'에 관한 서술이 새롭게 추가되는데, 타자와 외부를 향한 사랑의 공평함은 죽음 이후에도 '기억'의 형태로 발견되리라는 것이다. 이런 데서 개작본의 구성이 인물 중심의 서사로 변경되고 작품의 주제가 한층 현실성을 갖는 것을 알 수 있다.

이런 변화는 김연수가 1990년대의 자의식에서 벗어나 새로운 시대로 이전했음을 보여주는 표식이라 할 수 있다. 원본이 "상실과 희망, 폐허와 구축 사이를 왕복"하는 허무하고 모호한 주체의 삶을 보여주었다면, 개작본에서는 그런 균열에서 벗어나 "살아가야 할 시간을 바라" 보는 한층 현실적인 주체로 변화되어 있다. 원본에서 목격된 자아를 상실해 가는 과정이 개작본에서는 해체된 자아를 구성하고 결합하는 모습으로 드러난다. 이는 현실이 부정하고 떠나야 할 공간이 아니라 정주하고 뿌리내려야 할 공간이라는 인식을 전제한다. 허무적 관계를 반복하던 인물이 삼각관계 속에서 사랑을 다투는 것도 같은 맥락이다. 소설이란 실상 끊임없이 현실을 참조하고 반응하는 양식이다. 허무와 포즈로 문학을 생각했다는 것은 그런 특성을 외면하고 주관적 관념 속에 유폐되었다는 것인데, 개작본에서는 거기서 벗어나 현실이 텍스트로 참조되고 있음을 보여준다. 타인과의 관계와 소통을 중시하는 세계는 이미지가 아니라 현실의 실제 공간이다. 이런 데서 '포즈'로서의 문학이 '현실'로서의 문학으로 바뀌었음을 알 수 있다.

# 찾아보기

## ㄱ

가도 ················································ 15
개작 ······························· 14, 23, 250, 304
개작본 ································· 24, 25, 32
검열 ················································ 28
결정본 ······························· 18, 168, 170
고상한 리얼리즘 ················ 136, 140, 143
고향 ······································ 31, 37, 38
골드만(L. Goldmann) ······················ 197
공안사건 ································· 296, 297
공유된 정체성 ····························· 30, 54
광장 ········································ 132, 226
광주대단지사건 ······························· 194
국가보안법 ······································· 57
국민보도연맹 ·································· 169
국토완정론 ······························ 158, 162
그 많던 싱아는 누가 다 먹었을까 ··············· 212
그 산이 정말 거기에 있었을까 ···· 200, 213, 217
그해 5월 ····················· 282, 289, 290, 302
근대성 ············································· 57
김동리 ································ 20, 132, 227
김소월 ············································· 16
김수영 ···································· 279, 300
김연수 ···································· 22, 306
김원일 ··········································· 223
꽃나무는 심어놓고 ··························· 46

## ㄴ

나가타 겐지로 ································ 279
나목 ································· 101, 127, 203
남과 북 ······················· 56, 59, 75, 80
남정현 ··········································· 299
농토 ······································ 138, 139

## ㄷ

달밤 ············································· 54

## ㅁ

메타픽션 ···························· 22, 253, 265
목마른 계절 ······················ 100, 115, 203
민족일보 ········································ 292

## ㅂ

박완서 ··········································· 101
반공문학 ········································ 300
반공주의 ··············· 19, 57, 58, 102, 197, 210, 301, 331
밤길 ····································· 52, 228, 239
복선 ············································· 107
복자 ········································· 18, 33
봉황각 좌담회 ································ 143
부(副)서사 ······································ 48
북조선문학예술총동맹 ·· 136, 137, 144
분지 필화사건 ························ 198, 299
불의 제전 ······································· 88
비판적 리얼리즘 ····························· 194

찾아보기(INDEX) 333

## ㅅ

사상의 월야 ·················· 133, 141, 238
산화 ························· 20, 228, 229, 231
선본 ·································· 23
선행 텍스트 ····················· 28, 227
성모 ·································· 29
세계관 ······················· 14, 17, 28, 247
소설·알렉산드리아 ········· 282, 283, 288
소시민 ····························· 96, 252
손거부 ································ 44
수사 ······························· 14, 226
신문지법 ························ 38, 53, 56
신변소설 ····························· 52
실낙원 이야기 ······················ 32
심미적 개작 ················· 17, 41, 46

## ㅇ

알레고리 ·························· 282, 288
어둠 ································· 43
영월영감 ···························· 39
오몽녀 ······························· 24
우암노인 ···························· 43
움직이는 성 ·············· 171, 176, 193
원본 ····························· 32, 162
육이오 ·················· 19, 61, 66, 72, 93
율격 ································· 16
응향 사건 ·························· 163
이병주 ····························· 280
이본 ································· 23
이태준 ··························· 30, 133

이호철 ······················ 21, 250, 254
일망 감시시설(판옵티콘) ········ 277

## ㅈ

자기검열 ·············· 19, 29, 200, 278
자전소설 ··············· 196, 199, 221
정본 ····························· 23, 53
정전 ································· 56
정체성 ······························· 20
조정래 ····························· 223
중립통일론 ··········· 281, 286, 294
진달래꽃 ····························· 15
진보적 리얼리즘 ········ 138, 144, 163

## ㅊ

첫전투 ····························· 154
최인훈 ····························· 226
춘향전 ······························ 23
출판법 ······················ 38, 53, 56

## ㅋ

코스모스 이야기 ·················· 34

## ㅌ

태백산맥 ····························· 88
태백산맥 필화사건 ············· 198
퇴고 ······························ 14, 16
트라우마 ·························· 101

## ㅍ

판문점 ......... 253, 254, 255, 266, 267
판문점 2 ....................... 253, 265, 275
포즈(pose)로서의 문학 ................ 305
필화사건 ............................................ 57

## ㅎ

한발기 ............................ 100, 105, 127
한살림 통일론 ...................... 271, 274
한유 ..................................................... 15
해방 전후 ................. 49, 50, 133, 145
152, 238
현실로서의 문학 ................... 305, 332
홍성원 ................................ 19, 59, 223
황순원 .............................................. 166
후행 텍스트 ................... 28, 227, 249
흑백논리 ..................................... 89, 99

## 기타

7번 국도 ................................. 304, 314
7번 국도 Revisited ..... 304, 318, 319

작가는 왜 고치는가